아래아한글편집노트

아래아한글편집노트

이 종 운 저

도서출판 오 래

들어가면서

아래아한글은 '한컴오피스 한글2014'라는 이름에서 보듯 '오피스'용이다. 이것은 이 프로그램이 '사무용 문서편집기'라는 의미이다. 도서 편집용 조판프로그램이 아니라는 의미이기도 하다. 그러나 아래아한글은 비록 스스로를 '워드프로세서'라고 말하지만 문서편집용을 넘어 일반 도서 조판프로그램으로서도 무난하여 전문 조판소에서도 아래아한글을 사용하여 책자를 조판한다. 도서 편집자에게 아래아한글이 일면 백안시당하면서 일면 수용되고 있다는 것은 이것이 문서 작성 전용이라는 고정된 관점과 아래아한글로 책을 만들어 보니 무난하더라는 경험이 함께하기 때문이다.

아래아한글은 서류·문서 작성용에 충실하다. 그러나 아래아한글은 책자 편집도 할 수 있는 기능들을 가지고 있다. 다만 그 기능들을 편집자의 눈에 띄게 드러내놓지 않고 있고 또 사용에 편리하고 능률적이게끔 메뉴화하지 않고 있다는 것뿐이다.

아래아한글을 문서작성기가 아닌 '전문 조판프로그램'이라 생각하고 그 사용법을 편집자의 시각에서 이야기해 보려는 것이 이 책의 목적이다. 메뉴순대로 설명하는 사용설명서에서는 불필요한 것까지 A, B, . . . Z으로 모두 따라 읽지 않으면 안 되고 다 읽어도 남는 게 별로 없다. 이 책은 책을 만들기 위한 아래아한글 사용에 관한 노트이므로 문서작성용 메뉴들을 다 설명하지 않는다. 아래아한글로 책을 만들어본 사람이나 만들어 보려는 사람은 물론이고 만들어보기를 희망하거나 처음부터 자신의 원고를 편집하며 조판해 보려는 독자에게 도움되도록 하였다. 아래아한글의 기능에 훤하다 하여 책이 책으로서 잘 만들어질 수 있는 것은 아니다. 이 책은 편집의 기본에 임할 수 있도록 편집 관련 사항들을 다루었다.

아래아한글 프로그램 버전에 관하여는 일단은 최근 버전인 '한컴오피스 한글 2014'로 설명할 것이지만 어느 버전이든지 아주 오랜 버전이 아니라면 지장없이 읽을 수 있을 것이다. 책자 조판에 관한 범주에서는 버전마다 큰 번동이 없기 때문이다.

책의 종류에는 여러가지가 있으나 '아래아한글'로 무난히 만들 수 있는 책은 문자 위주의 책이다. 따라서 그림 위주의 책이라면 다른 조판프로그램을 선택하는 것이 효과적이고 능률적이다. 문자 위주의 책에도 그림이나 사진 등이 들어가지만 이들은 대체로 본문의 보충적 보조적 의미를 갖는 것들이고 그 정도는 아래아한글도 소화할 수 있을 것이다.

아래아한글은 전산조판이 태동하던 때에 대학의 논문작성용으로서 200자 원고지를 대체하면서 눈길을 받기 시작했다. 당시엔 활판조판을 대체하는 조판프로그램을 전제하면서 태동하였을 것이나 그후 수요와 채산성 때문인지 MSWord 등을 따라가는 방향으로 일반문서 편집기에 머물러 오늘에 이른다. 그런 탓에 아래아한글에는 MSWord가 할 수 없는 기능들이 있고 문서편집기에서는 필요없는, 전문조판프로그램에나 있을 법한 옛 활자조판시절의 조판원칙에 입각한 기능들이 매뉴에 남아 있는 것을 생각하면 아래아한글은 이제 별도의 전문 조판프로그램 버전을 내놓아야 마땅하지 않을까 하는 생각도 든다. 그 어떤 원고도 자신 있게 조판·인쇄할 수 있는 전문 조판프로그램으로 발전해 가는 것은 주변 기술이 발전한 오늘에는 그리 어려운 일만은 아닐 것이다. 아래아한글이 태어나던 같은 시기의 'PageMaker'가 오늘의 Adobe 'InDesign'으로 변신했듯 지금이라도 우리글 조판프로그램으로의 변신을 기대해 본다.

그 수요 예측이 어려운 상황에서 선뜻 기획을 격려하고 출판에 임해준 오래출판사 황인욱 대표께 감사하면서 이 감사가 독자에게도 일었으면 하는 바람이다.

2015. 6. 1

이 종 운

차례

01 한글2014 화면구성과 설정 3
02 책의 구성 5
03 판형 7
04 서체(글꼴)에 관하여 14
05 아래아한글 입력환경 20
06 글꼴지정 27
07 문단모양 39
08 페이지번호 넣기 (쪽번호) 42
09 머리말/꼬리말(면주) 46
10 스타일 지정 50
11 대표글꼴 등록 54
12 한자-한글 변환과 두음법칙 56
13 따옴표 57
14 자간 59
15 행간 (줄간격) 66
16 문단정렬과 내어쓰기 71
17 탭 77
18 사용자 도구모음 만들기 84
19 기준선 이동 86
20 쪽·문단 테두리 87
21 바탕쪽 94
22 글상자 99
23 그림 108
24 그리기 개체 113
25 표 117
26 차트 127
27 수식 130
28 구역 137
29 다단 139
30 색인(찾아보기) 143
31 할주 146
32 각주 151
33 방주와 참고문 163
34 후주와 참고문헌 165
35 찾기 171
36 매크로 177
37 상용구 185
38 문자표 188
39 차례 만들기 190
40 방점·덧말 193
41 글자겹침(합자) 194
42 문단 첫글자 장식 195
43 색과 인쇄 197
44 2도 인쇄 201
45 PDF 출력 203
46 단축키 210

<일러두기>

1. 이 책은 'ᄒᆞᆫ글2014'로 조판하였다.
2. 아래아한글은 그 명칭이 'ᄒᆞᆫ글'이라서 이를 표기하기가 일반적이지 않고 '한글'이라는 발음도 일반명사 '한글'과 혼동되어 불편하다. 이 책에서는 이 프로그램의 이름을 초창기의 관행대로 '아래아한글'이라 하였다.
3. 메뉴항목은 'ᄒᆞᆫ글2014'(한컴오피스2014 ᄒᆞᆫ글)에 의거하였다.
4. 메뉴상에 있는 이름들은 [ ]로 묶어 표기하였다. 그러나 오해가 없을 경우 이를 생략하기도 하였다.
5. 메뉴 경로 표시는 [ ] 안에서 '-'로 하였다. 예: [시작-모든프로그램-한글과컴퓨터-한컴오피스2014-한컴기본설정].
6. 메뉴관련 이름은 붙여쓰기를 하였다. 일반적인 띄어쓰기도 굳이 맞춤법규정을 따라하지 않았다. 예컨대. '페이지번호를 매기려면 현재페이지 위치에서 [쪽-쪽번호매기기]를 실행한다'에서처럼 '현재'는 명사이면서 부사이기도 한데 예의 경우는 문장을 다 읽고야 '현재'가 뒤 용언을 한정하는 것이 아니기 때문에 뒷말을 수식하는 명사임을 알게 된다. 이를 붙여쓰기하면 처음부터 뒷말 수식임을 알게 되어 가독성이 빠를 것이다. 이러한 관점에서 오해가 없기를 바라는 경우 붙여쓰기를 하였다.
7. 본문의 고딕체는 그 문단의 주요어라는 시각에서이고 나중에 찾아보기 쉽게 하기 위함이기도 하다.
8. 여러 용어가 두루 쓰이는 경우 굳이 한 용어로 한정하지 않고 한 문단 내에서도 섞어 썼다. 아래아한글 메뉴명에 익숙하였다면 익숙해 보이지 않을 편집용어 등에도 익숙해지기를 바라서이다.
9. 할주와 ( )안 주석의 특별한 구별 차이는 없다. 어느 것이나 부수적 설명사항인데 본문과 함께 읽어가도 될 것이면 본문중의 9pt ( )로 하였다.
10. 주제항목이 끝나는 페이지 여백이 있는 몇 곳에 원색 사진을 넣어보았다. 아래아한글에서 이들이 어떻게 처리되는지 비교해 보고자 함인데 효과적일지는 모르겠다. 원본사진은 오래 홈페이지 www.orebook.com에서 참고할 수 있다. 사진은 이종운 촬영이다.

아래아한글편집노트

한글2014 화면 구성과 설정

1. 기본화면

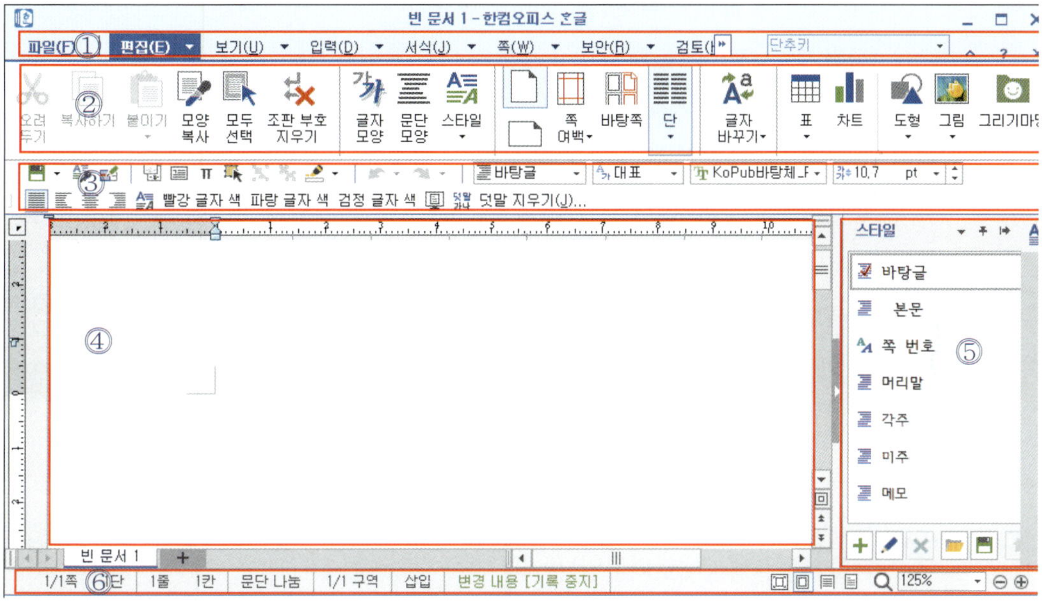

①=**메뉴**: 프로그램에서 사용하는 메뉴를 기능별로 묶어 놓은 곳. 메뉴 이름을 선택하면 아래 기본도구상자에 그 메뉴 해당의 기능들이 열린다. 메뉴 이름 옆의 삼각형을 누르면 상세 **드롭다운메뉴**[1)]가 뜬다.

②=**기본도구상자**: 속칭 '리본메뉴'라고도 한다. 각 메뉴를 선택하면 그 메뉴의 주요 기능들이 메뉴 탭 형식으로 나타난다.

③=**서식도구상자**: 문서의 주요 '편집' 기능을 모은 곳인데 사용자가 주로 쓰는 메뉴들도 만들어 넣을 수 있다(<18 사용자 도구모음 만들기>항 참조).

④=**편집창**: 글자나 그림 등의 내용을 입력하고 편집하는 작업 공간이다.

⑤=**작업창**: [보기-작업창]에 있는 사항들(사전검색, 개요보기, 스타일 등)을 열어놓아 작업을 쉽고 빠르게 하기 위한 창으로서 편집창 옆에 위치하나, 별도로 분리해 놓을 수도 있다.

⑥=**상황선**: 편집창의 상태나 마우스가 있는 곳의 정보를 표시해 주는 곳.

1) **드롭다운메뉴**: 상자 오른쪽 삼각형 모양은 드롭다운메뉴 열림 표시인데 이를 클릭하면 이 항목에서 선택할 수 있는 목록이 펼쳐진다. 이러한 메뉴를 드롭다운메뉴(DropdownMenu)라 한다.

2. 기본설정(초기화)

1) 아래아한글의 실행환경을 처음 아래아한글을 설치했을 때로 돌릴 필요[1]가 있다면 윈도우작업표시줄 [시작]에서 [모든프로그램-한글과컴퓨터-한컴오피스2014-한컴기본설정]을 실행한다.

2) **[한컴기본설정]**을 실행하면 [기본값으로복원]탭과 [사용자설정]탭의 선택창이 뜨고, [기본값으로복원]을 클릭하면 묻지 않고 한컴환경을 초기화시킨다. 그동안 사용자가 설정했던 것들은 사라진다.

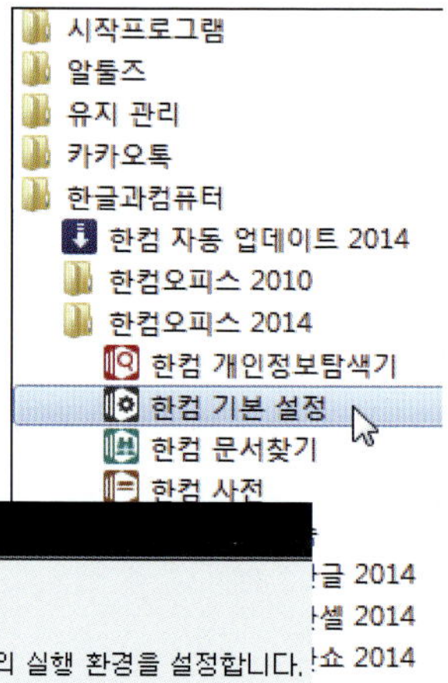

3) [사용자설정]의 [기타]항에 있는 [한글2014를처음실행상태로되돌림]은 '한글2014'를 사용하면서 사용자가 재구성한 '도구상자, 메뉴, 문서보기 상태, 빨리가기 등록, 환경설정' 등의 설정값을 지우는 곳이고, [사용자정의데이터를처음실행상태로되돌림]은 '사용자정의 데이터'[2]를 '한글2014'를 처음 설치했던 상태로 되돌리는 것이고 [기본서식파일을처음값으로되돌림]이란 기본서식파일[3](NORMAL.HWT)을 '한글2014'를 처음 설치했을 때로 되돌린다.

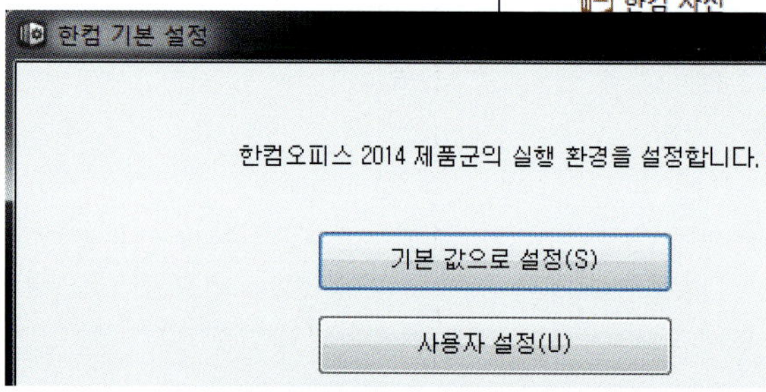

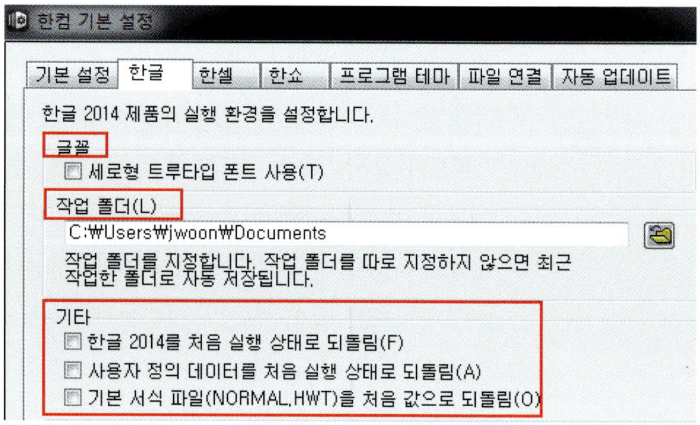

---

1) 이 필요는 시스템 충돌 등으로 아래아한글의 기능 일부가 실행되지 않거나 하는 경우를 말한다.

2) **사용자정의 데이터**란 '매크로, 상용구, 한자 단어 사전, 한자 새김 입력 사전, 빠른 교정, 입력 자동 명령 데이터, 맞춤법 개인 사전, 맞춤법 등록 기호, 로마자 등록 데이터' 등으로서 [도구-환경설정-파일위치]에서 [사용자정의데이터저장하기]로 저장할 수 있다. *.udf파일형식을 갖는다.

3) 'Normal.hwt'는 아래아한글을 실행하면 뜨는 기본화면 구성 파일이다. 기본글꼴 및 용지크기 등을 수정하여 다른 폴더에 복사한 후 나중에 프로그램 업그레이드 등이 있는 경우 이를 붙여넣기하여 복구할 수 있다. 그 저장 위치는 C:₩Users₩내컴퓨터이름₩AppData₩Roaming₩HNC₩User₩Shared90₩HwpTemplate₩Doc 이다.

책의 구성

책의 구성 부위란 소위 '도서'라고 할 때 책이 되기 위하여 갖추고 있어야 하는 내용의 각 구성 부분을 일컫는다.

흔히 '**본문**'을 중심으로 하여 본문 앞의 부분을 '**앞부분**'(frontmatter, preliminary)이라 하고, 본문 뒤의 부분을 '**뒷부분**'(backmatter, endmatter)이라 한다.

앞부분과 뒷부분은 그 서책의 성질에 따라 꼭 있어야 하는 것과 없어도 되는 것들이 있다. 예컨대 앞부분에 해당하는 '목차'가 없어도 되는 책이 있는가 하면, 뒷부분에 해당하는 '색인' 또는'부록'이 없을 수도 있다.

책의 각 구성 부분들을 그 내용순서에 따라 들어보면 다음과 같다. 이들은 일반적인 것으로서, 서책의 특성이나 관례에 따라 순서가 바뀌거나 추가될 수도 있다. ( )로 묶인 것은 그곳보다는 다른 부위에 있는 것이 더 타당하지만 내용 여하에 따라 그곳에 둘 수 있음을 표시한 것이다.

1) **앞부분(frontmatter, preliminarymatter)**

1. **앞그림**(frontispiece): 염가본이나 표제지보다 좋은 지질일 때 표제지 앞에 둔다.
2. **표제지**(titlepage): 앞에 약표제지(bastard title page)가 있을 수 있다. 표제지는 책 제목을 놓은 제목지이다. '약표제지' 란 면지 뒤, 표제지 앞에 한 장을 더 놓은 간략의 제목지이다. 앞그림이 있는 경우 앞그림 다음에 둔다.
3. (판권사항): 양서들은 표제지 이면에 서지정보를 싣는다. 동양서는 뒷부분에 두는 것을 관행으로 하고 있다.
4. (앞그림): 장서본에서나, 본문의 지질과 같은 지질일 때 표제지 뒤에 둔다.
5. **헌사**(dedication).
6. **서문**(preface): 추천사(foreword) 등은 저자의 서문 앞에 둔다. 역자의 서문을 저자 서문의 앞에 두며 최근 판명순으로 배열한다.
7. **범례**(explanatory notes).
8. **약어표**(abbreviation).
9. (참고문헌): 간단한 것이거나 약어표를 겸할 때 앞부분에 둔다.

10. **목차**(contents).
11. 도표목차.
12. (약어표).
13. (서문): 흔히 양서에서 목차 뒤에 두기도 한다.

2) **본문(text)**

14. **본문**(text).
15. **내제지**(divisional title page, part title page): 페이지번호 없이 큰 항목 이름만이 표기된 페이지. 뒷면은 백면이다.

3) **뒷부분(backmatter, endmatter)**

16. **부록**(appendix).
17. **후주**(endnotes): 전체 페이지가 많지 않을 때. 일반적으로는 각 별면별로 하거나 각주로 한다.
18. **연표**(chronogical table, chronology)나 연보(chronological personal history).
19. **참고문헌**(bibliography): 독자의 연구나 자료를 겸하게 하는 문헌일 때.
20. (후기): 본문의 해설적 성격일 때 색인의 앞에 둔다.
21. **색인**(index): '찾아보기'라고도 하며, 인명색인, 사항색인이 있으면 인명색인을 먼저, 사항색인을 뒤로 둔다.
22. **후기**(afterword, postscript): 본문으로서의 성격이 아닐 때 이곳에 둔다.
23. **판권**(copyright): 간행정보가 들어 있는 서지학적 의미를 갖는 페이지.

판형(判型)

1. [1][2]원고를 책으로 만들자면 먼저 책의 크기가 정해져 있거나 정하여야 한다. 이 책의 크기를 '**판형**'[3]이라 한다. '아래아한글'은 '**용지**', '**종이**'라고 표현한다.

판형이 정해져 있지 않은 상태에서 작성하는 글은 단순한 타이핑, 즉 원고를 만드는 작업에 불과하다. 원고 작성시에 판형과 기타 레이아웃을 정하고 이에 따라 원고를 작성할 수도 있다. 치밀하고 배려가 깊은 저자라면 그 원고가 책이 될 판형을 고려하면서 원고를 작성할 것이다. 예컨대 국판으로 될 책의 원고에 A4사이즈의 판형에 꽉 찬 표를 작성한 경우 나중에 본 **조판**에서 그 표의 가로폭을 국판 판형으로 줄여야 하는 경우를 생각해 보라.

> **조판이란**[4][5]
> '조판'(組版)이란 글이나 그림 등으로 면을 채워나가는 것을 말한다. 이 용어는 출판용어이다. 활판인쇄 시절에 조판소에서는 편집자의 편집 지시가 있는 '원고'를 보면서 활자·공목 등 조판재료를 가지고 한 페이지씩 판을 만들어갔는데 이를 '조판'이라 하였다. 전산조판에서도 조판재료의 형태만 다를 뿐 글꼴과 빈칸 등을 고르고 배치하면서 페이지를 만들어 가는 과정은 다름이 없어 '조판'이라는 용어가 전산조판에서 생소하다거나 이질적인 것은 아니다(아래아한글도 '조판'부호라는 용어를 사용하고 있다). 원고를 가지고 출판 목적에 맞게 '편집'하고('레이아웃'이라는 말로도 쓰임) 이 편집대로 페이지를 만들어 가는 과정은 같기 때문이다. 조판이 끝난 파일은 인쇄원고가 되어 인쇄소에 보내지고 인쇄소에서는 이를 인쇄용 판을 만들어 인쇄에 붙인다.

2. 인쇄용지

1) [6]판형은 인쇄용지 전지(全紙)를 절수로 재단하여 생기는 크기에서 나온다. **인쇄용지**는 인쇄방법에 따라 낱장인쇄용지(=매엽지, =낱장지, =Sheet)[7]와 두루마리인쇄용지

---

1) **본문**: 이 책에서 본문은 KoPubL(장99%, 최소공백90%), 11pt, 행간18.8pt고정. 영문=아리따부리M(장98%, 기준선을 6%올림=6% 올리면 그래도 영문이 처져보여 12%올림이 적당할 것이나 그렇게 하면 숫자가 너무 올라붙어 6%로 둔다). 세로정렬=위쪽([문단모양-확장]). 할주의 2행 크기 14pt 때문에 세로정렬을 '위쪽'으로 하였다. '가운데'로 하면 행간이 고르지 않게 된다. 영문체(숫자도 영문체에 해당)가 한글과 어울리지 않아 '아리따체'로 바꾸었다.
항번: StoneSans 13pt(장98%)로 하고 항번 뒤에서 탭 19.8pt로 항목 내지 본문에 정렬하였다. 기준선을 16pt 올림.

2) **각주문**: 구분선굵기=1mm, 구분선길이=단×1/3, 구분선색=검은바다색60%, 구분선위=3mm 아래=2mm, 각주사이=1mm. 시작번호=쪽일련. 각주본문은 KT&G상상본문L(9pt. 장체98%, 자간-2, 최소공백30%), 내어쓰기=10.6pt. 항번뒤 tab=10.6pt(숫자너비가 일정치 않아 뒷문자가 들쭉거려 탭키로 정렬하였음).

3) **본문중 고딕**: 10×10 10.5pt(장98%, 기준선 4pt 내림, 자간=-2).

4) **참고문 제목**: 상상본문M 10pt(장98% 기준선 4pt 내림, 자간=-4).

5) **참고문**: 이곳 파란 박스문은 남산체M 10pt(90%), 평체110%, 자간=-2, 최소공백75%, 행간14pt. 글상자면색=검은바다색 90%, 글상자안여백=왼5,오4, 위아래3.

6) **1)항번 문단**: 본문체. 왼쪽19.8pt문단들여넣기, 20pt내어쓰기. 문단에서 내어쓰기=39.8pt. 항번뒤tab=39.8pt.

7) **할주**: 7pt, 행간=7pt고정. 자간-2. 괄호=15pt. 본문의 세로정렬을 '위쪽'으로 함으로써 본문과 머리는 가지런한

(=권취지(卷取紙), =Roll지)가 있다. **낱장인쇄용지**는 낱장인쇄기(=매엽인쇄기)에서 인쇄하기 위하여 일정한 규격으로 재단하여 생산되는(500매를 1연으로 한다) 인쇄용지를 말하며, **두루마리 인쇄용지**는 윤전기에서 인쇄하기 위하여 일정한 규격의 roll 상태로 생산되는 종이를 말한다(120g/m² 미만의 것만 있음). 여기서 보려는 인쇄용지규격은 낱장인쇄용지에서이다.

2) **국제규격용지**

낱장인쇄용지의 규격에는 **국제규격**이 있고 국제규격이 아닌 **규격외용지**가 있다. 국제규격용지에는 A열(원지: 625X880mm)과 B열(원지: 743X1050mm)이 있는데(A열은 주계열이고 B열은 부계열이다) 이들 원지로 부터 A1, A2, A3, A4, A5, A6, A7, A8, A9, A10, B1, B2, B3, B4, B5, B6, B7, B8, B9, B10 등의 규격이 나온다. 국제규격용지의 **재단치수**는 책자나 사무용지에 있어서의 각종 치수가 된다. 사무용지의 경우는 그 사무용지를 사용하는 장치이용에 장애가 되어서는 안 되므로 국제규격을 준수할 이유가 있으나 책자규격은 반드시 이 규격에 맞추어야 할 이유는 없다. 책의 성격에 맞는 각기의 판형을 취할 수 있어야 하기 때문이다.

재단사이즈

규격	A열	규격	B열
A0	841×1189 mm	B0	1000×1414 mm
A1	594×841	B1	707×1000
A2	420×594	B2	500×707
A3	297×420	B3	353×500
A4	210×297	B4	250×353
A5	148×210	B5	176×250
A6	105×148	B6	125×176
A7	74×105	B7	88×125
A8	52× 74	B8	62× 88
A9	37× 52	B9	44× 62
A10	26× 37	B10	31× 44

여기서 A0나 B0란 실재하지 않는 가상 규격인데, A열의 경우 이는 A1의 치수(594×841)가 되도록 이것의 짧은 변을 2배하여 도출한(841×(594×2=1189)) 것을 A0치수로 가상한 것이다. 그리고 A1 치수인 594×841㎜를 재단하기 위해 제지회사가 생산하는 625×880mm를 '원지'라고 한다. 실제 존재하는 A열 원지치수는 625×880mm이고 이것을 '전지'라 부르는 것이다. 가상의 A0의 면적은 1m², B0의 면적은 1.5 m² 로 설정하고 그 가로와 세로의 비(比)를 1 : √2 로 하여 A0의 긴 변을 2등분(1189/2=594.5)한 594×841㎜를 A1의 재단치수로 정하고. 다시 여기서 1/2씩 재단해 간 것이 A1, A2,… 등이다. A에 붙은 숫자들은 접는 횟수이고 접혀서 나오는 장수는 절수로서 2는 2절, 3은 4절, 4는 8절, 5는 16절, 6은 32절, 7은 64절이 된다.

반면 할주문이 아래쪽으로 빠져 있다.

3) **국전지·사륙전지·대국전지**

규격외용지로는 '국전지', '사륙전지', '대국전지' 등이 있다.[1] 이들을 재단하여 국전지로부터는 '국판', '국배판' 등을, 사륙전지로부터는 '사륙판', '사륙배판' 등의 판형을 얻는다.

국전지	사륙전지	대국전지
636×939mm	788×1091mm	720×1,020mm 등 (710×1010 ~720×1030)

국판·A5판·신국판·신A5판·크라운판

1) 이들 '국전지'나 '사륙전지'로부터 국제규격치수대로 재단하는 경우도 있는데 그리할 경우 재단 여분의 손실이 많게 된다. 그렇게 하는 이유는 생산되는 종이가 없는 A열이나 B열을 책자 기준으로 한 탓이다. 과거 국정교과서가 그러한 예였는데 이러한 판을 '국판'이라 칭한 결과 'A5판' 규격이 마치 '국판'처럼(국전 16절인 듯이) 오해되기도 하였다. '국전지'로 제대로 재단치수를 내면 A5 재단치수보다 좀 큰데 나중에 이러한 규격으로 책을 만들면서 이를 종래의 소위 '국판'(A5판형)과 구별하여 '신국판' 또는 '신A5판'이라 칭하였다.

2) 사륙전지 16절이면 '사륙배판'의 판형이 된다. 이 크기는 부담이 되어 그 크기를 줄인 사륙전지 18절로 판형을 삼기도 하였다. 이를 '사륙18절판', 또는 '크라운판'이라 하였다. 이 18절은 '판앉히기'나 제본의 '접지'에서 손이 많이 갔는데 그럼에도 이렇게 한 이유는 B열 용지 생산이 안 되기 때문이었다. 이후 '18절판'에 근사한 판형이면서 16절로 인쇄와 접지가 가능한 인쇄기계가 나오고 따라서 이 기계에 맞춰진 규격의 용지가 생산되게 되었는데 이 인쇄기가 '대국전인쇄기'이고, 그 인쇄용지가 '대국전지'이다.

3. 판형의 크기 및 전지 종류와 절수

판 형	크 기 (단위:mm)	용지종류 및 절수 ( )안은 짧은변×긴변의 절수)	비 고
사륙판	127(~130)×188	사륙전 횡목 32절(4×8)	B6: 125×176, 별칭: 신B6판
사륙배판	188×257(~260)	사륙전 종목 16절 (4×4)	B5: 176×250
사륙배배판	254×374	사륙전 횡목 8절 (2×4)	B4: 250×353. 타블로이드판
A5판	148×210	A열 종목 16절 (4×4)	
국판	152(~154)×224	국전 종목 16절 (4×4)	신국판, 신A5판
국배판	218×304	국전 횡목 8절 (2×4)	A4: 210×297
국반판	109(~112)×152(~154)	국전 횡목 32절 (4×8)	A6: 210×297. 문고판
크라운판	172(~176)×244(~248)	대국전 종목 16절 (4×4)	사륙전 황목 18절(176×248) 대응
35판	84×148	국전 횡목 40절 (4×10)	A40절판
신서판(36판)	103×182	사륙전 횡목 (4×10)	36판, B40절판
B30절	124×206	사륙전 종목 30절 (5×6)	

1) **표**: 표내용=9pt기본본문. 컬럼/로우항목=KT&G상상본문M. 셀여백=왼오1.8mm,/위아래0.5mm, 테두리굵기=0.12mm, 제1행위=0.4mm.

4. 아래아한글에서 편집용지 지정하기 (판형 만들기)

책의 판형이 구상되면 이 판형이 되도록 아래아한글로 글을 작성할 **'편집용지'**(판형) 크기를 만든다. 아래아한글의 **'용지'**([쪽-편집용지]에 보이는 '용지'라는 용어가 그것), **'종이'**([개체속성-기본-위치]에 보이는 '종이'라는 용어가 그것)라는 용어는 바로 **'판형'**을 말한다.

1) **[쪽-편집용지]**의 **[용지종류]**에서 찾는 용지가 없다면 [사용자정의]로 들어가 가로와 세로의 길이를 입력한 후 [등록]을 눌러 이 판형의 이름을 지어놓는다. [인쇄]시에 이 이름을 [파일-인쇄-기본-인쇄방식-프린터용지]에서 찾고 [확장-선택인쇄]로 들어가 **[편집용지표시]**에 체크를 하면 인쇄에 이 용지 모양이 표시된다.

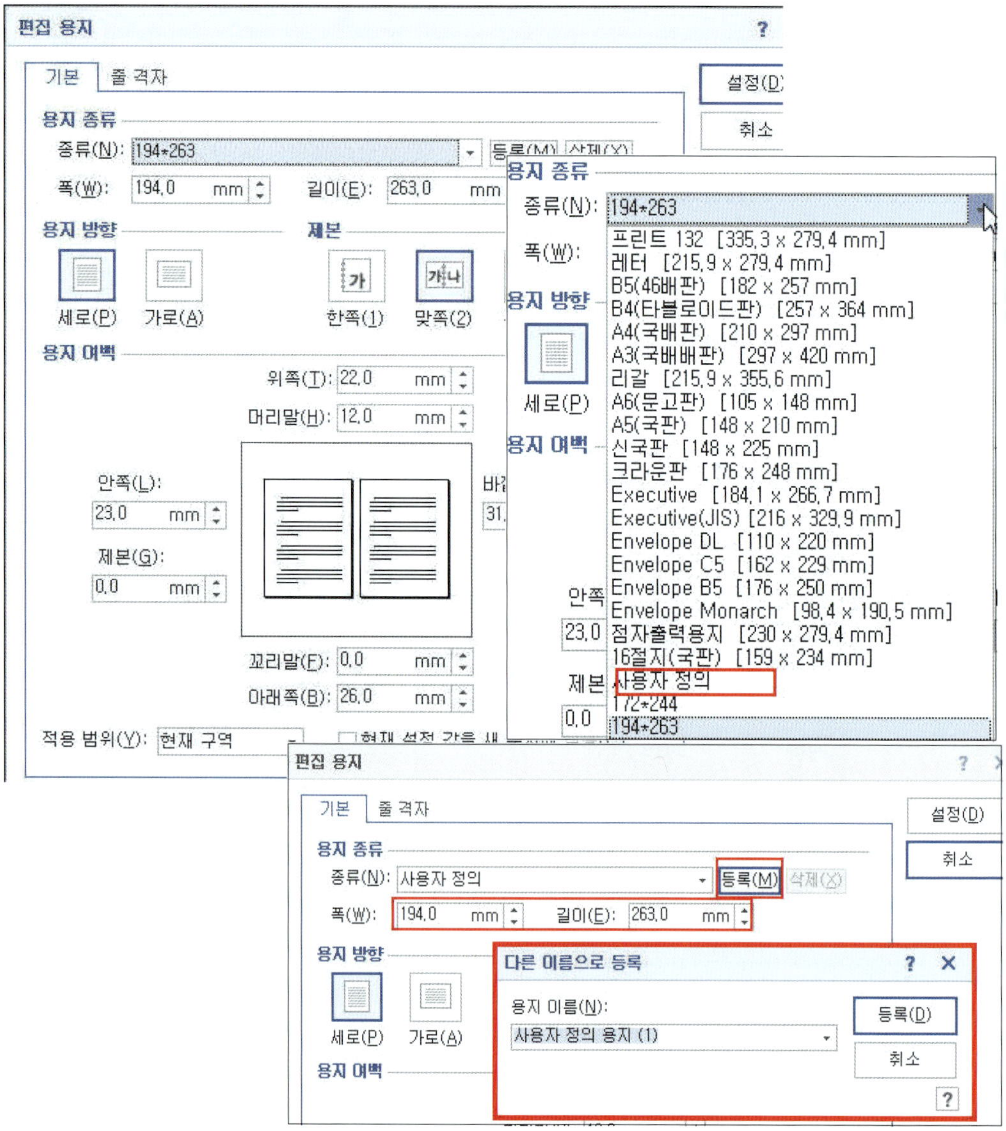

2) 이 책 '아래아한글편집노트'는 사륙배판 크기(188X257mm)로 하였으나 **'재단 여분'**[1]을 고려하여 상하좌우 3mm씩 더 보탠 크기를 판형으로 잡았다. 앞 그림의 '편집용지'에 보이는 대로이다. 이 종이 194× 263mm에서 3mm씩 재단을 하면 책 크기는 188×257mm가 된다. 이는 '사륙배판' 판형이다.

5. 아래아한글에서 판면(=쪽, 페이지) 지정하기 (1 : 1.5 여백의비)

편집용지(=판형)[2]가 만들어졌다면 이제는 종이에 글을 쓸 영역이 마련되어야 한다. '판면'은 '여백 지정'으로 만들어진다. **'여백 지정'**이라는 간접지정에 의하는데 이 **'여백'**이라는 말이 품고 있듯이 '글이 쓰일 곳의 밖'을 말한다. '여백'이 지정됨으로써 그 남는 부분이 생기는데 이곳을 아래아한글은 **'쪽'**이라는 말로 표현하고 있다. 편집용어로는 **'판면'**이라 한다.

1) '판면'은 실제 내용이 채워질 부분으로서 그 내용의 성질에 따라 다르겠으나 그 면적(**판면비**)은 일반적으로 종이 면적의 50% 내외이다. 종이가 넓고 글자가 작은 경우에는 판면의 크기는 종이의 70%까지 차지하게도 할 수 있을 것이다. 즉 큰 판형이라면 작은 글자에 좁은 행간으로 종이에 꽉 차도록 판면비를 크게 두는 것이 안정감이 있고 충실해 보인다. 그러나 글자도 크고 행간도 넓다면 판면비는 50%보다 작게 판면 크기를 잡는 것이 안정감을 줄 것이다.

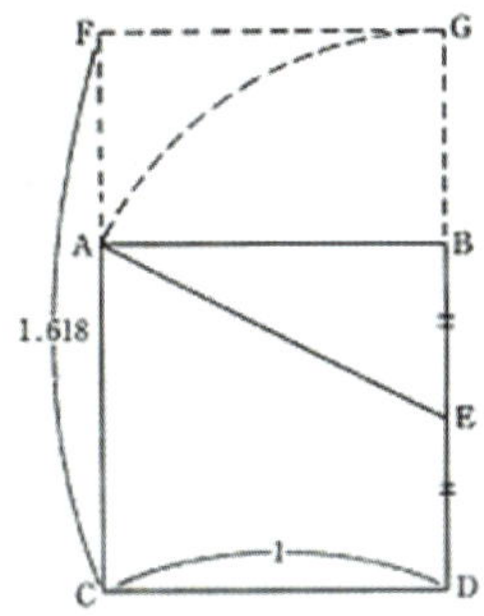

<황금비구성>

여기에 판면의 면적이라는 크기 외에 면적의 가로·세로비(판면구성비)를 얼마로 할 것이냐도 편집자에겐 고려 요소가 된다. 흔히 **'황금비구성'**이라 하여 1:1.618이라는 것이 서구의 관행이지만 우리에겐 이 비율이 세로로 길어 보여 1:1.5가 무난할 듯하다. 그렇게 하려면 좌·우·상·하 **여백의 비**를 잘 구성해야 한다.

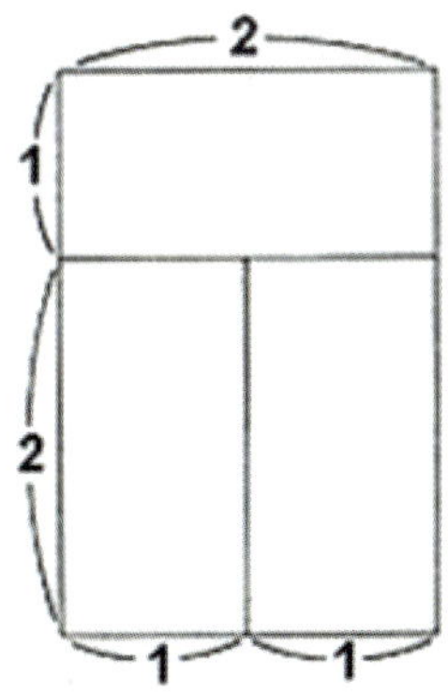

<1:1.5비구성>

2) [편집용지]의 [용지여백]란을 보면 좌·우·상·하에 수치를 입력하게 되어 있다. 용지 종류에서 지정한 용지 크기에서 이 여백을 빼내면 **'판면'**(=쪽)이 된다. 우리는 낱장으로 처리될 문서를 만들려는 것이 아니고 꿰맴(또는 풀붙임)을 한 책을 만들려는 것이므로 제본이 전제된다. 그

1) 아래아한글에서는 '재단 여분'을 설정하는 기능이 없다.. 편집자가 이를 감안하여 편집용지를 그만큼 키워 작업을 하여야 하고 인쇄소에 넘길 때는 이를 또 주지시켜야 하는 불편이 있다.

2) **( )안 글자**: 한글=해수체M, 영문=해수체B, 한자=서울남산체M. 한글·한자 모두 장98%, 기준선 18% 내림, 자간=-2.

러므로 제본을 고려한 여백을 잡아야 한다. [편집용지]의 [제본]에서 [맞쪽](이는 책을 펼쳤을 때를 전제로 하는 좌·우면을 말한다)을 선택해 주면 낱장인쇄가 아니라 책으로 편집될 것임을 프로그램은 알게 되어 '짝수쪽'과 '홀수쪽'을 구별하고 '안쪽'을 인식한다. 안쪽은 책을 매는 방향이다.

3) **1 : 1.5 여백의 비 구하기**

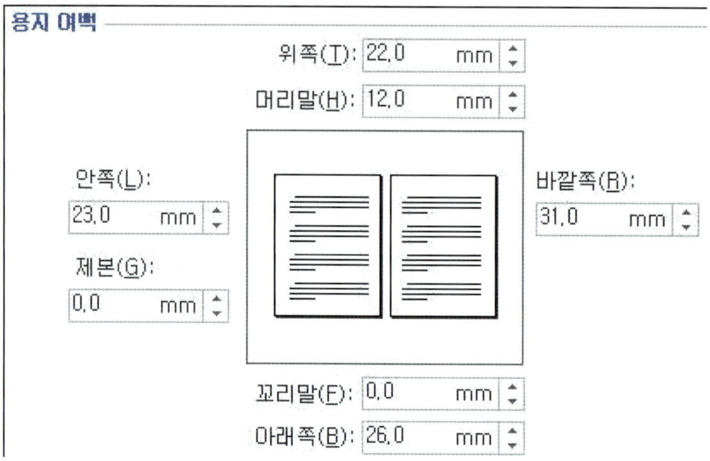

'책을 펼쳤을 때' 판면이 둘로 갈라져 보이지 않고 펼친 양면의 짝·홀수쪽 판형이 안정되게 보이려면 '**안쪽**'의 짝·홀수쪽 '두 여백의 합'이 '**바깥쪽**' 여백의 값보다 커서는 불안정하다. 즉 '짝·홀 두 안쪽 여백의 합'이 '바깥쪽 여백의 값'과 같도록 안쪽 여백을 잡는 것이 좋다. 그러나 매는 쪽(안쪽)의 성질상 풀칠 등으로 가려지는 영향을 고려하여 안쪽 여백을 10-15% 더 주는 것이 좋다. 예컨대 짝·홀 각 '바깥쪽'을 30mm로 한다면 '안쪽'을 20mm(30/2+30의15%)로 준다는 등이다.

아래쪽과 **위쪽**은 바깥쪽의 여분과 같도록 잡되 머리말이나 꼬리말이 들어가는 곳에서 '본문에서의 머리말과 위쪽 여백' 또는 '본문에서의 꼬리말과 아래쪽 여백'을 조정하여 판면구성비(1:1.5)에 적당하도록 조절을 한다. 여백이 정해지면 1:1.5의 판면비에 적당한지를 한번 확인해 본다. 세로의 길이를 가로로 나누어 보면 되는데 그 값이 1.50-1.56의 범위라면 무난할 것이다.

4) **예:**

판면구성비와 여백비에 관하여, 예컨대 크라운판 판형에 판면을 만든다면 다음과 같은 구성이 가능할 것이다.

판형: 172×244mm. 크라운판(대국전지 16절 종목[1])

판면여백: 안쪽=20mm, 바깥쪽=32mm, 아래쪽=32mm, 위쪽=20mm, 머리말=12mm.
위쪽에 **머리말**을 두기로 하고 본문으로부터의 머리말과 위쪽 여백을 합한 너비(20+12=32)를 위쪽 여백으로 삼았다.

판면크기: 가로=120(172-(20+32))mm
세로=180(244-(32+32))mm

판면구성비: 180:120=1.5:1

판형에 대한 판면 비율: (120×180)÷(172×244)=51%

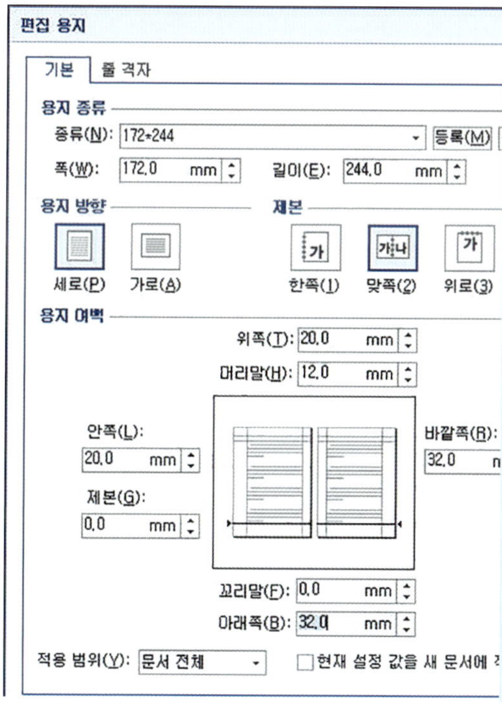

머리말과 위쪽 여백: 본문 판면 속에 머리말이 포함되는가 아니면 머리말 밑으로 본문 판면이 오는가 하는 것은 아래아한글에서 판면 구성시 한번쯤 더듬대는 일이다. 본문 판면 속에 머리말이 포함되는 것이 아니라 별개로 존재한다. 따라서 위쪽 여백을 지정할 때에는 본문에서 머리말까지의 여백도 있게 됨을 고려하여야 한다.

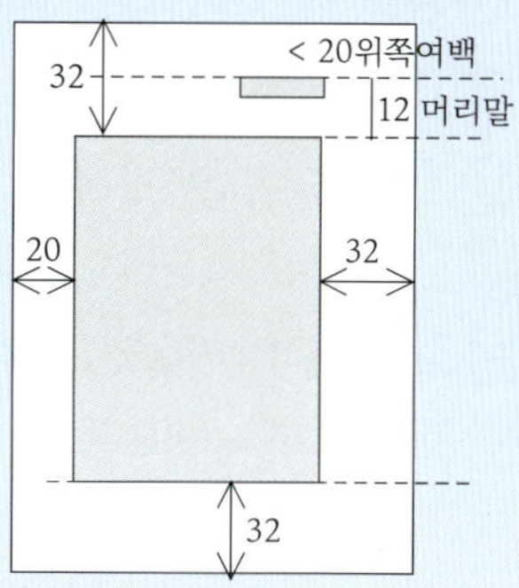

1) 종목, 횡목 등은 종이의 결을 말한다. 전지의 긴 변으로 결이 나 있는 것을 '종목'이라 하고 '짧은 변'으로 결이 나 있는 것을 '횡목'이라 한다. 제책 후 매는 쪽 세로로 종이 결이 나도록 전지 종이의 결을 선택하여야 한다. 결이 맞지 않은 종이를 사용하면 제책 후 책이 우굴댄다. 면지의 결이 맞지 않다면 표지가 휠 수도 있다.

04 서체(글꼴)에 관하여

1. 서체와 글꼴

전자출판에서의 '글꼴'은 데이터라는 파일로 존재하지만 활판시절에는 서체가 납 기둥에 요철된 **'활자'**로 만들어져 사용되었다. 글자의 '원도'를 기반으로 '활자'를 주조하였는데 그 '원도'의 글자모양이 **'서체'**이다. 전산조판에서도 글자의 '원도'는 글꼴이 되는 모태로서 '서체'일 것이고 이것이 컴퓨터입력장치에서 사용되도록 서체 제작자에 의해 만들어지면 **'글꼴'**이 된다. 그러므로 '글꼴'이란 용어는 활자조판에서의 '활자'에 해당하는 용어라 볼 수 있다. '글꼴'은 원도 입장에서 보면 '서체'이고 입력장치의 입장에서 보면 '글꼴'이라 하겠다. 포인트(point)를 가지는 글자를 일컬을 때에는 '글꼴'이라 부르고 포인트를 갖지 않고 부르는 이름이라면 '서체'라고 불러도 좋겠다. 구미에서는 모두 **'폰트'**(Font)라고 부른다. **'캐릭터'**(Character)란 '어느 나라 글자냐'와 같은 의미의 '문자'에 해당하는 말이다.

2. 바탕체, 돋움체

글꼴에는 세리프(serif. 획의 시작과 끝에 두는 삐침)가 있는 것(명조체, 또는 바탕체라 함)과 없는 것(Sanserif. 고딕체 또는 돋움체라 함)으로 가르고, 획의 굵기(weight)에 따라 명조(고딕), 중명조(중고딕), 태명조(태고딕), 또는 L, M, B 등의 이름을 붙인다. 예컨대 문화체육관광부와 한국출판인회의에서 제공하는 'KoPub체'는 '바탕체'와 '돋움체'로 세리프 유무를 구별하고 L, M, B로 획의 굵기를 구분하고 있다.

문화 KoPub바탕체_Light
문화 KoPub바탕체_Medium
문화 KoPub**바탕체**_Bold
문화 KoPub돋움체_Light
문화 KoPub돋움체_Medium
문화 KoPub**돋움체**_Bold

'바탕체'는 본문용으로 사용할 수 있고 '돋움체'는 항목용으로 사용되지만 책의 성질에 따라 꼭이 그러한 것은 아니다. 다만 그 책에서 주로 사용될 글꼴에 관한 자간이며 기준선이며 다른 언어와의 조화관계 등을 살펴 아래아한글에서 문서를 만들 때 [글자모양]과 [문단모양]을 지정함이 필요하다.

3. 자면, 자간, 글자크기, 기준선

1) 한글은 정사각형의 몸체를 갖는다. 이를 **전각문자**[1]라 한다. 정사각형 몸체에 앉는 '글자면'의 크기를 '**최대자면**'(letter face 또는 body width라 함), 이 자면(字面)이 앉히는 전체 원도 크기를 '**가상몸체**'(또는 가상보디. imaginary body, body face, character width)라 한다(원도의 크기는 실제 보이지 않는다. 보이는 것은 최대자면의 글자이다). 최대자면과 가상보디 사이의 간격을 '**자간**'이라 한다.

2) **문자의 크기**는 가로가 아니라 세로폭을 기준으로 한 것이다. 10pt크기라 하면 이는 세로의 가상보디 크기이다. 문자크기의 단위는 '**포인트**'(point, pt)이다. 이 1 point의 크기는 0.3514mm(미국식포인트)[2]이다. 아래아한글에서 1point가 몇 mm인지를 알아보려면 [글자모양]에 10pt를 입력하고 'pt'에서 왼쪽마우스 클릭하여 '밀리미터'를 선택해 보면 mm로 변환된 10 point의 값이 3.5mm임을 보인다. 미국식포인트 크기를 따르고 있음을 알 수 있다.

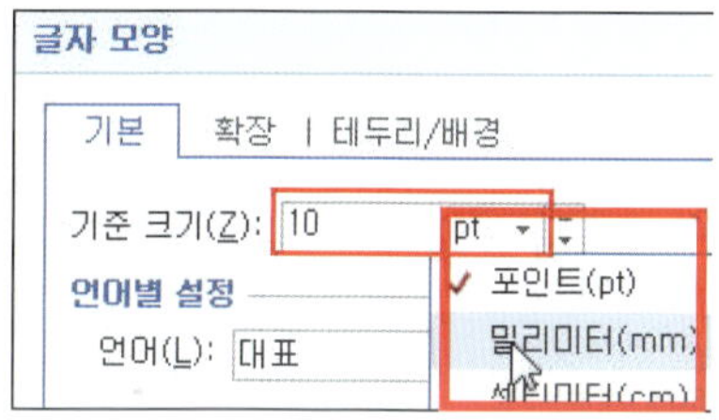

3) 구문서체의 구조는 **베이스라인(기준선)**을 중심으로 한다.

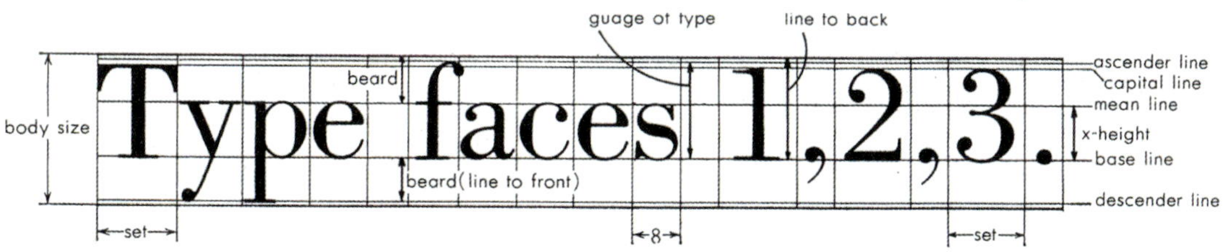

위 그림에서 body size가 문자의 크기이다. 가로폭이 아니라 세로의 몸체를 문

1) 전각(全角)이란 정사각형을 말하며 전각을 몇 분(分)한 것(2분, 3분, 4분 등)에 대응하는 말이다. 영문에서의 문자는 전각이 아니다. 각 문자 생김대로 폭(width)값을 갖는다. 전각은 아니지만 그럼에도 전각개념을 가지고 있어 전각을 'em'이라 하며 m문자를 그 기준으로 하고 반각을 'en'이라 하며 n문자를 기준으로 한다. 영문서체에서 폭을 말할 때 그것이 standard 서체라면 알파벳 소문자 26자가 13em이라고 하며, 13em보다 작은 서체이면 그 서체 이름에 condensed라는 말이 붙고 이보다 크면 expanded라는 말이 붙는다. 12pt를 1pica라고도 하는데 아래 그림에서 글자 크기는 12pt이고 'a', 'b'두 글자가 1 pica(12pt)이다. 전체 26자가 13pica임을 보여 스탠다드 서체가 된다.

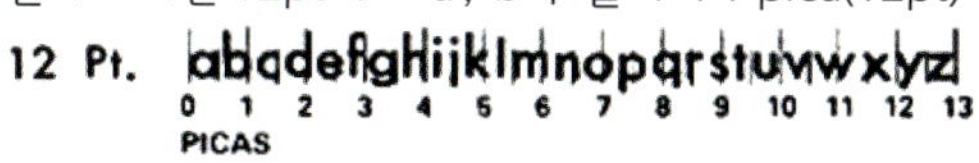

2) 유럽식인 **디도식포인트**의 i point는 0.3759mm이다.

자의 크기로 한다. 맨 밑의 descender line에는 밑으로 긴 소문자의 밑이 온다. g, j, p, q, y 등이 **디센더문자**이다. base line과 mean line 사이에 오는 소문자를 x-height문자라 한다. 대문자의 머리가 오는 곳을 capital line이라 한다. 위로 긴 소문자 b, d, f, h, l 등의 머리가 오는 곳을 ascender line이라 하고 이들 문자를 **어센더문자**라 한다.

4. 세로쓰기와 서체

1) 글을 가로로 읽도록 문자열을 배치하는 것을 '가로짜기'(=가로쓰기) 또는 횡조(横組)라 하고 글을 위에서 아래로 내려읽도록 문자열을 배치하는 것을 '세로짜기'(=세로쓰기) 또는 종조(縱組)라 한다.

   근래엔 거의 모두 횡조로 책을 만들고 있고, 글꼴이라든가도 모두 횡조용으로 만들어져 있어 종조로 책을 만들고 싶어도 이에 적당한 글꼴을 찾기가 어렵다. 가로쓰기 체재에 세로쓰기 글꼴은 이용도가 별로 없다. 그래서 세로쓰기 글꼴을 만들지 않는지도 모른다. 이용도가 별로 없다는 것일 뿐 한글에서 세로쓰기 글꼴이 필요없다는 것은 아니다. 더구나 한글은 원래 가로쓰기가 아닌 세로쓰기용 문자 구성이다. 소설 등 우리글만의 책이라면 종조가 좋다. 그러나 외국문자, 숫자, 표 등이 섞이는 책이라면 횡조가 효율적이다.

2) 세로쓰기에는 세로쓰기용 글꼴을 사용하여야 한다. 이유는 가로쓰기에 가로선의 기준선이 있어 문자열이 이 기준선을 기준으로 정렬되게끔 하듯이 세로쓰기에도 세로쓰기용 글꼴은 세로로 기준선이 있어 이 기준선을 기준으로 문자열이 정렬되도록 구성이 되어 있으므로 가로쓰기용 글꼴로 세로쓰기를 하면 기준선이 없는 문자열이 되기 때문이다.

   가로쓰기용 글꼴은 문자열 폭이 같지 않아도 가로로만 잘 정렬되면 된다. 세로쓰기용 글꼴에서는 글자의 가로폭이 같지 않으면 들쭉거리는 문자열이 된다. 세로쓰기에선 ㅣ모음 기준으로 문자열이 정렬되는데 이 세로쓰기용으로 가로쓰기를 하면 자간이 고르지 않게 된다. 이렇듯 가로쓰기용과 세로쓰기용은 그 서체 구성이 다르므로 가로쓰기용 글꼴로 세로쓰기를 하면 어울리지 않는다. 만일 세로쓰기용 글꼴이 없어 가로쓰기용 글꼴로 세로쓰기를 하여야 한다면 한 자 한 자 옮기면서 정렬해 주어야 한다. 책 표지의 등글자 등의 배치에 유의하여야 할 이유이다.

3) 가로쓰기용 글꼴과 세로쓰기용 글꼴 비교

'서울남산체'는 세로쓰기용 글꼴을 제공한다. 이 글꼴로 가로쓰기와 세로쓰기를 비교해 본다.

> 가로쓰기용 글꼴은 문자열 폭이 같지 않아도 가로로만 잘 정렬되면 된다. 세로쓰기용 글꼴에서는 글자의 가로폭이 같지 않으면 들쭉거리는 문자열이 된다. 세로쓰기에선 ㅣ모음 기준으로 문자열이 정렬되는데 이 세로쓰기용으로 가로쓰기를 하면 자간이 고르지 않게 된다. (글꼴: 서울남산체M)

> 가로쓰기용 글꼴은 문자열 폭이 같지 않아도 가로로만 잘 정렬되면 된다. 세로쓰기용 글꼴에서는 글자의 가로폭이 같지 않으면 들쭉거리는 문자열이 된다. 세로쓰기에선 ㅣ모음 기준으로 문자열이 정렬되는데 이 세로쓰기용으로 가로쓰기를 하면 자간이 고르지 않게 된다. (글꼴: 서울남산체세로쓰기)

가로쓰기용 '서울남산체M'체

가로쓰기용 글꼴은 문자열 폭이 같지 않
아도 가로로만 잘 정렬되면 된다。세로
쓰기용 글꼴에서는 글자의 가로폭이 같지
않으면 들쭉거리는 문자열이 된다。세로
쓰기에선 ㅣ모음 기준으로 문자열이 정렬
되는데 이 세로쓰기용으로 가로쓰기를 하
면 자간이 고르지 않게 된다。

세로쓰기용 '서울남산체세로쓰기'체

가로쓰기용 글꼴은 문자열 폭이 같지 않
아도 가로로만 잘 정렬되면 된다。세로
쓰기용 글꼴에서는 글자의 가로폭이 같
지 않으면 들쭉거리는 문자열이 된다。
세로쓰기에선 ㅣ모음 기준으로 문자열이
정렬되는데 이 세로쓰기용으로 가로쓰기
를 하면 자간이 고르지 않게 된다。

4) 아래아한글의 '글상자' [개체속성]에 들어가면 [세로쓰기]라는 것이 있다. 이는 글상자를 만들고 글상자에 세로로 글을 쓰고자 할 때 이를 체크하면 세로로 글이 입력된다. 글꼴 자체가 세로쓰기 형태로 바뀌는 것은 아니다. 위에서 아

래로, 우에서 좌로 행방향이 만들어지는 것뿐이다.

글상자처럼 가로쓰기글에 삽입되는 세로쓰기가 아니라 문서 처음부터 세로쓰기를 하거나 가로쓰기 책에 페이지를 달리하여 세로쓰기로 할 수도 있는데 [쪽-세로쓰기]를 이용하면 된다. 단, 세로쓰기용 글꼴을 사용하여야만 문자열이 정렬된 판면을 얻을 수 있을 것이다.

5) **세로쓰기(종조)에서 주의점**

횡조 판면에서는 글줄이 왼쪽에서 오른쪽으로 흐르는 순서를 가지며 페이지를 오른쪽에서 왼쪽으로 넘기는 제본형식이라서 이를 '좌철'이라 한다. 표지가 보이는 상태에서 왼쪽에 꿰맴을 하는 것이다. 종조에서는 오른쪽에서 왼쪽으로 행수를 만들어 면을 채워가는 순서를 취하므로 이를 '우철'이라 한다. 모든 종조는 다 오른쪽에서 왼쪽으로의 방향을 가진다. 그래서 책을 펼쳤을 때 횡조의 경우엔 시작이 왼쪽(짝수 페이지)이 되고 끝나는 쪽이 오른쪽(홀수 페이지)이 되나, 종조의 경우에는 시작이 오른쪽이 되고 끝나는 쪽이 왼쪽이 된다. 이러한 판면의 특성으로 하여 종조는 다음에 유의하게 된다.

① 머리말(면주): 오른쪽에 큰 항목, 왼쪽에 작은 항목을 둔다. 한쪽에만 둘 경우에는 펼친 양면으로 보아 끝나는 쪽인 왼쪽 홀수면에만 둔다. 재단쪽(배)에 종조로 넣지만 횡조의 형태처럼 페이지숫자의 좌·우 상단 또는 하단에 넣기도 한다.

② 기준 위치: 본문중에 작은 글자나 큰 글자의 ( )문이 들어가게 되는 경우에는 문자 오른쪽으로 맞춘다. 종조에서는 오른쪽이 기준이다. 방점이나 선을 긋는 경우에도 문자의 오른쪽에 둔다.

③ 표: 표판을 뉘어짤 때엔 표의 머리가 오른쪽으로 오게 한다(기수면에서나 우수면에서나 마찬가지). 종조는 오른쪽이 시작이므로 표판의 머리는 언제나 우측을 향한다.

④ 알파벳 표기: 그 영문의 조판원칙을 적용한다. 즉 원래 가로쓰기로 되어 있는 문자이므로 종조에서 이를 뉘어 가로쓰기한다. 이에 따르는 문장부호·자간·분철 등도 횡조용으로 사용한다. 그러나 대문자(또는 소문자) 낱자만을 기호로서 사용할 경우에는 종조로 하되 종조 전용의 전각문자를 사용한다. 이 전각분의 영문자는 상하·좌우에서 중앙에 위치하므로 한글의

상하·좌우 중앙에 위치하게 된다.

⑤ 수식: 행중에 가로로 뉘어 조판함을 원칙으로 한다.

⑥ 아라비아숫자 표기: 아라비아숫자는 원래 가로쓰기 문자이므로 이를 세로로 나열함은 바르지 않다. 그래서 가로로 뉘어 표기하여야 할 것인데 읽기에 불편함 등을 생각하여 숫자 하나하나를 종으로 분리하여 표기할 수도 있다. 종으로 분리하여 표기하는 경우에는 단위어를 넣는 게 일반이다. 단 십단위어는 이를 넣지 않고 1 단위 숫자와 더불어 가로로 병기한다. 숫자는 2분으로서 두 자리를 합하면 전각이 되기 때문이다.

23만5천2백원

⑦ 계량단위의 표기: 계량단위의 표기는 단위기호(예: m, km)로써 표기할 수도 있고 국어음(예: 미터, 킬로미터)으로 표기할 수도 있으나, 국어음으로 표기하는 것이 원칙이다. 단위기호로 표기할 때엔 이 종조에서는 이를 전각문자화(약물)하여야 한다.

⑧ 문장부호의 표기: 종조 종지부호인 마침표는 고리점(°)을 사용한다. 쉼표는 모점(`)을 사용한다. 고리점·모점은 전각분이며 상부이고 우측에 붙는다. 문자표에서 가로용으로 입력하면 [세로쓰기]시에 종조용으로 변환이 되는 글꼴도 있다. 인용부호는 낫표(﹁﹂)와 겹낫표(﹃﹄)를 사용한다. 문자표에서는 안 보이지만 세로쓰기를 하면 종조용으로 변환이 된다. 세로용 물음표(?), 느낌표(!)는 전각을 사용하고 뉘어지지 않도록 한다. 다시 뒤에 전각을 띄운다. 괄호도 종조용의 괄호(︵︶)를 사용한다.

⑨ 소수점은 2분각의 가운뎃점을 사용하고 숫자말(8.15 등)인 약부호로서도 2분의 가운뎃점을 사용한다.

⑩ 연월일을 생략하는 경우에는 전각 쉼표(모점)로 구획한다.

⑪ 수의 자리수를 표시하는 경우에는 2분 쉼표(모점)로 한다.

05 아래아한글 입력환경

1. 아래아한글 프로그램을 시작하고 편집창이 뜬 상태에서 거기에 다른 수정 없이 그냥 원고를 입력한다면 그것은 아래아한글 제작자가 이미 설정해 놓은 환경(기본서식파일. <01 한글2014 화면 구성과 설정>항의 '2.기본설정' 참조)에서 작업하는 것이 된다. 대체로 이 기본설정은 적정하게 설정이 되어 있을 것이지만 앞으로 내가 만들어 갈 나의 작업환경에 모두 도움이 될 것이라고는 할 수 없다. 이 환경설정을 고쳐야 할지에 관하여 몇 가지 확인해 본다.

2. '환경설정' 및 '빠른교정' 기타

1) **맞춤법도우미 작동 여부:** 아래아한글은 맞춤법이 잘못된 입력에 주의를 환기하라고 그곳에 붉은 밑선을 그어준다. 이 붉은 밑선이 오히려 방해가 된다면 [도구-환경설정-기타]의 **[맞춤법도우미작동]**의 체크를 해제한다. 여기에 [도구-빠른교정-빠른교정동작]을 체크해 두면 띄어쓰기가 자동으로 교정되어 예컨대 '여러가지'처럼 붙여서 입력했다면 다음 입력을 위하여 스페이스바를 누르는 순간 '여러 가지'로 예고없이 띄어진다. 편리해 보이지만 맞춤법에 자신이 없는 경우가 아니라면 꺼두고 작업하는 것이 덜 불편할 것이다. 또한 전문서적 등에서는 전문용어를 사용하게 되고 이 전문용어는 붙여쓰는 것이 그 책을 읽는 독자들에게 가독성이 있는데 마치 초등학교 학생을 독자로 하려는 듯 띄어쓰기를 하는 것은 바람직하지 않기 때문이다.

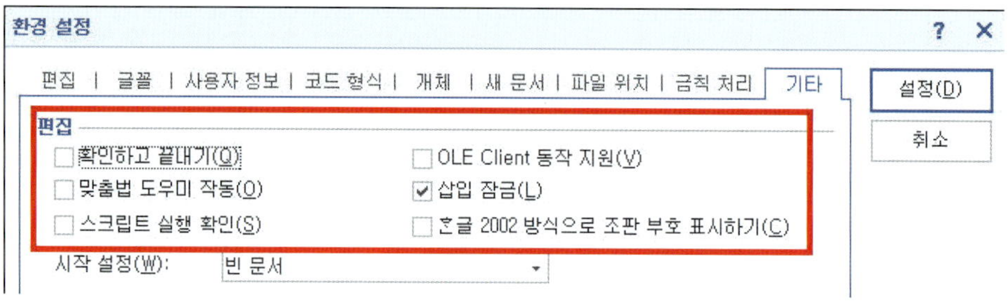

2) **insert키 잠금 여부**: 키보드의 insert키가 작동되고 있으면 delete키 등을 사용하려다가 이 insert키를 누르게 되는데 이것이 눌리면 입력될 때 뒷글자를 지우게 되므로 의외의 실수를 하게 된다. 이 키의 작동을 정지시킬 수 있는 [환경설정-기타]에서 **[삽입잠금]**의 체크 여부를 확인한다.

3) **따옴표 혼용 방지**: 따옴표의 종류는 한글과 영문에서 표기 관습상 그 모양이 같지 않다. 영문은 곧은따옴표 " "를 주로 사용하고 한글은 둥근따옴표 “ ”를 주로 사용한다. 그래서 한글 문서에 영문이 들어가면 따옴표들이 혼용되기도 한다. 키보드를 '한글모드로 놓고 입력'할 때나 '영문모드로 입력'할 때나 둥근따옴표로 나오게 하려는 기능이 있는데 [도구-빠른교정-빠른교정내용-입력자동서식]에서의 **[곧은따옴표를둥근따옴표로바꾸기]** 기능이다. 이를 체크하고 [빠른교정-**입력어자동실행**]을 체크하면 이후 영문모드로 따옴표를 입력해도 둥근따옴표로 나온다. 그러나 [글자모양]의 [영문] 언어에서 지정한 글꼴이 둥근따옴표를 갖고 있지 않으면 곧은따옴표로 나온다. 이미 작성된 원고를 가져다 편집하는 경우 예컨대 참고문헌 등은 복사해다가 붙인 것들이 있을 수 있어 여기에 혼용된 글꼴이 많은데 그럴 가능성이 있는 경우 주의하여 확인해 볼 필요가 있다.

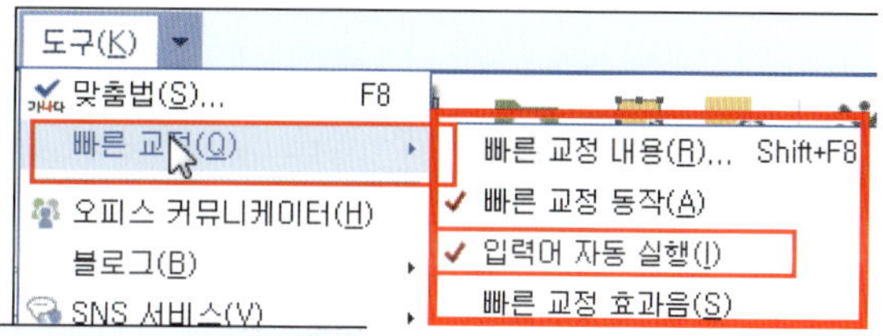

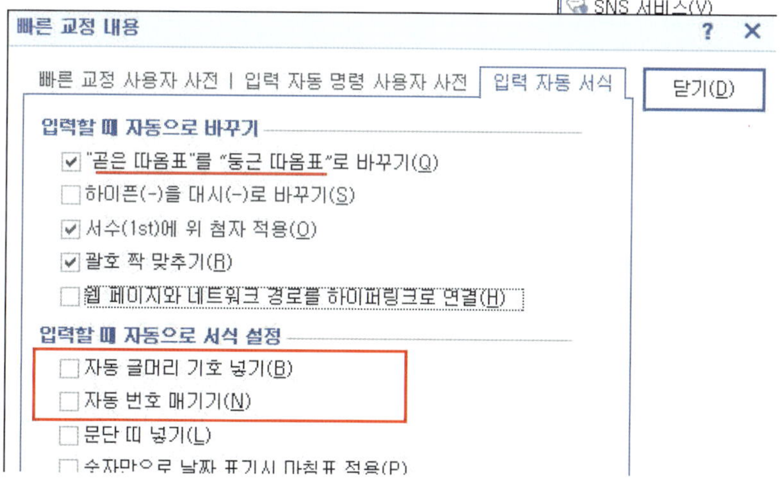

4) **자동번호 넣기 여부**: 문단마다 자동으로 번호가 매겨질 수 있으므로 [빠른교정내용-**입력자동서식**]에서 [자동글머리기호넣기]나 **[자동번호매기기]**의 체크 여부를 확인한다.

5) 한영변환키를 확인하지 않고 입력하는 경우 한글 입력인 줄 알았는데 영어로 입력이 되는 경우, 이를 한글입력으로 인식케 하여 한글로 자동 변환케 하려면 [도구-글자판]에서 **[글자판자동변경]**을 체크해 둔다.

6) **글꼴 등 미리보기**: 글자모양이나 크기의 미리보기를 하려면 [환경설정-편집]의 **[실시간미리보기사용]**을 체크한다. 예컨대 어느 문자열을 블록으로 잡고 서식상

자의 [글꼴] 미리보기나 [크기]에 마우스를 올려 놓으면 그 글꼴이 편집중인 화면에 미리보기가 된다. 또 [환경설정-글꼴]에서 **[서식도구상자에서글꼴미리보기]**에 체크되어 있으면 '서식도구상자'의 [글꼴]창에 그 글꼴의 모양이 보이게 된다. 또 문자열을 블록 설정하면 **[실시간검색]**([도구-환경설정-기타-검색])창이 뜨는데 방해가 되면 그 창 하단의 [문자선택시검색하기] 체크를 지운다.

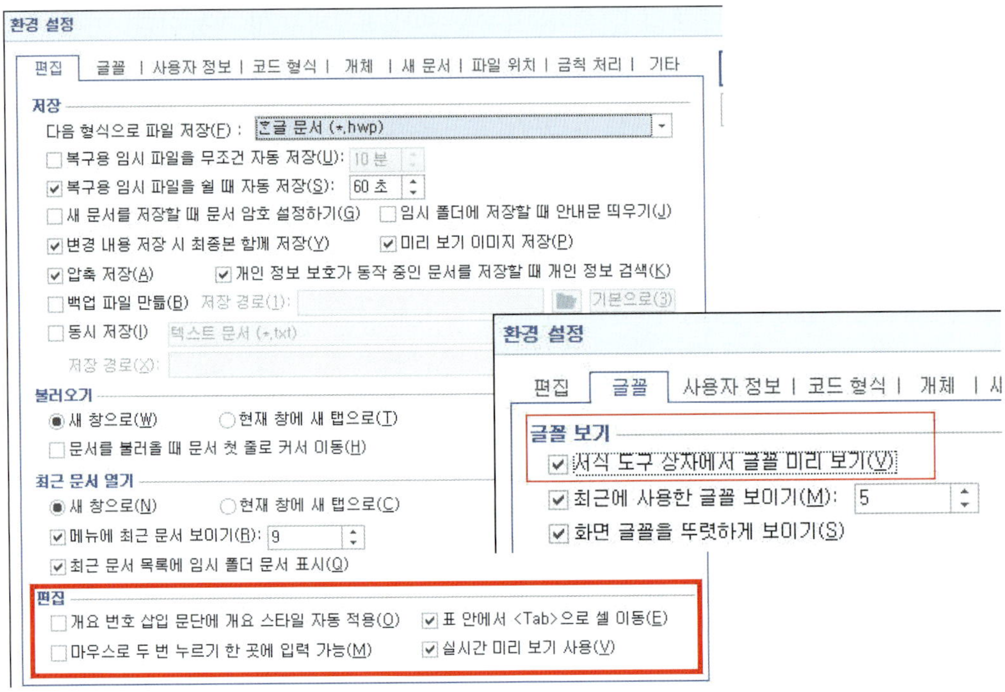

7) [교정부호넣기]([검토-교정부호])에서 [메모고침표]를 사용하는 경우 **편집화면이 좁아지는 경우**가 있다. 이는 실제 그렇게 변경된 것이 아닌, 마치 [조판부호] 보기와 같은 경우이다. 이것이 혼란스러우면 이 교정 부호를 삭제해 버리고 [글상자] 등을 이용한다.

8) **금칙처리**: 판면의 왼쪽 맨 앞(행의 첫글자)이나 오른쪽 맨 뒤(행의 끝)에 와 있어서는 안 되는 글자들이 있다. 마침표나 물음표, 닫힌괄호 등이 행 머리로 와서는 안 된다. 이들이 행 머리로 온다면 이를 행 끝으로 보내야 할 것이다. 단위기호(예컨대 m2)만이 숫자와 떨어져 행 머리로 와 있는 것들을 보게 되는데 이렇게 행의 머리나 끝에 와서는 안 되는 것들을 오지 않게 하는 것이 [금칙처리]이다. [도구-환경설정-금칙처리]로 들어가 [사용자설정]에 체크하고 [줄앞금칙문자]와 [줄뒤금칙문자]에 들어와서는 안 될 기호 등을 입력해 준다.

참고: 금칙과 관련하여
한 행에 문자 하나만 걸려 있게 하여서는 안 되고, 일련숫자는 분할되지 않게 하고 (분할하고싶다면 십, 백, 천 만, 억 등의 단위어를 넣는다), 숫자와 단위기호(또는 표시기호)가 분할되지 않도록 유의한다.

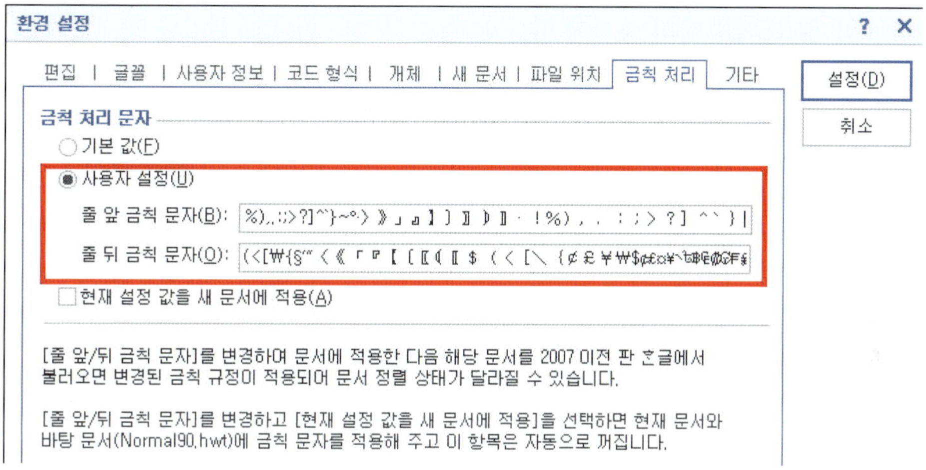

9) **외톨이보호 등**: 항목(항목 그 자체가 한 문단[1]이다)만 페이지 하단에 걸리고 이에 따르는 본문은 다음 페이지로 넘어간 경우 이렇게 남아 떨어진 한 줄 항목 등을 **widow**라 하는데 이는 본문을 앞으로 끌어오거나 항목을 다음 페이지로 넘겨야 가독성이 있고, 의미론적 견지에서나 디자인적 측면에서도 마땅하여 편집자가 항상 주의를 하여야 하는 사항이다. 그래서 편집기에 이러한 경우의 처리를 할 수 있도록 기능을 두는 것은 당연한 사항으로서, 아래아한글의 [서식-문단모양-확장-기타]의 **[외톨이보호]**,[2] **[문단보호]**,[3] **[다음문단과함께]**[4]가 그러한 기능들이다. [외톨이보호]는 페이지 상단에 앞 문단의 마지막 1행이 와서 걸리지 않도록 하기 위한 것이고, [문단보호]란 문단 하나가 두 페이지에 걸쳐 나뉘지 않도록 하는 것이며(온전한 문단으로만 페이지를 구성하게 하는 것), [다음문단과함께]는 문단이 쪽(또는 단) 마지막 행에서 끝나는 경우 다음 문단의 첫 줄을 끌어오거나 현재문단의 마지막 줄을 다음 쪽으로 넘겨 두 문단이 쪽 경계에서 나뉘지 않게 하는 것이다. 항목만 페이지

1) **문단**이란 엔터키로 행이 나뉘기까지의 문자열, 문장들을 말한다. 대체로 한 문단은 첫 행 첫 글자 들여쓰기로 구분된다.
2) 문단 첫 행 하나가 페이지 밑에 걸렸거나, 문단 마지막 행 하나가 다음 페이지에 걸려 있으면 앞 페이지에서 걸린 것을 다음 페이지로 끌어가 문단이 하나되게 하는 것. 끌려가 남는 곳은 비게 된다.
3) 문단에서 몇 행이든 페이지 밑에서 걸려 나뉘는 행이 있으면 그 걸린 행을 모두 다음 페이지로 옮겨 문단 전체가 잘리지 않게 하는 기능이다. 페이지에는 오로지 완전 문단만이 존재하게 된다.
4) 두 문단이 서로 잘리지 않도록 묶여다니게 하는 기능이다. 항목도 한 문단이어서 페이지 밑에 홀로 있지 않는다.

밑에 걸리지 않게 하려면 [다음문단과함께]를 체크해 두면 될 것이다. 그러나 이 기능들이 오히려 불편스러워 단순한 문서가 아닌 책 편집에서는 수동으로 조절하는 것이 효율적이다. 외톨이나 문단은 보호될지 몰라도 그로부터 생기는 다른 판면 정리 문제가 불거지기 때문이다.[1)]

10) **대표글꼴**: 책의 종류에 따라 본문 하나에도 한글과 한자며 숫자며 영문자며 기타 기호 등이 혼재할 수 있다. 하나의 글꼴이 온전하다면 그 글꼴 하나만으로도 조화된 문자열을 만들 수 있을 것이지만 모든 글꼴이 다 그렇지만은 않다. 설사 갖추어져 있다 해도 편집자의 시각에서 마땅하지 않을 수 있는데 이러한 경우 여러 글꼴을 섞어 사용해야 한다. 이를 '**혼식조판**'이라 한다. 아래아한글은 [서식-글자모양]에서 [언어]라는 항목을 두어 '한글·영문·한자·기호·일어·외국어' 등을 각기 별도로 지정하여 사용할 수 있도록 했다. 그런데 [글자모양]에서 조합하지 않고 조합된 글꼴세트를 만들어 하나의 글꼴처럼 사용할 수 있게 한 것이 [도구-환경설정-글꼴]의 **[대표글꼴등록하기]**이다. 좋은 기능이긴 하나 단점이 있다. 대표글꼴도 다른 글꼴처럼 [글자모양-언어]란에서 상대크기라거나 자간 및 기준선(아래아한글은 이를 [글자위치]([서식-글자모양-기본])라고 말하고 있다)[2)] 변경을 각기 또 하여야 하기 때문이다. [대표글꼴등록]시에 이를 함께 할 수 없다면 이중의 수고가 된다. 또 [대표글꼴]이 물리적인 폰트가 아니어서, 오랜 시간 후 여러 수정작업이 필요 한 책 편집·교정의 경우 프로그램 업그레이드나 컴퓨터시스템 등의 문제로 대표글꼴이 인식되지 않을 수도 있다. 효용성이 없는 기능이라 하겠다.[3)]

11) **쪽테두리 넣기**: [쪽-쪽테두리/배경]은 다른 용도로도 사용할 것이지만 판면의 크기를 나타내는 틀의 용도로 이용할 수도 있을 것이다. 그리하면 입력 등 편집 시에 도움이 될 것이다. 판면이 정해지면 자동으로 보조선(가이드라인)이 만들어지는 기능이 아래아한글에는 없어 수동으로 판면 테두리를 [쪽테두리] 기능을 이용하여 만들어 사용하게 된다(<20 쪽·문단테두리>항 참조).

---

1) 예컨대 문단 마지막 줄이 3-5자 정도이면서 이것이 다음페이지 첫 행으로 앉아 있으면 꼬리가 문틈에 걸려 있는 것처럼 불안하고 불안정한 판면으로 보인다. 만일 이 문단이 [외톨이보호]나 [문단보호]로 되어 있다면(문단모양-확장]에서 체크되어 있다면) 앞페이지에서 잘린 것들이 모두 이 페이지로 끌려올 것이므로 앞페이지 아래쪽은 빈 공백으로 남아 더욱 보기 안 좋게 된다. 결국 이 기능을 무시하고 원고를 수정하거나 다른 방법으로 판면을 정리함이 효율적이다.

2) 기준선은 베이스라인이라고도 한다. 글꼴이 다르면 그 글꼴 설계상의 기준선이 다른 글꼴과 꼭 같을 수 없다. 같은 포인트의 크기에서도 글꼴에 따라 그 실제의 자면크기는 다를 수 있기 때문이다. 혼식을 하면 문자열상에서에서 올라서 있거나 내려앉은 글자가 있게 되는데 이를 조절해 주어야 하는 것이 [글자위치]요 기준선 변경이다.

3) 대표글꼴 정보는 C:₩ProgramData₩HNC₩User₩Shared₩Fonts₩Fontinfo.ini에 기록된다(한글2014).

12) **재단여분 넣기**: 아래아한글은 여전히 문서편집기로서만 충실하려는 듯 책편집에 필요한 기능을 넣지 않고 있다. 그 중 하나가 '**재단선 설정**'기능이 없다는 것이다. 책이 되려면 인쇄물을 재단하여 제본이라는 과정을 거치는데 판형(=종이) 끝에서 그림이 재단되도록 하려면 재단 여분은 반드시 있어야 한다. 이렇게 아래아한글에서 판형 밖으로 재단이 되어야 할 편집물을 만들려면 먼저 판형을 재단 여분을 고려한 판형으로 키워 만들어야 하고 그런 다음에 편집중에 실수하지 않도록 편집을 위한 재단 여분 표시가 편집화면에 표시되도록 바탕쪽에서 이를 만들어 놓아야 한다(<21 바탕쪽>항 참조).

3. 본문 편집을 시작하기 전에

본문 편집을 시작하기 위한 준비사항을 요약 정리하면 다음과 같다. 이 점검을 무시할 수 없는 이유는 도중에 바로잡으려면 기존 판면이 헝클어질 수도 있기 때문이다.

1) **판형**: [편집용지]에서 종이 크기(판형)를 지정한다. '재단여백'이 필요한 원고인지 확인하여 판형을 만든다.

2) **판면, 머리말**: [편집용지]에서 여백 지정을 한다. [머리말]과 [꼬리말] 중 선택한다. '여백 지정'시 본문으로부터 얼마를 두고 머리말(꼬리말)을 둘 것인지를 확실히한다. 책의 이미지를 만드는 요소이기도 하기 때문이다. 머리말(꼬리말)은 [위쪽](꼬리말이면 [아래쪽]) 여백과 함께 판형의 '위' 쪽(꼬리말이면 아래쪽) 여백이 된다. '판면'이라는 본문의 틀 속에 머리말(꼬리말)이 들어가지 않음을 고려한다.

3) **세로정렬, 위쪽**: 본문 속에 큰 글자 등이 들어가게 되는 원고(할주도 큰 글자로 취급)인지를 살펴 행간이 고르게 되도록 '세로정렬'([문단모양-확장])을 [위쪽]으로 할 것인지를 결정한다.

4) **줄간격, 고정값**: 행간([줄간격])을 큰 글자에 영향을 받지 않도록 [줄간격]의 종류를 [고정값]으로 지정할지를 결정한다.

5) **어간,[1] 최소공백**: '양쪽정렬시'에 스페이스가 들어가는 띄어쓰기 정도를 좁힐 것인지 넓힐 것인지 [문단모양-최소공백]에 지정한다.

6) **행 끝 잘림**: 한글이나 영문이 행 끝에서 다 들어가지 못하고 나뉘어야 할 때 [한글]의 경우 [문단모양-기본]에서 [한글단위]를 [어절]로 하면 띄어쓰기가 있는 곳을 행 끝으로 오게 함으로써 문단의 어간이 들쭉거릴 것이므로 그러한

---

1) **어간**: '띄어쓰기'의 편집용어이다. 아래아한글은 이를 '빈칸'이라 한다.

성질의 원고가 아니라면 **[글자]**로 잡아주고, [영어단위]의 경우에도 [단어] 혹은 [글자] 또는 **[하이픈]**으로 자를 것인지를 지정해 놓는다. 나중에 이를 고치게 되면 애써 정리한 전체 판면이 흐트러질 수 있다.

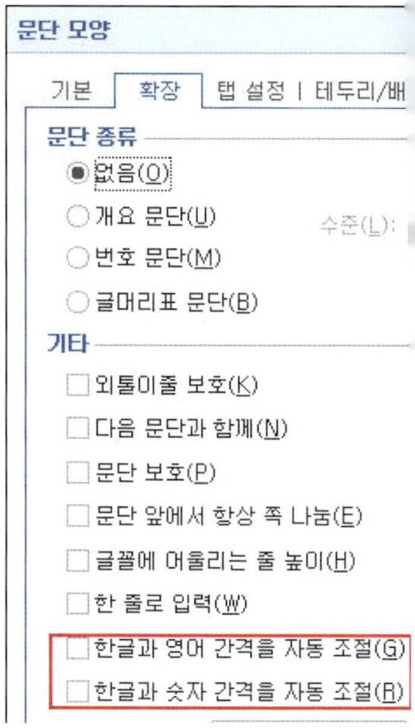

7) **'한글'과 '숫자/영자'의 자동 자간 띄우기**: 예컨대 '4년'이라는 문자열에서 '4'와 '년'의 사이가 좁은 것으로 보인다면 [문단모양]의 [확장]탭에서 **[한글과숫자간격을자동조절]**을 체크한다. 'Google은'에서처럼 영문자와 한글이 너무 붙는다 싶은 경우에도 **[한글과영어간격을자동조절]**에 체크한다. 한글은 전각문자이고 숫자나 영문은 그 글자 생김대로의 크기만한 폭을 가지므로 조화롭지 않아 보인다. 그래서 활자조판시절에는(활자는 전각에 자간까지 넓었기 때문에 숫자나 영문과의 부조화가 눈에 띄었다) 이들 사이에 4분 띄우기라는 것이 필수 교정사항이었다. 그러나 글꼴의 환경이 달라진 전산조판에서 이것은 필수가 되지 않는다. 아래아한글은 활자조판 시절의 이 기능을 여기 두었지만 미세한 자간 조절을 할 수 없어 오히려 스페이스를 넣은 것 같은 역효과가 생긴다. 아래아한글의 기능 개선에서 차후 세밀한 조정이 되도록 8분이나 6분 등[1]으로 선택할 수 있도록 한다면 유용할 수 있다. 우선은 사용자가 매크로를 이용하여 사용함이 최선일 것이다.

8) **쪽테두리, 줄간격, 판면행맞춤**: 판면이 지정되며 '쪽테두리'를 만든다. 글자크기가 지정되면 행간(=줄간격)을 정한다. 정한 행간으로 판면 하단이 맞지 않을 것이므로 한 페이지분이 넘는 글자를 입력하고 이를 블록 설정 후 서식도구의 줄간격상자에 소수점 한 자리 단위로 값을 입력해 가면서 판면 하단에 줄이 닫도록 행맞춤을 한다([줄간격] 종류는 [고정값]으로 해두고 [환경설정-편집]의 [실시간미리보기사용]이 체크되어 있어야 한다). 행간 조정으로 판면이 맞다면 이제 이 행간값을 본문의 행간으로 정한다.

9) **스타일 지정**: 위의 것들을 [본문]의 [스타일]로 지정해 놓는다. 스타일은 뒤에 설명한다(<10 스타일 지정>항 참조).

1) 전각에 대응하는 용어로 2분(반각), 3분(전각의 1/3), 4분(1/4), 6분, 8분 등의 자간 조절이 있다. 이들을 활자조판시절에는 '공목'이라 하였다. 아래아한글은 이런 세부 자간 조절 메뉴는 없다. 꼭 이러한 자간 조절 기능이 필요하다면 아래아한글에서는 [자간]값을 더 주는 방식으로 조절할 수 있을 것이고 자주 그래야 한다면 이를 매크로(<36 매크로>항 참조)로 지정하여 사용할 수도 있을 것이다.

글꼴지정

1. 개 괄

아래아한글의 본문 입력에 필요한 요소는 '글꼴선택', '글자크기', '줄간격'이다. 선택된 글꼴을 '정렬방법'과 '들여쓰기' 등 어찌 배치하여야 할 것인가도 지정해야 한다. 이들은 [글자모양]([서식]메뉴)과 [문단모양]([서식]메뉴)에서 일괄 지정한다. 이 지정된 것을 [스타일]로 만들어 놓게 되면 이후 이 [스타일] 적용으로 입력과 편집을 일관되고 빠르고 편안하게 할 수 있다.

이하에서 좀더 세분하여 살펴본다.

2. 글꼴 선택

1) **아래아한글이 설치하는 글꼴과 글꼴목록**: 아래아한글을 처음 내컴퓨터에 설치하게 되면 아래아한글이라는 프로그램에서 제공하는 글꼴이 설치된다. 설치되는 글꼴은 **HFT**(HangulFontType)라는 한글 전용글꼴과 **TTF**(TrueTypeFont)라는 글꼴이다. HFT 파일은 [ProgramFiles-Hnc-HOffice9-Shared]의 [fonts] 폴더에, TTF파일은 [ProgramFiles-Hnc-HOffice9-Shared]의 [TTF]와 [Windows-Fonts] 폴더에 설치된다(한글2014). [Windows-Fonts] 폴더에는 다른 응용프로그램(MSWord라거나 Photoshop이라거나 등)에서 설치된 글꼴들도 함께 있는데 TTF 외에 **OTF**(OpenTypeFont)라는 글꼴도 들어 있다. OTF 글꼴은 아래아한글이 아닌 다른 응용프로그램에서 설치되었을 글꼴이다. 아래아한글 서식도구의 **[글꼴]목록**에서 이들 글꼴을 모두 볼 수 있고 그 글꼴 본래의 모양도 볼 수 있다([도구-환경설정]의 [글꼴]탭에서 [서식도구상자에서글꼴미리보기]를 선택하였다면).

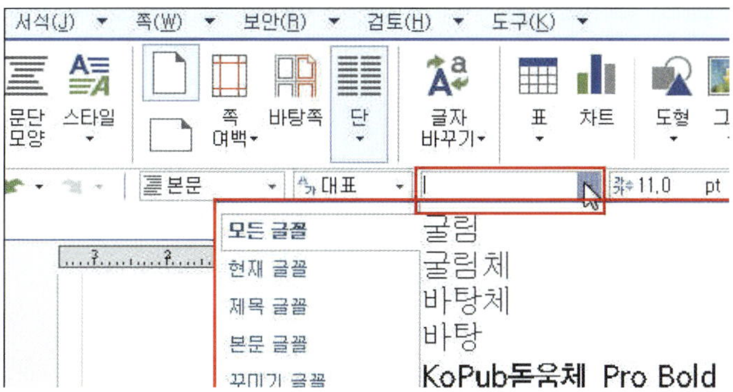

2) **아래아한글과 TTF/OTF**: 글꼴목록상자에 나타나는 모든 글꼴들이 출판용으로

다 훌륭히 인쇄될 수 있는 것은 아니다. Windows가 기본으로 사용하는 글꼴은 **TrueType**글꼴(TTF)이다. 컴퓨터에서 글꼴의 용도는 모니터의 화면 출력용(웹페이지용 등)으로 사용되거나, 일반 사무용문서 출력을 위한 프린터 출력용으로 사용되거나, 출판용으로 사용될 것이다. TTF확장자의 트루타입은 화면용이지만 일반문서 출력용으로도 무난하다. 그러나 책의 **출판용**으로는 만족하다 할 수 없다. 아래아한글의 **HFT** 글꼴도 출판용으로 기대하기 어렵고 특히 PDF 출력 등 호환에도 문제가 있다.

트루타입글꼴 외에 윈도에서 사용할 수 있는 글꼴로 OTF 확장자의 **OpenType** 글꼴이 있다. 트루타입글꼴보다 글꼴을 만드는 윤곽선 곡선이 매끄럽다는 점에서 Windows 체제하에서 최선의 출판용 글꼴이라 할 수 있다. 그러나 사용하는 모니터의 해상도에 따라 모니터상에서는 안 좋아 보이기도 한다.[1][2]

---

1) 디지털 글꼴을 표현 하는 방식은 크게 두 가지로 나뉜다. 점으로 표현되는 비트맵 방식과 선으로 표현되는 윤곽선(벡터) 방식이다. 비트맵방식은 크기가 고정된 점으로 이루어져 있어 처리 속도는 빠르지만 만들어진 크기에서만 제대로 보이며 확대를 하면 획의 둥근 부분이 계단처럼 보이는 방식이고, 윤곽선 방식은 처리 시간은 좀 걸리나 크기를 변화시켜도 매끄럽게 표현이 된다. TTF(TrueTypeFont)와 OTF(OpenTypeFont)는 모두 윤곽선 방식으로서 TTF 포맷은 애플에서 어도비에 대항하기 위해(1985년 Adobe사는 Postscript라는 페이지기술언어를 개발하였다) 개발한 글꼴 저장 형식이다. OTF포맷은 1996년 마이크로소프트와 어도비가 합작하여 발표한 글꼴 저장 형식으로서 Window, Mac, Linux 등 모든 환경에서 모니터화면 또는 인쇄물상에 똑같은 글자모양으로 보여줄 목적으로 제작된 것으로서 그래픽 디자인 출력에 주로 사용하여 출력 품질은 좋지만 모니터 화면에서는 다소 매끄럽지 않게 보일 수 있다. 벡터방식의 베지에 곡선식(n개의 점으로부터 얻어지는 n-1차 곡선, 수치 해석 분야에서 상당히 중요한 위치를 차지하고 있음)을 많이 쓴다는데 곡선식의 차수가 높을수록 좀더 자유로운 곡선 표현이 가능하며, DPI(Dots Per Inch: 해상도의 단위)가 높아도 깔끔하게 표현이 가능하다고 한다.
TTF 포맷은, **2차원 베지어 방식**으로서 2차원이기 때문에 계산량이 적어 속도가 비교적 빠르지만, 자유롭고 예리한 곡선 표현이 조금은 어렵다는 단점이 있다.
OTF 포맷은 **3차원 베지어 방식**으로 계산 과정이 좀더 복잡해 표현의 속도는 느리지만, 섬세한 곡선 표현을 할 수 있다.
TTF와 비교할 때 OTF가 다 좋은 것은 아닌데 DPI가 낮은 모니터 화면에서는 글꼴이 다소 매끄럽지 않게 보일 수 있기 때문이다. 따라서 일반문서 작업이나, 저해상도 출력 및 웹사이트에 적용할 이미지 제작 등 일상생활에 폰트를 사용 할 경우 TTF 포맷의 글꼴이 효과적일 수 있다. 그러나 고해상도의 출력을 위하여는 OTF포맷의 글꼴이 더 적합할 것이다. (이 내용은 윤디자인연구소의 '윤톡톡'에서 발췌, 재구성하였음. http://yoon-talk.tistory.com/64)

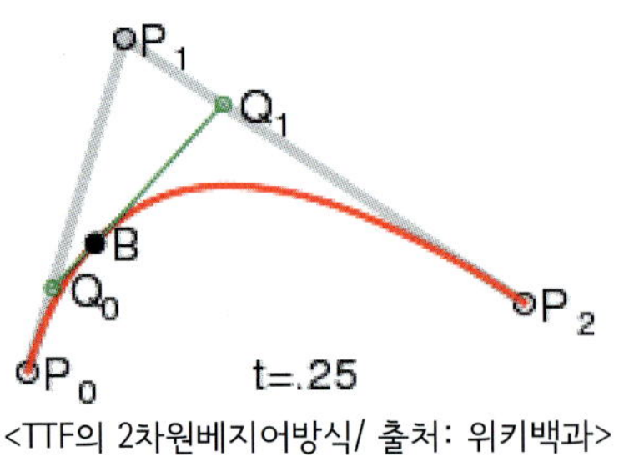

<TTF의 2차원베지어방식/ 출처: 위키백과>

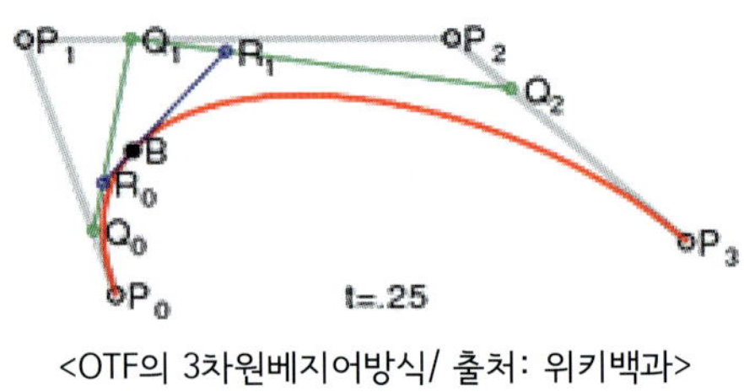

<OTF의 3차원베지어방식/ 출처: 위키백과>

2) OpenType 파일 포맷에는 GlyphOutline 형식에 대한 정의가 없고 대신 TrueType, CFF(Compact File Format), AdobeType1(PostScript)을 사용한다는 점이다. 즉, **OpenTypeFont 중에는 TrueType으로 글자모양을 정의한**

이들 외에 **PostScript**[1]라는 것이 있는데 이는 실제 인쇄될 글꼴은 출력기 안에 존재시켜 놓고 모니터상에는 별도의 화면 글꼴을 띄운 후 이로부터 출력기 안의 포스트스크립트를 읽어 인쇄케 하는 방식이다. 이 글꼴을 사용하려면 Postscript를 지원하는 편집프로그램을 사용하여야 한다. 물론 아래아한글은 이를 지원하지 않는다.

아래아한글은 '한글2010'버전에 OTF라는 확장자의 OpenType글꼴을 사용할 수 있도록 했다. 그러나 입력은 할 수 있고 또 잉크젯 등 프린터로 프린트도 할 수 있지만 PDF로의 저장은 되지 않는다. PDF로 저장이나 인쇄가 되지 않으면 책 편집용으로 사용할 수 없다. 다행히 Adobe Acrobat을 이용하면 '인쇄' 명령을 사용하여 PDF출력을 할 수는 있다.

아래아한글의 글꼴미리보기 상자에서 이들 ttf, otf, hft의 글꼴 종류가 분별되지 않을 수 있다. [도구-환경설정-글꼴]의 [글꼴목록설정]에서는 TTF와 HTF만을 구별할 뿐(HFT는 H, TTF는 T라는 아이콘) OTF는 TTF로 표시되고 있다.[2] 따라서 어느 글꼴 이름이 어느 종류의 글꼴인지를 미리 알아두고 선택하여 사용해야 한다.

3) Windows-Fonts폴더의 글꼴이름을 더블 클릭하면 '**windows글꼴뷰어**'가 실행되고 그 글꼴의 정보와 글꼴샘플을 보여준다. 아래 폰트정보 그림에서 이 글꼴은 트루타입과 오픈타입 두 종류를 가지되 오픈타입글꼴에는 'pro'라는 이름을 붙이고 있다. 글꼴 이름에서 어느 글꼴은 'otf'라는 이름을 붙여 ttf와 구별시키고 있고 어느 글꼴은 아무 구별표시도 하지 않는다. 그 경우 이 '**글꼴정보**'를 열어보면 그것이 무슨 윤곽선체인지 알 수 있게 된다.

이 정보의 '버전' 밑에는 '윤곽선' 방식을 표시해 주고 있다. '**포스트스크립트 윤곽선**' 방식이 '**트루타입 윤곽선**' 방식보다 더 정밀한 윤곽선이어서 이 글꼴의 인쇄품질이 나을 것이다. 그러나 이 글꼴을 사용하다 보면 모니터상에 글꼴이 깨

Font도 있고 **CFF 혹은 PostScriptFont로 정의**한 폰트도 있는데 보통 이를 칭할 때 'CFF-flavored OpenType'라는 식으로 부른다. 확장자가 TTF이면 Outline 형식은 TrueType이다. 하지만 그냥 TrueTypeFont일 수 도 있고 TrueType flavored-OpenType 폰트일 수 있다. 반면 확장자가 OTF이면 Type1(PostScript) 혹은 CFF-flavored OpenTypeFont이다. 이 둘은 모두 Adobe에서 만든 형식이기 때문에 AdobeFlavored라는 용어를 사용하기도 한다. (이 내용의 출처: http://blog.naver.com/jmoaa?Redirect=Log&logNo=40037407337)

1) 포스트스크립트는 1985년 Adobe사가 만든 글꼴 포맷으로 Type1,2,3,0 등의 형식이 있으며, **베지어 3차곡선**으로 윤곽선을 표현한다.

2) 오픈타입글꼴에 관하여 아직 아래아한글은 준비되어 있지 않아 보인다. 오픈타입글꼴을 입력은 할 수 있게 하였지만 그 이상의 지원에는 무관한 듯하다. 예컨대 [파일] 메뉴의 [PDF로저장하기]를 하면 OTF글꼴로 저장이 되지 않는다.

진 듯도 하고 또는 흐린 듯도 하여 글꼴선택이 잘못된 것은 아닌지 의심도스럽지만 그러한 경우 샘플 편집을 하여 PDF로 출력을 해 보면 그 차이를 보게 될 것이다.

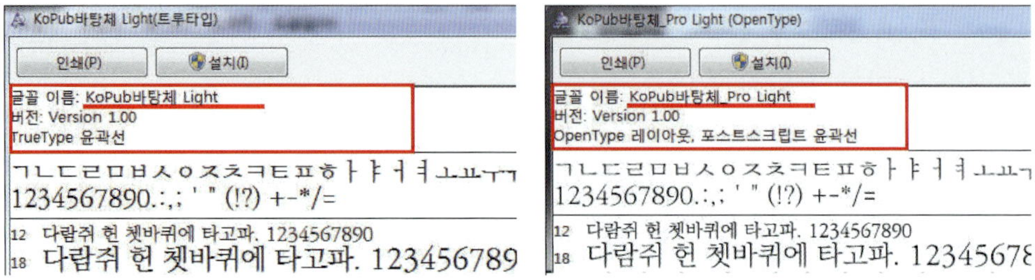

<글꼴정보>

4) **무료 글꼴**: 근래에 공공기관이나 기업체에서 제작하여 일반에 무료 배포되는 글꼴이 적지 않다. 책으로 출판될 인쇄물이라면 종전에는 postscript폰트를 사용하여야 했고 이 폰트는 반드시 구입하여 출력기에 설치되어야 했으므로 글꼴 제작자는 무단사용에 관해 신경쓸 일이 없었다. 그러나 postscript 폰트가 아니어도 그에 못지않은 품질로 인쇄가 되고 사용도 편한 글꼴이 만들어지면서 글꼴의 저작권 문제가 대두되어 출판 유관 단체에서는 무료 글꼴을 제작하여 배포까지 하게 된다.

   무료 글꼴이라고 무시할 수 있는 것만은 아니다. 그 제작시기가 오래되지 않아 신선감이 있고 개성 있는 디자인을 만날 수 있기 때문이다. 무료 글꼴 가운데에는 OpenType글꼴도 제공되는 것이 있어 출판용으로도 사용할 수 있다. 다음은 OTF글꼴로서 무료 배포된 본문 및 항목용 몇 가지 예이다.

글꼴이름 (OTF)	배포년	개발·제공자	제작자	비 고
나눔글꼴[1]	2008.10	네이버(NHN)	산돌	명조체는 **한자** 지원 안 됨
KoPub바탕체/돋움체[2]	2011.12	문화체육관광부/출판인회의		전자출판용으로개발되었다 하나 OTF의 경우 출판본문용으로도 적합
바른돋움체/바탕체[3]	2010, 2011	대한인쇄문화협회	윤디자인	문화체육관광부 지원에 의함. 본문 항목용으로 무난. **한자** 지원 안 됨
KBIZ한마음체[4]	2013.12	중소기업중앙회		'TTF는 한컴오피스 2014VP'에 탑재됨
서울남산체/한강체[5]	2008.7	서울시		한강체는 본문용으로도 사용될 수 있을 것이고 남산체는 본문 보조용으로 적당할 듯
KT&G상상체[6]	2010.10	KT&G	산돌	상상본문/상상제목 모두 항목용으로 적당. 사용권한[7]이 제한될 수 있음

아리따부리/돋움8)	2015.1	아모레퍼시픽	안그라픽스	출판 본문용으로서는 서체 굵기에 문제가 있을 수 있음. 사용권한이 제한될 수 있음
제주고딕체/명조체9)	2010.4	제주도	산돌	'명조'는 본문 보조용으로 적당할 듯. 문장부호 중 전각체가 있음에 유의. 한자 없음. 사용권한이 제한될 수 있음
EBS훈민정음10)	2014.10	EBS 한그리아글꼴사업부		항목용이나 참고용 항목으로 사용될 수 있을 것임
석보체11)	2013.10	대한불교조계종	안그라픽스	항목용이나 참고용 항목으로 사용될 수 있을 것임
10×1012)	2011.10	텐바이텐	산돌	사용권한이 제한될 수 있음
해수체13)	2013.10	해양수산부		항목용 고딕체로 유용

무료 글꼴 사용상의 도움말:

이들 무료 글꼴은 충분한 검토 없이 제작·배포되었을 수 있어 언어간(한글, 영문, 한자 등) 부조화가 있기도 하다. 검토하면서 사용해야 할 것이다.

- **Kopub바탕체**(이 문자열에 관하여: 고딕의 한글은 '10×10'체로서 장 98%, 자간 -3%이고 글자위치 6이다. 영문은 '10×10Bold'체에 상대크기 94%, 장 96%이고 글자위치 -2이다)를 본문용으로 사용한다면 영문체는 아리따부리M이 적당할 것이고, 어울리는 고딕체로는 KT&G의 상상본문L이나 M, 또는 '바른고딕'일 것이다. 자간은 +2로 넓힘이 판면을 편안케 할 것이다. 기타 'ㅃ' 자음이 간략화되어 있음을 유

* 아래 사이트주소 2015.5.26 현재
1) 나눔글꼴 참고웹사이트: http://hangeul.naver.com/download.nhn
2) KoPub체 참고웹사이트: 문화관광부출판인쇄산업과= http://www.mcst.go.kr/web/s_notice/notice/noticeView.jsp?pFlagJob=N&pSeq=6870
한국출판인회의= http://www.kopus.org/Biz/electronic/Font.aspx
3) 바른체 참고웹사이트: http://www.print.or.kr/bbs/board.php?bo_table=B52
4) KBIZ한마음체 웹사이트: http://www.kbiz.or.kr/user/nd98015.do
5) 서울서체 참고웹사이트: http://www.seoul.go.kr/v2012/seoul/symbol/font.html
6) KT&G상상체 참고웹사이트: https://www.ktng.com:8776/sangsang?mode=INTRO
7) **사용권한**: 사용권한이 제한될 수 있는 폰트란 '사용허가를 받아 사용할 수 있다'는고지와 함께 배포한 것이지만 근래 글꼴전문제작회사들의 로펌을 통한 무작위 저작권단속과 같은 그런 목적의 제한사항은 아닐 것으로 본다. 그렇게 사용제한을 고지한 것은 불순한 목적으로 사용함에 따른 피해에 대한 예방적 일반적 고지일 것이라 생각되기 때문이다. 만일 무단사용을 찾아내기 위한 어떤 일을 일부러 한다면 이는 배포의 목적(공익)에 상치될 것이고 배포처의 위상에도 도움되지 않을 것이다. 결코 상업목적이 아닌 배포이기 때문이다. 이 책에서는 무료글꼴을 사용하되 배포처에 굳이 사용 허락을 요구하지 않고 사용하았다.
8) 아리따부리 참고웹사이트: http://www.amorepacific.com/content/company/ko-kr/group/cibi/typeface-arita.html
9) 제주서체 참고웹사이트: http://www.jeju.go.kr/index.jeju?menuCd=DOM_000000302008006000&sso=ok
10) EBS훈민정음체 참고웹사이트: http://about.ebs.co.kr/kor/notice/recsroom?tabVal=hunmin
11) 석보체 참고웹사이트: http://www.buddhism.or.kr/bbs/board.php?bo_table=DN_Content_001&wr_id=117&DNUX=info_01_1002
12) 텐바이텐체 참고웹사이트: http://www.10x10.co.kr/play/playtEpisodeFont.asp
13) 해수체 참고웹사이트: http://blog.naver.com/koreamof?Redirect=Log&logNo=120199897671

의하고, 사용에 임하여 장99%, 자간+2, 최소공백75% 영문=아리따M(장 98%)이면 어떨까 싶다.

- **'바른바탕'**: 한자가 없으며 '?' 등 문장부호의 자간 문제가 있다("너냐? "). **'바른돋움2'**의 한자에는 '남산B'나 '나눔고딕'('나눔고딕'에는 한자가 있다)이 어울릴는지 모른다.
- **제주명조**를 사용하는 경우에는 **'?'** 나 **'닫힌 따옴표'** 등이 전각으로 들어가므로 [영문]을 다른 글꼴로 바꾸어 준다. 한자가 없으므로 **'제주체'의 한자**에는 'KoPub바탕'/'상상본문M'이 적당할 것이다. 기호에서 예컨대 독일 문자 ü ä ö 등의 크기가 고르지 않다.
- **'KBIZ한마음체'**는 대체로 한자 영문 기호 등이 다 갖추어지고 본문용으로 서체 구성이 무난해 보인다. 다만 **글자농담**에 주의를 하여 R체가 약할 수도 있으므로 M체도 고려해 보아야 하고 특히 영문은 **문장부호의 기준선**이 내려와 있어 부조화롭다. 이 부조화에는 영문 '아리따부리' 등을 고려해 본다. 또는 한글만을 '한마음명조M'으로 하고 영문(상대크기 95%, 기준선 -8), 한자(상대크기 97%, 기준선 -8), 기호(상대크기 97%, 기준선 -8) 등을 'Kopub바탕L'로 사용함도 생각해 볼 수 있다. 이 글꼴에선 **'뜽'**이나 **'쳥'** 등의 글자도 빠져 있다.
- **'KT&G바탕M'의 차상위 고딕형으로는** '10×10'이나 '10×10Bold'를 생각해 볼 수 있다.
- **'10×10'**에 어울리는 **한자**는 'KT&G상상본문M'(또는 '남산체EB'), **영어 및 숫자** 등은 '10×10Bold'이다. 10×10은 **'바른돋움3'**이나 **'남산체M'**의 상위 고딕형으로도 적당해 보인다.
- **'서울남산체M'**은 글자모양을 상대크기 92, 장평 105, 자간 -6. 어간은 [글자모양-확장-글꼴에어울리는빈칸] 체크 등으로 사용해 보는 것도 새로울 것이다.
- **나눔명조**: otf는 한자 지원 않음. 나눔고딕(OTF)엔 한자가 지원된다. 나눔명조는 도서용으로 서체가 약해 보인다. 나눔고딕 ttf는 adobe PDF변환이 안 된다.

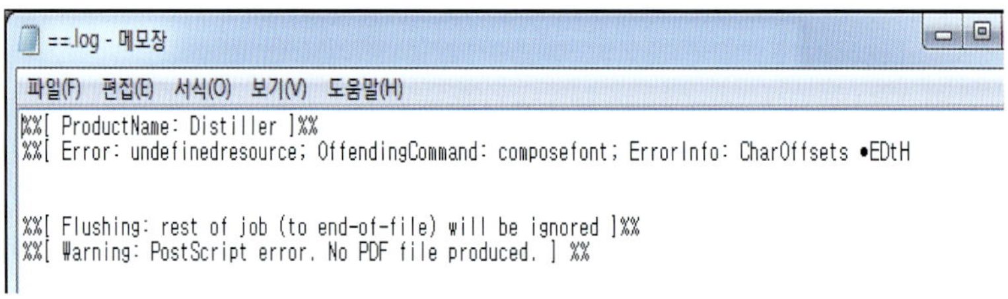
==.log - 메모장

파일(F) 편집(E) 서식(O) 보기(V) 도움말(H)

```
%%[ ProductName: Distiller ]%%
%%[ Error: undefinedresource; OffendingCommand: composefont; ErrorInfo: CharOffsets •EDtH

%%[ Flushing: rest of job (to end-of-file) will be ignored ]%%
%%[ Warning: PostScript error. No PDF file produced. ] %%
```

3. '글자모양' 지정하기

지금 작업하여야 할 이 원고가 책이 될 원고인지, 단순 문서일 원고인지, 아니면 웹페이지용 원고인지가 판단되면 글꼴의 유형(ttf 또는 otf)을 무엇으로 할 것인지도 선택이 될 것이다. 우리는 책을 만들 것이므로 OTF로 할 것이다. TTF도 사용될 것이나 그것은 불가피한 경우이거나 고딕용일 것이다. 웹페이지 또는 문서용이라면 TTF를 선택한다.

'글꼴' 선택에서 본문용이면 '바른체', '한마음체', 'KoPub체', 어느 것을 선택할 것인지, 그 크기는 어느 정도로 할 것인지, 선택한 글꼴의 '자간'은 어떠한지, 다른 언어관계(영문체며 한자체며)는 어떠하며 다른 글꼴로 대치할 것인지, 그것들의 기준선 관계는 적당한지를 살펴 지정해 주어야 한다. 글꼴과 그 크기는 이미 판면 지정시에 고려되었을 것이다. 이제 구체적으로 글꼴과 크기를 선택·확정하기 위한 지정 방법을 살펴본다.

1) 본문용이든 항목용이든 **글꼴을 무엇으로 선택할 것이냐** 하는 것은 일단 내용을 일부 입력한 후 그 문단에서 [서식] 메뉴(또는 오른마우스 클릭)를 골라 [글자모양](단축키: alt+l. 편집이 끝날 때까지 [글자모양]을 사용할 일이 적지 않을 것이므로 이 단축키는 기억해 둔다)을 선택한다.

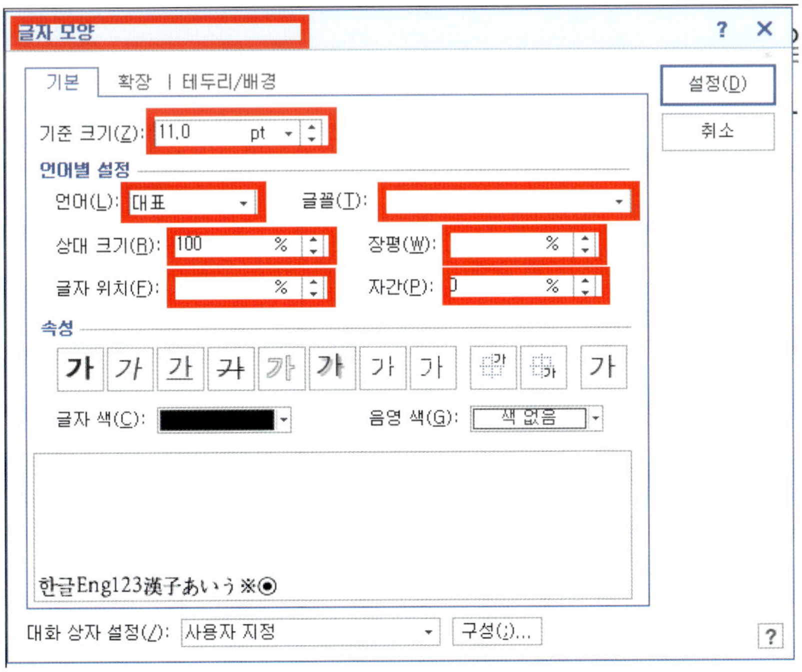

2) 이 대화창에서는 **글자크기**, 섞어 쓸 다른 **언어**, **글꼴**모양, **장평**체, **자간**, 글**자위치** 등을 지정할 수 있다. 이들은 기본 지정사항이다. 나머지 사항들은 경우에 따라 수시로·부분적으로 불러 지정해도 되는 사항이다.

3) **글자크기**는 point로 지정한다. point는 **pt**로 약하여 쓴다. 입력상자의 드롭다운 메뉴 화살표키를 눌러 각 포인트 크기를 고를 수 있으나 직접 입력할 수도 있다.
입력상자의 'pt'라는 글자를 클릭하면 point 아닌 다른 단위로도 지정할 수 있다.
'**포인트**'는 0.3514mm이고
'**파이카**'는 12포인트 이며
'**급**'은 0.25mm의 크기이다.
'**픽셀**'은 모니터해상도에 따라 다르다.

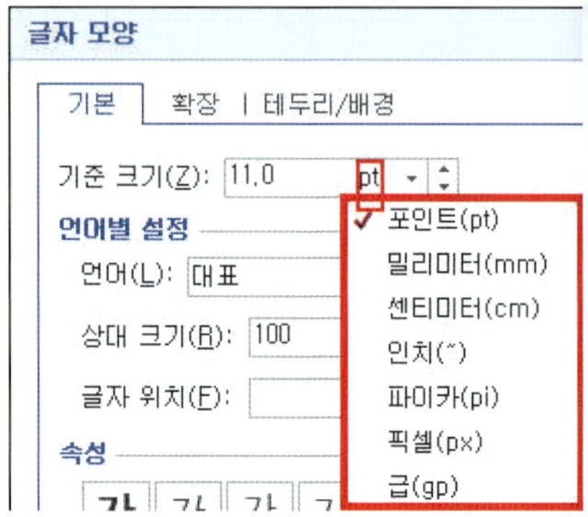

4) **[글꼴]**에는 아래아한글에서 사용할 수 있는 글꼴 이름들이 나타난다. 이름 앞에 붙어 있는 아이콘의 H모양은 HFT 아래아한글 전용글꼴 표시이고 T모양은 트루타입 글꼴 표시인데 OTF도 T로 표시된다. 아직 아래아한글은 OTF에 관하여 무관해 보인다.

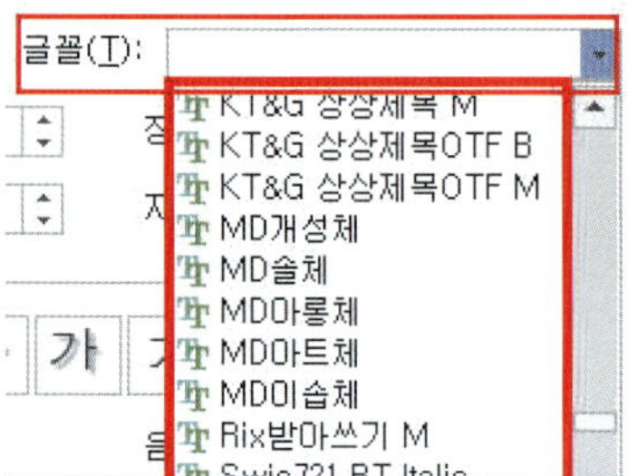

5) 모든 글꼴이 모든 문서에 잘 적용되도록 만들어졌다고 보기는 어렵다. 무료 글꼴에서는 다반사이지만 상용글꼴에서도 그렇다. 예컨대 한글과 영문자의 농도며 크기라거나, 한자의 경우 정자와 약자가 섞여 있음은 물론이고 문장부호를 영어에서 가져다 그냥 쓰게끔 되어 있다거나 로마문자나 기호가 부조화하다거나 하는 등이다. 이러한 경우 이를 보완할 수 있게 한다거나 또는 사용자의 시각이 글꼴 제작자와 다른 경우, 예컨대 숫자체를 달리하고자 한다거나 영문체를 달리하고 싶다거나 하는 경우 이를 달리 선택하여 사용할 수 있게 하여야 하는데 [글자모양-기본-언어별설정]의 [언어]에서 얼마간 그렇게 할 수 있다.

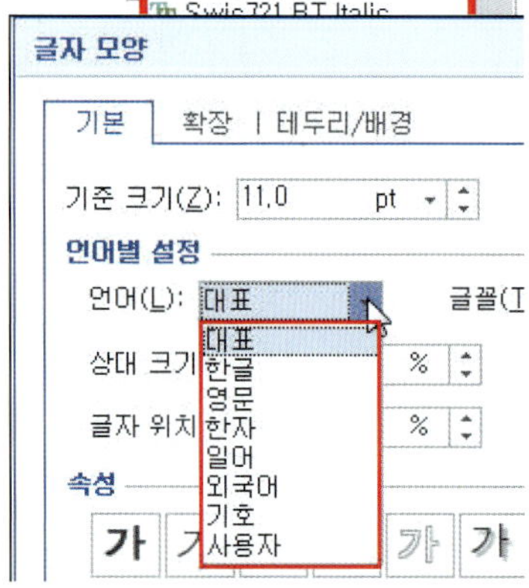

[대표]는 그 글꼴이 원래 가진 언어대로 모든 언어(한글, 영문, 한자, 일어, 기호 등)에 적용되도록 한다. '바른바탕체OTF'를 [대표] 글꼴로 했다면 [한자]의 언어란에도 '바른바탕체'가 설정된다. '바른바탕체'에 한자체가 없으므로 편집창에 한자가 들어 있는 문자열은 빈 공간으로 나온다. 이 경우 [언어]란의 [한자]항목을 선택해 주고 오른쪽 [글꼴]란에 한자를 가진 다른 글꼴을 지정해 주면 한자가 입력된다.

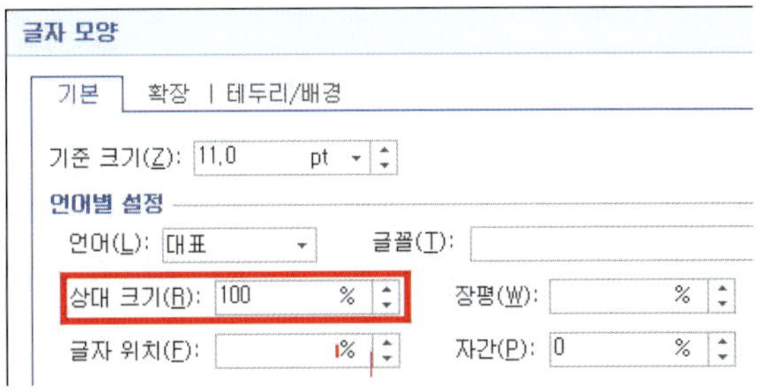

[글자모양]에서 **[상대크기]**란 [기준크기]로 지정한 크기에서 [언어]로 선택한 글꼴의 크기가 그 기준크기보다 작아야 한다거나 커야 한다면 그 크기의 비율을 [상대크기]에 지정함으로써 [언어] 글꼴의 크기를 다른 언어의 크기와 다르게 지정하는 것이다. [한글]의 [바른바탕체] 크기가 10pt로 지정되고 KoPub바탕체를 [언어]의 [한자]로 지정하면서 [상태크기] 95%를 지정한다면, 한글은(글꼴은 바른바탕체) 10pt로, 한자는(글꼴은 KoPub바탕체) 9.5pt 크기로 한 번에 입력한 것이 된다.

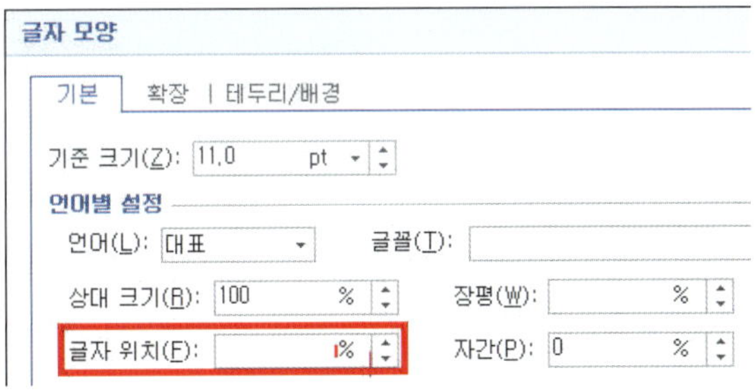

[글자위치]란 '기준선'을 변경케 하는 것으로서, 예컨대 한글은 위로 올라가 있는데 영문은 내려와 있다거나 하는 경우 그것을 내려주거나 올려주는 기능이다. 'KoPub바탕체'는 영어가 빈약해 보인다. 그래서 'KoPub바탕체' 한글에 영어 '아리따부리M'을 사용하려 할 때 일단 [대표] 글꼴로 'KoPub바탕체'를 지정하고 [영문] 언어로 '아리따부리M'을 지정한 후 [글자위치]를 위로 올라앉도록 -6으로 지정한다. [글자위치]의 값은 현재글자의 '크기'를 기준으로 -100%부터 100%까지 지정할 수 있으며 음수값이면 위로, 양수값이면 아래로 이동한다. 이 지정은 문자열을 블록으로 잡은 후 [글자위치]를 지정해도 그 블록이 이동한다.

[**자간**]은 글자를 입력했을 때 글자와 글자 사이의 간격을 말한다. 이 간격을 조절하기 위한 곳이 이곳의 [자간]이다. 자간은 판면의 질감을 만드는 요소가 되므로 사용하려는 글꼴이 가진 본래대로의 글꼴로 사용할 것인지 자간을 조정하여 사용할 것인지를 검토해 보아야 한다. 값이 0이면 그 글꼴이 가진 본래의 자

간값으로 하겠다는 것이다. [자간] 입력 상자에 -50%에서 +50%까지 입력함으로써 본래 그 글꼴이 가진 자간에서 간격을 더 붙이거나 넓힐 수 있다. [상대크기]처럼 각 언어별로 달리 지정할 수 있다. '자간'은 띄어쓰기가 되는 스페이스와도 관계된다. 띄어쓰기 스페이스를 '**어간**'이라고 하는데 아래아한글은 **[빈칸]**이라고 말한다. '빈칸'은 영문 자간 비율을 따른다 하는데 그것이 얼마인지 알 수 없으므로 행을 만들었을 때 띄어쓰기 빈칸이 어떠한지 살펴보아야 한다. 이 빈칸을 조절하는 방법은 [글자모양-확장-기타]의 **[글꼴에어울리는 빈칸]**을 체크해 보거나 [문단모양-기본]의 **[최소공백]**을 조정한다. [글꼴에어울리는빈칸]은 글꼴 제작자가 그 글꼴에 설정해 둔 스페이스 크기로써 띄어쓰기를 하는 기능이다. [최소공백]은 행 끝에 글자를 맞추고 다음 행으로 행을 잘라 보내면서 행 끝을 맞추기 위한 잔여 여백을 그 행의 띄어쓰기에서 조정하게 되는데 이 조정값의 범위를 지정하는 값이다. 그 행에 띄어쓰기가 많으면 배분값이 작아 큰 차이 없이 배분이 될 것이고 띄어쓰기가 적으면 배분값이 커 띄어쓰기도 커질 것이다. 이것은 2행 이상의 경우에만 해당한다. 25-100%의 범위에서 지정할 수 있다.

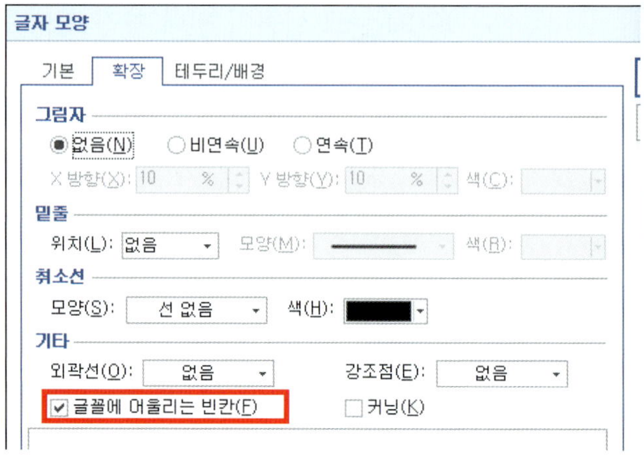

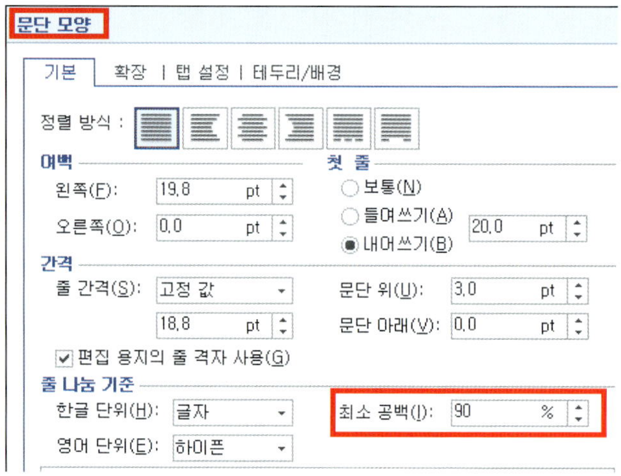

글꼴에 따라서는 본래대로 사용하는 것보다 좀 세로로 길었으며 좋을 것 같은 경우나 그 반대의 경우에 그

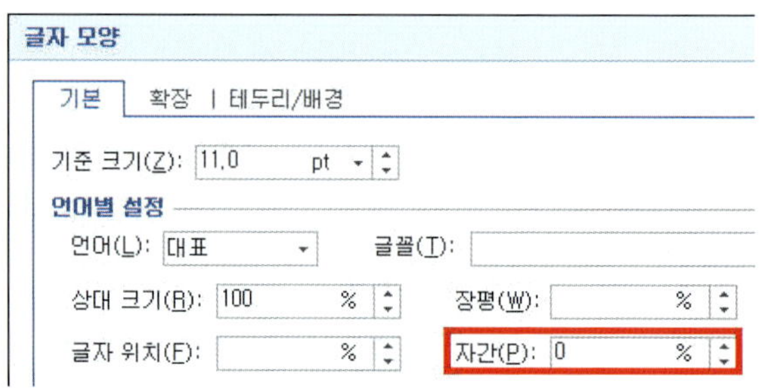

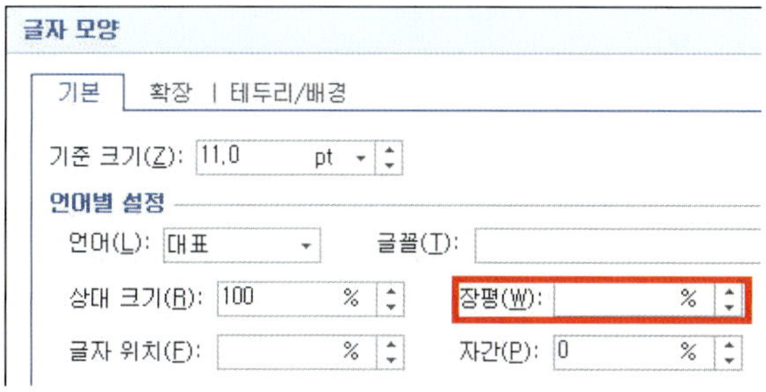

렇게 할 수 있는 글꼴 변형 방법이 **[장평]**이다. '장평'은 '장체 평체'를 줄인말로 글자의 폭을 줄이면 장체가 되고 글자의 폭을 넓히면 평체가 된다(글자 크기인 세로 높이는 고정이다). '장체'로 만들려면 이 상자에 100보다 작은 수를 넣고, 평체로 하려면 100보다 큰 수를 입력하면 된다. 그러면 시각적으로 글자 크기가 달라 보일 수 있으므로 글자크기를 고쳐야 할지를 생각해야 한다. 이 글자크기 조정은 [상대크기]에서 지정한다.

6) [글자모양-기본]의 [속성]은 글자를 굵게 하거나 밑선을 긋는 등에 사용되는 것이며 [**진하게**], [*기울임*], [밑줄], [~~취소선~~], [외곽선], [그림자], [양각], [음각], [위첨자^{위첨자}], [아래첨자$_{\text{아래첨자}}$], [보통모양](=속성해제) 등이 있고 [글자색], [음영] 등을 만드는 기능도 있다. [글자모양-확장]에서는 [그림자]·[밑줄]·[~~취소선~~]에 색을 넣는 등 효과를 줄 수 있고 [외곽선]은 획의 외곽선 모양·굵기, [강조점]을 두는 경우 그 모양 등을 고를 수 있다. 위·아래 첨자는 예컨대 'm^2' 와 같이 [문자표]의 기호(㎡)가 부적당할 때 유용하다. [글자모양-테두리/배경]은 글자에 테두리나 그 바탕에 배경을 넣을 수 있지만 글자와 테두리 선간의 간격을 조정할 수 없다는 흠도 있다.

7) 이렇게 하여 글자모양이 지정되었으면 이젠 이 글자모양이 포함된 [문단모양]을 만들어 **스타일**로 지정해 둔다(<10 스타일 지정>항 참조),

4. 기 타

1) [문자표]에서 입력한 것은 [언어]의 [기호]로 인식한다. 예컨대 **로마숫자**(시계숫자라고도 함) Ⅶ을 [문자표]에서 고르고 마땅한 모양을 고르기 위해 이를 블록으로 잡은 후 서식도구상자의 [언어]에 [영문]을 고르고나서 [글꼴] 드롭다운의 미리보기상자에서 글꼴을 선택해 보면 변화가 없을 것이지만 [언어]에 [기호]를 선택하고 글꼴을 선택해 보면 글꼴마다에서 그 모양이 변함을 볼 것이다([도구-환경설정-편집]에서 [실시간 미리보기]에 체크되어 있는 경우임).

2) 본문의 문장부호는 [언어]의 [한글]이 아닌 [영문]에서 지정한 글꼴로 입력된다.

3) 색글자로 계속 입력해 가려면 현재 커서에서 글자색을 먼저 지정하고, 그리고 글자를 입력해 간다.

서체비교

1234567890	adobeGaramondProBold	1234567890	arnoProCaption
1234567890	bauhaus	1234567890	berlinSansFB
1234567890	bookAntiqua	1234567890	CASTELLAR
1234567890	erasBold	1234567890	erasDemi
1234567890	garamondPremrPro	1234567890	georgia
1234567890	gillSans	1234567890	lucidaHandWriting
1234567890	magneto	1234567890	MyriadPro
1234567890	STONESANS		

〈KoPub바탕L〉 (OTF)
아래아한글의 본문 입력에 필요한 요소는 '글꼴선택', '글자크기', '줄간격'이다. 선택된 글꼴을 '정렬방법'과 '들여쓰기' 등 어찌 배치하여야 할 것인가도 지정해야 한다. 이들은 [글자모양]과 [문단모양]에서 일괄 지정한다.

〈KBIZ한마음M〉 (OTF)
아래아한글의 본문 입력에 필요한 요소는 '글꼴선택', '글자크기', '줄간격'이다. 선택된 글꼴을 '정렬방법'과 '들여쓰기' 등 어찌 배치하여야 할 것인가도 지정해야 한다. 이들은 [글자모양]과 [문단모양]에서 일괄 지정한다.

<바른바탕1> (OTF)
아래아한글의 본문 입력에 필요한 요소는 '글꼴선택', '글자크기', '줄간격'이다. 선택된 글꼴을 '정렬방법'과 '들여쓰기' 등 어찌 배치하여야 할 것인가도 지정해야 한다. 이들은 [글자모양]과 [문단모양]에서 일괄 지정한다.

<제주명조> (OTF)
아래아한글의 본문 입력에 필요한 요소는 '글꼴선택', '글자크기', '줄간격'이다. 선택된 글꼴을 '정렬방법'과 '들여쓰기' 등 어찌 배치하여야 할 것인가도 지정해야 한다. 이들은 [글자모양]과 [문단모양]에서 일괄 지정한다.

<아리따부리M> (OTF)
아래아한글의 본문 입력에 필요한 요소는 '글꼴선택', '글자크기', '줄간격'이다. 선택된 글꼴을 '정렬방법'과 '들여쓰기' 등 어찌 배치하여야 할 것인가도 지정해야 한다. 이들은 [글자모양]과 [문단모양]에서 일괄 지정한다.

<KT&G상상본문L> (OTF)
아래아한글의 본문 입력에 필요한 요소는 '글꼴선택', '글자크기', '줄간격'이다. 선택된 글꼴을 '정렬방법'과 '들여쓰기' 등 어찌 배치하여야 할 것인가도 지정해야 한다. 이들은 [글자모양]과 [문단모양]에서 일괄 지정한다.

<서울한강체L> (OTF)
아래아한글의 본문 입력에 필요한 요소는 '글꼴선택', '글자크기', '줄간격'이다. 선택된 글꼴을 '정렬방법'과 '들여쓰기' 등 어찌 배치하여야 할 것인가도 지정해야 한다. 이들은 [글자모양]과 [문단모양]에서 일괄 지정한다.

문단모양

1. 글자를 입력해 가면 문자열이 만들어지고 이것이 문장을 구성한다. 문장은 한 행(줄)으로 그칠 수도 있고 두 행 이상이 될 수도 있다. 문장이 모여 문단이 된다. 문단은 형식적으로는 키보드의 엔터키를 누른 곳에서 만들어진다.

문단에는 편집자의 필요에 따라 편집프로그램에 지정해 두어야 할 것이 많다. 이를 무시하면 프로그램 제작자가 설정해 놓은 대로의 편집이 된다. 편집이란 글꼴 선택과 함께 문단구성에 관한 시각이어서, 편집자의 시각대로 되도록 이를 프로그램에 지정함으로써 편집이 완성된다. 아래아한글은 문단구성에 관하여 [서식] 메뉴(또는 편집창에서 오른 마우스클릭)의 [문단모양](단축키는 alt+t)에서 이 지정을 하도록 하고 있다.

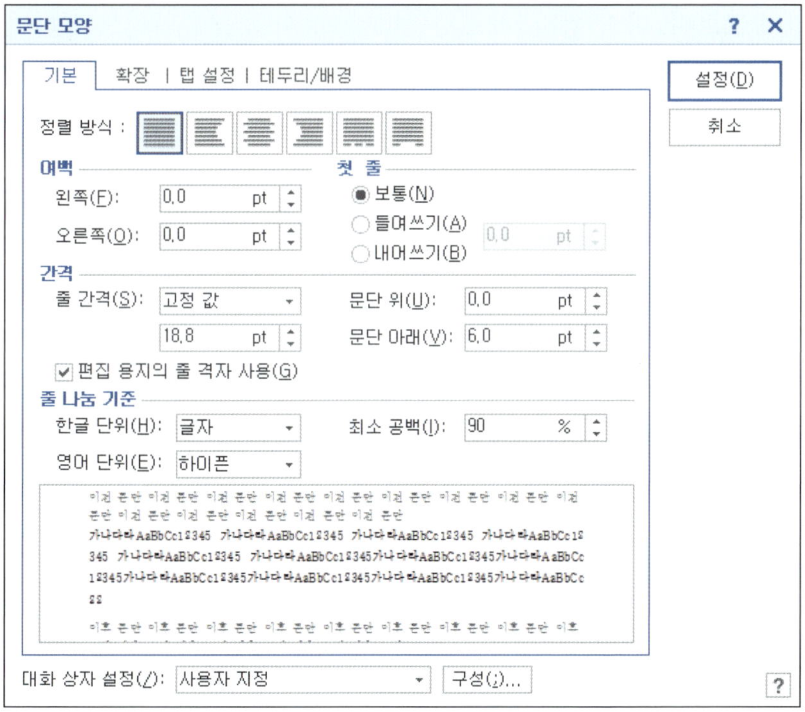

2. 행간

문장이 여러 행이 되면 행과 행 사이에 '**행간**'이 있게 된다. 행간을 아래아한글은 '**줄 간격**'이라 하고 있다. 컴퓨터에서 행간 개념은 윗행 문자열 상단으로부터 아랫행 문자열 상단 사이의 간격을 말한다.

1) **글자에따라**: 만일 행중에 큰 글자가 끼여 있는 경우 그 행은 '큰 글자'를 기준하여 그 큰 글자 머리로부터 아랫행 글자 머리까지를 이른다. 이것이 아래아한글 [줄간격]의 종류 중 **[글자에따라]**라는 행간 개념이다. 여기 입력되는 줄간격 단위는 그 큰 글자 기준의 %이다. 행의 27.3pt 글자들이 (이 문자열 크기는 16pt이다. 줄간격은 [글자에따라]=170%이다) 11pt인데 거기에 16pt 글자가 들어 있다면 [줄간격]을 170%로 한 경우 윗행 머리로부터 아랫행 머리까지는 16× 170%=27.3pt가 된다.

2) **고정값**: 아래아한글의 줄간격 지정에는 그 외에 **[고정값]**이 있다. 이것도 윗행 상단으로부터 아랫행 상단까지의 거리이지만 행중에 큰 글자가 있든 말든 지정한 값 크기로만 띄어진다는 점이다(전산조판 초창기 이러한 행간지정 방법을 '**행송**'이라 하여 구별하여 불렀다). [글자에따라]는 행간이 불균일하지만 18.8pt [고정값] (이 문자열 크기는 16pt이다. 줄간격은 고정값 18.8pt이다)은 행간에 영향을 줌이 없이 고르다. 다만 행의 [세로정렬](문단모양-확장) 을 [위쪽]으로 하여 정렬함이 더 가지런해 보일 것이다.

3) **여백만지정:** 상단으로부터 상단까지가 아니라, 윗행 아래로부터 아랫행 상단까지로, 그러니까 문자열을 제외한 벌어진 간격만으로 행간(이 문자열 크기는 16pt이다. 줄간격은 [여백만지정]= 7.8pt이다)을 7.8pt 지정하고자 한다면 **[여백만지정]**을 고른다(전산조판 초창기 이러한 행간지정 방법을 '**행간**'이라 하여 '행송'과 구별하여 불렀다). 단위 지정은 [고정값]과 같고 행간 불균일은 [글자에 따라]와 같다.

3. 여백

새 문단은 엔터키로 만들어지고 문단과 문단과는 들여넣기로 구별된다. 새 문단 표시뿐만 아니라 그 문단의 귀속을 시각화하는 데 [문단모양-**여백**]의 [왼쪽], [들여쓰기], [내어쓰기] 기능들이 활용된다.

1) **[왼쪽]** 여백값은 그것이 적용된 문단 전체를 얼마로 들여밀 것인지의 값이고 **[들여쓰기]**의 값은 문단 첫 행의 첫 글자 이하를 들여넣는 값이다. 새 문단임을 표시하는 데 꼭 들여쓰기를 하여야 하는 것은 아니다. 들여쓰기 없이 문단 위를 띄움으로써도 새 문단으로 구별되는 것이고 또 들여쓰기를 하여도 꼭 한 글자를 넣어야 하는 것도 아니다. 들여쓰기의 이유와 목적을 알았다면 적절히 그 문서나 그 책답게 이를 표현할 수 있는 방법으로 하면 될 것이다. **[내어쓰기]**는 문단 전체가 들여넣어진 곳에서 첫 줄만 앞으로 얼마를 빠져나가게 할 것인가를 지정하는 값이다. 흔히 본 문단에 딸리는 하위 문단의 속성을 가지는 문단에 적용된다.

'왼쪽'여백은 전체 문단을 주어진 값만큼 오른쪽으로 밀어넣어 조판하라는 것, 이 문단의 예는 본문 9.7pt, 행간 고정값 14pt, 왼쪽 여백값 20pt로 한 것임. '들여쓰기'는 문단 첫 행의 첫 글자만을 들여넣는 값이다. 새 문단임을 표시하는 데 꼭 들여넣기를 하여야 하는 것은 아니다. '내어쓰기'는 문단 전체가 들여 넣어진 곳에서 첫 줄만 앞으로 얼마를 빠져나가게 할 것인가를 지정하는 값이다.

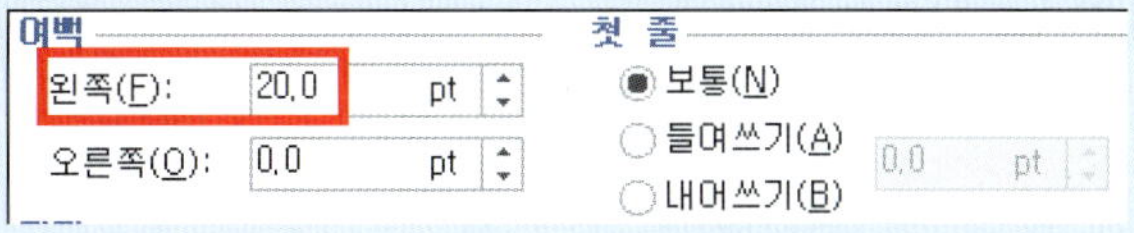

'들여쓰기'는 문단 첫 행의 첫 글자만을 들여넣는 것으로서 이 문단의 예는 위 문단 기준에서 왼쪽 여백을 0으로 하고 들여쓰기를 20pt로 한 것임. 새 문단임을 표시하는 데 꼭 들여넣기를 하여야 하는 것은 아니다. '내어쓰기'는 문단 전체가 들여 넣어진 곳에서 첫 줄만 앞으로 얼마를 빠져나가게 할 것인가를 지정하는 값이다.

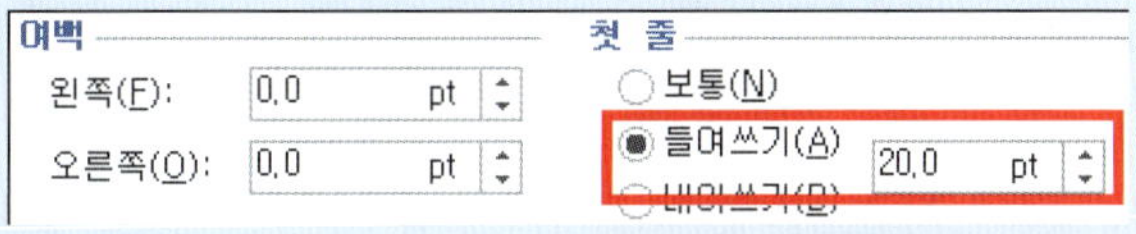

'내어쓰기'는 문단 전체가 들여 넣어진 곳에서 첫 줄만 앞으로 얼마가 삐져나가게 하는 문단정렬법이다. 이 문단의 예는 위 문단 기준에서 왼쪽 여백을 0, 들여쓰기 0, 내어쓰기를 20pt로 한 것임. 내어쓰기값만큼 첫 행이 삐져나간다.

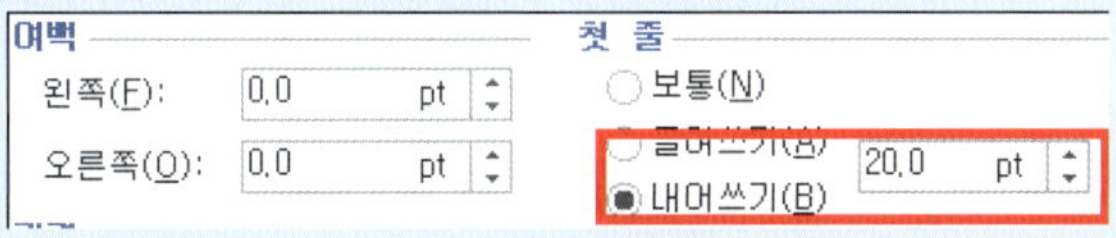

2) 문단의 **[정렬방식]**이란 판면에 문단이 정렬되는 방식으로서 띄어쓰기가 없는 문자열이 판면 끝에서 잘리게 하느냐 잘리지 않게 하느냐의 방식이다. 잘리지 않게 하되 행의 중심을 왼쪽으로 하느냐(=왼쪽정렬), 가운데로 하느냐(=가운데정렬), 오른쪽으로 하느냐(=오른쪽정렬), 판면 좌우에 꽉차게 하되 한 행이 되지 못하는 마지막 행은 문자를 벌려 좌우를 채울 것이냐(=배분정렬), 문자는 벌리지 않고 띄어쓴 곳을 벌려 판면을 채울 것이냐(=나눔정렬) 등으로 정렬한다. 일반적으로는 판면 좌우 끝을 채우되 판면 끝에 띄어쓰기 없는 문자열이 오면 그 문자열을 끊어 행을 바꾸는 **[양쪽정렬]**을 취한다(<16 문단정렬과 내어쓰기>항 참조).

3) [문단모양-**텝설정**]은 문단을 세로로 정렬하기 위한 키보드의 tab키 활용법으로서, 이 설정 후 tab키를 누르면 세로로 지정 탭 위치에 정렬이 된다. 기본적인 문단 구성에 관한 사항이 아니다. 별도의 항에서 세부 설명을 한다(<17 탭>항 참조). [문단모양-**테두리/배경**]도 별도의 항에서 설명한다(<20 쪽·문단테두리>항 참조).

08 페이지번호 넣기 (쪽번호)

1. 책의 일련성을 표시하기 위한 것이 **페이지숫자**이다. '**면표시**'라고도 한다. 아래아한글은 '**쪽번호**'라고 하고 있다. 가로쓰기(횡조)에서는 오른쪽에서 왼쪽으로 페이지를 넘기는데 오른쪽 페이지가 홀수(기수) 페이지가 되고 왼쪽 페이지는 짝수(우수) 페이지가 된다. 세로쓰기(종조)에서는 왼쪽에서 오른쪽으로 페이지를 넘기며 왼쪽 페이지는 홀수 페이지, 오른쪽 페이지는 짝수 페이지가 된다.

횡조에서는 좌에서 우로 읽혀지고 오른쪽에서 왼쪽으로 페이지가 넘겨진다.
면을 표시하는 '페이지숫자'를 '**놈브르**'(nombre) 또는 '**면숫자**'라고도 한다.

'**페이지 표시**'는 전 책에 걸쳐 페이지마다 일련번호로 빠짐없이 일정 위치에 넣어야 한다. 그러나 다음과 같은 예외가 있다.

1) **앞부분 별도페이지**: 본문 앞 부분에 속하는 머리말(서문 등), 차례, 일러두기 등을 본문과 구별하여 페이지를 별도페이지로 넣을 수 있다. 이 별도페이지는 본문과는 다른 모양의 숫자체를 사용할 수 있고 새로 페이지를 시작하며 본문도 새로 시작하는 페이지로써 숫자모양을 달리하게 된다. 앞부분 숫자체는 주로 '로마숫자 소문자'를 일반적으로 사용한다. 앞부분은 대개 본문이 완성된 다음에 원고가 작성되므로 일종의 편의적인 것이겠으나, 판면 구성상 본문에서부터 새 페이지를 시작하는 것도 독서심리면에서 바람직하다 할 것이다. 책의 뒷부분(참고문헌, 색인 등)에까지 별도페이지를 넣는 것은 타당치 못하여 뒷부분은 본문에 이은 일련페이지로 한다.

2) **숨김페이지**: 면표시는 모든 페이지 일정한 위치에 하여야 하나 '내제지', '헌사', 별면이 되는 항목페이지, 기수 별면 페이지로 인해 생기는 우수 공백 페이지, 그림만의 페이지, 접어넣은 페이지, 판권면 등에는 페이지 표시를 하지 않는다. 이를 '숨김페이지'라고 한다. 숨김페이지는 페이지 표시는 하되 그 위치를 옮겨서 하는 것도 포함하는 말이다.

   페이지번호가 보이지 않는 숨김페이지로 되더라도 판면에 보이지만 않을 뿐, 페이지 순서로서는 일련으로 계산되어가고 있다. 이 숨김페이지는 가급적 여러 페이지에 연속적으로 있지 않도록 한다.

2. 쪽번호 매기기

1) 페이지번호를 매기려면 현재페이지 위치에서 **[쪽-쪽번호매기기]**를 실행한다. 그러면 작업 문서의 첫 시작 페이지를 1로 계산하여 페이지 순서가 되되 페이지숫자 표시는 **현재구역 첫 페이지부터** 나타난다. 즉 [쪽번호매기기]를 실행한 이전 구역에는 페이지 표시가 보이지 않는다. 1구역이 12페이지로 그치고 13페이지부터 2구역이 시작되었다면 2구역 16페이지 위치에서 [쪽번호매기기]를 실행한 경우 페이지숫자는 1구역인 1-12페이지에는 나타나지 않고 제2구역 첫 페이지인 13페이지부터 나타난다. [쪽번호매기기]를 하면 조판부호는 [쪽번호위치]라는 [조판부호]가 붙는다.

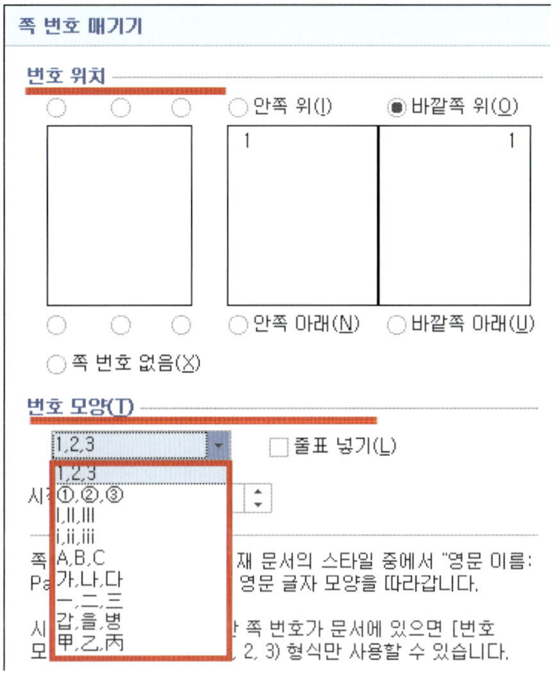

쪽번호는 [머리말/꼬리말]로도 넣을 수 있는데 이것을 이용하지 않고 [쪽번호매기기]로 쪽번호 넣기를 한다면 [머리말/꼬리말]의 대화창에서 **[없음]**(쪽번호가 '없음'이라는 것)을 선택하여야 한다.

2) 페이지 표시가 없는 구역에 페이지 표시를 하려면 그 구역에서 [쪽-쪽번호매기기]를 다시 실행한다. 이때 숫자모양(=번호모양)을 로마숫자 등으로 달리할 수 있고 **시작 페이지**를 몇 페이지부터로 할 것인지도 달리 정할 수 있다. [쪽번호매기기]는 쪽번호 위치와 번호모양을 지정하는 기능이다. 이것을 실행하면 [쪽번호위치]라는 조판부호가 생긴다. [조판부호]는 판면 속에 감추어 있어 보이지 않지만 [보기-표시/숨기기-조판부호]를 실행하면 이것이 보인다.

3) [쪽번호매기기]가 실행된 페이지에서 페이지번호를 새롭게 변경하려면 **[쪽-새번호로시작]**을 실행하여 [시작번호]를 입력한다. 번호모양은 이곳에서 실행되고 있는 [쪽번호매기기]의 [번호모양]에 따른다. [시작번호]로 새 번호를 주면 그곳에 조판부호 [새쪽번호]가 붙는다.

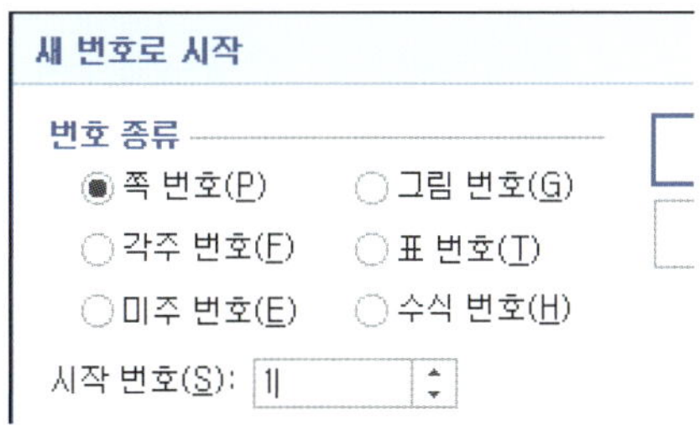

4) 쪽번호를 **숨김페이지로 감추고 싶다**면 그 페이지에 커서를 놓고 [쪽-**감추기**]를 실행하여 [쪽번호]를 체크한다.

5) 쪽번호를 지우려면 [편집-찾기-찾아가기](alt+g)에서 [쪽번호위치]라는 조판부호를 선택하여 실행 후 이를 지운다.

6) 번호모양으로 선택한 **숫자의 글자모양**은 [쪽번호]라는 [스타일]에서 [영문] 글꼴로 지정하는 글꼴이 숫자 글자모양이 되므로 여기서 지정할 수 있고 그 크기도 지정할 수 있다. 쪽번호 스타일은 그 영문이름이 Page number이어야 이를 인식한다. 그러나 [머리말/꼬리말]에서 지정하는 쪽번호에는 이 영문 이름에 구애되지 않고 쪽번호로 인식한다.

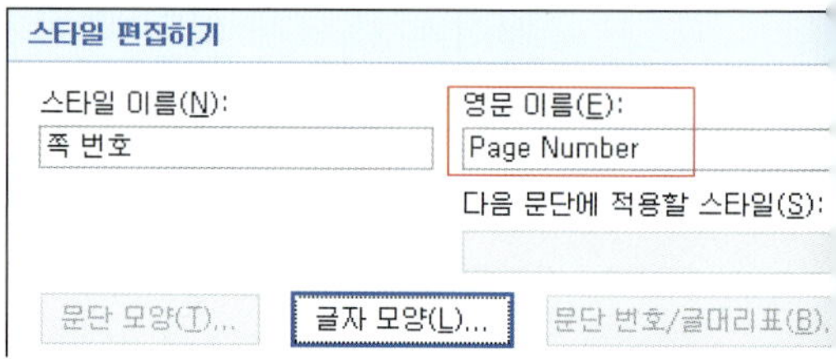

7) 페이지번호는 [쪽번호매기기] 말고도 **[머리말/꼬리말]에서도** 넣을 수 있다. 이 두 곳에서 페이지번호를 넣었다면 페이지번호는 겹치므로 하나는 지워야 한다. [머리말/꼬리말]에서 페이지번호를 넣으면 '페이지번호와 머리말간의 자간' 조정을 쉽게 할 수 있다. 그러나 [머리말/꼬리말]로 쪽번호 넣기는 일반 간단한 문서에서나 적용할 수 있는 방법이지 책 편집에서 권할 사항이라고는 할 수 없다.

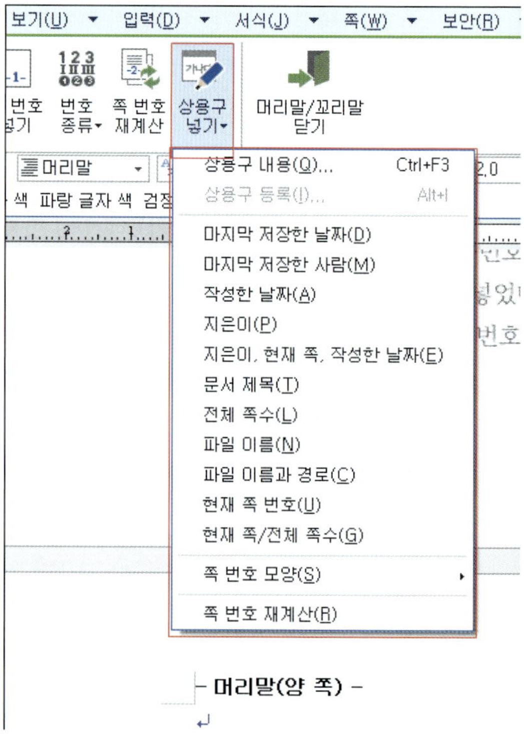

8) **머리말/꼬리말에서 쪽번호 넣기 (=상용구 넣기, 코드넣기)**

예컨대 현재페이지숫자에 전체 페이지 숫자를 표시('4-7'처럼 '현재페이지-전체페이지'로서 전체 페이지 중의 현재페이지 표시)하려면 [쪽번호매기기]로 쪽번호를 넣지 않고 [머리말/꼬리말]을 실행하여 쪽번호를 넣는다. 넣은 후 빠져나와 머리말을 더블클릭하면 머리말 편집창이 뜨는데 이때 기본도구메뉴에 [상용구 넣기]가 보인다. 이를 클릭하여 [전체 쪽수]를 지정하면 현재쪽번호에 전체

페이지 표시가 붙는다. 이를 블록으로 잡아 잘라내기 하고 적당한 위치에 붙여 넣기를 한 후 빠져나온다. 지난 버전(한글2010)에서는 [코드넣기]라고 하였다. 일반 문서 편집 등에나 이용될 사항이다.

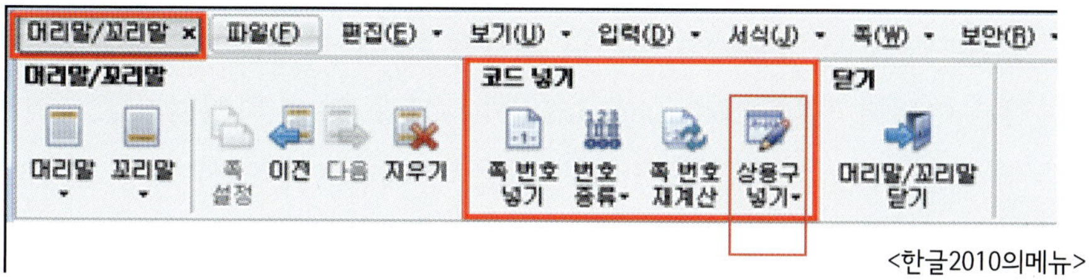

<한글2010의메뉴>

9) [머리말/꼬리말]을 이용한 쪽번호 넣기를 하면 다른 위치(판면 밖의 바깥쪽 등)에 페이지번호를 넣을 수 있는 몇 가지 방법도 있다. 이 또한 책 편집에서는 마땅한 방법이 아닌데, **다른 모양 다른 위치**로 페이지번호를 넣고자 한다면 [쪽-바탕쪽]에서 [글상자]를 이용하여 할 수 있다.

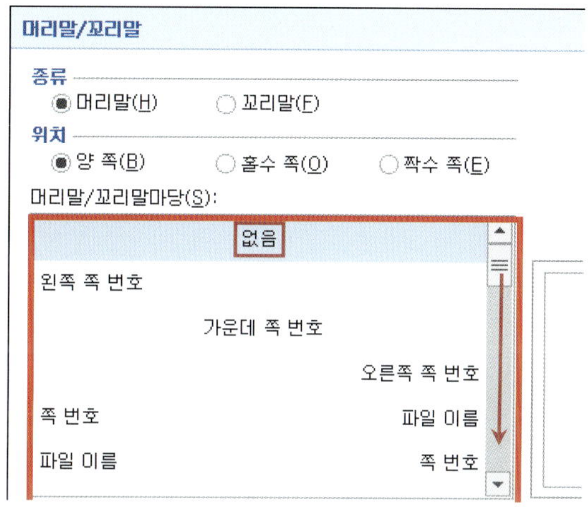

이 그림에서 스크롤바를 내리면 여러 형태의 쪽번호 위치 모양이 나온다. [없음]은 머리말이나 꼬리말만 넣고 쪽번호는 [쪽번호매기기]로 넣겠다는 경우이다.

3. **'바탕쪽으로 페이지번호(쪽번호) 넣기'**의 예는 <21 바탕쪽> 항목 참조.

09 머리말/꼬리말(면주 面柱)

1. 1) ‘머리말’이나 ‘꼬리말’은 페이지숫자 옆이나 기타 판면의 난 외에 붙이는 항목성 문자열로서 내용의 귀속이나 요약을 표시한다. 책마다 꼭 들어 있어야 하는 것은 아니다. ‘**면주**’(面柱, running title, headline) 또는 ‘하시라’(はしら)라고도 한다. ‘머리말’ 또는 ‘꼬리말’은 ‘아래아한글’의 메뉴 이름에서 왔다. 판면 위에 붙이는 것을 ‘머리말’, 판면 밑에 붙이는 것을 ‘꼬리말’이라 한다. 이들을 일러 ‘면주’라 한다.

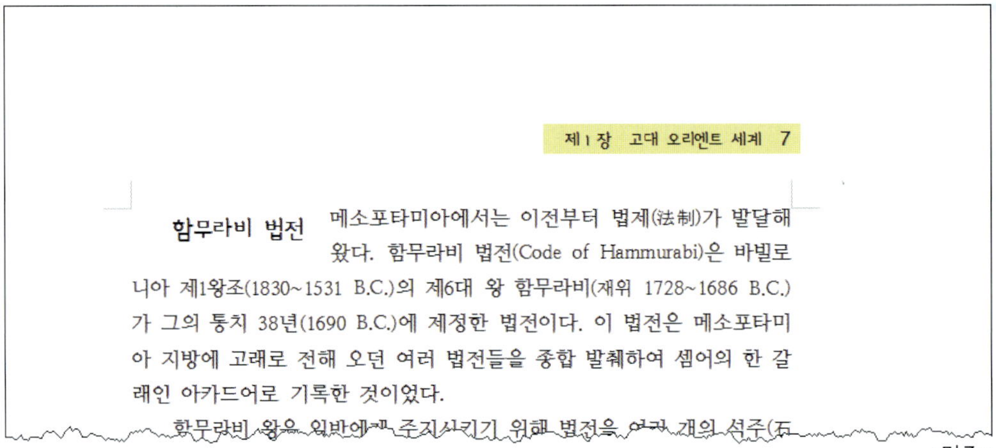
제 1 장 고대 오리엔트 세계 7

함무라비 법전 메소포타미아에서는 이전부터 법제(法制)가 발달해 왔다. 함무라비 법전(Code of Hammurabi)은 바빌로니아 제1왕조(1830~1531 B.C.)의 제6대 왕 함무라비(재위 1728~1686 B.C.)가 그의 통치 38년(1690 B.C.)에 제정한 법전이다. 이 법전은 메소포타미아 지방에 고래로 전해 오던 여러 법전들을 종합 발췌하여 셈어의 한 갈래인 아카드어로 기록한 것이었다.

함무라비 왕은 일반에게 주지시키기 위해 법전을 여러 개의 석주(石

<면주>

대체로 짝수쪽(횡조든 종조든)에는 큰 항목의 이름을, 홀수쪽에는 작은 항목의 이름을 넣는다. 이유는 **펼친 양면**으로 보면 짝수쪽 페이지가 시작 페이지가 되고 홀수쪽 페이지가 끝나는 페이지가 되기 때문이다. ‘머리말’로서 펼친 양면에 하나만 넣어야 한다면 짝수쪽 페이지에 넣고 홀수쪽 페이지는 비워둔다.

2) **판면에서 머리말 위치 잡기:** 판형(국판, 사륙배판 등)이 결정되고 그에 맞춰 [용지여백]을 지정할 때 [위쪽] 여백과 함께 [머리말] 여백을 잡아줘야 실제의 ‘판면’ 위 여백이 된다. 즉 판면에는 머리말이 들어가지 않는다. 머리말은 별도 여백인 셈이다. 그러므로 [위쪽] 여백을 잡을 때 이 머리말 여백을 고려한다. ‘머리말’ 위치로 잡은 크기 속에 머리말 글꼴이 들어간다. 본문으로부터의 이 거리는 판면을

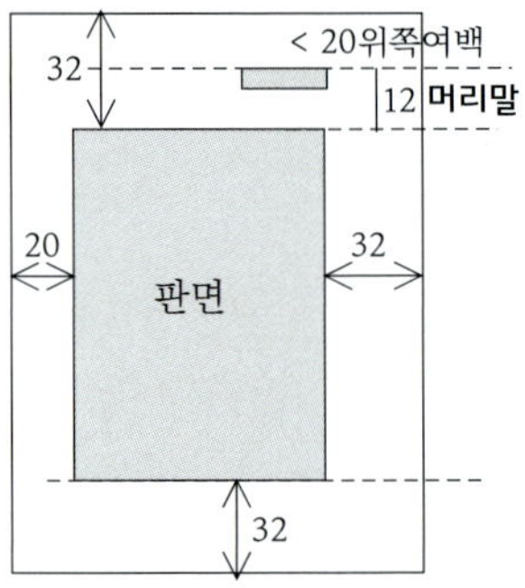

답답하게도 하고 허술하게도 하는 것으로서 좁지도 않게 넓지도 않게 잡으려

는 주의가 필요하다(<03 판형>항의 5 참조>).

2. 1) 머리말을 넣기 전에 [쪽번호매기기]가 먼저 행하여져 페이지번호가 매겨 있을 것이다. 그렇지 않다면 먼저 [쪽번호매기기]를 해준다.

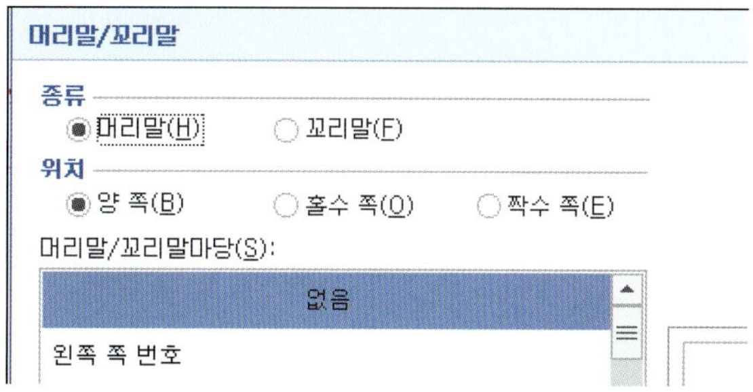

'머리말'을 예로 삼으면 '**머리말 넣기**'는 다음과 같이 한다('꼬리말'도 마찬가지임).

① '머리말'을 넣어야 할 페이지에 커서를 놓고 [쪽-**머리말/꼬리말**]을 실행한다.

② 대화창에서 [종류]에 [머리말]을, [위치]에 [짝수쪽]을 선택한다.

③ [머리말/꼬리말마당]은 **[없음]**을 선택하고 [만들기]를 실행한다. [없음]이란 **[머리말/꼬리말마당]**을 해제하겠다는 것으로서 [쪽번호매기기]와 별도로 이곳에서는 달리 쪽번호를 매기지 않겠다는 의미이다([머리말/꼬리말마당]에서 하나를 선택하면 쪽번호가 여기서도 만들어진다. 아래 2) 참조).

④ [만들기]를 실행하면 대화창은 사라지고 본문 **편집화면의** 페이지 위치에 **머리말 편집창**이 생긴다. 커서가 깜박이는 곳에 머리말 사항을 입력한다.

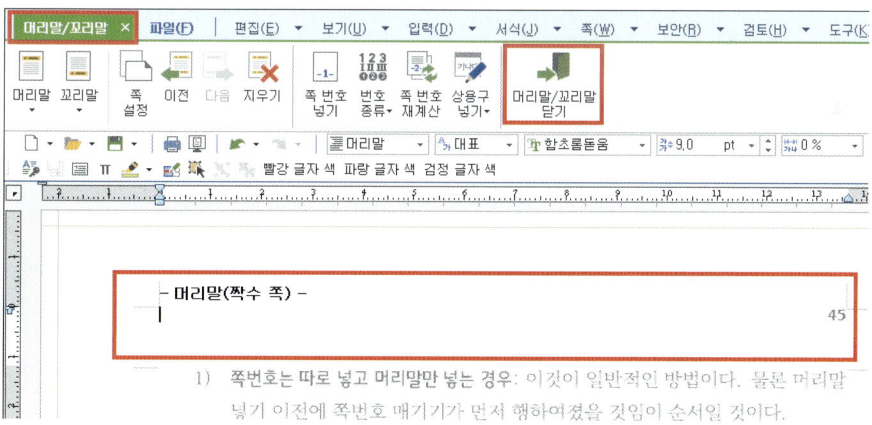

⑤ 기본도구상자에서 **[머리말/꼬리말닫기]**를 실행한다. 편집창의 짝수페이지에는 입력한 머리말이 나타난다. 만일 홀수 페이지에서 짝수쪽 머리말 넣기를 행하였다면 현재페이지를 건너뛰어 짝수 페이지인 다음 페이지부터 짝수 페이지마다 머리말이 입력된다.

⑥ **머리말의 글꼴이나 크기·위치**는 머리말 입력시 서식메뉴에서 하거나 [글자

모양]과 [문단모양]에서 한다. 또는 글꼴이나 크기 위치를 지정하여 스타일로 만들어 놓았을 스타일 작업창의 '머리말 스타일'을 실행해 준다.

⑦ **머리말의 위치**에 관하여는 **페이지숫자와 머리말간의 간격**을 수동으로 지정해 주어야 하는데 페이지숫자 1단위, 10단위, 100단위로 바뀔 때마다 같은 머리말이라 해도 머리말 넣기를 한 번 더 실행해 주어야 한다. 예컨대 9페이지의 머리말 위치가 10페이지에서도 똑같기 때문에 10페이지에서 머리말과 페이지숫자가 좁아 있게 된다. 이 간격을 벌이기 위하여 10페이지에서 '머리말넣기'를 새롭게 실행하여 간격을 바로잡아 주어야 한다.

⑧ **머리말과 페이지숫자 간격**: 간격을 전각(머리말 크기가 10pt라면 10pt 간격)으로 띄우겠다면 1자리 숫자(이 숫자의 폭은 5pt일 것이다)에서는 5+10pt=15pt를 [문단모양]의 [왼쪽] 여백값으로 지정할 것이며, 페이지숫자가 두 자리로 10단위일 것이면 숫자 폭 10pt에 간격 10pt를 더한 20pt를, 100단위 숫자에서는 세 자리 숫자 폭 15pt에 간격 10pt를 더한 25pt를 왼쪽 여백값으로 준다. 이것이 짝수 페이지이면 [왼쪽] 여백값으로 주고 홀수 페이지이면 [오른쪽] 여백값으로 주면 될 것이므로 [문단모양]에서 [왼쪽]·[오른쪽] 각각에 한꺼번에 지정한 후 짝수면·홀수면 각기 실행시 문단정렬을 짝수쪽에서는 [왼쪽정렬]을, 홀수쪽에서는 [오른쪽정렬]을 한다. 이것은 1단위, 10단위, 100단위로 3개의 '스타일'을 만들어 놓고 머리말을 넣을 때마다 해당 스타일을 적용한다.

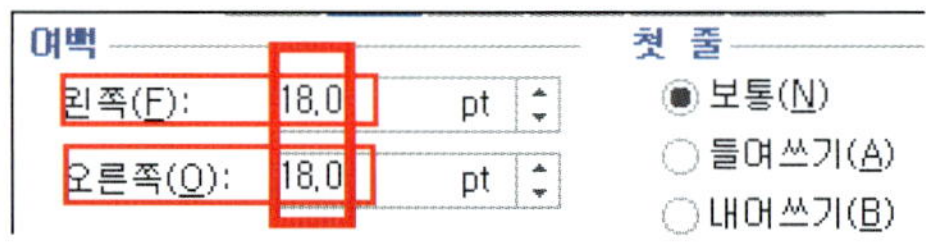

⑨ **새 머리말을 넣으려면** 그 페이지에서 머리말 넣기를 실행해 준다. 머리말을 더블클릭하여 고쳐 놓으면 이것은 앞에서 지정한 **머리말을 수정**하는 것이지 새 머리말로 입력되는 것이 아니므로 새 머리말은 메뉴의 [머리말/꼬리말]을 실행하여 하여야 한다. 새 머리말을 넣으면 이후의 페이지부터 기왕의 머리말은 사라지고 새 머리말로 대치된다.

⑩ 머리말은 글상자를 이용할 수도 있어 여기에 그림을 넣을 수도 있다.

⑪ 머리말로 넣을 사항이 긴 경우에는 이를 잘라 줄임표로 줄인다. 머리말은 꼭 읽어야 하는 사항이 아니고 표시부호와 같은 역할을 하는 것이므로 긴 사항을 꼭이 모두 넣을 필요는 없다. 단 그 표기 형식은 통일되어야 한다.

2) **쪽번호와 함께 넣는 머리말의 경우**: 머리말을 만들 때 쪽번호나 파일이름 등을 같

이 넣을 수도 있다. [머리말/꼬리말]을 실행하고 대화창의 **[머리말/꼬리말마당]** 에서 쪽번호 위치와 모양을 선택함으로써 만들어진다. [쪽번호매기기]와는 별개로 쪽번호가 매겨지는 것으로서 [쪽번호매기기]를 이미 했다면 쪽번호는 이중으로 나오게 되고 위치가 같으면 겹칠 수도 있다. 이렇게 [머리말/꼬리말]로 쪽번호를 넣는 것은 문서류나 비 일반적인 도서에서 필요할 수 있는 기능이겠으나 책에서 하는 정상의 페이지번호 넣기는 아니다. 여기에는 [쪽번호](Page number)라는 스타일도 적용되지 않는다. [머리말/꼬리말마당]에서는 판면 바깥쪽으로 쪽번호를 넣을 수도 있고 머리말 영역을 음영으로 처리하거나 선 넣기 등을 이용할 수도 있다. 간혹 이중으로 페이지번호가 들어가곤 하는 이유가 [쪽번호매개기]로 쪽번호를 넣고 또 [머리말/꼬리말]에서도 [머리말/꼬리말마당]으로 쪽번호를 넣었기 때문이다.

3) 머리말이나 쪽번호를 **숨기게 하려면** 현재페이지를 확인한 후 [쪽-감추기]를 실행하여 해당 항목을 선택하면 숨겨진다. [감추기]를 한 경우 **부분 출력의 PDF 출력시** [인쇄] 메뉴의 [인쇄범위]로 일부분 인쇄에서 [사용자가입력한순서대로인쇄]와 [쪽번호기준으로인쇄]가 체크되어 있지 않도록 한다. 체크되어 있는 경우 감추기로 된 쪽번호는 출력되지 않는다.

10 스타일 지정

1. ‘글자모양’이나 ‘문단모양’을 미리 정해 놓고 쓸 수 있도록 한 것을 [스타일]이라고 한다. 글자나 문단에 일관되게 적용할 각 ‘언어별 문자모양’과 ‘문단모양’을 스타일로 만들어 놓으면 매번 같은 글자모양이나 문단모양을 메뉴를 통하여 지정하지 않고 이 스타일 적용으로 한 번에 통일성 있고 빠르게 적용시킬 수 있는 것이다.

2. [스타일]은 [보기-작업창]의 팝업메뉴에서 [스타일]을 클릭하면 화면의 편집창 옆에 작업창 목록과 함께 ‘스타일’창이 열린다. 스타일에는 행간·들여쓰기·행정렬 등 문단으로 적용시킬 ‘문단스타일’과, 글자모양을 지정하는 ‘글자스타일’이 있다(아래 3-6)항 참조).

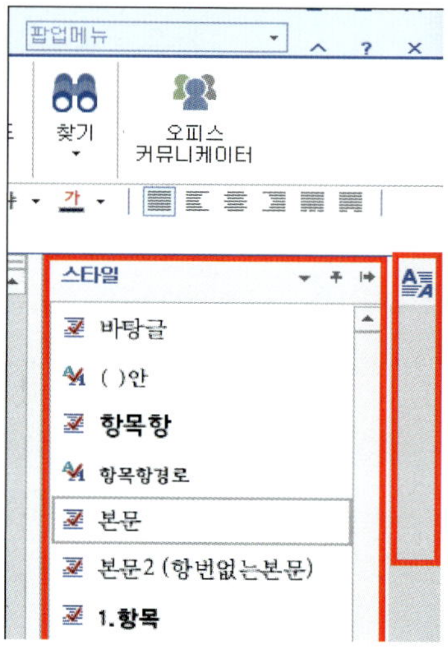

3. 스타일 만들기

1) 본문 편집창에서 ‘일단 글을 입력’하고 ‘글꼴의 모양·크기·자간, 행간’ 등을 서식도구메뉴나 [글자모양]·[문단모양]에서 ‘지정’한다. 이 문단에 커서를 두고 기본메뉴의 [**서식-스타일**]을 실행하여 대화창을 연다.

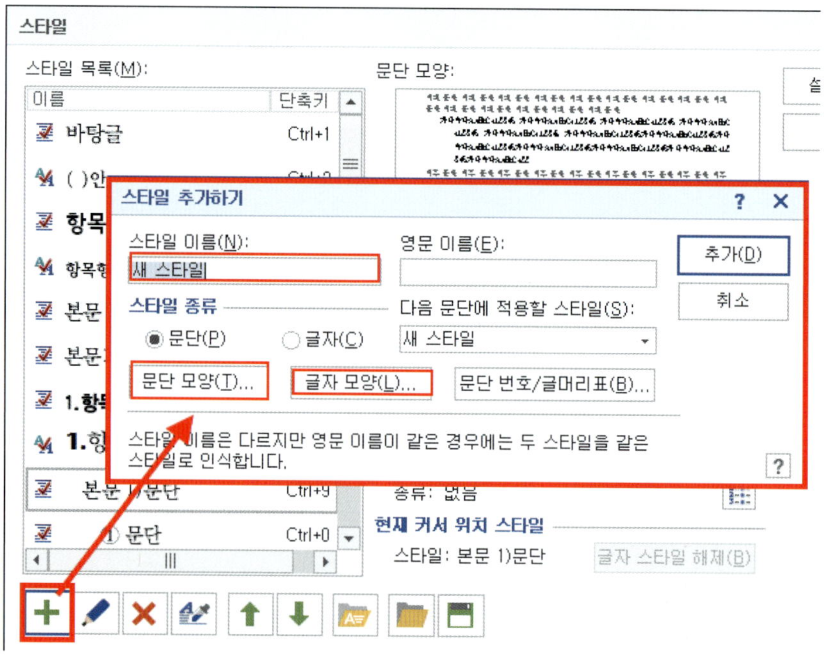

2) 스타일 대화상자에서 [**새스타일만들기**](‘+’ 아이콘)를 눌러 새스타일 이름을 적고 [스타일종류]에 [문단]을 체크한 후(만일 글자모양만의 스타일을 만들겠다면 [글자]를 체크한다. 그러면 밑의 [문단모양]은 비활성화된다) [추가] 단추를 누르고 나와 [설정] 단추를 누르면 새 스타일이 만들어진다.

3) 커서가 있는 문단에서 새 스타일이 만들어지면 그 커서의 문단 내용이 스타일에 적용된다. 그런 후 현재커서의 위치를 확인하고 새로 만든 ‘스타일’을 ‘작업창’에서 클릭하여 ‘적용’해 준다. 그래야 새로 만든 그 문단에 그 스타일 이름이 기억된다. 그리고 작업창에서 이 스타일 이름을 적당 위치로 이동시켜 자리를 잡아준다.

4) **고친 문단의 스타일을 ‘스타일’ 이름에 반영하기**: 문단모양이나 글자모양을 고치고 이를 다시 그 스타일에 반영하려면 ① 그 문단(글자)을 클릭하여 커서를 두고(문단이나 글자를 클릭하면 해당 스타일이 선택상태로 된다) ② 그 선택된 스타일 이름에서 오른마우스 클릭, ③ [스타일추가/편집]을 클릭, ④ 대화창 맨 밑의 아이콘 중 **[현재모양으로바꾸기]** 아이콘을 클릭하면 현재문단의(또는 현재문자열의) 스타일이 ‘스타일’ 작업창의 스타일에 반영된다.

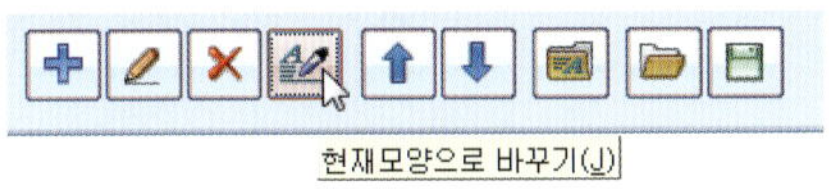

5) **스타일 이름에서 스타일 수정하기**: 스타일을 스타일 이름에서 수정하려면 스타일 이름이 선택된 상태에서 오른마우스 팝업메뉴의 [스타일추가/편집]을 눌러 대화창을 부른 후 여기서 **[스타일 편집하기]**의 연필 아이콘을 눌러 [문단모양]이나 [글자모양]으로 들어가 고치면 된다. 스타일을 [글자] 로 만들었다면 [문단모양]은 활성화되지 않을 것이다.

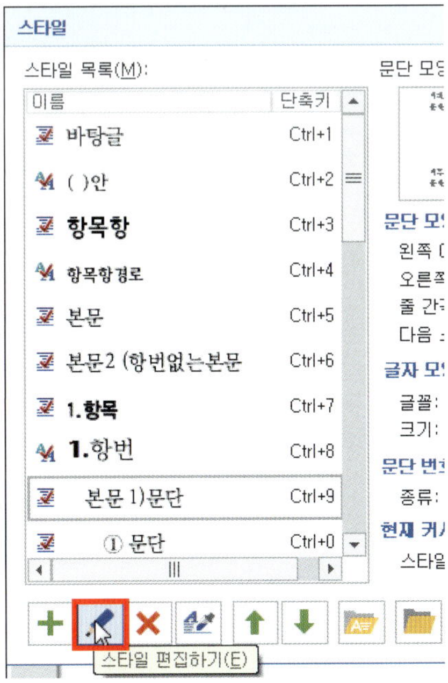

6) **글자스타일**: 문단모양에 영향을 주지 않고 어느 글자나 문자열에만 다른 모양을 만들고 싶다면 스타일 종류를 [글자]로 하여 스타일을 만들어야 한다. ‘글자스타일’을 어느 문단의 글자에 블록 설정 후 적용시키면 그 문단에 영향은 주지 않고 그 블록의 글자에만 스타일이 적용된다. 그러나 글자에만 영향을 주겠다고 만든 스타일이 문단스타일로 잘못 만들어졌다면 글자에 이 스타일을 적용할 경우 그 문단 전체가 바뀌게 된다. 반대로 글자스타일이 적용된 곳에 다른 문단스타일이 적용되어도 그 문단이 가진 글자모양에 영향을 받지 않는다. 단지 서식도구에서나 [글자모양] 대화창에서

고쳐놓은 것이면 다른 문단스타일 적용시에 글자도 그 스타일에 따르게 되어 고침이 풀어진다. 글자스타일이 적용된 **글자의 모양**을 **해제**하려면 **[글자스타일해제]**(스타일 대화창)를 한다. 글자스타일은 후에 [차례만들기] 등에서 스타일 이름이 나타나지 않음도 주의한다. [스타일] 대화창의 스타일 이름 앞에 문단모양 표시가 붙어 있는 것( )은 문단스타일이고, 글자모양 표시가 붙어 있는 것( )은 글자스타일이다.

7) **스타일 지우기**: 다른 파일에서 스타일 이름이 있는 문자열을 복사해 오면 그 블록에 적용되어 있는 스타일이름이 스타일목록에 추가된다. 이것은 문서를 끼워넣는 [입력-파일끼워넣기]의 경우에도 마찬가지이므로 이렇게 들어온 스타일은 헷갈리기 쉬우므로 곧바로 지워낸다. 스타일 지우기는 [서식] 메뉴의 [스타일]을 불러 대화창 아래 가위표의 [**스타일지우기**]를 실행한다. 또는 스타일 작업창에서 해당 스타일을 오른마우스 클릭 후 팝업창에서 [스타일지우기]를 해도 된다. 스타일 지우기를 실행하면 대체할 스타일을 고르라 하는데 적용시킬 스타일을 선택해 주면 스타일은 지워지고 그것이 적용되었던 문단은 대체된 스타일로 바뀐다. '글자스타일'을 지울 때에는 대체할 스타일을 묻지 않고 지워지면서 그 글자가 있던 문단스타일의 글자스타일로 바뀐다.

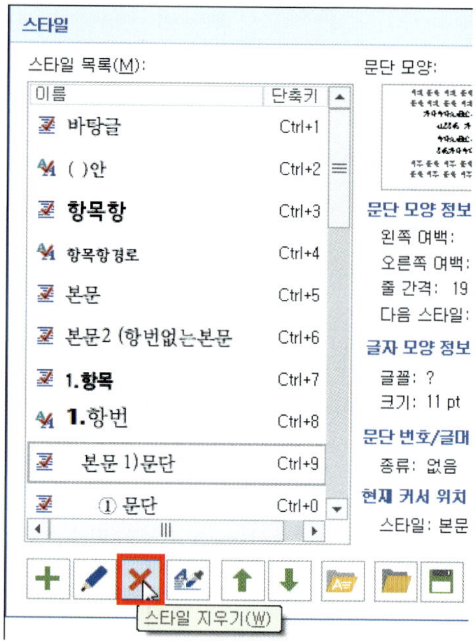

8) **스타일 복사 alt+c**: 현재 작성중의 '문단'이나 '글자'에 기존의 다른 스타일을 적용시키고자 한다면, 원하는 스타일문단이나 글자 뒤에 커서를 두고 [편집-**모양복사**], 또는 alt+c키를 실행한다. [문단모양] 또는 [글자모양] 또는 [둘다]의 스타일을 복사할 수 있다. 작업창의 [스타일목록]에 있는 스타일을 적용함보다 빠르고 간편하다. 복사한 스타일을 적용하려면 적용할 문단에서 아무 글자(문단 복사시)나 또는 적용할 글자(글자 복사시)를 블록 설정하고 [모양복사] alt+c를 다시 실행하면 그곳에 스타일이 적용된다.

참고: 스타일 모양이 적용된 스타일을 alt+c로 복사하여 적용하면, 예컨대 'A스타일'이 적용된 문단을 별행으로 하여 새 문단으로 만든 후 이 새 문단에서 'B스타일'이 적용된 스타일을 alt+c로 문단스타일을 복사하면 이 새 문단에 B스타일이 적용은 되되 스타일 이름까지 'B스타일'로 바뀌는 것은 아니라 여전히 'A스타일'이라는 이름을 가진다. 그 결과 차례를 만들 때 B스타일의 이름으로 검색되지 않을 것이고 'B스타일'을 고쳐 다시 적용할 때 이곳에는 적용되지 않을 것이다. 이러한 것이 고려되었다면 alt+c가 아니라 작업창의 'B스타일'을 적용하여 문단을 수정한다.

9) **글자스타일 해제 ctrl + -**: '글자스타일'(스타일 종류의 [글자]로 만들어진 스타일)을 한 번 적용하면 적용된 그 글자는 그 글자가 있는 문단에 다른 문단스타일을 적용해도 그 글자는 바뀌지 않는다. 이 글자 스타일 해제는 글자 블록 설정 후 그 글자스타일의 [스타일추가/편집] 대화창에서 [글자스타일해제](ctrl+-)를 클릭하여 한다.

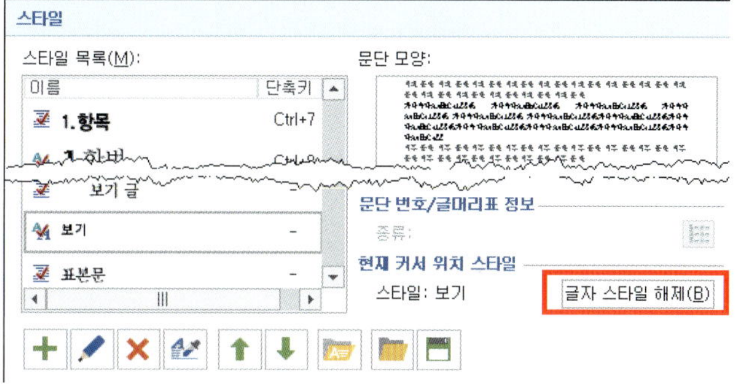

10) **스타일 가져오기**: 기존 다른 파일에 적용했던 스타일(외부스타일)을 가져와 적용할 수 있다. [스타일] 대화창에서 [스타일가져오기] 아이콘을 클릭하여 [파일선택]에서 sty파일이나 hwp파일을 골라준 후 가져올 파일을 선택하면 그 파일에 적용된 스타일이 보인다. 여기서 적용하려는 스타일을 골라 넣어주면 된다.

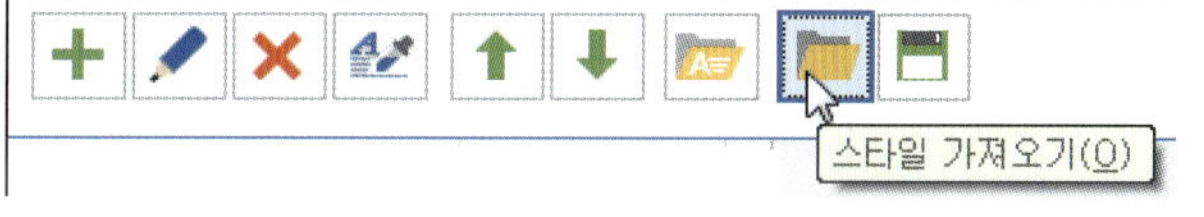

11) **스타일 자동 적용**: 스타일을 따로 만들지 않아도 프로그램이 자동으로 만들어 가지고 있는 스타일이 있다.

본문(Body), 개요 1(Outline 1), 개요 2(Outline 2), 개요 3(Outline 3), 개요 4(Outline 4), 개요 5(Outline 5), 개요 6(Outline 6), 개요 7(Outline 7), 쪽 번호(Page number), 머리말(Header), 각주(Footnote)

등이 그것이다. 이것은 현재문서의 스타일 목록 중에서 아래아한글이 내부적으로 기억하고 있는 영문 스타일 이름을 찾아 적용시켜 주는 것으로서 영문 이름만 같다면(영문이름은 대소문자를 구별한다) 이것들의 한글 이름은 어떠하든 상관 없다. 이들 스타일은 글자모양, 문단모양 모두 편집자가 수정할 수 있음은 물론이다.

11 대표글꼴 등록

1. 대표글꼴이란 서로 다른 글꼴인 한글, 영문, 한자, 기호 등을 엮어 한 개 글꼴처럼 등록하는 것을 '대표글꼴등록'이라 한다. 이렇게 하는 이유는 한 글꼴로 만족할 만한 문자열이 만들어지지 않기 때문에 '한글'에 무슨 글꼴, '영문'에는 무슨 글꼴식으로 서로 다른 글꼴을 마치 한 글꼴처럼 묶어 사용하려 함이다. 물론 스타일에서 글자모양으로 각기 달리 글꼴을 지정하여 사용할 수 있다. 그러나 이는 필요성에 따르는 것이다.

2. [도구-환경설정-글꼴]에서 [대표글꼴등록하기] 단추를 누른다.

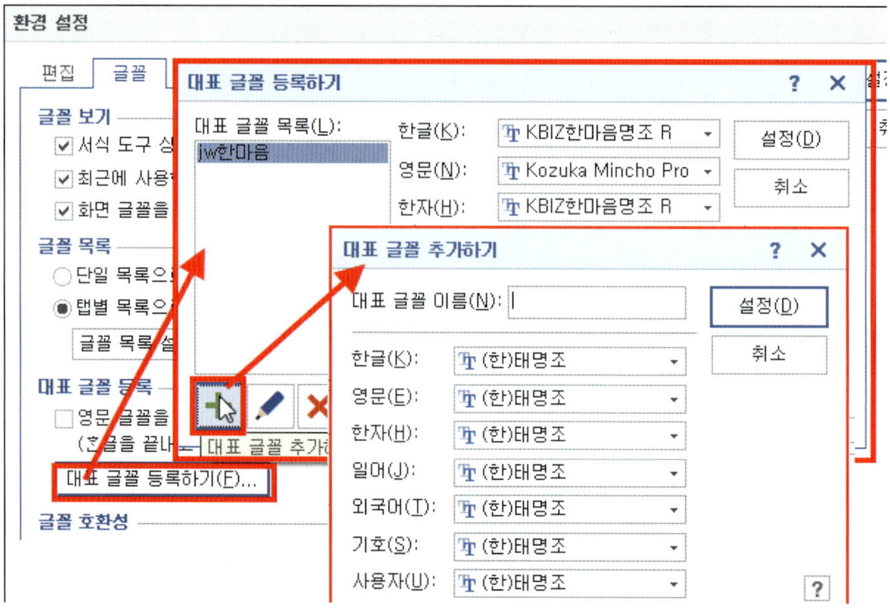

[대표글꼴등록하기] 대화상자의 [대표글꼴추가하기] 대화상자를 띄운다. '대표글꼴이름' 입력상자에 새로 등록할 대표 글꼴이름을 입력하고, '한글, 영문, 한자, 일어, 외국어, 기호, 사용자'의 언어 종류에 각각의 글꼴을 지정한다. [설정] 단추를 눌러 [대표글꼴추가하기]를 끝낸다. [대표글꼴등록하기] 대화상자에 설정한 대표글꼴이름이 보이면 [설정] 단추를 눌러 대표글꼴 등록을 마친다.

예컨대 '나눔명조OTF'에는 한자가 없다. 나눔명조OTF를 사용하면서 더불어 한자를 입력할 수 있게 하려면 [한글] 항목에 '나눔면조OTF', [한자] 항목에 'KoPub바탕체ProLight'의 대표글꼴을 만들면 된다. 이 대표글꼴을 사용할 경우 [글자모양]

지정에서 '대표' 이름에 이 대표글꼴이름을 지정해 주면 언어 '한자'에 'KoPub바탕체ProLight'체가 보이게 된다. 그러나 '상대크기'라거나 장·평의 모양이라거나 기준선 올림 등은 '대표글꼴에서 지정할 수 없고 스타일 등이나 블록지정 후 [글자모양]에서 각기 지정해 주어야 한다. 그러므로 '한글 무슨 체에 영문 무슨 체'라는 것을 꼭 기억해 둘 필요가 없는 것이라면 굳이 대표글꼴을 만들 필요 없이 [글자모양]에서 각기 지정하여 사용하는 것이 편할 수도 있을 것이다.

3. 대표글꼴을 등록한 후 아래아한글을 종료하고 다시 실행해야 등록한 대표글꼴을 사용할 수 있다. 사용법은 일반 글꼴 지정과 같다. [글자모양-언어] 드롭다운박스에서 [대표]를 고르고 [글꼴] 드롭다운메뉴에서 '대표글꼴등록'에서 지정한 '이름'을 선택해 준다.

4. 대표글꼴 수정 및 삭제는 등록된 대표글꼴 목록을 선택하고 [대표글꼴편집하기]를 눌러 이름을 고치거나 각 언어별 글꼴을 다시 지정한다. 더 이상 사용하지 않는 대표글꼴 목록을 선택하고 [대표글꼴지우기] 단추를 눌러 등록된 대표글꼴 목록을 지운다.

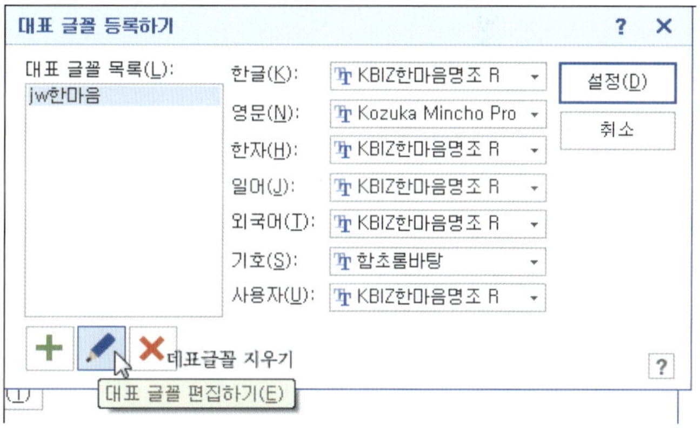

참고: 대표글꼴 정보파일

사용자정의 대표글꼴은 공유데이터폴더 아래의 \User\Shared\Fonts\Fontinfo.ini 파일에 추가한 대표글꼴에 대한 정보가 자동적으로 기록된다. 공유데이터폴더의 위치는 메뉴의 [도움말-한컴오피스한글2014정보-폴더정보]에서 확인할 수 있다(C:\ProgramData\Hnc). 파일을 다른 컴퓨터에서 작업할 일이 있다면 이 Fontinfo.ini 파일을 복사해 옮겨야 할 것이다.

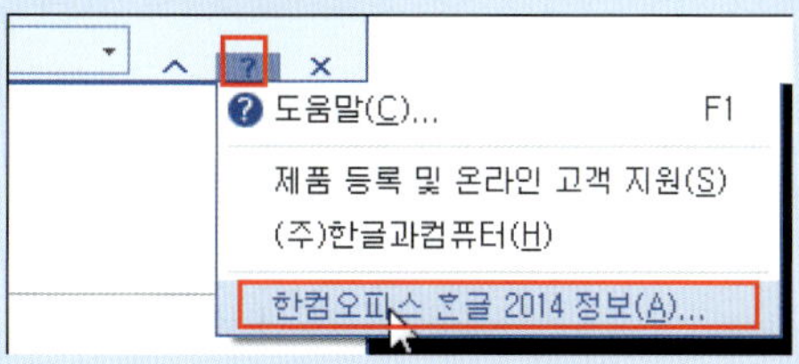

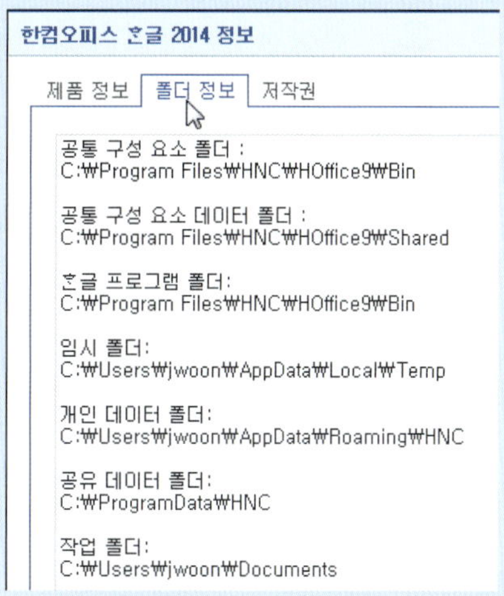

12 한자-한글 변환과 두음법칙

1. 한자를 한글로 바꾸는 방법은 한자 뒤에 커서를 두고 F9키로 바꾸는 방법, 블록을 잡고 alt+F9키를 이용하는 방법이 있다([편집-글자바꾸기]).

한글2014 버전 이전에는 한자를 한글로 바꿀 때 **두음법칙**이 적용되거나 적용되지 않은 상태로 바뀌는 경우가 있었다. 이는 그 한자가 어떤 상태에서 입력되었느냐에 따른 것이라는데(한글과컴퓨터 기술문의 답변) 두음법칙이 적용된 한글의 글자에서 입력된 한자이면 두음법칙이 적용된 상태로 변환이 되고 두음법칙이 적용되지 않은 상태의 한자로부터 입력된 한자라면 두음법칙이 적용되지 않은 상태로 한글변환이 되었다 한다(예컨대 '이익'을 입력할 때 '이'를 '리'에서 '利'로 입력했다면 '利益'을 한글로 변환하면 '리익'이 된다는 것). 한글과컴퓨터 기술문의의 답변 내용은 다음과 같았다: '저희 한컴오피스에서의 한자 사용은 어떠한 한글에서 적용된 한자인지에 따라 분별되도록 되어 있습니다.'

그러나 '한글2014'버전에서는 한자가 서로 다른 음을 가지고 있는 경우 이를 모두 보여 사용자가 선택케 함으로써 두음법칙을 무시한 한글변환은 어느 정도 예방할 수 있게 되었다. 한글변환을 '글자' 외에 '단어'로서도 하면서 단어의 경우 '한컴사전' 등에 의거한 변환을 하게 한다면 아예 두음법칙이 적용된 한글로 변환이 되지 않을까 하는 생각도 든다.

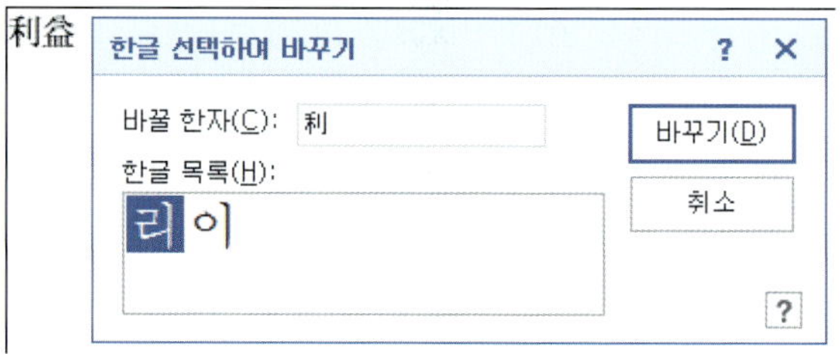

2. '한글2014' 이전 버전으로 외부 문서를 재 편집하면서 한자를 한글로 바꾸어야 하는 경우 한글 변환이 다 되었다고 믿지 말고 확인해 가야 한다. **'利益'**이 **'리익'**으로 '論理'가 '론리' '론이' '논이' 등으로 변환될 수 있기 때문이다.

3. **한/영 변환**은 단축키 **shift+space**

키보드에서 갑자기 한글과 영문 변환이 안 된다면 [도구-글자판-글자판바꾸기]에서 [현재글자판]을 [한국어]로 설정하고 단축키 shift+space를 이용한다.

따옴표

1. 입력시 간혹 따옴표가 ① 곧은따옴표 " "와 둥근따옴표 “ ”로 섞여 입력된다거나, 또는 ② 전각으로 입력되어 따옴표의 앞이나 뒤에서 벌어진다는 문제가 있다.

2. 한글 글꼴에서 따옴표가 **전각꼴**인 것이 있어 이러한 글꼴을 선택했을 경우 따옴표 자간이 **앞이나 뒤에서 많이 벌어지게** 된다. 따옴표는 글꼴마다 차이는 있을 수 있으나 표준은 작은따옴표가 4분(1/4각), 큰 따옴표가 3분(1/3각)이다. 영문글꼴은 이러한 크기로 만들어졌다. 따옴표 입력시 키보드의 영문모드로 따옴표를 입력하면 전각이 아닌 따옴표를 입력할 수 있다. 그러나 가변문자가 아닌 **전각폭**의 글꼴에서는 ‘둥근따옴표로 고정’을 하면 영문모드로 입력을 해도 전각 따옴표의 자간은 좁혀지지 않는다. 둥근따옴표로 고정을 하지 않은 영문모드에서의 따옴표는 방향성이 없으나 둥근따옴표는 방향성을 가지므로 열린따옴표 뒤에서는 닫힌따옴표가 오므로 닫힌따옴표가 빠진 상태에서 열린따옴표를 입력하면 닫힌따옴표로 입력되므로 이러한 따옴표의 방향성도 유의하여야 한다.

3. 따옴표는 입력시에 ‘**영문**’**으로 인식**된다. 즉 한글글꼴이지만 영문모드에서 그 글꼴의 영문체가 입력된다는 이야기이다. 한글글꼴이라 해도 그 글꼴에는 영문이 들어 있고 기호문자도 들어 있다. 키보드(글자판)에서 ‘영문’ 모드로 입력하면 그 글꼴에 있는 영문이 입력되고 영문용으로 만든 따옴표가 입력된다. [글자모양]의 [영문] 언어가 한글글꼴이 아닌 영문글꼴로 지정되었다면 당연히 그것은 이 영문의 따옴표가 입력될 것이다. 한글 입력중에 영문자에 따옴표를 입력하는 경우(당연히 키보드는 영문모드일 것임) 그 앞에서의 한글에 들어간 따옴표와 이곳에서의 영문에 들어간 따옴표 모양이 다르게 된다(그 영문모드의 따옴표와 한글모드의 따옴표가 모양이 다르다면). ‘따옴표’는 영문체에서 불려오기 때문이다.

> **보기:** “문제가 된 모살(murder)"[1)]

4. 대체로 영문과 한글의 따옴표의 차이는 **둥근따옴표**이냐 **곧은따옴표**이냐 하는 차이이다(한글글꼴, 특히 고딕에서는 곧은따옴표를 가진 것들이 적지 않다). 한 책에는 파트 구성이 다르지 않는 한 영문이든 한글이든 같은 모양의 따옴표가 들어가야 할 것이다. 이를 위하여 키보드 영문모드에

1) 이 보기의 ‘한글’은 ‘KoPub바탕’이고 영문은 ‘아리따부리’이다. [도구-빠른교정-입력어자동실행]이 꺼진 상태에서 영문모드로 입력한 영문체 뒤의 닫힌 따옴표는 이 글꼴의 영문체를 가져와 곧은따옴표가 되었다.

서도 둥근따옴표로 입력이 되도록 한 것이 [도구-빠른교정-빠른교정내용-입력자동서식](이것이 보이지 않으면 초기화[1]를 해 보거나 프로그램업데이트를 할 것)에 보이는 **[곧은따옴표를둥근따옴표로바꾸기]**이다. 이를 체크하고 [도구-빠른교정]에서 **[입력어자동실행]**을 활성화해 놓으면 키보드 영문모드에서도 따옴표는 둥근따옴표로 입력된다. 곧은따옴표로 입력이 되게 하려면 이 체크를 지우면 될 것이다. [곧은따옴표를둥근따옴표로바꾸기]로 둥근따옴표가 되려면 그 글꼴이 이 두 가지 모양을 모두 가지고 있어야 할 것이다. 아래아한글이 만들어 넣어주는 것이 아니기 때문이다.

5. 주의할 것은 만일 **입력기**의 **[현재글자판]**([도구-글자판-글자판바꾸기-글자판바꾸기])이 [한국어]로 되어 있지 않다면 둥근따옴표로는 입력되지 않을 것이다.

6. 따옴표로서 고유의 「**낫표**」를 사용하려면 [도구-글자판-글자판바꾸기-기타]에서 [겹낫표입력]에 체크한다. 이후부터 자판의 한글모드에서 '[', ']'키를 입력하면 '「', '」'로 바뀌어 입력된다(shift+입력이면 '{. '}'키가 '『'나 '』'으로 입력된다). 영문모드에서는 해당하지 않는다.

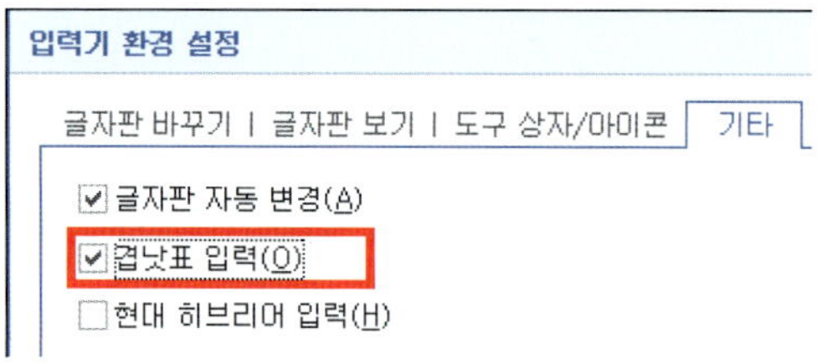

1) **아래아한글 초기화**: [시작-모든프로그램-한컴오피스2014-한컴기본설정-기본값으로설정]을 실행하는 것임. <01 한글2014 화면 구성과 설정>항의 2 참조)

자간

1. '자간'이란 글자를 붙여쓰기하였을 때 생기는 글자와 글자 사이의 간격을 말한다. 활판인쇄의 활자에서는 한글의 경우 정사각형의 금속 납 기둥 몸체에 글자가 있어 이 활자를 모아 붙여 인쇄하면 생기는 자간은 더 이상 좁힐 수 없어 자간이 고정될 수밖에 없었다. 전산조판에서는 비록 전각 크기에 글자를 앉혀도 사용자가 이를 좁혀 조정할 수가 있다. 또 글꼴에 따라서는 글꼴 제작시에 자와 자 사이의 간격을 좁혀놓거나 나아가서는 전각폭이 아닌, 글자모양에 따른 폭으로(이를 '가변폭글꼴'이라 함) 글자를 구성시키기도 한다(근래의 글꼴은 모두 그렇다). 예컨대 글꼴 '바탕'은 이러한 가변체이고 글꼴 '바탕체'는 전각 글꼴('고정폭글꼴')이다. 소위 가변폭 글꼴은 글자모양에 따라 글자폭을 달리하고 더불어 자간도 넓지 않음으로써 글자모양에 따른 이빠진 모양이 되지 않아 판면이 정돈되고 가독성도 높일 수 있으나 지나친 경우도 있어 자간을 넓히고 싶은 경우도 있다. 전산조판프로그램에서는 자간을 좁히거나 넓히거나를 사용자가 할 수 있다. 아래아한글에서는 이를 [서식-글자모양]의 [자간]에서 한다.

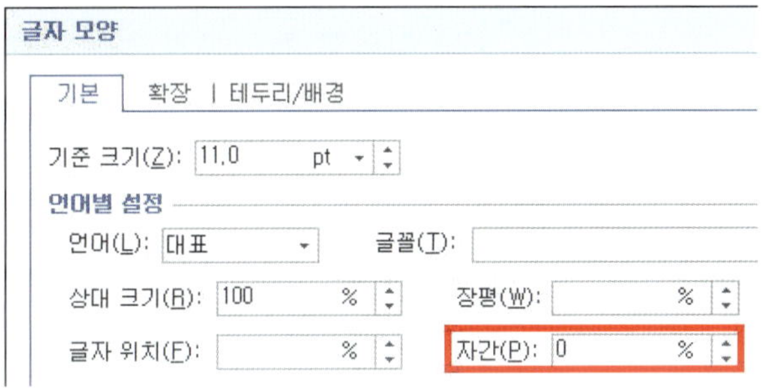

2. [글자모양-자간]에서 자간은 **-50%에서 +50%까지** %로 지정할 수 있다. 자간이 0이면 글꼴 원본대로의 자간이며, 마이너스 숫자로 입력하면 자간이 좁혀지고 플러스로 입력하면 넓어진다.

각 언어의 글꼴 종류별로 서로 다르게 자간을 매길 수 있다. [언어] 항목의 '한글·영문·한자·일어·외국어·기호·사용자' 중에서 어느 한 언어를 선택하여 자간 비율을 지정하면, 그 언어에서만 자간이 조절된다. 지금 이 문단은 [한글]·[영문] 모두 자간 0이다. **다음은 이 문단을 자간 -2**로 한 것이다.

각 언어의 글꼴 종류별로 서로 다르게 자간을 매길 수 있다. [언어] 항목의 '한글/ 영문/ 한자/ 일어/ 외국어/ 기호/ 사용자' 중에서 어느 한 언어를 선택하여 자간 비율을 지정하면, 그 언어에서만 자간이 조절된다. 지금 이 문단은 [한글]·[영문] 모두 자간 0이다.

3. ‘자간’과 조화되어야 할 것이 ‘**어간**’이다. ‘어간’을 아래아한글은 ‘**빈칸**’이라고 하는데 이 ‘빈칸’이란 키보드의 스페이스키로 보내지는 띄어쓰기를 말한다. 자간이 좁으면서 ‘어간’이 넓으면 소위 스트리트(street) 또는 리저드(lizard)라 하는 세로로 구불구불한 하얀 지렁이 선이 판면에 생겨난다.

어간은 영문 자간 비율을 따른다. 대표글꼴 등록시에 영문에 한글글꼴을 지정하면 그 한글글꼴이 가지는 스페이스값이 적용될 것이고, 영문글꼴의 이름을 지정하면 그 영문서체가 가지고 있는 스페이스값이 적용될 것이다. 대체로 **한글의 스페이스값**은 2분(전각의 1/2=반각)이고 영문의 스페이스값은 3분이다.

4. **어간**도 그 글꼴 본래의 값으로 지정되게 하거나 사용자가 조절도 할 수 있다. 그 글꼴 제작자가 설정한 어간대로 사용하려면 [글자모양-확장]에서 **[글꼴에어울리는빈칸]**이라는 옵션을 체크한다. 이를 체크하면 그 글꼴의 본래 빈칸값으로 띄어쓰기가 될 것이고 체크하지 않으면 지정한 글꼴 크기의 1/2값(영문에서는 1/3값)으로 띄어쓰기가가 될 것이다, **아래의 예**는 앞서 보았던 예의 문단을 [글꼴에어울리는빈칸]에 체크하지 않은 예이다(예의 원문은 자간=0에 이 옵션이 체크된 것이고 최소공백=90%이다).

각 언어의 글꼴 종류별로 서로 다르게 자간을 매길 수 있다. [언어] 항목의 ‘한글/ 영문/ 한자/ 일어/ 외국어/ 기호/ 사용자’ 중에서 어느 한 언어를 선택하여 자간 비율을 지정하면, 그 언어에서만 자간이 조절된다.

5. 어간을 조절하는 또 하나의 방법은 [문단모양]에서 하는 **[최소공백]**이다. 이는 2행 이상의 ‘양쪽정렬’ 행에서 단어([문단모양-줄나눔기준]의 한글 단위를 [어절]로 한 경우)나 글자([문단모양-줄나눔기준]의 한글 단위를 [글자]로 한 경우)가 행 끝에서 꺾이면서 **어간을 조절하여 행 끝을 맞추는데** 그 조절하는 어간값의 범위를 지정하는 곳이 이 [최소공백]이다. 조절 범위는 25%~100%이며 수치가 적으면 그 범위가 좁아 어간이 좁아질 것이고 수치가 크면 어간값이 커져 어간이 넓어질 것이다. 다음 예 1)은 ‘최소공백’ 100%에 ‘글꼴에어울리는빈칸’을 체크한 것이고(즉 글꼴 본래의 빈칸대로가 됨) 예 2)는 ‘최소공백’ 25%에 ‘글꼴에어울리는빈칸’의 체크를 하지 않은 것(즉 글꼴 본래의 빈칸을 무시하고 사용자가 최소로 조정한 것)이다.

1) 어간을 조절하는 또 하나의 방법은 [문단모양]에 있는 [최소공백]이다.이는 2행 이상의 경우에 [양쪽정렬]로 하면 단어나 글자가 행 끝에서 꺾이면서 어간을 조절하여 행 끝을 맞추는데 그 조절하는 어간값의 범위를 여기서 지정하는 것이다. 조절 범위는 25%~100%이며 수치가 적으면 그 번위가 좁아 어간이

좁아질 것이고 수치가 크면 어간값이 커져 어간이 넓어질 것이다.

2) 어간을 조절하는 또 하나의 방법은 [문단모양]에 있는 [최소공백]이다.이는 2행 이상의 경우에 [양쪽정렬]로 하면 단어나 글자가 행 끝에서 꺾이면서 어간을 조절하여 행 끝을 맞추는데 그 조절하는 어간값의 범위를 여기서 지정하는 것이다. 조절 범위는 25%~100%이며 수치가 적으면 그 번위가 좁아 어간이 좁아질 것이고 수치가 크면 어간값이 커져 어간이 넓어질 것이다.

'어간'은 이같이 [자간]과 함께 [글꼴에어울리는빈칸], 그리고 [최소공백](1행의 헹에서는 의미가 없다)으로써 사용자가 조정할 수 있다. 테스트샘플을 통하여 이들을 시험한 후 정하여 사용할 일이다.

만일 [최소공백]으로 어간을 줄였다면 마지막 행은 그 최소공백이 무시될 것이다. 그 경우 그 마지막 행을 블록 설정하고 [글꼴에어울리는빈칸]을 적용해 준다.

6. 행이 꺾일 때(이를 '**개행**'이라 한다) 단어로 묶여다니게 하면 양쪽정렬(=좌우정렬)의 판면에서는 어간이 벌렁벌렁 벌어질 수 있다. [문단모양]의 [기본]탭에서 **[줄나눔기준]**의 [한글단위]를 [어절]로 하지 말고 **[글자]**로 고른다. **[어절]**로 고르면 단어 단위로 움직여 띄어쓰기가 있는 곳에서만 행바꿈을 하게 되고 행 끝의 여백을 행중의 띄어쓰기 어간을 조정하여 벌려 놓게 된다. 그러므로 [어절] 단위로 하는 것은 '왼쪽정렬'의 판면에서나 지정할 수 있는 줄나눔 기준이다,

행 끝에서 영어 단어가 하이픈을 삽입하면서 나누어지도록 하려면 [문단모양-줄나눔기준]에서 [영어단위]를 **[하이픈]**으로 잡아준다. 이를 아래아한글은 **[소프트 하이픈]**이라 한다. 수동으로 하이픈 위치를 지정하려면 하이픈이 들어갈 위치에 커서를 두고 ctrl+shift+-를 입력하면 이 단어가 행 끝에 걸렸을 때 이곳에서 자동으로 하이픈을 넣어준다. 이런 하이픈을 아래아한글은 '**무른하이픈**'(ctrl+alt+shift+-)이라 한다. 단어가 잘릴 위치에 있지 않으면 하이픈은 나타나지 않는다.

참고: Hyphen

1. 하이픈은 영단어가 행 끝에서 끊겨 꺾이면서 들어가는 4분 대시를 말한다. 한 단어가 끊겨 나뉘었음을 보이는 기호이다. 이렇게 행 끝에서 나뉘는 것을 '분철'이라고 한다. 즉 하이픈은 분철기호이다. 또한 하이픈은 두 단어가 복합어임을 보이는 기호로서도 표기된다. 분철은 음절(syllable)에서만 할 수 있다. 분철은 **영어의 경우** 다음과 같은 규칙을 따른다.

1. 문자 하나(그것이 한 음절이라 해도)만을 분철하지 않는다
   ×e-motion → emo-tion
   ×a-busive → abu-sive
2. 앞이나 뒤에서 두 문자(그것이 한 음절이라 해도)로 되어지게는 가급적 하지 않는다(해서 잘못된 것은 아니지만).
   ×el-evate → ele-vate
   ×cavi-ty → cav-ity
3. 다섯 문자 이내의 단어(두 음절 이상이라 해도)는 분철하지 않는다.
   ×In-dia, Indi-a → India
   ×i-deal, ide-al → ideal
4. 같은 자음이 겹쳐진 경우, 접미사 때문에 겹쳐진 것이면 자음 하나를 그 접미사와 붙도록 분철하지만, 어근 자체가 그러한 것은 겹친 자음 뒤의 접미사에서 분철한다.
   ×asses-sing → assess-ing　　×allott-ed → allot-ted
   ×ad-ding → add-ing　　×sett-ing → set-ting
   ×in-stal-ling → in-stall-ing　　×per-mitt-ed → per-mit-ted
5. 한 음절의 단어는 분철해서는 안 된다.
   whom, mend, passed, scrubbed
6. 그 외에도 다음에 유의한다.
   - 문단이나 한 페이지의 끝 단어에서 분철하지 않는다.
   - 3행 이상이 연속되게 분철하지 않는다.
   - -able, -ible은 이들을 가지는 음절로써 분철한다
     (예 : Wrong : inevita-ble permissi-ble. Right : inevi-table, permis-sible).
   - -cious, -geous, -cial, -cion, -sion, -ceous, -gious, -sial, -gion, -tion, -tious, -tial 은 이들 문자의 허리에서 분철하지 않는다.
   - hyphen 으로 연결된 단어(복합어)는 가급적 그 하이픈 외에서 끊지 않도록 한다. 그 하이픈에서 분철할 때에는 이중하이픈(double hyphen)을 사용한다.
     self-evident : self-evi-dent 나 더 좋게는 self=evident 로,
   - initial 약어나 학위 등은 분철하지 않는다(예 : U.S., N.Y., YMCA, NATO, KBS, Ph.D., M.S., B.A., L.L.D.).
   - 고유명사는 음절이 정확한 것 이외에서는 분철하지 않으며, 인명은 last name 앞에서 분철하도록 한다(예 : Wash-ing-ton, Wen-worth, John-son ; T. S./Eliot).
   - 단위기호, 특히 달러 등의 화폐 단위, % 등은 숫자와 분리하지 않고, 연도 등 일련 숫자도 분리하지 않으며, 약어에 딸리는 숫자(p. 46 등)도 약어와 분리하지 않는다.

2. 독일어의 분철 방법은 다음과 같다.

1. 원칙적으로 음절(음절)(Sprechsilbe)에 의해서, 즉 단어를 천천히 발음했을 때, 숨이 자연스럽게 끊어지는 데에서 분철한다. 따라서 Buch, mit, Aal, blau 등 1음절의 낱말은 분철하지 않는다.
   ge-ben, Ga-bel, Va-ter, Wör-ter ; Trau-ung, ge-lee-ig, al-li-ie-ren.

단, a) 연속되는 자음은 맨 나중의 것을 다음 행으로 넘겨 준다.
Was-ser, Städ-te, Din-ge, Knos-pe, wach-sen, kämp-fen, Deut-sche.
b) 모음 사이에 끼인 h는 다음 행으로 보낸다.
ge-hen, wei-hen, frü-her.
c) 합성어는 우선 그 구성 요소에 따라서 분철한다.
Hei-rats-an-zei-gen, At-mo-sphä-re, voll-en-den, ein-an-der, her-aus, In-ter-es-se, Am-berg-au.

2. 관습상, 발음상으로 분철하지 않는 것:
a) 한 글자만은 분철하지 않는다.
a-ber, o-der×, e-ben×, Ü-bung×, Treu-e×.
b) st, qu 는 언제나 분철하지 않는다.
la-sten, We-sten, sech-ste, Fre-quenz.
다만, Diens-tag, Lan-des-teil.
c) 중모음, 복모음은 분철할 수 없다(변모음 ä 따위를 ae로 대용했을 때에도 같음).
×Me-er, ×Bo-ot, ×Zwe-ige, ×Va-eter (=Väter).
d) 한 음으로 발음하는 ch, sch, ß, ph, rh, sh, th 는 한 개의 자음으로 본다.
Bü-cher, Fi-scher, grü-ßen, Nym-phe, Di-ar-rhöe, Bu-shel, Ka-tho-lik.
e) 외래어 속의 복자음, 일반적으로 bl, br 따위(b, c, d, f, g, k, p, t, v 와 l 또는 r 와의 결합) 및 gn 은 한 개의 자음으로 간주한다.
Pu-bli-kum, Qua-drat, Zen-trum, igno-rie-ren.

3. 그 밖의 주의 사항
a) ck 는 k-k로 분철한다.
Brücke⇄Brük-ke, drucken⇄druk-ken.
b) 조어상 같은 자의 세 개의 연속으로 말미암아 생략된 글자는 분철할 때에 다시 살려준다.
Schiffahrt⇄Schiff-fahrt, Bettuch(시트)⇄Bett-tuch, wetturnen⇄wett-turnen, Seen(See 의 pl.)⇄See-en.
단, 사용 빈도가 높고 어원 감각이 무디어진 den-noch(denn+noch), Drit-teil (dritt+Teil), Mit-tag(mitt+Tag) 따위는 예외이다.
c) ß를 ss로 대용했을 경우에는 ss를 분철하지 않는다.
heissen(=heißen)을 heis-sen 으로는 하지 않는다.

7. 스페이스 빈칸은, [글꼴에어울리는빈칸]으로 글자모양을 지정하지 않은 한, 한글에서는 문자크기의 1/2, 즉 반각(2분)으로 띄어지고, 영문에서는 1/3, 즉 3분으로 띄어진다. 그 외에 **[고정폭빈칸]**이라는 것이 있는데 이는 아래아한글이 제공하는 4분각(전각의 1/4) 스페이스이다. 2분은 너무 넓어보이고 붙이자니 좁은 경우에 사용한다. 숫자와 한글, 영문자와 한글간에서 좁다 생각될 때 이용한다. 그러나 띄어지긴

하나 프로그램은 이를 '빈칸'으로는 인식하지 않아 어느 항목에서 [고정폭빈칸]을 만들고 이를 [차례만들기]를 해 보면 차례에서 그 항목은 붙여쓰기가 되어 있다. 검토가 없으면 실수가 될 이러한 위험도 있음을 기억한다. 단축키는 **alt+space**이다. '고정폭빈칸'으로도 마땅하지 않다면 [자간] 조정으로 조정한다.

8. '양쪽정렬' 문단에서 행 끝을 맞추려다 보니 어간이 조절된다. 즉 띄어쓰기의 빈칸이 고르지 않게 된다. 만일 어느 빈칸을 조정되지 않은 빈칸으로 두려 하면 키보드의 스페이스키를 **ctrl+alt+space**로 입력하면 그 빈칸은 일정한 빈칸값을 가지게 된다. 이를 **[묶음빈칸]**이라 한다. 예컨대 내어쓰기나 표 등에서 특히 1행의 길이가 짧은 경우 띄어쓰기의 자간이 푹푹 넓혀짐을 방지하기 위하여 spacebar 대신에 ctrl+alt+space를 누르면 그곳에 어간정렬을 하지 않은 고유자간이 유지된다.

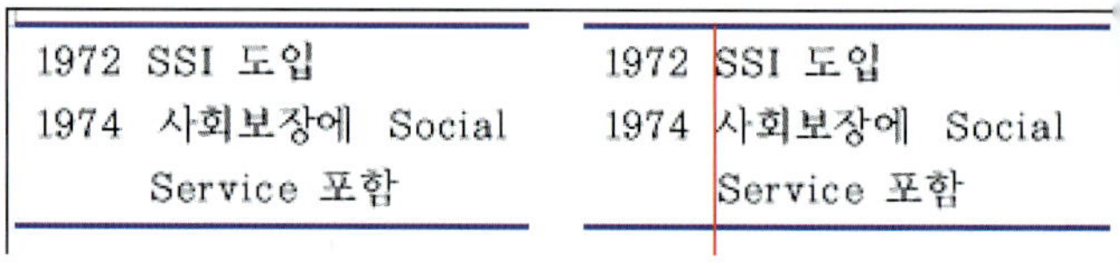

위 왼쪽 표의 '1974'와 '사회보장에...' 사이의 간격이 벌어진 것은 [양쪽정렬을 위하여 행 끝을 맞추려고 프로그램이 자동 자간조정을 한 때문이다. 이 경우 왼쪽정렬로 문단정렬을 해도 될 것이고 아니면 '4'와 '사' 사이의 space를 ctrl+alt+space로 띄어주면(묶음빈칸) 오른쪽 표처럼 정렬이 된다.

9. 원고를 편집하다 보면 행 하나를 줄여야 하거나 늘려야 하는 경우가 있다. 이러한 때 자간 조정으로 이를 행한다. **1행에 1문자**가 걸려 있는 경우 이를 윗행으로 올리거나 윗행에서 1,2 문자를 내리거나 하여 정렬시킬 필요가 있다. 이러한 경우 자간 조정은 필수이다. 왜냐하면 1행에 1문자를 두는 것보다 몇 행분에서 자간을 좁히거나 늘림이 판면의 균형상 보기 좋기 때문이다. 이러한 자간 조정은 수시로 해야 할 것이어서 이들의 단축키 기억은 작업능률을 위해 필수이다.

단축키: 블록을 잡고 shift+alt+n -1%씩 자간좁힘
블록을 잡고 shift+alt+w -1%씩 자간넓힘

10. 영문의 경우 알파벳의 모양에 따라 정상자간임에도 넓어 보이는 경우가 있다. 이를 조절하는 기능이 **[커닝]**이다. 예를 들어 WA, TA, AV 등의 문자와 같이 글자와 글자 사이가 멀어져 보이는 경우 [글자모양-확장]에서 [커닝]을 체크해 놓으면 두 글자 사이를 좁혀준다. 모든 글꼴이 모두 커닝이 되는 것이 아니라 글꼴 제작자가 그 글꼴에 커닝 정도를 만들어 놓은 경우에 한한다. 다음은 영문 Gill Sans Ultra Bold체의 예이다. 오른쪽 것이 [커닝]을 체크한 경우이다. **WAV → WAV**

11. 항목자간

특히 논문성 책에는 본문에 항목이 많이 들어 있다. 항목은 차하 단위로 소항목들을 가지기도 한다. **항목**이란 그 문단들의 내용을 요약한 요약어라 할 수 있다. 지금부터 이러이러한 내용으로 이야기한다는 예고 같은 것이다. 이 항목의 문자열이 두 자, 석 자, 넉 자 등인 경우 이들의 자간을 띄어줌으로써 항목의 시각화에 도움을 준다. 대체로 두 자 항목에 자간을 두 자 띄우고, 석 자 항목에는 자간을 한 자씩 띄우고, 넉 자 항목에서는 자간을 반 자씩(즉 스페이스 한 타씩) 띄운다. 일반적으로는 붙여 쓰기하여야 할 단어이지만 일부러 벌려 놓는 것이다. 이렇게 벌려 놓음으로써 항목성을 강조한다. 그리고 이 자간 띄우기는 전 책에 통일되어야 한다.

15 행간 (줄간격)

1. **행간**(아래아한글은 '줄간격'이라 한다)이란 판면 끝에서 문자열이 다음 행으로 넘어가면서 만드는 행과 행 사이의 간격을 말한다. 행간은 판면의 세로 크기(횡조의 경우)를 결정하게 하는 요소가 된다. 판면이 고정되어 있다면 그 판면의 세로 크기에 맞추기 위하여 행간이 조정될 것이다. 행간의 크기 여하에 따라 판면의 이미지가 달라지는데, 이것이 판면의 질감을 만든다. 탄탄한 질감의 판면이라거나 결이 촘촘한 질감의 판면 등에서는 '읽고 싶다'는 느낌을 들게 한다. 이러한 행간은 책의 종류에 따라, 판면의 크기나 행의 문자열 길이에 따라, 또는 글꼴 됨됨이나 그 크기에 따라 상대적이고 복합적으로 결정된다.

2. 행간을 결정하는 데 '행간을 어떻게 하면 좋을까' 하는 사항들을 한번 살펴보자.

1) **기획의도**: 책을 출판하려 하면 그 책이 어떠한 책이고 누가 독자가 될 것이며, 그러니 책 크기는 어떠해야 하고 제본은 어떻게 하고 하는 등의 일체가 정해질 것이고 그것은 편집자에게 와서 판면이라는 형태로 구체화될 것이다. 판면이 결정되면 행간도 정해지게 된다. 즉 편집자는 기획의도에 맞는 책이 되도록 행간을 정하게 된다.

2) **본문 글꼴의 크기에 따른 행간**: 본문의 문자가 크면 행간도 넓어야 한다. 일률적으로 문자의 몇 분의 1의 행간이어야 한다고 말할 수 없는 것은, 행간 결정의 요소가 문자의 크기만으로 영향을 받지 않고, 판면의 크기, 행의 길이, 행수 등과도 관계되기 때문이다. 일반적으로 일반도서의 경우, 전각문자인 우리 문의 경우에 있어서는 문자 크기의 80% 를 본문의 기본행간 크기로 함이 적당하다. 예컨대, 10pt 문자 크기이면 8pt 행간 등으로 시작해 보아 정해진 판면에 맞게 행간을 조절하거나 판면 크기를 조정해 나간다.

3) **글꼴에 따른 행간**: 글꼴에 따라서도 행간은 달라져야 한다. 고딕체는 획의 삐침이 없어 글자 자체에 여백이 없는 가득 찬 상태이므로 명조체의 경우에 있어서보다 행간을 넓혀야 한다. 변형체는 그것이 평체이면 정체의 경우보다 행간을 좁게, 장체이면 넓게 하여야(횡조의 경우이다) 변형체의 특성을 살리면서 그들의 단점을 보완하게 된다. 자간이 넓은 글꼴(또는 자간을 넓힌)이면 행간도 넓어야 한다. 그렇지 않으면 판이 세로로 갈라져 보이기 때문이다.

4) **언어에 따라**: 본문이 국문만이냐 한자가 들어가느냐 또는 영문만이냐 영문이 섞이느냐에 따라서도 행간은 달라져야 한다. 국문은 획이 한자에 비하여 적으므로 한자가 많은 혼식인 경우보다 행간을 좁힐 수 있고, 구문의 경우라면 ascender와 descender가 있어 x-height에서 여분이 있게 되므로 거의 행간을 주지 않을 정도로 행간을 좁혀야 한다. 예컨대 한글 책의 본문 뒤에 영문 참고문헌이 들어간다면 이 영문 참고문헌에서는 행간을 좁게 주어야 한다.

5) **판형에 대한 판면의 면적률**: 판형에서 판면이 차지하는 비율이 클수록 행간은 좁아야 판면이 산다. 판면이 큰 경우 행간이 넓다면 이 행간은 촌스러운 행간이 될 것이다. 마찬가지로 판형에서 비교적 판면이 작다면 이 판면의 행간은 넓어야 판면 여백에 어울리고 안정감을 준다.

6) **어간**: 띄어쓰기의 어간 크기도 고려한다. 예컨대 [글꼴에어울리는빈칸] 등으로 띄어쓰기가 조밀한 경우라면 행간이 좁은 듯하여도 무난할 것이지만 2분 크기의 어간인 경우이면 행간이 좁은 경우 오히려 어간이 더 넓다는 이미지를 주게 될는지도 모른다. 이런 경우 세로로 꾸불거리는 흰 길이 생기기도 한다.

7) **원고량**: 경우에 따라서는 원고량을 이유로, 기획한 면수를 맞추기 위해 글자크기와 행수를 조절하는 경우가 있다. 판면을 정할 때 고려된 사항일 것이고 그렇다면 위의 사항들이 살펴진 결과 행간이 정하여질 것이다. 하여튼 책의 내용과는 별개로 '상품'으로서의 책을 만든다는 고려 사항이 행간을 지정하는 요인이 될 수도 있다.

3. '행간'은 아래아한글에서는 이를 '**줄간격**'이라 하며 그 종류로서 [글자에따라], [고정값], [여백만지정], [최소]의 네 가지를 주고 있다.

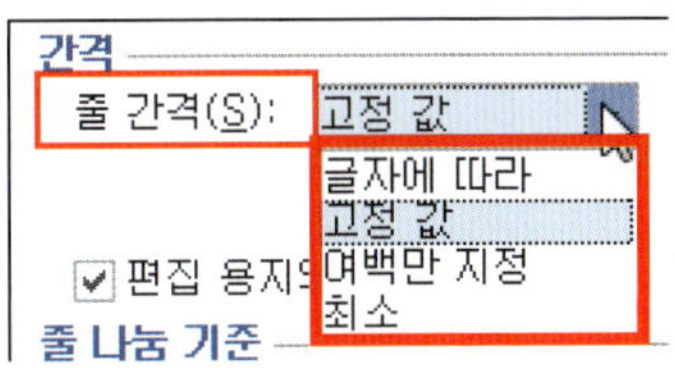

1) **[글자에따라]**는 그 문단에 들어 있는 가장 큰 글자를 만나면 그 큰 글자의 머리에서 '글자크기×줄간격값(%)'만큼을 다음 줄의 글자 머리까지 띄우는 '줄간격'을 말한다(따라서 글자의 크기에 비례하여 아래 행간이 넓어진다). 사용자가 입력하는 값의 단위는 퍼센트이다. 예컨대 10pt 본문 글자크기에 160% 줄간격을 지정했는데 문단 안에 20p의 글자가 들어 있다면 그 글자가 들어 있는 줄의 행간은 20p×160%로서 다른 행의 10p×160%보다 넓어진다. 다른 행과 줄간격이 다르게 된다. 큰 글자 옆 좌우 본문 10pt 글자들의 상하 위치는

[문단모양-확장]탭에서 지정한 [세로정렬] 방법에 따라 큰 글자 머리쪽에 맞추어 정렬되거나 중앙이나 아래로 정렬될 것이다.

2) **[고정값]**은 그 문단에 큰 글자가 있든 없든 글자 머리에서 다음 줄의 글자 머리까지를 주어진 값만큼 띄워 만드는 '줄간격'이다. 위 [글자에따라]에서 예로 주어진 값이 [고정값] 16p라면 20p 문자에서 아래로는 4point만큼이 아래 줄과 겹쳐지면서 줄을 만들게 될 것이다. 줄간격값의 단위는 글자크기 단위와 같은 포인트(pt), 밀리미터(mm), 센티미터(cm), 파이카(pi), 픽셀(px), 글자(ch), 급(geup), 인치(inch) 등이다. 입력하는 해당 단위가 point가 아니라면 해당 단위를 직접 입력하여야 한다. 또는 단위 위에서 마우스 오른쪽 단추를 눌러 단위를 바꿔 선택할 수 있다.

3) **[여백만지정]**은 입력한 값만큼 현재줄의 글씨 맨 아래에서 다음 줄의 글씨 꼭대기까지 띄우는 '줄간격'이다. 입력값은 포인트(pt), 밀리미터(mm), 센티미터(cm), 파이카(pi), 픽셀(px), 글자(ch), 급(geup), 인치(inch) 등의 단위로 한다.

4) **[최소]**란 [고정값] 지정과 같되 다만 중간에 큰 글자가 들어가 있으면 그 큰 글자가 있는 행에서는 큰 글자값 이하로 행간이 조정이 되지 않는 행간 지정방법이다(어래의 예는 '에'자가 20pt이고 본문이 11pt이다. 이 본문의 행간을 [최소]로 하여 줄간격값을 20pt 이하로 줄이면 다른 행은 줄간격이 주는데 '에'자가 들어간 행은 더 이상 줄지 않는다).

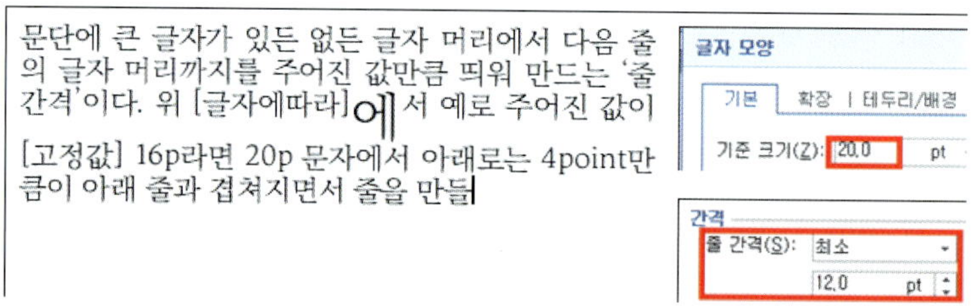

5) 전산조판 초기에는 [여백만지정]과 같은 행간 지정 방법을 '**행간**'이라 했고, [고정값]과 같은 행간 지정 방법을 '**행송**'이라 하였다.

4. 행중에 큰 글자나 영문 등이 들어가면 옆의 기존 글자와 위아래로 키가 맞지 않게 된다. 글자 상단을 맞추거나 가운데를 맞추거나 발을 맞추거나 하여 정렬시켜야 하는데 이것이 [문단모양-확장]탭에 있는 **[세로정렬]**이다. 세로정렬 기준의 종류 중 **[글꼴기준]**은 영문에서 말하는 베이스라인이라는 기준선이다. 이 기준선을 맞춰 정렬하라는 명령이다. 영문은 베이스라인이라는 것이 있지만 한글은 큰 글

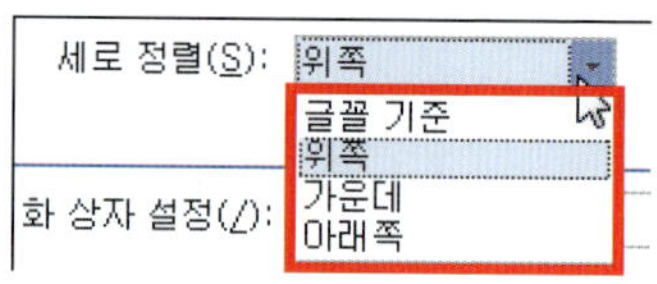

자의 아래쪽에서 작은 글자 들이 정렬된다. [위쪽]은 큰 글자 상단에, [가운데]는 가운데에, [아래쪽]은 발에 맞춰 정렬된다. [문단모양-확장]탭에 있는 **[글꼴에어울리는 줄높이]**란 주로 영문에서 기준선을 맞출 때 실제 글자 크기(10pt 크기라 해도 글꼴마다 실제 보이는 글자 크기는 서로 다르다)를 기준으로 함이 아니라 10pt 등으로 지정한 가상보디의 글자 크기를 기준으로 함을 의미한다.

보기

sdfgh dfgh fghjk fghjk : [글꼴기준]정렬에 [글꼴에어울리는줄높이] 적용 안 함

sdfgh dfgh fghjk fghjk : [글꼴기준]정렬에 [글꼴에어울리는줄높이] 적용함

5. 항목행간

1) 특히 논문성 책에는 본문에 항목이 많이 들어간다. 항목은 차하 단위로 소항목들을 가지기도 한다. 항목이란 그 문단들의 내용을 보이는 제목인데 항목의 차등을 위하여 차하 단위로 가면서 글꼴이라든가 크기라든가 행간이라든가 들여쓰기 등을 달리하게 된다. 항목은 크게는 항목만의 페이지를 가지는 '**내제지**'라는 페이지로 만들어지기도 하고 '별면'으로 존재하는 항목으로 만들어지되 그 별면이 항상 홀수가 되게 하는 '**기수별면**' 항목이 될 수도 있고 홀수 짝수 관계없이 일련으로 하는 '**일련별면**' 항목이 될 수도 있다. 그 외 본문 속 항목들에서는 1행의 '별행' 문단으로 설치되는 것이 대부분이지만(별행항목) 뒤에 본문이 이어지게 하는 항목(동행항목)으로도 설치된다.[1]

2) **항목행간**은 동행항목[2]이 아닌 한, 본문 행간보다 넓은 행간을 둔다. 항목 아래 행간은 항목 위에 둔 행간보다 좁아야 항목이 따로놀지 않는다. 위쪽과 행간 너비가 같으면 항목은 위쪽으로 치우친 느낌을 주므로 행중 상하의 중앙에 위치하지 않도록 한다. 항목행간을 조절하는 방법은 1행, 2행 등으로 띄우는 '**공행간**' 방법과 [문단모양-기본] 탭에서의 **[문단위]·[문단아래]** 간격을 지정하는 방법이 있다. 항목 위 아래에 각 1행씩 똑같이 띄우게 되면 이는 항목이 상하 중앙에 위치하게 되는데 이러한 항목 설치는 좋지 않다. 공행간 방법으로는 항

1) 이 파트의 제목인 '15 행간(줄간격)'과 같은 항목이 '일련별면' 항목이고, 이 페이지 '5. 항목행간'과 같은 항목이 '별행 항목'이며, 2항의 1)-7)과 같은 항목들이 '동행항목'이다.

2) **동행항목**이란 그 문단의 첫 줄 맨 앞에 그 문단 내용에 관한 항목을 두는 것을 말한다. 본문과는 콜론으로 구별하거나 스페이스 두세 개로 띄워 구별한다.

목 아래를 기본 본문 행간으로 두면서 항목 위를 1행 띄우거나, 항목 아래를 1행 공행간을 넣어 띄운다면 항목 위에는 2, 3행의 공행간을 넣어 띄운다. 여기에 세밀히 하기 위해 [문단모양]에서 [문단위]나 [문단아래]에 적당한 간격값을 주어 조절한다.

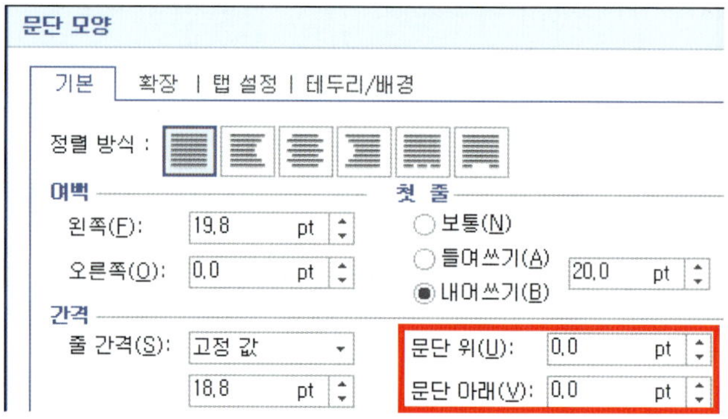

3) 문단을 새로 시작한다는 구획 표시로 문단 첫 줄의 시작 글자를 들여쓰기하는 것이 일반이다. 그러나 **들여쓰기를 하지 않고 문단 위를 띄움**으로써도 새 문단 구획의 방법이 될 수 있다. 이렇게 하는 이유는 판면에 들쭉거림을 없애기 위함이다. 들쭉거림이 없는 판면은 판면에 정갈함과 함께 힘을 준다. 들여쓰기를 해도 1 자 들여넣기보다 2 자 들여넣기를 하면 들쭉거림이 덜 해 보이고 여기에 그 문단의 항목을 이 들여넣기 위치에 맞춘다면 항목과 함께 힘을 실어 가지런한 판면으로 정리될 수 있다. 이러한 방법들은 판면의 머리(횡조에서 판면 왼쪽 끝)가 시각적인 전체 이미지에 미치는 영향이 크기 때문에 디자인적 측면에서 고려되는 것이다. 들여쓰기를 하지 않고 대신에 문단 위에 간격을 줌으로써 문단을 구획하는 것도 같은 이유에서이다. 구획 행간을 1행으로 띄우는 것은 행간이 거의 없는 영문 글에서나 바람직할 것이다. 우리 글에서 1행 띄우기는 판면을 쪼개는 것이 되어 바람직하지 않고 공행간이 아닌 [문단모양]의 [문단위]나 [문단아래] 간격으로 구획한다.

문단정렬과 내어쓰기

1. 입력되는 글자가 계속되어 판면 끝에 이르면 다음 행을 만들어 넘어가는데 이것은 엔터키가 올 때까지 계속된다. 엔터키에 의해 한 문단이 만들어지고 다음 문단이 새로 시작하게 된다. 한 개 문단은 한 줄이 될 수도 있고 여러 줄이 될 수도 있다. 그 행 끝을 기준으로 행은 '양쪽 정렬', '왼쪽 정렬', '가운데 정렬', '오른쪽 정렬', '배분 정렬', '나눔 정렬'된다.

2. **[양쪽정렬]**은 행 끝이 판면 좌우 끝에 맞추어 행이 정렬되도록 한다. 판 끝에서 띄어쓰기 때문에 판 끝에 글자가 와 붙지 않고 띄어쓰기(2분) 여분이 생길 것인데 이것은 그 행의 여러 띄어쓰기에 배분하여 판면 끝을 글자로 맞춘다. 문단이 끝나는 마지막 행은 엔터 위치에서 나머지 판면 끝까지를 비워놓는다. 일반적인 문단 정렬 방법이다.

> 입력되는 글자가 계속되어 판면 끝에 이르면 다음 행을 만들어 넘어가는데 이것은 엔터키가 올 때까지 계속된다. ✔

양쪽정렬

[왼쪽정렬]은 문자열을 판면 오른쪽 끝에 맞추려 하지 않는다. 띄어쓰기가 없는 단어가 판면 끝에 오게 되면 이 단어를 다음 행으로 넘겨 버리고 판면 끝까지를 비운다. 행 끝에서 단어 단위로 정렬하는 것이다. 이러한 정렬은 행의 머리만을 가지런히 보이려는 경우에 이용된다.

> 입력되는 글자가 계속되어 판면 끝에 이르면 ✔
다음 행을 만들어 넘어가는데 이것은 엔터키가 ✔
올 때까지 계속된다. ✔

왼쪽정렬

[가운데정렬]은 [왼쪽정렬]처럼 행 끝을 단어로 정렬은 하되 판면 오른쪽 끝까지의 여분을 행 머리인 왼쪽과 똑같이 배분하여 문자열 행을 가운데로 옮겨놓는 정렬 방법이다. 표나 별행항목 등에서 사용된다.

> ✔입력되는 글자가 계속되어 판면 끝에 이르면✔
✔다음 행을 만들어 넘어가는데 이것은 엔터키가✔
✔ 올 때까지 계속된다. ✔

가운데정렬

[오른쪽정렬]은 [왼쪽정렬]처럼 단어 단위로 판면 오른쪽 끝에서 정렬하되 판면 끝까지의 여분을 행 머리로 옮겨 행 머리를 비우고 판면 끝에서 행 끝을 가지런히 정렬하는 문단 정렬 방법이다.

> ✔ 입력되는 글자가 계속되어 판면 끝에 이르면
✔다음 행을 만들어 넘어가는데 이것은 엔터키가
✔ 올 때까지 계속된다.

오른쪽정렬

[배분정렬]은 [양쪽정렬]과 같이 정렬하되 마지막 행은 판면 오른쪽 끝까지의 여분을 '글자'와 '스페이스'에 배분하여 판면에 꽉차게 정렬하는 정렬 방법이다.

> 입력되는 글자가 계속되어 판면 끝에 이르면 다음 행을 만들어 넘어가는데 이것은 엔터키가 올 때 ✔까 ✔지 ✔ 계 ✔속✔ 된 ✔다 ✔.

배분정렬

[나눔정렬]은 [배분정렬]과 같되 문단 마지막 행에서 판면 끝까지의 여분을 글자와 스페이스에 배분하지 않고, '스페이스만'에 배분하여(단어의 글자에는 영향을 주지 않는다) 판면 오른쪽 끝까지 행이 꽉 차게 정렬하는 문단 정렬 방법이다.

입력되는 글자가 계속되어 판면 끝에 이르면 다음 행을 만들어 넘어가는데 이것은 엔터키가 올 때까지 ✔ 계속된다.

나눔정렬

3. 내어쓰기값 알아내기

문단 정렬에는 양쪽정렬 등 외에도 문단 [왼쪽] 모두 들여밀기, 문단 [오른쪽] 모두 들여밀기, 문단 첫 행 [들여쓰기], 문단 [내어쓰기]가 있다. [세로정렬]도 문단 정렬에 관한 것이긴 하나 다 앞서 살펴보았고(<07 문단모양>항 참조) 여기서는 **[내어쓰기]**만을 다시 살펴보기로 한다.

1) 여기서 살펴볼 것은 **내어쓰기의 값을 얼마로 해야** 원하는 대로의 내어쓰기 문단이 되는가이다. 내어쓰기는 주로 문단에 번호(이를 '항번'이라 한다)를 붙이는 경우 번호 뒤 본문의 첫 자에서 **개행**[1]이 되게끔 하는 경우이다. 지금 이 문단은 내어쓰기이다. 이 문단의 항번 1)은 위 항번 3에서 3항의 본문 첫 자 '문'자에 맞춰 내어쓴 것이다.

내어쓰기값을 찾는 방법은

① 문단 첫 행 아무 곳에서나 **shift+enter**하여 강제 개행을 한다(아래 그림1-0에서 ①의 앞). 이 강제 개행(아래 그림 1-1에서 ① 이하)은 앞 행의 문단 속성을 잇는다

원문

1-0 내어쓰기값을 찾는 방법은 ① 문단 첫 행에서 일단 shift+enter하여 강제로 개행을 한다. 이 강제 개행은 앞의 행의 문단 속성을 유지하면서 행만 바뀐 것이다

1-1 내어쓰기값을 찾는 방법은
① 문단 첫 행에서 일단 shift+enter하여 강제로 개행을 한다. 이 강제 개행은 앞의 행의 문단 속성을 유지하면서 행만 바뀐 것이다.

앞행의 속성을 유지한 문단
=shift+enter문단

1-2 내어쓰기값을 찾는 방법은
① 문단 첫 행에서 일단 shift+enter하여 강제로 개행을 한다. 이 강제 개행은 앞의 행의 문단 속성을 유지하면서 행만 바뀐 것이다.

'1-2' 뒤 '내'에서 shift+tab한 문단.
이 문단의 내어쓰기값을 알아난다

1-3 내어쓰기값을 찾는 방법은 ① 문단 첫 행에서 일단 shift+enter하여 강제로 개행을 한다. 이 강제 개행은 앞의 행의 문단 속성을 유지하면서 행만 바뀐 것이다.

①문단을 온전한문단으로 만들어 여백값을 입력하고 shift+tab으로 내어쓰기한다

---

1) **개행**: 개행이란 판면 끝에서 문자가 더 들어갈 수 없으면 판면에 맞추어 문자를 끊어 정렬하고 넘치는 문자를 다음 행으로 보내는 것을 말한다. 어떻게 끊어 보내야 하는지를 프로그램에 알리는 것이 이 문단정렬이다. 개행과 구별해야 할 것이 **'별행'**이다. 별행이란 새 문단을 만들기 위하여 엔터키로 끊어 보내는 것을 말한다. hift+enter가 만드는 개행은 앞 행의 속성을 잇는 강제 개행이다.

② 개행을 한 앞 행(그림 1-1의 '…방법은')에서 이후 개행이 되어야 할(들여져 행 머리가 정렬되어야 할) 위치(아래 그림 1-2에서 '1-2' 뒤 '내')에다 커서를 놓고 **shift+tab** 키를 누르면 그 위치에서 이하 문단이 정렬된다.

③ 들여써진 개행 문단(아래 그림 1-2의 ①문단)에서 오른마우스 클릭하여 [문단모양] 대화상자를 열어 '내어쓰기'값을 알아낸다(아래 그림의 경우 21.6pt).

④ ① 문단을 온전한 문단으로 만들기 위해 ① 앞에서 enter하고 [문단모양]의 [여백]에 앞의 내어쓰기값을 입력한다(내어쓰기값을 복사한 것을 붙여넣기하면 안 된다. 입력한다). enter하여 생긴 빈행을 backspace로 없앤다(아래 그림 1-3 참조).

⑤ 1-3의 뒤 '내'자 앞에서 shift+tab을 한다. 이 문단의 스타일을 만들어 저장한다.

2) 아래 그림 A-0 문단의 항번 뒤 '내'자에 맞춰 문단이 정렬하고 다시 2-0의 항번 뒤 '내'자에서 이하 문단이 내어쓰기 되도록 해 본다(현재 두 문단은 여백 및 들여쓰기가 0이다).

A-0 **내**어쓰기하기

2-0 **내**어쓰기값을 찾는 방법은 ① 문단 첫 행에서 일단 shift키와 enter키를 같이 눌러 강제로 개행을 한다. 이 강제 개행은 앞의 행의 문단 속성을 유지하면서 행만 바뀐 것이다

A-1 내어쓰기하기2-0 내어쓰기값을 찾는 방법은 ① 문단 첫 행에서 일단 shift키와 enter키를 같이 눌러 강제로 개행을 한다. 이 강제 개행은 앞의 행의 문단 속성을 유지하면서 행만 바뀐 것이다

A-2 내어쓰기하기
2-0 내어쓰기값을 찾는 방법은 ① 문단 첫 행에서 일단 shift키와 enter키를 같이 눌러 강제로 개행을 한다. 이 강제 개행은 앞의 행의 문단 속성을 유지하면서 행만 바뀐 것이다

A-3 내어쓰기하기
2-1 내어쓰기값을 찾는 방법은 ① 문단 첫 행에서 일단 shift키와 enter키를 같이 눌러 강제로 개행을 한다. 이 강제 개행은 앞의 행의 문단 속성을 유지하면서 행만 바뀐 것이다

A-4 내어쓰기하기
2-2 내어쓰기값을 찾는 방법은 ① 문단 첫 행에서 일단 shift키와 enter키를 같이 눌러 강제로 개행을 한다. 이 강제 개행은 앞의 행의 문단 속성을 유지하면서 행만 바뀐 것이다

A-5 내어쓰기하기
2-2 내어쓰기값을 찾는 방법은 ① 문단 첫 행에서 일단 shift키와 enter키를 같이 눌러 강제로 개행을 한다. 이 강제 개행은 앞의 행의 문단 속성을 유지하면서 행만 바뀐 것이다
3-0 방법은 ① 문단 첫 행에서 일단 shift키와 enter키를 같이 눌러 강제로 개행을 한다. 이 강제 개행은 앞의 행의 문단 속성을 유지하면서 행만 바뀐 것이다

① A-0 문단에 2-0 문단을 잇는다(그림 A-1).

② A-1 문단에서 띄어쓰기 없는 아무 곳에서나 커서를 두고, 여기서는 2-0의 2 앞에 커서를 두고 shift+enter를 한다(그림 A-2).

③ A-2의 항번 뒤 '내' 자에서 shift+tab키를 누른다(그림 A-3).

④ A-3의 2-1문단은 독립된 별행처럼 보이지만 윗행의 일부로 존재하기 때문에 A-3에서 2-1문단의 항번 뒤 '내' 자에서 다시 shift+tab을 할 수 없다. 이제 이 2-1문단을 실제의 독립한 별행이 되도록 문단모양을 만들어야 한다. 2-1문단에서 [문단모양] 대화창을 열어 [내어쓰기]값을 알아낸다(23.5pt임).

⑤ 2-1문단의 행 머리에서 엔터키를 눌러 온전한 별행으로 만들고 [문단모양]에서 2-1문단의 [내어쓰기]값(23.5pt임)을 [왼쪽] 여백값으로 입력한다. 새 문단이 된 2-1문단의 내어쓰기 위치에 커서를 두고 shift+tab키를 누른다. enter로 생긴 위 빈 행을 backspace로 없앤다(그림 A-4). 이 문단도 스타일로 저장해 둔다.

⑥ A-5의 2-2문단 밑에 3-0과 같은 차하의 내어쓰기 문단을 만들 경우에는 2-2의 **[왼쪽] 여벡값에 내어쓰기값을 더한 값**을 3-0문단의 [왼쪽] 여백값으로 주어 별행의 문단을 만든 다음 3-0의 내어쓸 위치에 커서를 두고 shift+tab키를 누른다. 이 문단을 스타일로 저장해 둔다.

다시 정리하면, ① 내어쓸 문단을 윗행에 백스페이스로 붙이고,
② 내어쓸 위치에서 shift+tab하여 아래 행의 내어쓰기값을 알아낸 후
③ 이어붙인 곳에서 엔터하여 별행을 만들고
④ 이곳의 [왼쪽] 여백값에 앞의 내어쓰기값을 더한 것을 [왼쪽]값으로 입력 후
⑤ 이 문단의 내어쓸 위치에서 shift+tab한다.

4. 항번의 세로정렬을 [문단번호모양]으로 정렬하기

'차례' 등에서 순서를 보이는 항번에는 글자의 폭이 서로 다른 경우가 있다. 이런 숫자의 경우 그냥 입력하면(디폴트로) 숫자의 왼쪽을 맞추어 입력이 된다. 그 결과 숫자의 오른쪽은 들쭉거리고 숫자 다음의 마침표도 들쭉대며 뒤에 오는 문자의 위치

도 들쭉댄다(이는 사용자정의에서 조절할 수는 있다).

I. 여기서는 [문단번호모양]으로 정렬하는
II. 방법이다. 여기
III. 서는 [문단번호모양]으로 정렬하는 방법이다. 여기서
는 [문단번호모
IV. 양]으로 정렬하는 방법이다. 여기서는 [문단번호모양]
으로 정렬하는
V. 방법이다. 여기서는

[문단번호모양]으로 자동 항번 넣기의 [사용자정의]를 살펴보겠다.

숫자의 오른쪽을 맞추게 되면 이하 모두 가지런히 되지만 숫자 왼쪽에서 들쭉거린다. 어느 경우로 할 것인지는 편집자의 생각이겠지만 여기서는 숫자의 오른쪽을 맞추는 방법으로서 **[서식-문단번호모양]**을 이용해 보도록 한다. 그 외의 방법으로 스페이스키나 [자간]을 이용할 수도 있으나 불편하고 부정확하다. 아런 경우 탭을 이용하는 것이 최선이다. 탭 이용방법은 따로 다음에 보기로 한다.

I. 여기서는 [문단번호모양]으로 정렬하는
II. 방법이다. 여기
III. 서는 [문단번호모양]으로 정렬하는 방법이다. 여
기서는 [문단번호모
IV. 양]으로 정렬하는 방법이다. 여기서는 [문단번호
모양]으로 정렬하는
V. 방법이다. 여기서는

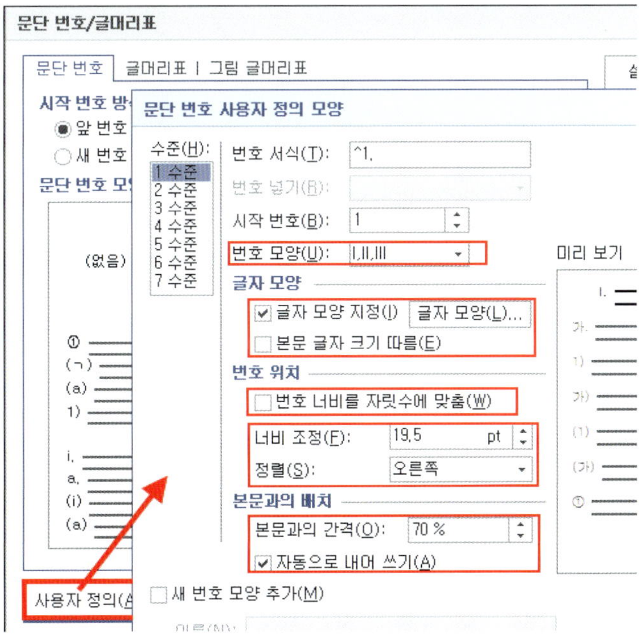

이 그림의 [사용자정의] 대화창 입력값은 위 예의 값이다. [글자모양]은 숫자체를 지정하는 것으로서 여기서는 상상본문L체 장 97%이다.

1) 정렬할 문단을 블록으로 선택한 후
2) 오른마우스 클릭 [문단번호모양]을 실행한다.
3) [문단번호]탭에서 [없음] 외의 아무 문단유형이나 선택한 후 **[사용자정의]**를 실행한다.
4) [사용자정의모양] 대화창에서
   - [번호모양]을 선택해 주고
   - 문단 좌단에서 숫자 왼쪽까지의 띄울 간격을 [번호위치]의 [너비조정]에 지정해 주고([왼쪽] 정렬인 경우에는 이 간격은 번호 뒤 본문 머리까지의 거리로 됨)
   - 숫자 폭의 오른쪽을 기준으로 정렬토록 [오른쪽]을 선택해 주고
   - [번호너비를 자릿수에 맞춤]을 해제한다.
   - 숫자에서 떨어질 뒤 본문과의 간격(이는 [자동으로내어쓰기]에 체크하면 내어쓰기 위치도 됨)을 [본문과의간격]에 입력해 주고
   - [자동으로내어쓰기]에 체크한다.
5) 이러한 정렬을 탭키로도 할 수 있다(<17 탭>항의 3 참조) .
6) [문단번호모양]을 실행하면 이하 문단마다 항번이 매겨져 가게 되므로 해당되지 않는 문단에서는 실행되지 않도록 이를 중지시켜야 한다.

   실행 중지를 하려면 해당되지 않을 문단에서 [문단번호모양]을 다시 실행하여 [없음]을 선택한다. 그러다가 다시 문단번호가 필요한 곳에서 위 4)에서처럼 실행한다.

탭

1. **탭**이란 글자판의 tab키를 눌렀을 때 지정한 값 위치로 문자열이 이동하게 하는 것을 말한다. 문자열을 세로로 각 행마다 일정 기준 위치로 정렬시키고자 할 때 이용한다. 정렬 기준은 문자열의 왼쪽이거나 오른쪽이거나 또는 문자열의 가운데가 될 것이다.

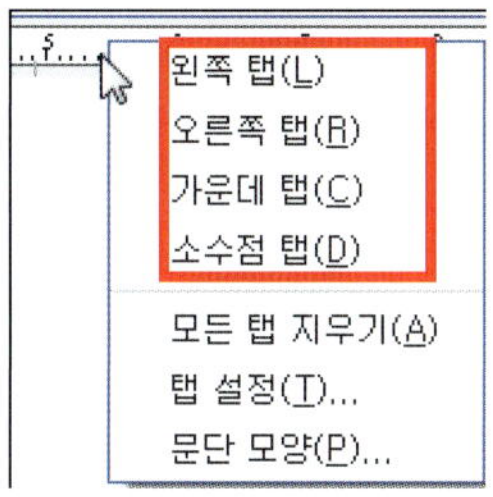

탭키로 움직여 가는 문자열이 문자열 왼쪽 머리를 기준으로 하면 [왼쪽탭]이요, 문자열 오른쪽 끝을 기준으로 하면 [오른쪽탭], 문자열 중앙을 중심으로 하면 [가운데탭], 소수점을 기준하면 [소수점탭]이 된다. 이것은 **눈금자**에서 오른마우스 클릭하면 선택할 수 있다.

2. 탭 지정하기

1) 정렬할 문단들을 블록으로 잡는다.

2) 원하는 **탭 종류**를 눈금자에서 오른마우스 클릭하여 선택하면 눈금자에 탭이 생긴다( ). **alt**키를 누르고 이 탭을 마우스로 움직여 원하는 위치에 놓는다.

3) 눈금자에서 오른마우스 클릭한 팝업메뉴에서 **[탭설정]**을 선택하여 설정창을 띄운다. [탭종류]와 [탭위치]를 확인한다. [탭위치]의 수치가 탭값이고 이는 아래 **[탭목록]**에서도 볼 수 있다. 그러나 탭목록에 들어 있다고 지나치지 말고 다시 [추가] 단추를 누른다. **[추가]** 단추는 '탭 위치'와 '채울 내용' 등을 인식시키는 역할을 하므로 [탭목록]에 탭 위치가 들어 있고 '채울 모양'이 선택되어 있다 해도 이 [추가] 단추를 클릭해 준다. 탭키는 [탭목록]에 있는 순서대로 탭키를 누를 때마다 이동하므로 불필요한 탭은 여기서 삭제한다. **[채울모양]**에는 선 종류가 들어 있다. 탭키로 벌어진 사이를 선으로 채우려면(예컨대 차례 등) 여기서 선을 고른다. [채울모양]을 선택한 후에는 [추가] 단추를 누른다. 안 눌러주면 탭키에 채울 모양이 들어가지 않는다. [설정]을 누르고 빠져 나온다.

4) 이제 탭으로 이동시킬 문자 앞에 커서를 놓고 글자판에서 탭키를 누른다.

5) 눈금자의 탭을 없애려면 탭을 클릭하여 눈금자 밖으로 내버린다. 또는 [탭설정]의 탭목록에서 해당 탭을 지운다(X표시).

6) 밑의 '서울/부산'의 예의 경우는 3개의 왼쪽탭이 들어 있고 탭키를 누르는 순서대로 탭이 실행된 그림이다.

서울　250명　여학생 불침
부산　2345명　중고등 남녀학생 참여

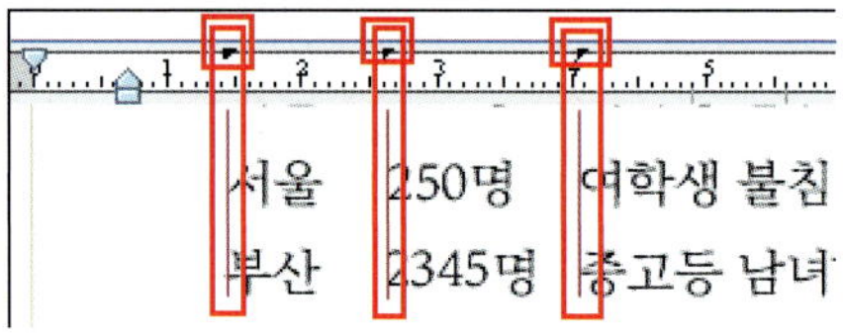

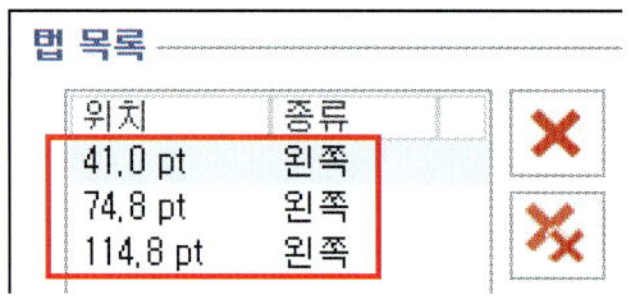

7) 탭키로 2단 편집하기

1. 서울=1234
2. 전라북도=3245
3. 필리핀=336
4. 파리=21367

을

판면 어느 지역에서 2단으로 문자열을 배치하려면 다단설정을 하여야 할 것이지만 이것이 번잡하다 싶으면 탭키를 이용한다. 번잡성보다는 2단 구성이 가로 행 방향이 되도록 하기 위함도 있다.

위 예의 '1.서울=1234' 항목에 커서를 놓고 눈금자에서 왼쪽탭을 고른 후 마우스로 눈금자 상단에서 탭이 적용될 2단 위치에 탭 지정을 한다.
이제 '1. 서울=1234'의 '4' 뒤에 커서를 두고 delete키로 2항을 잇고 '4' 뒤에서 tab키를 누른다. 2항의 '5' 뒤에서 shift+enter하고 키를 3항 '6' 뒤로 보낸 다음 tab키를 누른다.

1. 서울=1234　2. 전라북도=3245
3. 필리핀=336　4. 파리=21367

8) [텝목록]에 들어 있는 탭이 하나라면 탭키를 누를 때마다 똑같은 탭값이 적용된다.

9) [탭목록]에 탭이 들어 있지 않아도 탭 키를 누를 때마다 일정하게 탭이 적용되는데 이는 프로그램이 자신의 탭값을 가지고 있기 때문이다. 이것은 사용자가 변경시킬 수 있다. [문단모양-탭설정]의 **[기본탭]**에 들어 있는 값(40pt)이 그것이다. 이 변경은 [변경]을 눌러 변경값을 입력해 주면 변경이 된다.

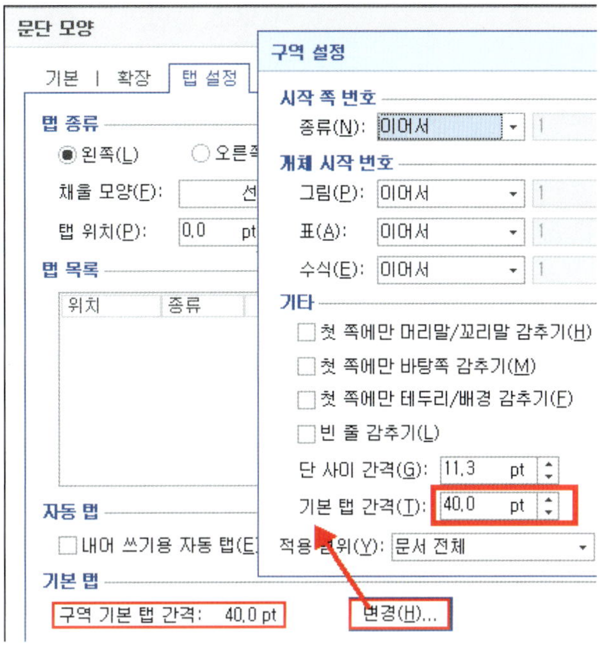

3. 탭으로 문자열 세로로 정렬하기

1)

제1조 ① 대한민국은 민주공화국이다. ② 대한민국의 주권은 국민에게 있고, 모든 권력은 국민으로부터 나온다
제38조 모든 국민은 법률이 정하는 바에 의하여 납세의 의무를 진다

제1조 ① 대한민국은 민주공화국이다. ② 대한민국의 주권은 국민에게 있고, 모든 권력은 국민으로부터 나온다
제38조 모든 국민은 법률이 정하는 바에 의하여 납세의 의무를 진다

① 위 제1조 뒤의 '①'과 제38조의 '모'를 '모'의 머리에 세로로 정렬되도록 하려 한다. 조문 두 자리 숫자로 정렬하기 위하여 제38조의 '모'자를 기준할 것이다.

② 제1조 문단에 커서를 두고

③ 눈금자에서 [왼쪽탭]으로 탭 위치를 만든다(눈금자에서 탭을 'alt+드래그하여 '모'자에 맞춘다).

④ 다음, 눈금자에서(눈금자에서 오른마우스 클릭) [탭설정]으로 들어가(또는 [문단모양-탭설정]에서) 탭 종류가 [왼쪽]임과 [탭위치]의 '탭값'을 확인한 다음 [추가]를 누르고 [설정]하고 나와 이 문단을 스타일로 저장한다.

⑤ 제1조의 '조' 뒤에서 탭키를 누르면 ①이 '모'자 머리 위치로 이동한다.

⑥ 제38조 문단에도 스타일 적용 후 ‘조’ 뒤에서 탭키를 누르는 방법으로 정렬해 간다.

2) 다음의 <보기> 상자 항번을 마침표에 맞추고 항목 첫글자를 세로로 정렬해 본다.

<보기>

I. 경쟁제한적 기업결합의 금지 789
II. 경쟁제한성의 추정 789
III. 기업결합의 신고 789
IV. 이행강제금 790

I. 경쟁제한적 기업결합의 금지 789
II. 경쟁제한성의 추정 789
III. 기업결합의 신고 789
IV. 이행강제금 790

① 탭 위치를 기준하기 위해 세로직선 둘을 긋고 앞것은 오른쪽 탭 위치로, 뒷것은 왼쪽탭 위치로 삼는다(직선은 ‘본문과의배치’를 ‘글앞으로’).

② I항에 커서를 놓고 오른쪽탭 위치와 왼쪽탭 위치를 각각 잡는다(눈금자 아무곳에서나 오른마우스 클릭하여 오른쪽/왼쪽탭 각각 설정. 탭 alt+드래그하여 위치 잡음).

③ 먼저 I항의 항목 첫 글자 ‘경’ 앞에서 탭하면 왼쪽탭 위치에 올 것임.

④ I 앞에서 탭하면 오른쪽탭 위치에 마침표가 올 것임.

⑤ I에 커서 놓고 문단모양 복사하여 이하 항들에 적용하고 각각 탭함.

⑥ 보조선 직선을 삭제.

4. 차례(목차)에서 페이지숫자 앞에 점선 채워넣기

가나다 294
라마바사 332
아자 444

위 그림에서 숫자를 페이지라고 생각하고 좌우 검은 실선을 판면 끝이라고 생각한다, 문단 왼쪽 여백은 20pt이지만 이것은 무시해도 상관이 없다.

① 탭을 적용할 문단을 모두 선택한다. 그런 후

② 숫자열 끝(숫자열의 오른쪽 끝)이 판면 오른쪽 끝에 오도록 할 것이므로 눈금자에서 오른마우스 클릭하여 탭 종류로 **[오른쪽탭]**을 선택한다.

③ 그 오른쪽탭을 **alt+드래그**하여 판면 오른쪽 끝에 둔다. 약간이라도 판면에서 넘치면 사라지므로 주의한다.

④ 눈금자 그 자리에서 오른마우스 클릭하여 '탭설정'으로 들어간다. '탭종류'와 '탭 위치'를 확인하고 **[채울모양]**에 점선(이를 '리더'라고 한다)을 선택해 준 후 [추가] 단추를 누르고 [설정]하여 빠져나온다.

가나다 ·· 294
라마바사 ······································ 332
아자 ·· 444

⑤ [탭설정]의 [문단오른쪽끝자동탭]으로도 판면 끝에 페이지숫자를 정렬할 수는 있다. 그러나 이 [**문단오른쪽끝자동탭**]에서는 [채울모양]의 선이 채워지지 않는다.

5. 탭으로 내어쓰기 설정하기

3.. 자동초점(초점모드레버의 AF)

01. 정지물체, 자유동체, 방향동체 등에 자동으로 초점을 맞춘다. 피사체 종류는 사용자메뉴의 **초점모드** [**AFS/AFF/AFC**]에서 지정한다. (S=single, F=flexible, C=continuos)

02. 화면 터치로 초점 잡기: 사용자메뉴의 [터치설정]에서 [**터치스크린**]이 ON이고, [**터치AF**]가 AF로 설정되어 있어야 한다.

001 화면을 터치하면 +가 생기고 이 아이콘이 닿는 곳으로 카메라 이동하거나 반셔터를 누르면(사용자메뉴의 [셔터AF]가 ON(셔터눌러 초점 맞추겠다는 것)이어야 하고 [반셔터 릴리즈]가 OFF(반셔터 안 쓰지 않음)이어야 함) 자동으로 초점이 맞음.

이 위치를 '왼쪽여백=0'으로 함

01.의 [왼쪽] 여백값을 찾기 위해 윗행 '초' 앞에서 shift+enter. 3..항번 뒤 '자' 앞에서 shift+tab 후 '초' 문단의 내어쓰기값(=17.2)을 찾아 기억 후 '초'문단을 원위치하기 위해 백스페이스.
01.문단에서 왼쪽 여백에 앞의 내어쓰기값(=17.2)을 입력하고 항번 뒤 '정'자에서 shift+tab

001.의 [왼쪽] 여백값을 찾으려 함. 02항번 행에서 왼쪽 여백값(=17.2)과 내어쓰기값(=22.3)을 합한 값(=39.5)을 001문단의 [왼쪽] 여백값으로 함. 항번 뒤 '화'자에서 shift+tab하여 내어쓰기함

2)

> 서울: 인구 1000만
> 가구수 400만
> 면적 600km^2

위는 enter 없이 이어진 문단에서 문자열을 세로로 맞추어야 할 곳에서 shift+tab키를 누른 후 '가구수' '면적'의 첫 글자 앞에서 shift+enter한 것이다.

그러나 다른 방법도 있다. 전체를 한 문단으로 잇고 [문단모양-탭설정]에서 **[내어쓰기용자동탭]**을 체크한 후 빠져나와 세로로 맞추어야 할 곳에서 shift+tab키를 누른 후 '가구수' '면적'의 첫 글자 앞에서 enter하여 별행을 만들고 각 행 머리에서 탭키를 눌러도 같은 효과를 갖는다.

6. 탭으로 오른쪽 정렬하기

> 가나다 294
> 라마바사 332
> 아자 444
> 차카타파하 488
> A B

① 위 예를 '차례'라 하자. 이 차례를 오른쪽 정렬로 하되 오른쪽 B선 위치에는 페이지숫자를, A선 위치에는 항목 오른쪽 문자열이 오도록 탭설정을 하려 한다.

② A선과 B선의 각 가로 위치를 '개체속성'에서 찾는다(예의 경우 A=97.57mm, B=111.68mm. 선을 선택하고 [개체속성-위치]에서 [가로]의 [쪽][1]을 선택하면 그 크기를 알 수 있다).

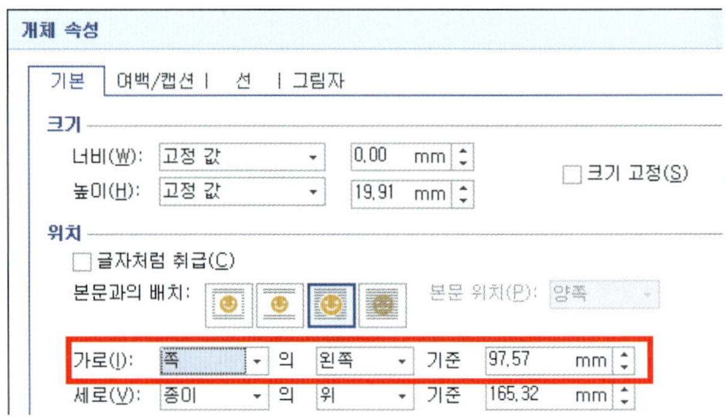

③ 항목 전체를 블록 설정하고 [문단모양]의 [탭설정]에서 '탭종류=오른쪽', '탭위치'에서 97.57mm, 111.68mm를 각각 [추가]하고 [설정]하여 나온다.

---

1) 쪽: 이 책에서는 '쪽=페이지=단=문단'이다. 이 책의 '문단'은 전단(全段)이므로 '1단'과 같은 크기이고, '전단'은 '판면' 크기이며, '판면'은 아래아한글이 '쪽'이라 부르고, 이는 '페이지'이므로 모두 같은 의미가 된다.

④ 항목 문자열 앞에서 탭키를 한 번 누르고, 항목 문자열 끝에서 다시 한 번 탭키를 누르면 정렬이 된다.

가나다	294
라마바사	332
아자	444
차카타파하 A	488 B

7. 탭키로 문자열 좌·우로 벌려 정렬하기

판형 ✓ ([쪽-편집용지] 또는 [도구-환경설정-새문서])

위 예의 문단은 그 [왼쪽] 여백이 19.8pt로 '7' 항목의 항번 뒤 첫 자 '탭'자에 맞추어져 있는 [양쪽정렬]로 된 문단이다. 문자열 '판형' 뒤의 괄호문(([쪽-편집용지] 또는 [도구-환경설정-새문서]))도 이 정렬법에 의해 스페이스키로 오른쪽으로 보내지 않는 한 이 괄호문 문자열만 오른쪽으로 보내질 수 없다. 그러나 탭키를 이용하면 그렇게 할 수 있다.

문자열 모두를 블록으로 잡고 [문단모양-탭설정]에서 [탭종류]를 [오른쪽]으로 선택하고 [자동탭]에서 **[문단오른쪽끝자동탭]**을 체크하고 나온다([문단오른쪽끝자동탭]에서는 [채울 모양]의 선 모양이 채워지지 않는다). 이제 돌아와 분리시킬 위치에서 탭키를 누르면 이하 문자열이 오른쪽으로 정렬된다.

18 사용자 도구모음 만들기

1) 사용자가 설정하는 도구에는 '**사용자설정 서식도구**'와 '**사용자설정 도구상자**'와 '**사용자설정 열림상자**'가 있다. 이들은 [도구-사용자설정]에서 **[명령]**탭과 **[도구상자]**탭과 **[열림상자]**탭에서 구성할 수 있다. '사용자설정 도구상자'는 이동이 가능하다.

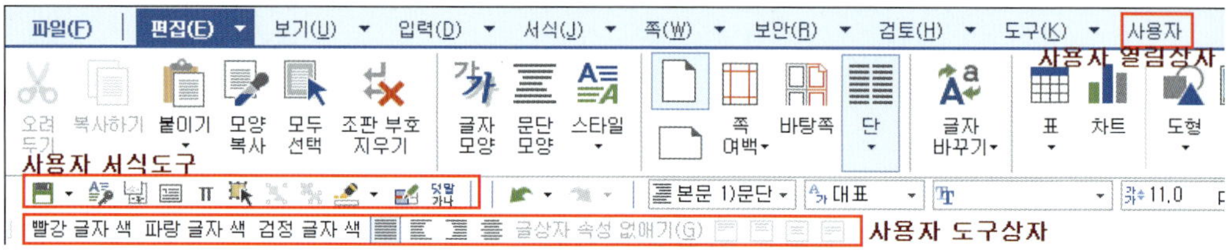

2) **사용자설정 서식도구:** [도구-사용자설정-**명령**]의 [항목]항에서 [모든명령들]을 선택한 후 [기능]항에서 다음과 같은 아래 글상자의 **도구**들을 하나하나 이름을 클릭, 드래그하여 서식도구상자 앞쪽에 떨구어 놓으면 사용자 서식도구상자가 된다.

메뉴 밑 서식도구상자의 도구들 중 필요 없는 것이 있으면 그 도구를 [도구-사용자설정-명령]창에다 드래그해 떨구어 놓으면 없어진다.

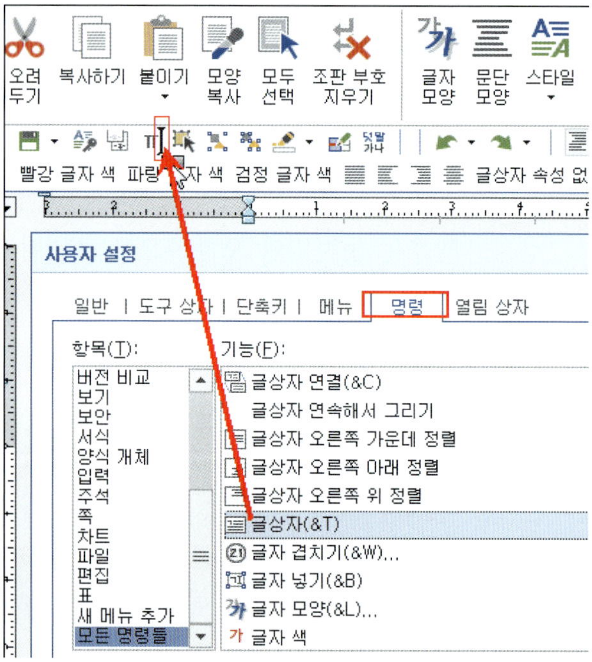

① 글자스타일해제 ② 감추기
③ 글상자 ④ 조판부호 ⑤ 개체선택
⑥ 개체묶기 ⑦ 개체풀기 ⑧ 빨강글자
⑨ 파랑글자 ⑩ 검정글자 ⑪ 형광펜
⑫ 표그리기 ⑬ 자간

3) **사용자설정 도구상자:** [도구-사용자설정-**도구상자**]탭을 열어 [새로만들기] '+' 기호를 클릭하면 [도구상자만들기]창이 뜨고 여기에 적당한 이름을 입력하면 '**사용자도구상자**'가 '서식도구상자' 밑에 생긴다. 사용자설정 서식도구 만들기에서처럼 [도구-사용자설정-**명령**]에서 이름을 드래그해 넣으면 된다. 그리고

이 도구상자는 이동이 가능하여 사용자서식도구 밑에 놓을 수도 있다.

4) **사용자설정 열림상자:** [도구-사용자설정-**열림상자**]탭을 열어 [항목]과 [기능]항에서 도구메뉴를 선택하고 [추가] 아이콘을 누르면 [사용자]탭이 메뉴상에 만들어진다. 이후 도구상자 등에서 오른마우스 [사용자탭에추가]를 클릭하면 이곳에 그 도구가 들어간다. 또는 [사용자탭] 목록에서 '세로형 1줄'을 선택한 다음 [배치설정추가] 아이콘을 누르고 새로 추가된 '세로형 1줄'을 선택한 다음 [배치] 목록에서 '가로형 3줄'을 선택하고 [줄 개수] 목록에서 '3' 등을 선택 후 [항목]과 [기능]항에서 메뉴를 추가하면 [사용자]탭에 들어간다.

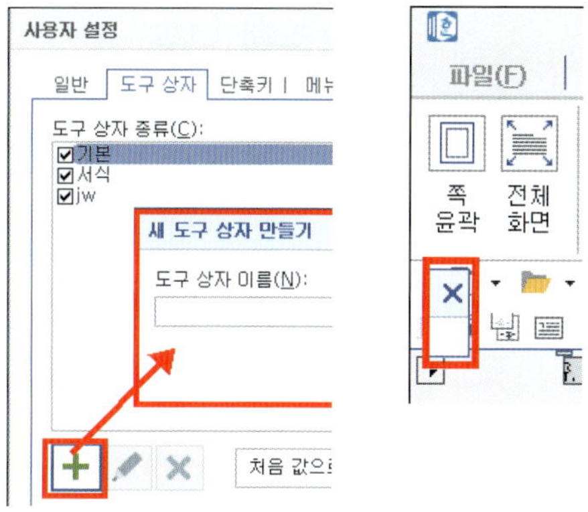

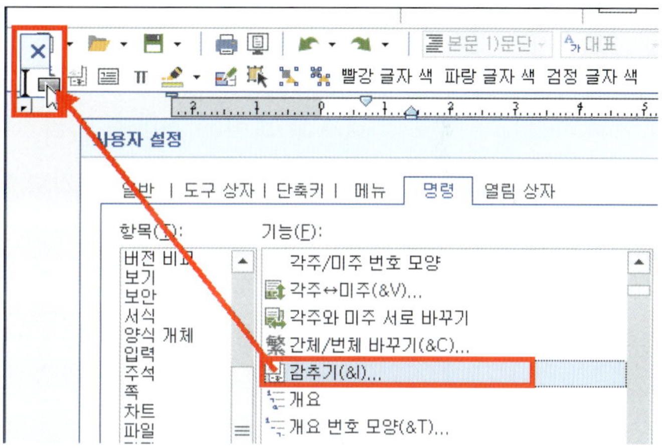

5) 서식메뉴의 기본 도구들을 옮기거나 삭제하려면 도구메뉴에서 [사용자설정]창을 열어놓고 하면 된다.

6) 이 사용자 도구모음은 **저장**이 되지 않는다. 기본서식파일(Normal.hwt)을 별도 저장 후 되돌려도 이 '사용자설정 명령어'들은 보이지 않는다. 레지스트리 백업[1] 방법이 있다 하나 불완전하다.

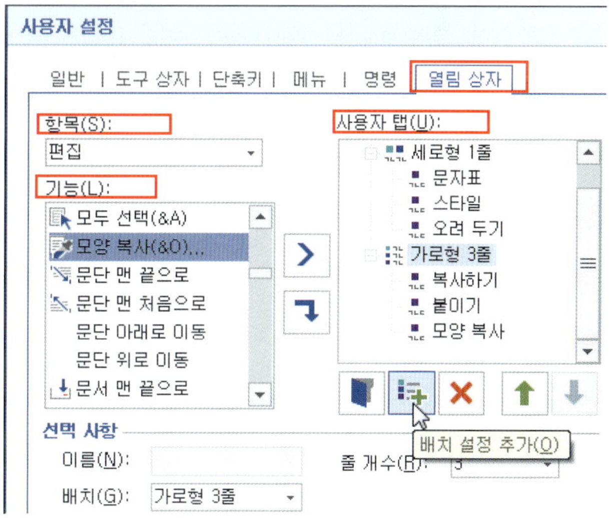

1) 레지스트리키: HKEY_CURRENT_USER₩Software₩Hnc₩Hwp₩9.0₩HwpFrame_KOR

19 기준선 이동

1. '기준선 이동'이란 문자열의 높낮이가 다를 때 그 높낮이를 조절하는 것을 말한다. 여러 언어나 여러 글꼴이 혼용되는 곳에서는 문자열 정렬이 위·아래로 맞지 않는 경우가 있다. 즉 한글 속에 들어 있는 영문 문자열이 처져 있다거나 하는 경우이다. 이러한 경우 처지거나 올라간 문자열을 올리거나 내려야 한다.

'글자모양(Type)이 좋다'라는 여기 이 문자열을 보면 정상으로 보이지 않는다. 이것의 한글 글꼴은 '나눔고딕'이고 영문은 '함초롱돋움'이다. 영문체가 밑으로 처진 것은 글꼴 기준선이 '나눔고딕'체와 다르기 때문인데 서로 다른 글꼴을 섞어 쓰면 흔하게 이런 현상이 나온다. 여러 요소들이 들어가는 책이라면 여러 글꼴들을 사용하게도 되는데 주의할 수밖에 없다. 이런 경우 영문자의 기준선을 올려주거나 한글의 기준선을 내려 주어야 한다. 예의 경우는 영문의 기준선을 올려 '글자모양(Type)이 좋다'처럼 바로잡을 수 있다.

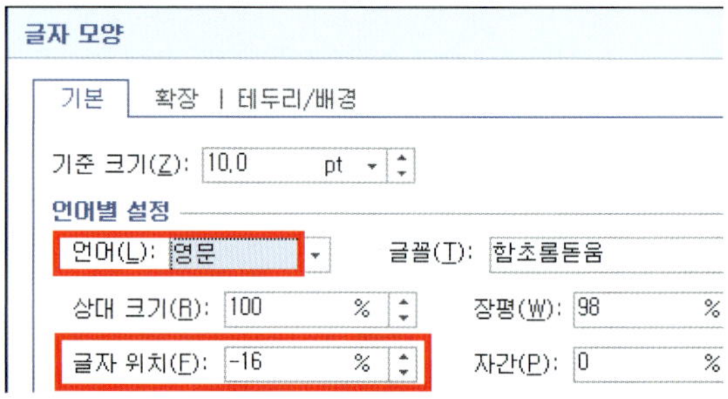

2. 기준선 조절은 조절하려는 문자열에 블록을 설정하고, [서식-글자모양]의 [기본] 탭에서 **[글자위치]**에 값을 입력하면 된다. 기준선을 올리려면 마이너스 -값을, 내리려면 플러스 +값을 입력한다. 그 값은 100%에서 -100%까지 지정할 수 있다.

쪽·문단 테두리

1. 쪽 테두리

아래아한글로 편집해 갈 때 지금 편집하는 내용의 판면 좌우 상태나 마지막 행의 상태를 수시 확인하면서 작업하게 되는데 이 판면 작업이 쉽게 눈에 띌 수 있다면 도움이 될 것이다. 판면 맨 윗행이나 맨 아랫행이 비어진 채 페이지가 만들어지는 경우가 허다하고 판면 좌우에 나란하도록 표나 그림을 앉혀야 하는 경우도 많다. 어떤 프로그램은 판면작업을 시작하면 자동으로 테두리를 만들어 주기도 하지만 아래아한글은 그렇지 않아 사용자 스스로 이 쪽 테두리를 페이지마다 만들어 놓아야 한다. 그것이 쪽 테두리 메뉴의 응용이다.

1) **[쪽-쪽테두리/배경]**을 실행한다. [테두리]탭에서 테두리의 종류(홀수쪽·짝수쪽·양쪽)를 선택하고, 테두리 선의 모양과 굵기 및 색을 선택한 후 미리보기에서 확인하고, 쪽이나 종이로부터의 선이 그어질 위치를 지정한다.

2) 굵고 진한 선은 방해가 되므로 0.1mm 연한색을 고른 후 미리보기창에서 선을 선택해 준다. □을 클릭하여 4각 모두를 긋는다. [**쪽기준**]을 체크하고 선의 위

치를 0mm로 잡는다. 이 값은 [쪽기준]일 때 판면 위치에서부터 용지방향으로 1-25mm 간격을 주는 값이다. 이 거리값은 더 이상 사용자가 조정할 수 없다. **[종이기준]**을 체크하면 판형으로 지정한 크기의 용지로부터 판면 쪽으로의 거리값이 된다. '쪽' 위치를 0mm로 하면 [편집용지]에서 지정한 '판면'이 선으로 그어진다.

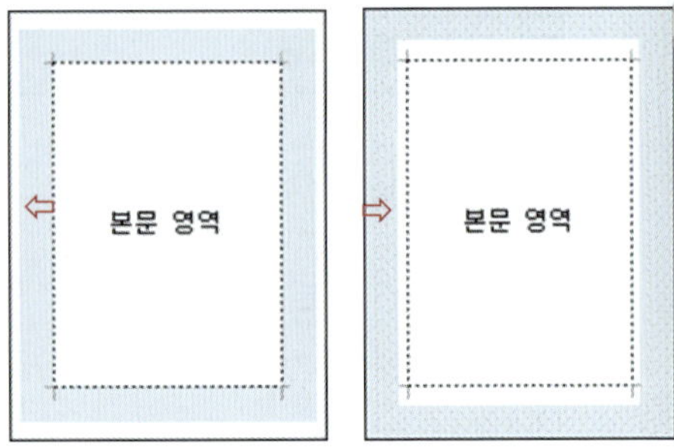

쪽기준 종이기준

3) 홀수쪽 짝수쪽을 별개로 만들 수 있고 모두 같은 모양으로 만들 수 있다. 홀수쪽·짝수쪽이 만들어진 후에 [양쪽]으로 만들어지지는 않으므로 이미 만들어진 테두리를 모두 해제하고 [양쪽]을 지정해야 한다.

4) 이 선이 보여서는 안 될 페이지가 있다면 **[쪽-감추기]**에서 [쪽테두리]를 선택해 준다. 인쇄시에는 모든 페이지에 나타나서는 안 될 것이므로 [쪽테두리/배경]으로 들어가 '선 종류'에서 [선없음]을 고르고 옆 미리보기 창에서 □을 클릭하여 선을 모두 지운다.

5) '쪽 테두리'는 편집용지의 장식에도 응용될 것이다.

6) '쪽 테두리'를 넣고 이것이 편집창에서 보이지 않는다면 **[보기-쪽 윤곽]**이 켜져 있지 않은지 확인한다.

2. 문단 테두리

1) '문단'이란 엔터키로 나누어진 문자열, 문장들을 말한다. 이들을 시각화하는 방법으로 문단 테두리가 이용된다.

2) 문단 테두리는 [서식-문단모양-테두리/배경]에서 한다. 또는 그 문단의 오른마우스 클릭에서 [문단모양-테두리/배경]을 열 수도 있다.

3) 테두리 모양을 [종류] [굵기]

[색]에서 지정한다. 미리보기에서 원하는 방향을 선택한다.

4) **주의할 체크 옵션:**

① 문단과 테두리선의 간격은 **[간격]**에서 지정한 값만큼 현재문단의 밖으로 그어진다. 행간이나 여백이 그 문단에 있어도 이를 밀어내지 않는다. [문단여백무시]가 체크되어 있으면(=[문단모양]의 [여백]이나 [줄간격] 무시) 여기서 지정한 간격값이 글자에서부터적용될 것이고, [문단여백무시]가 체크되어 있지 않다면(='무시하지 말라') 여백을 계산해 넣고 [간격]값이 적용될 뿐이다.

② [문단테두리연결]: 문단이 하나가 아니라 여럿이 되는 경우 현재문단 이후 두 개 이상의 문단에 계속 같은 테두리가 자동으로 씌워져야 한다면 이 옵션을 **체크**한다. 즉 **현재문단과 이어지는 다음 문단들을 하나의 테두리로** 만들어 준다. 여러 페이지에 걸치는 경우에도 하나의 테두리로 묶어준다.

③ [문단여백무시]: 본문의 탭값이라거나 들여쓰기 여백값이라거나 행간값들을 **무시하고** 문자열 크기에서 지정된 [간격]값으로만 테두리를 긋는다. 그래서 만일 여백이 서로 다른 문단의 경우 여백을 무시하고 테두리를 만든다면 앞 머리 테두리 왼쪽 선 등이 들쭉거리게 된다. 이 문단 머리를 내어쓰기 **여백값 그대로 가지면서** 테두리를 만들어야 할 것이므로(즉 여백 무시를 하지 않고) 이 옵션의 **체크를 해제**하여 여백이 무시되지 않게 한다.

그러나 1행의 문자열 문단에 선을 긋거나 박스 형태로 테두리를 만들려 하면 그 행의 행간이 무시되어야 할 것이므로 여백이 무시되도록 이 옵션을 체크하여야 할 것이다.

> [1]문단과 테두리선의 간격은 [간격]에서 지정한 값만큼 현재문단의 밖으로 그어진다. 행간이나 여백이 그 문단에 있어도 이를 밀어내지 않는다.
> [문단여백무시]가 체크되어 있으면 여기서 지정한 간격값이 글자에서부터 적용될 것이다.
> [문단여백무시]가 체크되어 있지 않다면 여백을 계산해 넣고 [간격]값이 적용될 뿐이다.

<[문단여백무시]를 체크한 예>

1) 이 문단테두리는 '문단테두리연결'에 체크하고 간격을 0mmm로 하고 '문단야백무시'를 체크한 테두리이다.

5) **예 1 :**

문단테두리 만들기

① 위 문단의 [문단모양]은 다음과 같다.

왼쪽여백=39.8pt, 항목크기=11pt, 오른쪽여백=213.8pt, 줄간격=고정값 18.8pt, 문단위=9pt.

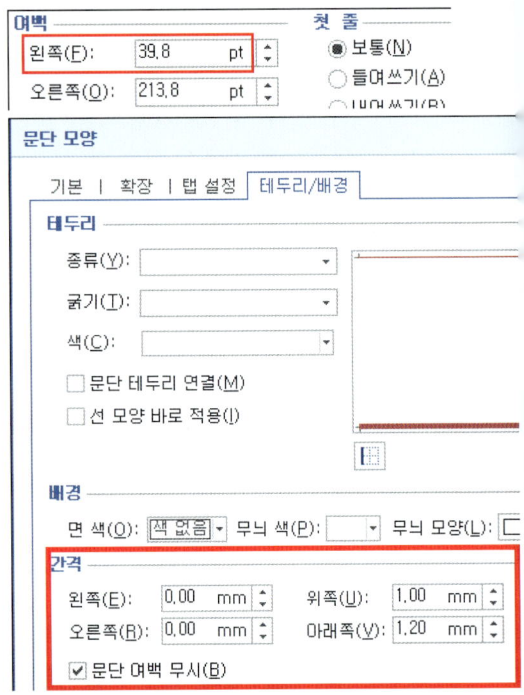

1. 문단 테두리는 기본적으로 판면 좌우 전단에 그어지는 것이므로 문단 좌우로부터 잘려나가야 할 만큼을 여백값을 주어 처리한다. [왼쪽] 여백값 위치에서 선이 그어질 것이다(선과 문자열이 함께 이동할 위치).
2. [오른쪽] 여백값만큼 오른쪽 판면 끝에서부터 잘라내기가 된다. 즉 [오른쪽]과 [왼쪽]에서 '문단 여백값'으로 주어진 만큼이 잘려나가고 그 남은 것이 실선의 길이와 위치이다.
3. 문단의 행간은 아무래도 상관이 없다. 행간은 테두리 선과는 관계없이 원래의 줄간격값대로이다.

② 글자에서부터 선까지의 간격인 [간격]값을 위쪽 1mm, 아래쪽 1.2mm를 주었다. 이 테두리는 본래의 문단에 영향을 주지 않고 행간상에 그어진다. 그러면 테두리 밖 윗행에서나 아랫행에서 선으로부터 문자열까지의 간격이 좁아 보인다. 이를 넓히기 위해 [기본]탭에서 '문단 위=6pt'를 주어 윗행을 밀어올리고 아래에서는 아래 문단에서 '문단 위'값을 6pt 주어 아랫행을 내렸다.

③ 선의 종류는 [선모양바로지정]을 해제한 후 위 아래를 각기 지정한다.

6) **예 2 :**

다음은 한 문단이 아니라 여러 문단을 하나로 테두리한 예이다.

1. 왼쪽 여백값 위치에서 테두리가 그어진다(즉 선과 문단과의 거리(간격값)가 만들어진다).
2. 오른쪽 여백값을 준 것은 선이 그어질 길이를 전단에서 이 값만큼 오른쪽 판면 끝에서부터 자르기 위함이다.

위 테두리 문단의 윗행에 있는 '다음은'의 '다'에 테두리 왼쪽을 맞추고(왼쪽여백=39.8pt임), 테두리와 1. 항번 사이를 8pt 띄우고(그러면 왼쪽여백은 39.8+8=47.6pt), 행 끝 테두리에서도 문자열이 8pt 떨어지도록 하고, 위 아래 선과 문자열과는 각 3pt 떨어지도록 하겠다.

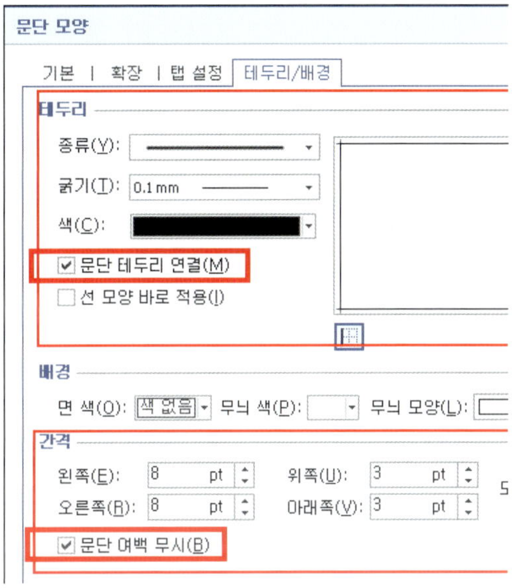

두 문단을 하나로 테두리할 것이므로 [문단테두리연결]에 체크하여야 하고, 문단의 문자열로부터 일정 거리를 두고 테두리를 그을 것이므로 문단이 가진 여백은 무시하게 할 것이다([문단여백무시] 체크).

그리고는 박스문과 윗행과는 윗행에서 3pt, 아랫행에서 12pt를 문단 여백으로 줄 것이다.

이러한 계산으로 테두리를 만들면 위 박스 문 결과와 같다.

7) **예 3 :**

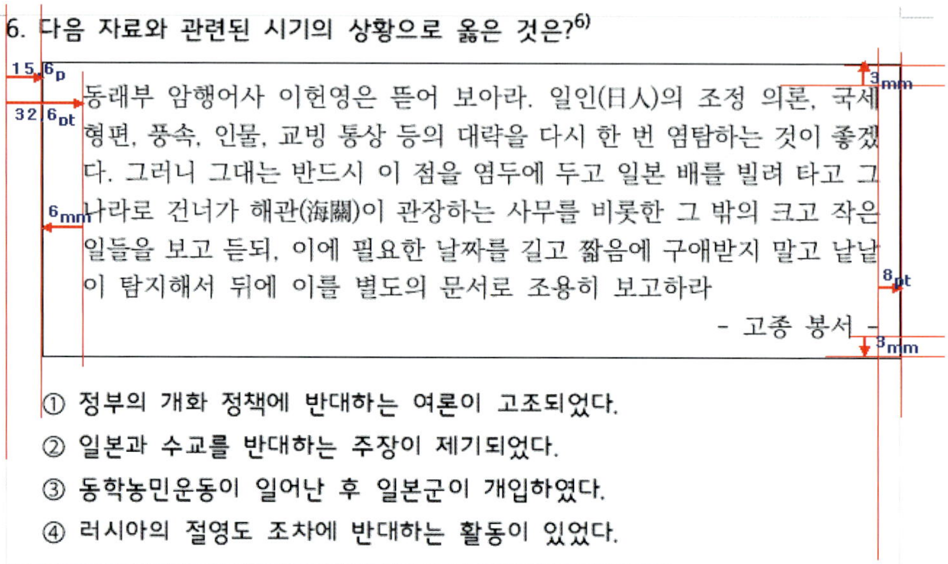

6. 다음 자료와 관련된 시기의 상황으로 옳은 것은?[6]

동래부 암행어사 이헌영은 뜰어 보아라. 일인(日人)의 조정 의론, 국세 형편, 풍속, 인물, 교빙 통상 등의 대략을 다시 한 번 염탐하는 것이 좋겠다. 그러니 그대는 반드시 이 점을 염두에 두고 일본 배를 빌려 타고 그 나라로 건너가 해관(海關)이 관장하는 사무를 비롯한 그 밖의 크고 작은 일들을 보고 듣되, 이에 필요한 날짜를 길고 짧음에 구애받지 말고 낱낱이 탐지해서 뒤에 이를 별도의 문서로 조용히 보고하라

- 고종 봉서 -

① 정부의 개화 정책에 반대하는 여론이 고조되었다.
② 일본과 수교를 반대하는 주장이 제기되었다.
③ 동학농민운동이 일어난 후 일본군이 개입하였다.
④ 러시아의 절영도 조차에 반대하는 활동이 있었다.

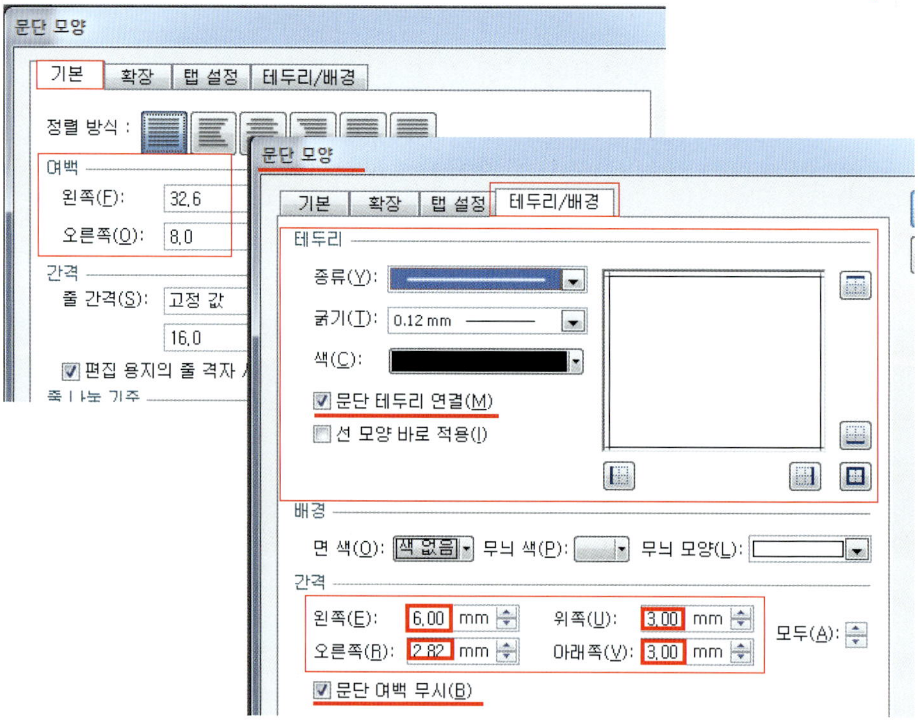

8) **문단 테두리의 유용성**

박스문단은 표로써도 만들 수 있고 글상자로써도 만들 수 있다. 문단테두리로 박스문단을 만들면 페이지 경계선에서 자유롭게 테두리를 유지한 채 넘어감으로써 판면 정리를 굳이 하지 않아도 된다. 표(글자처럼취급)나 글상자의 경우에는 덩어리로 움직이기 때문에 행 정리가 쉽지 않다.

9) **'문단 테두리'와 '문단 배경'**

문단 테두리에서 지정한 값 그대로인 채 테두리 선을 [선없음]으로 하고(또는 그냥 선이 있는 채로) 대신에 [배경]의 면색을 지정해 준다. 그러면 선은 없이(또는 있는 채로) 문단에 지정한 색의 배경이 깔린다. 그런데 여러 문단에 걸친 경우 문단 배경에서는 주의를 요하는 것이 있다. 문단간에 흰 선이 나타날 수 있거나 행의 문자열이 배경색으로 가려지기도 하고 페이지 경계에서 잘려 넘어가면서 첫 줄 위 행간이 사라짐과 함께 행간 배경도 사라져 목이 잘린 형태가 되기 때문이다. 흰 선이 생기는 등의 경우에는 문단 위·아래 간격값 지정을 행간 여백을 고려한 계산을 한 후 지정해 주어야 하고 페이지 경계에서는 새 페이지 상단에 행간만큼의 배경 띠를 만들어 채워넣는 수고를 하여야 한다.

문단 테두리의 유용성

박스문단은 표로써도 만들 수 있고 글상자로써도 만들 수 있다.

문단테두리로 박스문단을 만들면 페이지 경계선에서 자유롭게 테두리를 유지한 채 넘어감으로써 판면 정리를 굳이 하지 않아도 된다.

문단 테두리의 유용성

박스문단은 표로써도 만들 수 있고 글상자로써도 만들 수 있다.

문단테두리로 박스문단을 만들면 페이지 경계선에서 자유롭게 테두리를 유지한 채 넘어감으로써 판면 정리를 굳이 하지 않아도 된다.

<윗것>은 글자 10pt에 여백만의 행간을 5pt로 하였다. 행간 포함 줄 높이는 15pt이다. 문단 테두리의 위·아래 간격을 각각 2pt로 하니 배경색이 채워질 줄 높이는 14pt가 되어 나머지 1pt가 배경색 없는 빈 행간으로 남아 흰 줄이 생겼다.
<아랫것>은 행간 5pt 그대로에 문단 테두리의 위·아래 간격을 각 7pt로 한 예이다. 배경이 문자열에 겹쳤다.

10) **문단 테두리 해제**

[문단테두리/배경]의 [테두리-종류]에서 [선없음]을 선택하고, 테두리를 해제할 방향의 테두리 단추를 누른다.

21 바탕쪽

1. 바탕쪽 일반

1) [바탕쪽]은 본문 페이지의 배경이 되게 하는 페이지이다. 바탕쪽에서 만든 모양은 마치 투명필름에 그려진 것처럼 본문에 투영되어 본문과 함께 하나로 인식된다. 바탕쪽은 전체 페이지나 또는 일부 페이지에 공통으로 적용될 모양을 만들어야 할 때 이용되는 기능이다. 그 모양 만들기는 본문에서와 같이 글자, 표, 그림, 글상자 등을 삽입하는 것이 가능하다.

   홀·짝 양면의 바탕쪽을 만들 것인지 홀수나 짝수 페이지만의 바탕쪽을 만들 것인지를 생각하고 [쪽-바탕쪽]을 실행하여 [홀수쪽], [짝수쪽] 등 바탕쪽 종류를 선택한다. 제1구역에서 만들어진 바탕쪽은 이후 수정이 없으면 구역에 관계없이 그대로 유지된다.

   [바탕쪽]을 실행했을 때, 현재구역에 이미 바탕쪽이 만들어져 있으면 바탕쪽의 **고치기** 상태가 된다. 고치기 상태는 앞의 바탕쪽을 여기서 수정할 것을 의미하므로 앞의 바탕쪽을 지우는 상태가 된다. 현재구역에 만들어진 바탕쪽이 없다면 새 바탕쪽을 만들기 위한 바탕쪽 대화상자가 뜬다.

2) **새 구역에서 바탕쪽 만들기**

   바탕쪽이 앞 구역에 만들어지면 이후 그 바탕쪽은 연속 적용된다. 새 구역에서 바탕쪽을 만들려고 [바탕쪽]을 실행하면 기존 바탕쪽이 미리보기에 나타난다. 미리보기에서 [홀수쪽] 또는 [짝수쪽]을 선택하고 그 바탕쪽 모양을 바탕쪽 편집화면에서 **복사**한다(복사 이유는 이제부터 기존 바탕쪽이 사라지기 때문에 기존 바탕쪽의 개체 형태를 유지이용하기 위함이다). 그런 다음 **[앞구역바탕쪽연결]**을 클릭한다. 이것을 클릭하면 기존의 바탕쪽(선택한 [짝수쪽] 또는 [홀수쪽])이 '현재페이지 이후부터의 모든 구역'에서 지워지고 새 바탕쪽을 만들 수 있는 빈 바탕쪽이 뜨게 된다. 여기에다 복사한 이전 바탕쪽 개체를 붙여넣고 '수정'을 하면 새 바탕쪽이 만들어진다.

3) **바탕쪽 지우기**

   바탕쪽 전체 지우기를 하려면 첫 구역에서 바탕쪽으로 들어가 [바탕쪽지우기-문서전체바탕쪽지우기]를 실행하든가, 각 홀수쪽/짝수쪽별로 지우기를 하겠다면 그 홀수쪽/짝수쪽에서 바탕쪽으로 들어가 [앞구역바탕쪽연결]을 실행하고 [돌아감]을 한다.

중간 구역에서 지우기(또는 **고치기**)를 하려면 홀수쪽/짝수쪽에서 바탕쪽으로 들어가 [앞구역바탕쪽연결]을 실행하고 [만듦]을 한다. 그러면 현재구역부터 이하 전 구역에서 그(홀수쪽/짝수쪽) 바팅쪽이 지워진다. 만일 고치기를 하려는 것이거나 그 다음 구역의 바탕쪽은 살리고 싶다면 [앞구역바탕쪽연결]을 실행하기 전에 바탕쪽을 복사해 두고, ① 고치기를 하겠다는 것이면 [앞구역바탕쪽연결] 실행 후 붙여넣기를 하여 그것을 고치고, ② 다음 구역부터는 살리는 것이겠다면 [앞구역바탕쪽연결]을 실행 후 본문으로 돌아와 다음 구역에서 그 쪽의 바탕쪽을 다시 실행하고 [앞구역바탕쪽연결] 실행 후 복사했던 그 바탕쪽을 붙여넣는다.

2. 예1: 재단 여분 그리기

1) 편집용지 밖으로 나가야 하는 그림 등의 편집이 있는 경우 재단 표시가 필요한데 아래 아한글에서는 그러한 표시 기능이 없어 그 여분만큼 판형을 키워 편집하게 된다. 이 경우 바탕화면에다 재단 표시를 해 준다. 이 표시는 인쇄소에서 필요한 것이 아니라 편집중의 실수를 방지하기 위한 것이므로 편집이 끝나면 이 재단 표시는 지운다. 인쇄소에 대하여는 CTP[1]나 분판 필름 작업자에게 몇 미리를 재단 사이즈로 잡아달라고 별도 주의를 주면 된다.

2) [쪽-바탕쪽]으로 들어가 [양쪽]에서 [보기-격자-**격자설정**]으로 들어가 가로/세로선을 선택하고 격자 간격을 3mm(편집용지의 재단 여분을 3mm로 한 경우)로 한 후 기준 위치를 '종이'로 잡는다. 종이 밖 3mm 위치에 직선을 사방에 그어주고 바탕쪽에서 나오면 그곳이 재단선 위치가 된다.

1) 인쇄를 하려면 편집 원고를 필름화하고, 이 필름 한장 한장을 인쇄용지 사이즈의 투명필름에 제본에서 접지되도록 배치하여 붙이고(이를 터잡기라 한다), 이를 아연판 등의 인쇄판에 감광액을 도포하고 빛쪼임을 하면 인쇄판이 되어, 이 인쇄판을 인쇄기계에 걸어 인쇄를 하게 된다. 이는 기존의 방식이다. 이 방식에서 필름작업을 하지 않고 편집원고를 Rip(=Raster Image Processing. 데이터를 인쇄용 파일로 변환하는 소프트웨어) 등에서 터잡기까지 하여 곧바로 인쇄판을 만드는 방식이 **CTP**(Computer To Plate)이다.

3. 예2: 바탕쪽에서 쪽번호 넣기

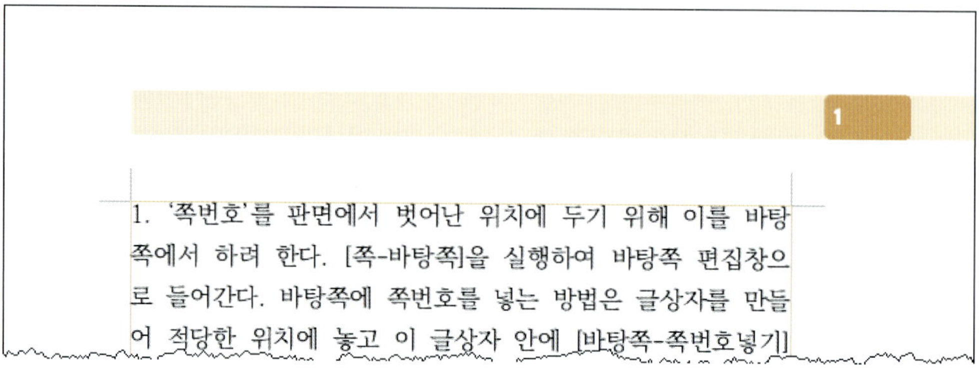

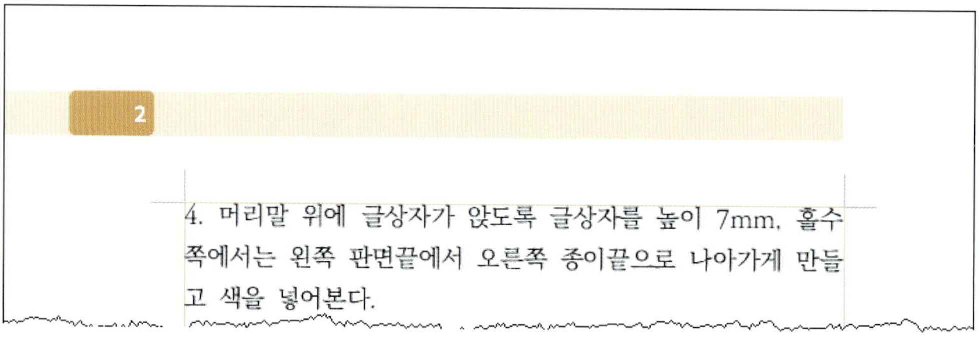

1) '쪽번호'를 판면에서 벗어난 위치에 두기 위해 쪽번호 넣기를 바탕쪽에서 하려 한다. **[쪽-바탕쪽]**을 실행하여 바탕쪽 편집창으로 들어간다. 바탕쪽에 쪽번호를 넣는 방법은 글상자를 만들어 적당한 위치에 놓고 이 글상자 안에 [바탕쪽-쪽번호넣기]를 실행하면 될 것이다.

2) [바탕쪽]을 실행하면 구역번호와 함께 [양쪽]이라는 바탕쪽 위치가 나온다. 짝수쪽과 홀수쪽 각기 설정할 것이므로 **[홀수쪽]**을 선택한다.

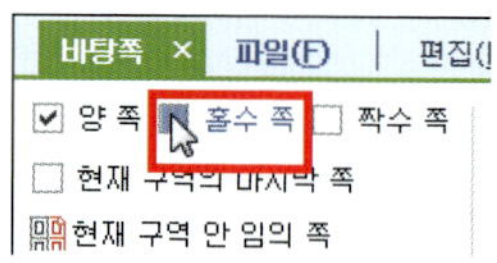

3) 홀수 바탕쪽 편집창에서 **[여백보기]**를 실행하면 [편집용지]에서 설정된 상태의 현재판면과 머리말 위치가 그려져 나온다.
예의 경우 [편집용지]에서는 머리말 포함하여 10mm 간격을 본문으로부터 두었으나 여기서는 10mm 밖으로 두자. 그리고 좌우로는 홀수쪽에서는 오른쪽 판면 밖에, 짝수쪽에서는 왼쪽 판면 밖에 각 5mm 간격을 두고자 한다.

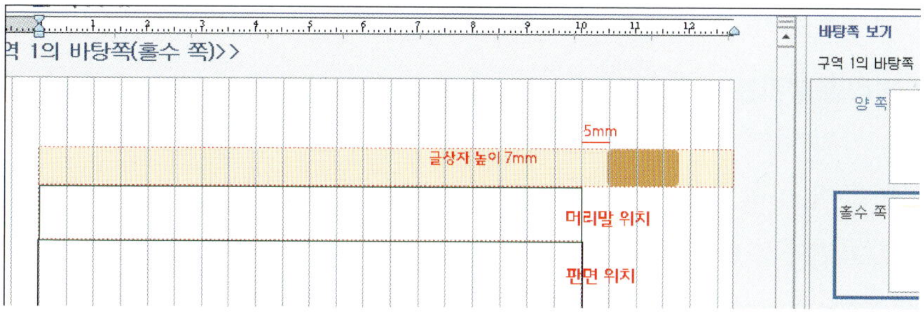

4) **[격자-격자설정]**을 실행하여 [세로선]으로 5mm **[격자간격]**을 만들고 **[격자기준 위치]**는 판면의 좌·우 각 끝에 격자선이 걸치도록 격자 간격을 각기 조절하면서 넣도록 한다.

5) 머리말 위에 글상자가 앉도록 글상자를 높이 7mm, 홀수쪽에서는 왼쪽 '판면 끝'에서 오른쪽 '종이끝'으로 나아가게 만들고 색을 넣는다.

6) 이 글상자 안에 다시 글상자를 홀수쪽에서는 오른쪽 '판면' 끝에서 5mm 띄어 높이를 7mm(그러면 글상자 띠의 높이와 같아진다), 길이를 쪽번호가 들어갈 수 있는 여유로 만들어 다른 색을 채운다.

7) 쪽번호가 들어갈 글상자 속 작은 글상자 안에 커서를 두고 **[쪽번호넣기]**를 실행해 주고([바탕쪽-쪽번호넣기]와 [상용구-현재쪽번호]가 다른 점은 상용구의 경우에는 넣은 그곳(문서 내 글상자나 표 안)에만 현재쪽번호가 표시되나 바탕쪽의 쪽번호는 매 페이지마다 그 페이지의 현재쪽번호가 연속되어 표시된다는 점이다) 입력된 쪽번호 표시 ##을 선택한 후 **[번호종류]**에서 번호 모양을 선택해 준다. 위치를 확인하고(번호표시 앞에 스페이스 하나를 넣고 [왼쪽정렬]을 한 후 글상자 [세로정렬]을 가운데로 해 준다) 스타일 작업창의 **[쪽번호]에서 글꼴과 크기**를 지정한 후 격자보기를 해제하고 홀수쪽의 이 글상자 모두를 복사한다. **[닫기]**로 바탕쪽을 빠져나온다.

8) 짝수쪽 바탕쪽을 만든다. 복사한 홀수쪽 바탕쪽을 짝수쪽 바탕쪽에 붙여 넣는다. 판면 왼쪽은 종이 끝인데 이 종이 끝으로 글상자 띠를 이동하고 오른쪽은 오른쪽 판면 끝(용지 끝이 아님)에 맞춘다. 페이지 표시가 있는 작은 글상자도 왼쪽으로 옮기되 판면에서 5mm 밖으로 앉게 한다. 페이지번호 표시를 선택한 후 문단정렬을 오른쪽정렬로 해 준다(오른쪽정렬 후 문단모양에서 오른쪽 여백을 글자 반자 폭값을 입력하여 숫자가 오른쪽 끝에서 글상자와 닿지 않게 한다).

9) **새 번호로 시작**하려면 바탕쪽이 아닌 본문에서 [새번호로시작]을 지정한다.

10) **머리말 넣기는** 바탕쪽이 아니라 본문 작업페이지에서 한다. 본문 편집화면으로 돌아와 예컨대 [머리말/꼬리말]을 실행하고 머리말 입력 위치에다 글상자를 만들어 머리말을 입력한 후 글상자를 드래그하여 위치를 잡아주고 머리말편집화면에서 빠져나오면 된다.

11) 앞부분을 **로마숫자**로 시작하고 이어 본문에서는 **아라비아숫자** 1부터 시작하려면

① 로마숫자로 시작할 페이지에서 바탕쪽 홀수쪽 만들기를 하고 이 바탕쪽에서 페이지가 들어갈 위치에서 [번호종류]로 로마숫자를 선택해 준다. 그러면 ##이 생긴다. 바탕쪽 미리보기에서 [짝수쪽]을 클릭, [번호종류]가 로마숫자인지 확인하고 [쪽번호넣기]를 클릭 후 [닫기]로 빠져나오면 로마숫자 바탕쪽이 만들어진다.

② 아라비아숫자로 시작할 페이지에서 홀수쪽 바탕쪽을 만들기 위해 바탕쪽 화면으로 들어가면 **[앞구역바탕쪽연결]**이 활성화되어 있다. 이를 클릭하여 해제한다.

해제 후 홀수쪽 바탕쪽을 마찬가지로 만든다.
짝수쪽 바탕쪽을 만들되 짝수쪽에서도 [앞구역바탕쪽연결]을 클릭하여 해제한다. [앞구역바탕쪽연결]을 **해제하지 않으면** 앞구역의 로마숫자 모양을 그대로 가져오게 되고 만일 해제 없이 번호모양을 아라비아숫자로 바꾸면 앞구역을 수정하는 것이 되어 로마숫자도 아라비아숫자로 다시 바뀌게 된다.

[앞구역바탕쪽연결]을 클릭하여 해제 후, 번호모양을 아라비아숫자로 하고 [닫기]하여 빠져나온다.

③ 본문 페이지 아라비아숫자가 로마숫자에 이어 연결되어 나오는데 이를 1페이지부터로 고쳐주어야 한다. 이 아라비아숫자 시작페이지에서 [쪽-**새 번호로시작**]을 클릭하고 [쪽번호]에서 [시작번호]를 1로 잡아주면 된다.

글상자

1. 아래아한글은 행 단위로 문자열을 입력하는 도구이므로 본문의 지정 행을 벗어나서는 아무것도 할 수 없다. 이러한 제약을 해소시키는 것이 '**글상자**' 도구이다. '글상자'는 행을 무시하고 아무곳에나 글을 입력할 수 있게 하고 판면을 무시하고 편집용지 안 어디에나 이동도 할 수 있다. 글에 테두리를 만들고 배경을 색으로 채우고 다른 글 그림 위에 겹쳐 투명하게 또는 가리게도 할 수 있다. 그러나 글상자는 스스로 페이지를 만들지는 못한다. 글상자는 글을 쓸 수 있는 그림이라고 보면 된다. 그림을 토막내어 페이지 경계에서 끊어넘길 수 없음과 같다.

1) 글상자는 [입력-개체-글상자]를 실행하고 마우스를 대각선으로 드래그(또는 마우스 클릭)하면 만들어진다. 글상자가 만들어지면 글상자 안에 커서가 깜박이는데 이 커서의 위치는 위쪽, 가운데, 아래쪽이 된다([개체속성-글상자]탭의 [세로정렬]에서 지정함). 글상자의 가로폭 크기를 넘어서 글을 입력하면 글상자의 크기는 행으로 늘어나고 문자열 방향으로는 글이 갇힌다(글상자를 세로로 고정하고 가로로 늘어나도록은 할 수 없다). 글상자 밖 아무 곳에서 마우스 클릭하면 글상자에서 빠져나오게 된다(또는 shift+esc). 다시 글상자로 들어가려면 글상자 안을 왼쪽마우스 클릭한다.

2) 한 번에 여러 개의 글상자를 만들어야 할 경우에는 메뉴 [입력]을 클릭한다. 메뉴바 밑에 [그리기도구상자]가 생기는데 여기서 [글상자] 아이콘을 두 번 클릭하면 글상자를 그린 후에도 계속 글상자를 그릴 수 있는 마우스 포인터(+)가 생긴다. 연속 그리기를 끝낼 때에는 esc를 누르거나 [글상자] 아이콘을 다시 한 번 누른다.

3) 글상자를 복사하려면 ctrl키를 누르고 글상자를 드래그한다. 수평으로 복사하려면 shift키를 같이 누른다.

4) 글상자에 그림을 가져오려면 먼저 그림을 가져온([입력-그림-그림]으로 가져오거나 가져올 그림 폴더에서 그림 복사를 한 후 글상자에 붙여넣기로 가져오거나) 후 그림을 [오려두기](ctrl+x)로 복사하여 다시 글상자 안에 [붙이기](ctrl+v)를 한다.

5) **글상자를 선택**하려면 글상자 외곽선을 클릭하거나 '**shift+글상자클릭**'을 한다. 또는 **F11키**를 누른다. 이 키는 **개체선택** 키이다. 누르는 순차로 다른 개체가 선

택된다. **alt+글상자클릭**하면 숨은 글상자를 선택할 수 있다.

6) 글상자에서 세로쓰기를 하려면 [개체속성-글상자]탭에서 **[세로쓰기]**를 켠다.

7) 겹쳐진 글상자간에 앞·뒤로 보내기 하기는 [도형] 메뉴의 도구상자를 이용하거나([도형] 메뉴는 글상자가 선택되면 활성화된다) **shift+PgPu/PgPd** 키를 이용한다. 본문과 겹칠 때 글과 글상자간 앞뒤 보내기는 **shift+home/end**키를 이용한다.

8) 겹쳐진 두 개체 중 **뒤에 숨은 개체를 선택**할 때에는 **alt+왼마우스클릭**한다.

2. 글상자 고치기= [개체속성]

1) 만들어진 글상자는 글상자 외곽선을 왼쪽마우스 더블클릭하거나, 글상자 선택(오른마우스클릭 또는 shift/alt+글상자클릭) 후 오른마우스 팝업메뉴의 [개체속성]을 클릭한다.

2) **글상자 [기본] 속성**

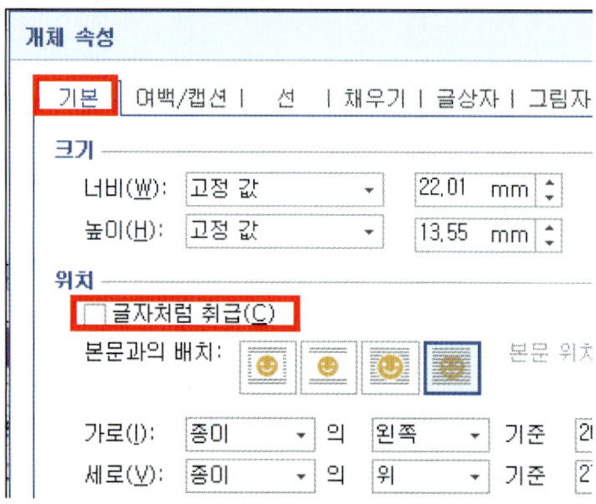

글상자를 글자 위치에서 글자처럼 묶어둘 것인가, 아니면 편집용지 어디에든 위치하게 할 것인가를 여기서 지정한다.

① **[기본]**탭에서 **[글자처럼취급]**을 체크하면(그러면 아래 [본문과의배치] 등이 비활성화한다) 글상자는 이제부터 혼자 돌아다니지 못한다. 글자 위치 커서에서 커서가 가진 문단모양에 따라 움직이게 된다. 페이지 경계에 걸치면 글상자와 함께 글상자가 있는 행부터 다음 페이지로 넘어간다(글상자를 토막내 넘기지 못하기 때문). [글자처럼취급]할 용도로 글상자를 만들 것이면 글상자를 만든 후 이를 선택하고 오려낸(ctrl+x) 다음, 위치할 곳에 커서를 두고 [붙이

기](ctrl+v)를 하여야 한다.

② 편집용지 어디에든 자유롭게 글상자를 위치하게 하고자 한다면 [글자처럼취급]을 해제하고 **[본문과의배치]**를 용도에 맞게 선택한 후 필요하면 **가로/세로**로 글상자 위치 기준을 '**종이**'로 할 것인지 '**판면**' **안에 한정**(쪽/문단)하게 할 것인지를 선택해 준다. 판면 밖으로 내보내어야 하는데 나가지 않으려고 하면 [종이]를 선택해 준다. 입력하는 단위의 값은 [종이]나 [쪽](판면)에서 글상자의 왼쪽 상단 꼭지점을 0으로 기준하여 한 것이다.

본문과의 **[어울림]** 배치는 글상자 옆에 본문이 배치되도록 하고자 할 때 이용한다. 이 경우 반드시 글상자 기준위치 '가로/세로 기준'을 종이로 할 것인지를 선택하고 **[여백/캡션]탭**에서 글상자의 '바깥 여백'을 잡아주어야 판면 정렬이 된다.

본문과의 배치에서 **[자리차지]**는 본문 행중에 글상자만의 독자적인 자기 행수를 차지하게 하는 것이며

[글앞으로]는 본문 위에 겹쳐 앉도록 하는 것이고 **[글뒤로]**는 글상자를 투명하게 하여 글상자 위로 본문이 보이게 하는 배치이다. [글앞으로]와 [글뒤로]는 단축키 shift+home/end를 이용하여 할 수 있다.

'글자처럼 취급'을 제외한 배치는 행이 밀려나면 판면이 헝클어질 수 있다는 실수 가능성이 있음을 알고, 본문 수정 등을 하는 경우 글상자 위치를 다시 살펴보아야 한다.[1)]

3) **글상자 [여백/캡션] 속성**

글상자의 **[바깥여백]**은 글상자가 **[어울림]으로 배치된 경우**에 **본문과의 간격**이 필요하여 둔 여백이다. 오른쪽 글상자 샘플은 **'어울림'** 배치에 [바깥여백] 왼쪽 4mm로 하고 [캡션]을 아래에 두되 [개체와의간격]을 1mm로 하여 [오른쪽정렬]을 한 것이다.

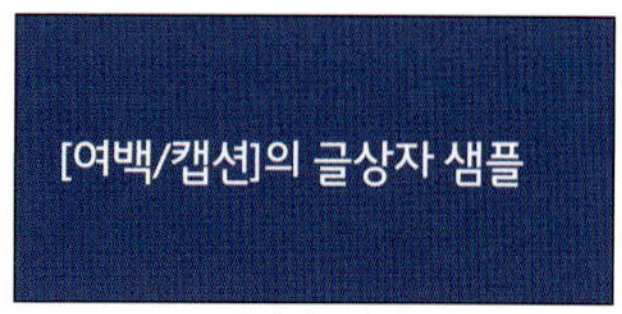

<개체와 캡션 간격의 예>

글상자 안 여백(글상자 안에서 글을 쓸 때 그 테두리와 글과의 간격)은 [글상자-**글상자여백**]에서 한다.

[캡션]은 캡션창에서 보면 3행 3열로 사각형들이 배치되어 있다. 첫 열(제1열)은 캡션 위치가 개체 왼쪽임을 말하고, 세 번째 열(제3열)은 개체 오른쪽임을 말한

---

1) 아래아한글 버전업과 관련하여, 앞서 지적한 글상자의 세로폭 고정과 함께 이것도 유념할 사항 중의 하나일 것이다.

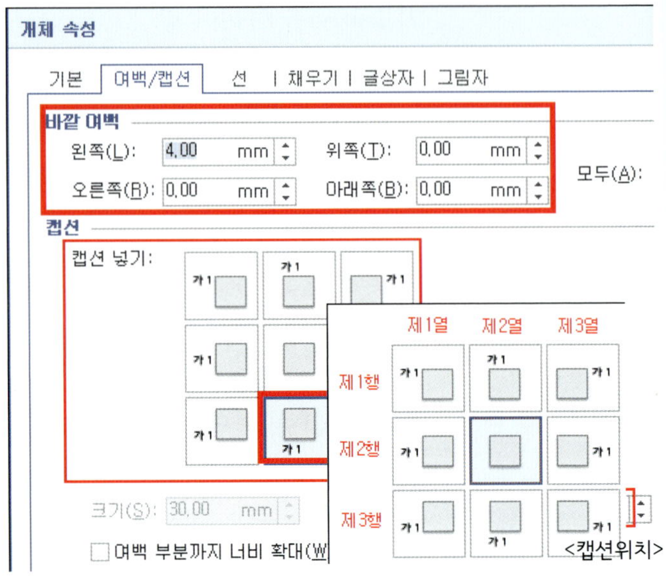

다. 가운데 열은 개체의 위치를 말하여 가운데 열 맨 밑(제2열 제3행)을 선택하면 개체의 아래쪽이 되고 제2열 제1행이면 개체의 위쪽이 된다. 제3열 맨 위(제1행)이면 개체 상단 오른쪽이 되고 맨 아래쪽의 것(제3열 제3행)이면 개체 하단 오른쪽이 된다. 제2열을 제외한 제1열과 제3열을 캡션 위치로 선택하면 [캡션]창의 **[크기]**가 활성화된다. 이 [크기]는 캡션의 가로 폭을 말하므로 캡션의 문자열이 많으면 이를 크게 주어야 한다. **[개체와의 간격]**은 제3열의 경우 '글상자'로부터의 캡션 머리까지를. 제1열의 경우에는 '글상자'로부터의 캡션 문자열 오른쪽 끝을 말하는 간격이다. 마이너스를 입력하면 반대방향으로 밀어 제3열의 경우이면 왼쪽으로, 제1열의 경우이면 오른쪽으로 이동하는 간격이 된다. 제2열의 경우에는 입력한 캡션의 '좌·우·중앙으로 문단정렬'을 함으로써 글상자 상단에서 왼쪽·오른쪽·중앙 등으로 이동시킬 수 있다(본 항 위의 예 '캡션위치'는 제3열제3행의 캡션으로 간격을 -25mm로 한 것이고 그 앞의 예 면청색 글상자 '개체와 캡션 간격의 예'에서는 제2열제3행으로 한 후 [오른쪽정렬]을 한 것이다).

캡션 위치를 제2열 제2행으로 하면 **캡션이 해제**된다.

4) **글상자 [선] 속성**

글상자 외곽선의 '있고 없음'이라거나 선의 '종류·굵기·색깔'은 [개체속성-**선**] 탭에서 선택한다. 이것은 [도형]의 '도구상자'에서도 빠르게 할 수 있다.

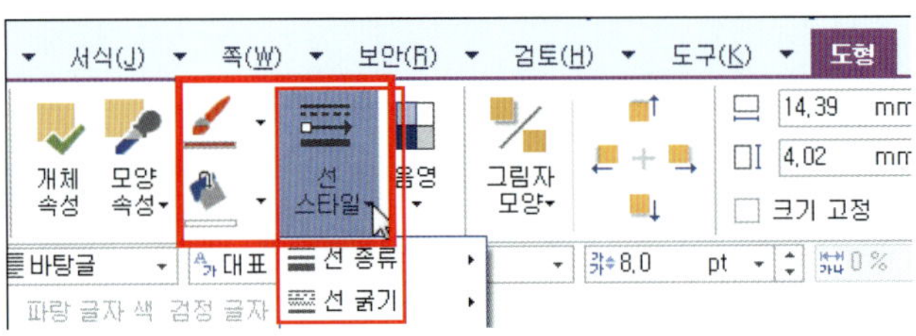

5) **글상자 선 모서리 둥글리기**

글상자 직사각형의 모서리를 둥글리기를 하려면 **[사각형모서리곡률]**의 **[둥근모양]**을 선택하고 옆의 **[곡률지정]**을 클릭하여 활성화한 후 곡률 %를 입력하면 모서리가 둥글린다. 곡률30% 곡률20%

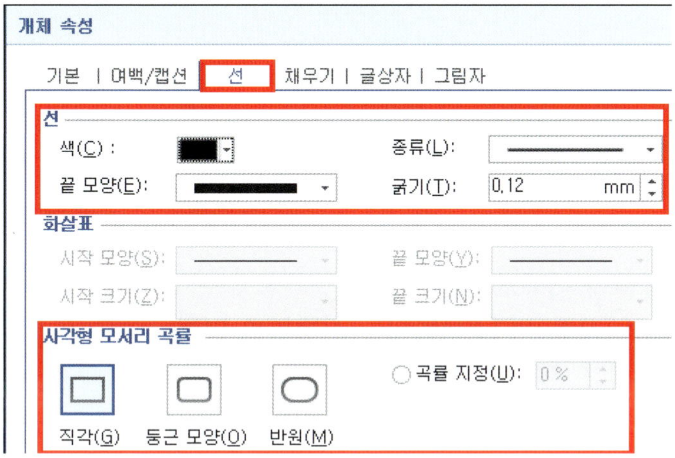

6) **글상자 [채우기] 속성**

글상자의 면을 색으로 채운다거나 글상자를 투명하게 하려면 [채우기]탭을 이용한다. **[색채우기없음]**을 선택하면 글상자는 투명한 글상자가 되어 배경을 글상자로 가리지 않게 된다.

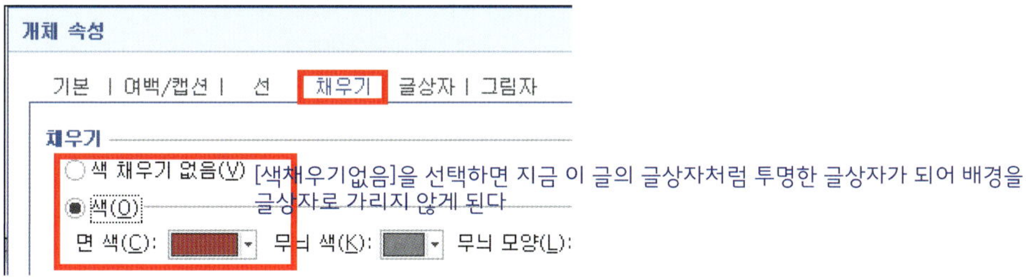

7) **글상자 안 여백**

글상자 안에 글을 쓴다면 글상자 **외곽선**과 **글과의 간격**을 지정해 줄 수 있다. **[세로정렬]**의 상·중·하 위치도 지정해 줄 수 있다. 이 지정은 [글상자-개체속성-**글상자**]에서 한다.

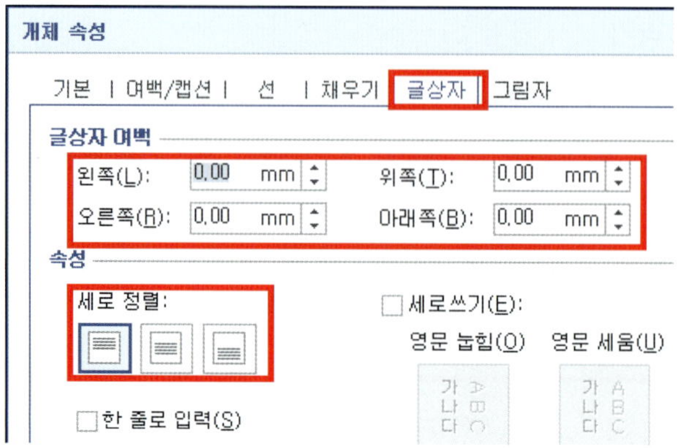

8) **글상자 묶기**

두 개 이상의 글상자를 포함한 그림 등의 개체를 묶으면 관리에 편하다. [도형]의 도구상자에서 [그룹]의 **[개체묶기]**를 실행하면 여러 글상자가 한 개인 것처럼 묶인다. 이를 수정하려면 **[개체풀기]**를 한 후 수정을 한다.

9) **이동안내선**

글상자 이동시 이동안내선이 걸리적거리면 [보기-개체이동안내선]의 **[개체이동안내선설정]**에서 도움말 표시 등의 체크를 지운다.

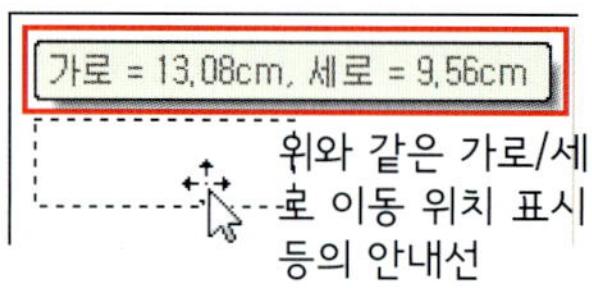

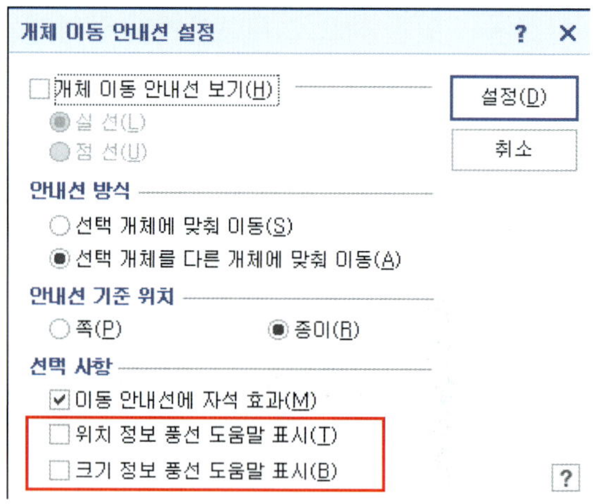

3. 글상자속성 등록하기

1) 매번 [개체속성]에서 같은 작업을 되풀이하지 않도록 속성을 등록해 두면 이후 같은 속성으로 글상자가 그려진다.

① 메뉴에서 [입력]을 클릭, 도구상자의 [그리기도구]에 있는 아래방향화살표([자세히]) 클릭, 여기서 **[새그리기속성]**을 실행하여 글상를 만든 후 [설정]

하면 등록이 된다. [새그리기속성]은 [선]과 [글상자]에서 해당하는 속성이다. 등록된 이 속성은 글상자를 그릴 때마다 적용되어 나오므로 때로는 불편할 때가 있다. 속성1, 속성2 등으로의 저장은 할 수 없기 때문이다.

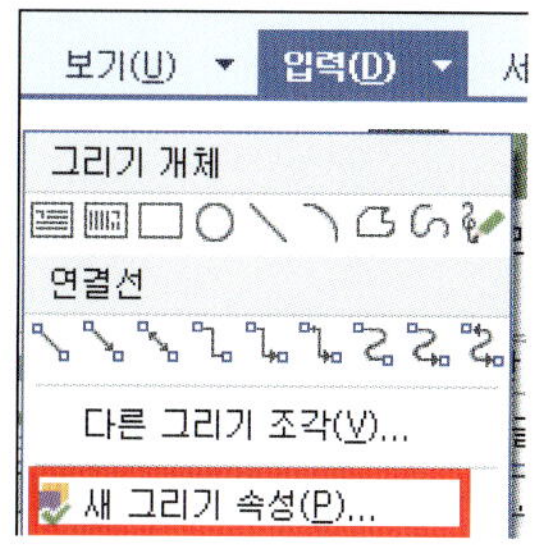

② 이미 등록된 속성으로 그려진 글상자에서 속성을 바꾸기 위하여는, 속성을 바꾼 글상자를 **선택**, 도구상자의 **[모양속성]**에서 **[새그리기속성으로]**를 클릭하면 이 글상자의 속성이 새 속성으로 등록이 된다.

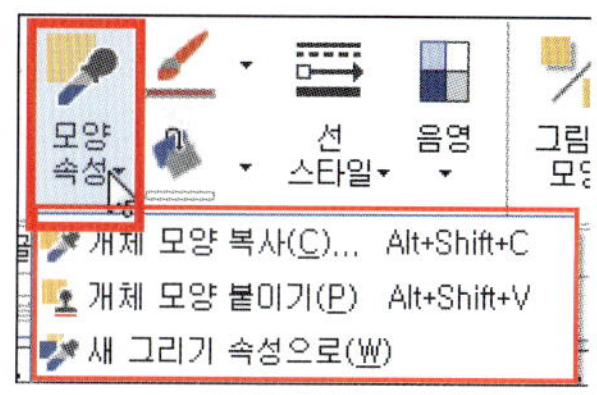

③ 기존 글상자에서 선모양, 채우기, 그림자의 속성을 복사해 새 글상자에 적용하려면 [모양속성]에서 [개체모양복사] (alt+shift+c)를 하여 [개체모양붙이기](alt+shift+c)를 한다.

2) **개체보호하기/풀기**

① 개체 크기를 바꾸거나 위치 이동을 할 수 없도록 하거나 개체가 겹쳐 있을 경우, 기준 개체가 쉽게 선택되지 않도록 하거나 원하지 않는 개체가 실수로 선택되지 않도록 하기 위한 조치로 '개체보호'가 있다.

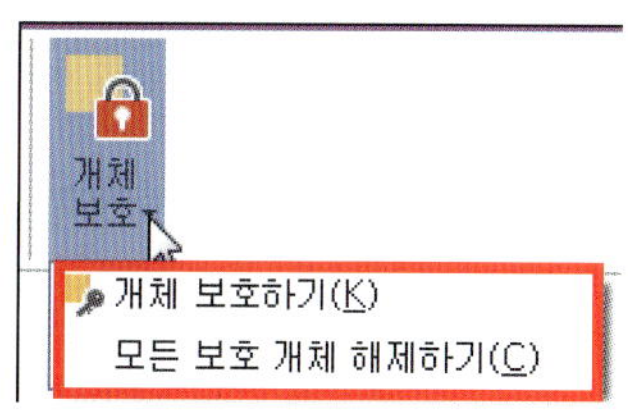

② **개체보호:** 개체를 선택, 오른마우스 팝업메뉴에서 [개체보호하기] 클릭, 또는 [도형] 메뉴의 도구상자에서 [개체보호] 클릭, 또는 [개체속성]의 [기타]항에서 **[개체보호하기]**를 체크한다.

③ **모든 개체의 보호풀기:** [도형] 메뉴의 도구상자에서 [개체보호] 아이콘 클릭, **[모든보호개체해제하기]**를 실행한다.

④ **선택된 개체의 보호풀기:** [보기-표시/숨기기-조판부호] 실행, 보호된 개체의 조판부호 앞에 커서를 놓고 [편집-고치기]를 실행, 오른마우스 팝업메뉴에서나 [개체속성] 대화 상자에서 [개체보호하기]의 체크를 해제한다.

4. 글상자연결

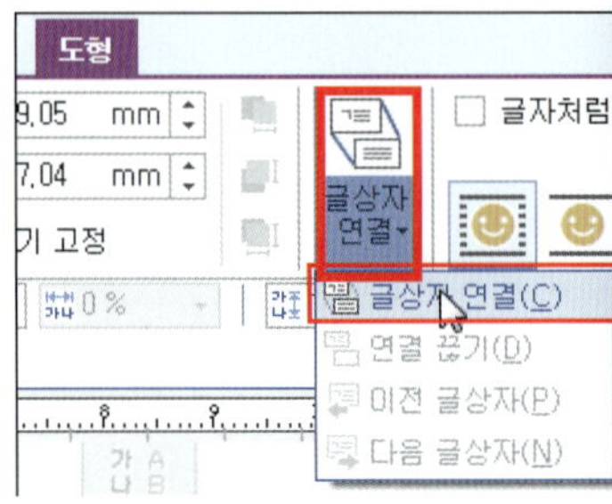

1) 글상자는 글상자 안의 글이 늘어나면 행으로 늘어나고 가로폭은 그대로를 유지한다. 예컨대 '할주'는 본문 1행중에 작은 글씨 2행으로 들어가는 주석글이다. 아래아한글은 이 '할주'를 처리해 주는 기능이 없어 필요하면 글상자로 만들어 사용하게 된다. 이때 할주 내용이 많아 판면 끝에서 글상자가 꺾여야 하는 경우 두 개의 글상자가 필요하다. 이 두 개의 글상자 안의 글들이 서로 오거니 가거니 하게 연결시키는 것인데 이를 [글상자연결]이라 한다. 같은 페이지에 한정되지 않아 서로 다른 페이지에 위치해 있어도 글상자연결이 되므로 '몇 페이지로 계속' 등의 글에 이용될 수도 있다.

2) ① 필요한 곳에 글상자를 만들고 내용이 이어져갈 글상자를 하나 더 만든다.

② 주 글상자인 첫 글상자를 선택한다(shift+마우스클릭).

③ 기본도구상자의 **[글상자연결]**을 선택하고 팝업에서 [글상자연결]을 실행한다. 마우스포인터가 바뀌는데 이것으로 두 번째 글상자를 클릭한다( ). 이제 두 글상자가 연결된다.

④ 글 내용을 첫 번째 글상자에 입력하고 글상자를 조정한다. 그 조정에 따라 두 번째 글상자로 글이 이동한다.

3) **사용 예: 할주**

① 행 끝에서 긴 할주문이 들어가야 하는 경우 이를 다음 행으로 끊어 넘겨야 한다. 이때 다음 행이 될 글상자를 만들어 앞 글상자에 연결시키면 할주문은 판면 끝에서 다음 행으로 넘나들며 조절이 될 것이다(예전 한문책(<31 할주>할 참조)을 보면 예로써 설명하는 글이 두 줄 작은 활자로 인쇄된 것을 보게 된다. 이러한 것이 할주이고 지금도 법률 책에서 조문 표시 등에 이용되지만 할주 조판이 쉽지 않은 등의 애로 때문에 이러한 편집을 피해가고 있다. 여기 이 글은 할주의 샘플 예로서 작성한 것이다).

② 글상자 둘을 만든다(ctrl+N,b).

1. 첫 번째 글상자에 내용을 입력한다.
2. 이 내용에 할주의 글꼴과 문단 속성을 적용시킨다.
3. 이 글상자를 선택한다. [글상자연결-글상자연결]을 클릭한다. ＋커서로 두 번째 글상자를 클릭한다. 두 글상자가 연결되었으므로 이젠 앞 글상자의 크기를 조절한다(글상자연결이 되면 앞 글상자는 고정이 되므로 크기를 조절하기 위해 [개체속성]에서 [크기고정]을 먼저 해제해 준다). 넘치는 내용은 다음 글상자에 자동으로 보내진다. 앞글상자가 정돈되었

으면 뒤의 글상자도 정돈한다.

4. 글상자는 [개체속성-기본]에 [글자처럼취급]이 선택되어 있어야 하고 [개체속성-글상자]의 [글상자여백]은 0mm이어야 하고, [한줄로입력]은 체크되어 있지 않아야 하며, [세로정렬]은 위쪽이 되어야 한다.
[개체속성-여백/캡션]의 [바깥여백]도 0mm이어야 한다.
[개체속성-선]은 [선없음]으로 한다. 그러나 편집이 완료되어 인쇄에 부쳐질 때까지 두 번째 글상자의 선은 있는 것으로 둔다. 왜냐하면 본문 수정 과정에서 두 번째 글상자가 앞 글상자 뒤로 와 같은 줄에 있게 되면 그것이 한 개의 글상자인지 두 개의 글상자인지 모르게 되고 만일 두 개의 글상자라면 할주는 두 개로 갈라져 문장 흐름이 이어지지 않게 되기 때문이다. 나중에 이를 쉽게 식별하기 위하여 빨간색의 글상자 선으로 만들어 교정이 끝날 때까지 그냥 두는 것이 실수를 예방할 수 있는 방법이다.

③ <31 할주> 항목 참조.

5. **글상자**를 **복사**하여 놓으려면 **ctrl+드래그**한다. 수평 복사를 하려면 shift키를 같이 누른다.

23 그림

1. 그림은 외부파일로서, 이것을 아래아한글 편집화면으로 가져오는 '개체'이다. 그러므로 그림을 어떻게 가져오는가, 가져와서는 어떻게 앉히는가 하는 것이 아래아한글이 할 수 있는 일이다. 가져오는 방법으로는 임의 폴더에 있는 그림파일을 복사한 후 아래아한글 편집창에다 붙여넣기를 하는 방법(또는 그냥 그림파일을 드래그)과 메뉴([입력-그림-그림])에서 가져오기를 하는 방법이 있다. 가져온 그림은 작게나 크게 조절할 수 있고 글자처럼 다루어 글자의 이동대로 이동하게 할 수 있고 또는 일정 위치를 차지하여 위치시킬 수 있으며 본문과의 간격을 조절할 수 있다. 그 외에 그림에 그림 번호나 캡션을 넣는 것, 컬러를 회색으로 바꾸는 등의 일이 아래아한글에서 그림에 관해 하는 전부의 일이다.

2. 아래아한글은 원색을 원색으로 인쇄되게끔 하는 지원이 안 되고 있다. 인쇄물에서 보는 모든 색은 CMYK 색이다. RGB는 프로젝터나 모니터에서 볼 수 있는 색이다. **RGB**는 **가색법**의 3원색으로서 빛으로 색을 합성해 만들기 때문에 모니터용이다. 이 색으로도 비슷하게 CMY색으로 출력은 할 수 있으므로 잉크젯 프린터 등으로 컬러 프린트는 가능하다. 종이에 인쇄되어 보이는 색은 **감색법**의 **CMY** 3원색으로 빛에서 색을 빼내는 식으로 색을 보인다. 이는 빛이 합쳐 색을 만드는 것이 아니라 온갖 색이 다 들어 있는 흰 빛에서, 예를 들어 종이에 청색이 보인다면 청색 외의 색은 종이에서 반사를 못하게 가려주는 물질(이것이 잉크이다)을 그 부분에 발라 청색만이 반사되게끔 하여 청색을 보게 하는 방식이다. 아래아한글은 이 감색법의 3원색 C, M, Y를 분리해 주는 출력을 하지 못한다. 그럼에도 이 아래아한글로 책을 만들려고 하는 것은 우리가 만들 책이 글자 위주의 책이기 때문이고 설사 여기에 컬러 그림이 들어간다 해도 색이 크게 문제될 만한 것은 이니기 때문이다. 그림 위주의 원색사진을 처리해야 하는 책이라면 조판하기에 아래아한글은 부적당할지 모른다.

3. 그림 불러오기(그림넣기)

글 안에 그림을 넣으려면 그림이 있는 폴더로 가서 **그림을 [복사]**하고 본문의 삽입위치로 와서 오른마우스 팝업메뉴에서 **[붙이기]**를 한다. 이렇게 불려온 그림은 글자처럼 취급된다.

또는 단축키 **ctrl+n,i** (메뉴의 [입력-그림-그림])로 [그림넣기] 대화창을 불러 삽입한다.

대화창에서는 몇 가지 옵션을 선택할 수 있으나 이들은 무시해도 좋다. 이유는 어차피 [개체속성]을 열게 되고 그곳에서 정렬을 하게 될 것이기 때문인데, 그러나 필요하다면 이 옵션을 이용할 수도 있을 것이다.

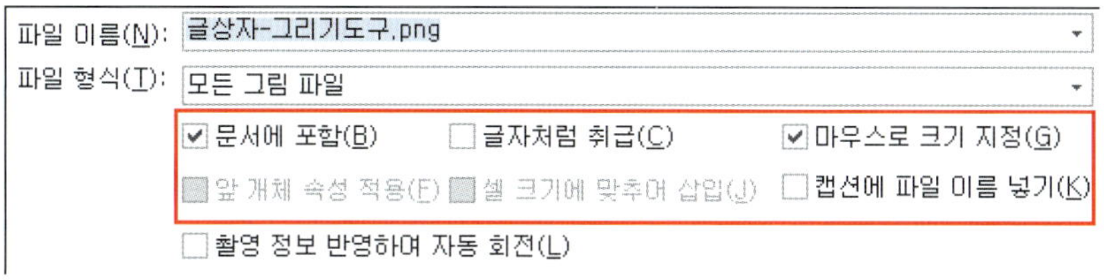

1) **옵션의 [글자처럼취급]**은 [개체속성]에서 이 옵션을 체크한 상태로 열린다는 것으로서, 마우스 위치에서 그곳 문단 속성을 따라 열린다는 의미이다.

2) **옵션의 [마우스로크기지정]**을 선택하면 대화창이 닫히고 본문 편집창에서 마우스 드래그를 기다리는데 드래그를 하면 드래그 모양대로 그림이 열린다. 그 그림은 [글자처럼취급]이 해제된 상태이며 그림 기준 위치도 [종이]가 된다. 아무데나 자유롭게 이동할 수 있다는 의미이다.

   [글자처럼취급]이나 [마우스로크기지정]을 체크하지 않으면, 원본대로의 가로/세로 비율로 붙여진다. 위치와 크기는 [개체속성]에서 지정한다.

3) 그림의 캡션 이름으로 파일이름을 붙이고자 한다면 [캡션에파일이름넣기]를 체크한다.

4. 그림의 [위치] 지정

1) **[개체속성]**

   그림을 불러오고 위치를 지정하고 캡션 등을 넣기 위해 [개체속성]을 만지게 된다. 개체속성은 개체라는 것들(그림, 선, 글상자, 그리기, 수식, 차트 등)을 선택한 후 오른마우스 팝업메뉴의 [개체속성]창에서 지정하게 된다. 또는 **개체를 더블클릭**하면 [개체속성]창이 열린다.

   그림의 속성으로는 [기본], [여백/캡션/], [그림] 등의 탭에서 [위치], [번호넣기], [바깥여백], [캡션], [그림효과], [그림자르기] 등을 할 수 있다.

2) **[글자처럼취급]**

   [개체속성-**기본**]탭의 그림의 [위치] 속성에는 [글자처럼취급]이 있다. 이 옵션이 체크된 그림은 차후 행의 추가 삭제 등 판면의 변화에 함께 따르게 된다.

[마우스로크기지정]으로 불려온 그림도 [개체속성]의 이 옵션을 체크하고 나와 잘라내기한 후 글자위치에 커서를 두고 붙여넣기를 하면 이후 그림은 이 문단이나 글자 속성을 따르게 된다. 그림이 글자처럼 입력되었을 때 위 아래로 기준선 이동하려면 그림의 커서 위치에서 [글자모양]의 [글자위치]로 조절하는 등도 그래서 가능하다. 물론 [개체속성]의 [여백/캡션]이나 [그림-그림여백]에서 그 값을 입력할 수도 있다.

[기본]탭 [기타] 항목에는 **표, 글, 수식의 번호**를 자동으로 넣을 수 있게 한다. 일반적으로 개체에는 표번호, 그림번호, 수식번호가 들어가고 그 제목들도 들어가는데 이들을 자동으로 입력되게 하려면 이들을 선택해 주면 된다. 그러나 프로그램이 온전히 식별하지도 못할 경우가 있어 큰 책의 편집에서는 오히려 불편할 수 있으므로 작은 문서 편집이 아니라면 그림의 [번호종류]를 [없음]으로 하여 번호가 자동으로 들어가지 않게 함이 좋을 것이다.

3) **[본문과의배치]**

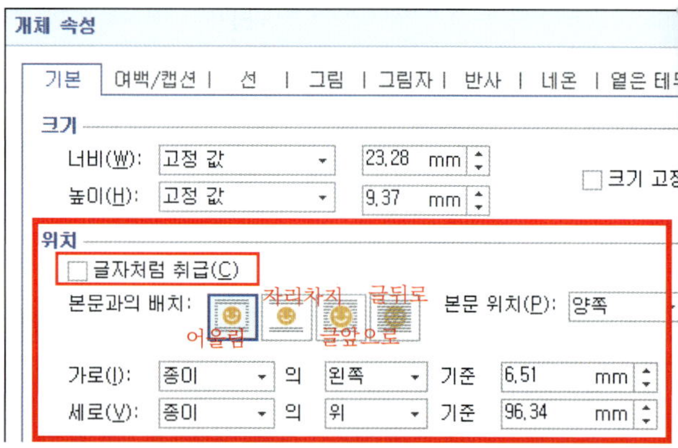

[글자처럼취급]을 해제하고 본문과의 관계에서 그림을 본문의 앞뒤 또는 본문의 행을 차지하게 놓을지를 지정할 수 있고. 그림의 앞 머리로부터 얼마의 간격으로 놓을지도 지정할 수 있다.

본문과의 **[어울림]** 배치는 그림 옆에 본문이 계속하여 흐르도록 하고자 할 때 이용한다. 이 경우 반드시 '가로/세로 기준'을 '종이'로 할 것인지를 선택하고 [그림]탭 '바깥 여백'에서 값을 지정해 주면 그 위치로 정렬이 된다. 그림의 **가로/세로** 위치는 [종이]나 [쪽](판면)에서 그림의 왼쪽 상단 꼭지점을 0mm로 한 기준이다. 판면 밖으로 그림이 나가지 않을 때 [종이]를 선택하면 이동시킬 수 있다.

본문과의 배치에서 **[자리차지]**는 본문 행중에 그림 크기로 자기 행수를 차지하게 하는 배치이며 그 그림의 가로쪽(또는 세로쪽) 위치 등도 [그림]탭의 [바깥여백]에서 지정할 수 있다.

참고: 개체와 조판부호를 항상 같은 쪽에 놓기
마우스 끌기로 개체를 삽입하는 경우 개체의 조판부호는 현재쪽에 있고 개체는 이전 쪽이나 다음 쪽에 있게 될 수가 있다. 개체의 [본문과의배치]가 **[자리차지]일 때,** [개체와조판부호를항상같은쪽에놓기]가 활성화되는데 이것을 체크해 놓으면, 문서를 편집하는 도중에 개체가 쪽을 넘어가거나 당겨지더라도 해당 개체의 조판부호를 함께 옮겨 준다.

[글앞으로]는 본문 위에서 본문을 가리고 앉도록 하는 것이고 **[글뒤로]**는 그림 위에서 본문이 투명하게 보이도록 하는 배치이다. [글앞으로]와 [글뒤로]는 단축키 **shift+ home/end**를 이용하여 보낼 수 있다. 또한 [글뒤로] 숨은 그림을 선택하려면 **alt 키를 누른 채 왼쪽마우스** 클릭을 한다.

'글자처럼 취급'을 제외한 배치는 행이 밀려나면 그림이 움직여 판면이 헝클어질 수 있으므로 본문 수정 등을 한 경우 그림 위치를 다시 살펴보아야 한다.

4) **종이/쪽의 가로/세로 기준 위치**
[개체속성-기본]에서 [글자처럼취급]을 해제하고 그림을 가져오면 그 그림이 놓일 위치를 지정해 주어야 하는데 그림의 **왼쪽 상단**을 **기준점 0mm**로 하여 [종이]나 [쪽]에서 지정한 가로/세로의 위치로 그림이 이동하게 된다. 이것은 본문으로부터의 간격을 지정하는 것이 아니다. 그림의 기준점을 종이나 쪽에서 어디에 두느냐(이동) 하는 지정이다. 본문과의 간격 지정은 [여백/캡션]이나 [그림]탭의 [그림여백]에서 한다.

5. 그림의 바깥 여백

[기본]탭의 [위치]는 그림의 기준점 위치를 잡아주는 지정이었다. 그림과 본문간의 간격 지정은 [개체속성-그림]탭이나 [개체속성-여백/캡션]탭의 **[그림여백]**에서 한다(두 군데에 다 넣게 되면 둘 다 적용되어 2배의 간격으로 벌리게 될 것이다). **[왼쪽]** 그림 여백은 그림의 왼쪽에 본문이 오도록 한 경우의 본문과의 간격이고, [위쪽] 그림여백은 이 여백값이 행간 여백보다 크면 위쪽 행에서도 그림자리로 차지하여 그 행을

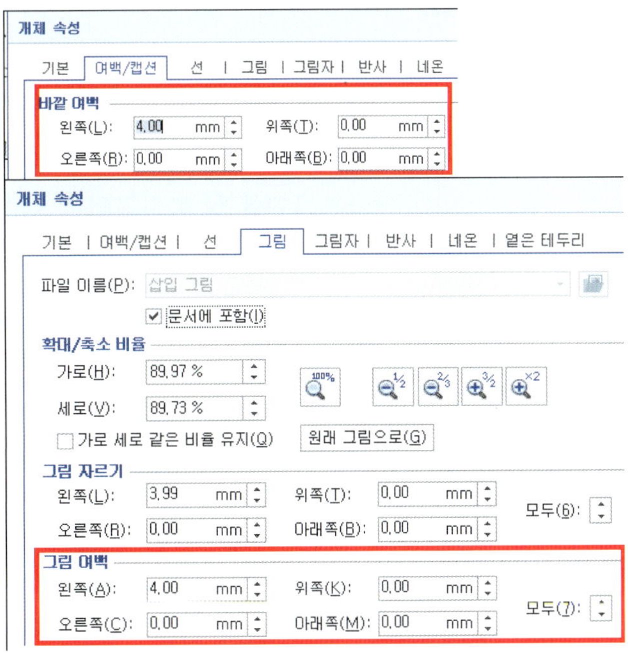

꺾게 되므로 특별한 이유가 없으면 0으로 준다. [아래쪽]도 마찬가지이다.

6. 그림의 캡션 넣기

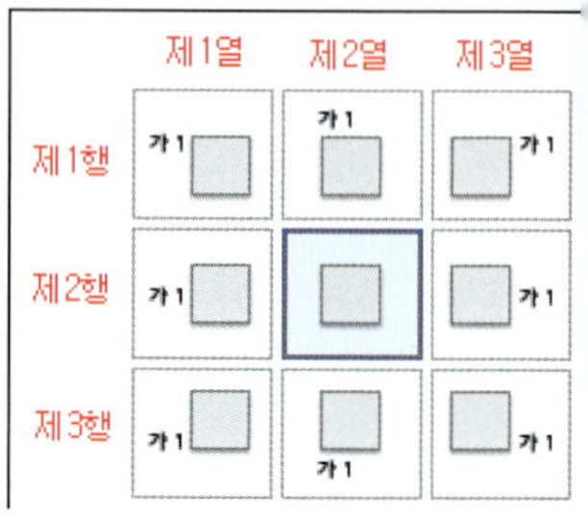

[여백/캡션]탭에서 그림의 캡션을 넣을 수 있다. 캡션 위치는 [글상자] 캡션에서 본 대로이다(<22 글상자>항 2-3)의 '글상자 [여백/캡션] 속성' 참조). 그림의 '캡션'이란 그림 제목을 말한다. 캡션 위치는 앞 항목 '글상자'에서 본 대로이고, 캡션 크기와 본문과의 간격에 관하여는 아래 그림을 참고한다.

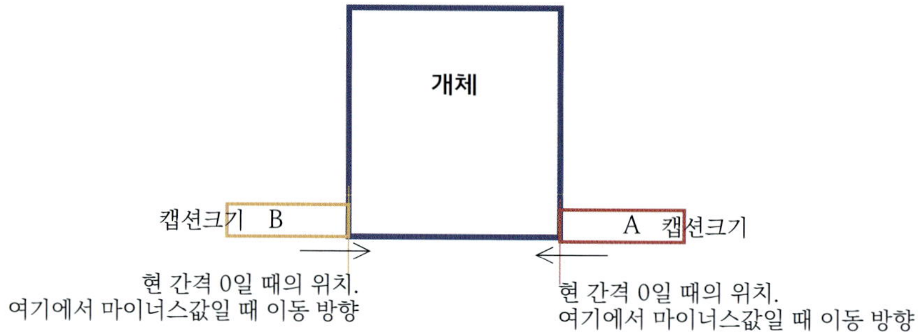

7. 그림효과 및 그림 자르기

이미 만들어진 그림을 본문에 넣어보니 불필요한 여백이 들어 있거나 필요없는 부분이 있을 수 있는 경우 [개체속성-그림]에서 [그림자르기]를 좌·우·상·하로 할 수 있고, 원래 색이 있는 그림을 회색조 또는 흑백 100%로 바꿀 때 [그림효과]에서 할 수 있다.

8. 입력된 그림이 보이지 않을 경우 [보기-표시/숨기기]에서 [그림]이 체크되었는지 확인해 본다. 또는 문서 저장의 그림 포함 여부 문제도 확인해 본다. 그런 경우가 아니라면 시스템 충돌로 인한 아래아한글 프로그램의 손상에 의한 것일 수 있다. 이 경우 문제의 파일을 다른 컴퓨터에서 열어보면 정상으로 뜰 것이다. 그러면 한글프로그램을 재 설치하거나 초기화를 한다.

그리기 개체

1. 그리기 개체엔 '선'과 '글상자'가 있다. 선에는 '직선, 원, 사각형, 호' 등이 있고 '다각형, 곡선, 자유선' 등도 있다. [입력-개체-그리기개체]와 [그리기도구]에서 보이는 것들이 그것이다.

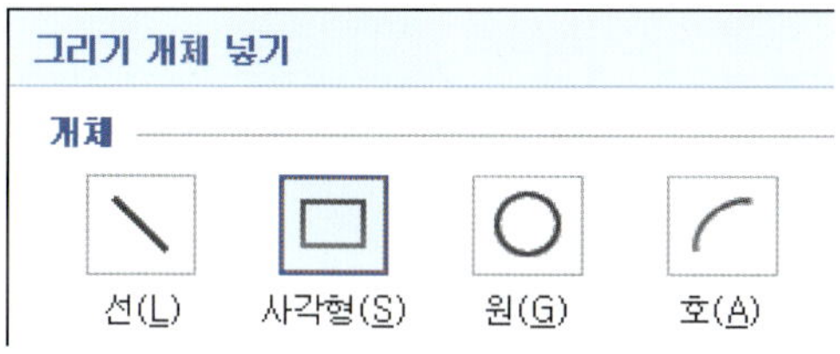

2. 개체를 그린 후 개체를 선택, 마우스 드래그하여 크기와 위치를 조정한다. 수치 입력으로 위치와 크기를 지정할 수도 있다.

3. 그리기 예1: 원

페이지 상단 귀퉁이에 선이 굵은 호(弧)를 홀수면과 짝수면에 서로 대칭이 되게 넣되 편집용지에서 제본시 잘려나가게 하려 한다.

① 그리기도구(메뉴의 [입력]을 클릭하면 도구메뉴에 [그리기도구]가 나옴)에서 **[원]**을 선택, 편집화면에서 클릭하고 드래그하면 클릭한 점이 '사각형좌상단'으로 고정되면서 이를 기준점으로 하는 원이 그려지는데 이때 **shift**키를 같이 누르면 정원으로 그려진다. **ctrl**키를 누르고 원을 그리면 클릭한 점이 원의 중심이 되는데 shift키를 같이 눌렀다면 그 원은 정원이 된다.

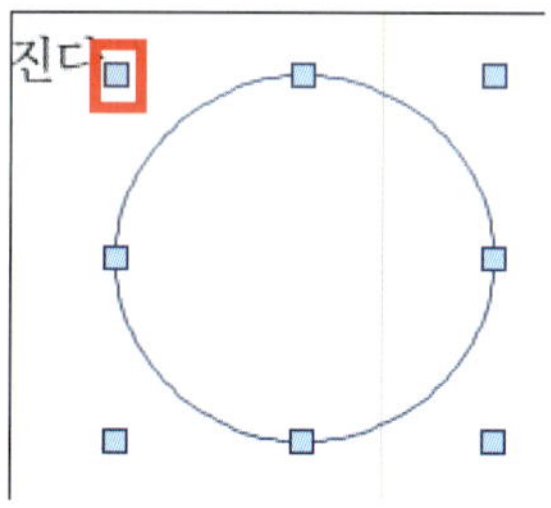

'…진다.'의 마침표에서 드래그한 것. 이 꼭지점을 기준점으로 원이 만들어진다

② 원을 그리면 흰색 채우기가 된 상태이므로 개체속성에서 [색채우기없음]으로 한다. [선]탭에서 색과 굵기를 지정한다. [본문과의배치]를 [글뒤로]한다. 여기 겹친 이 원은 굵기를 16mm로 하고 색을 먹 30%(하양 어둡게 30%)로 하였다.

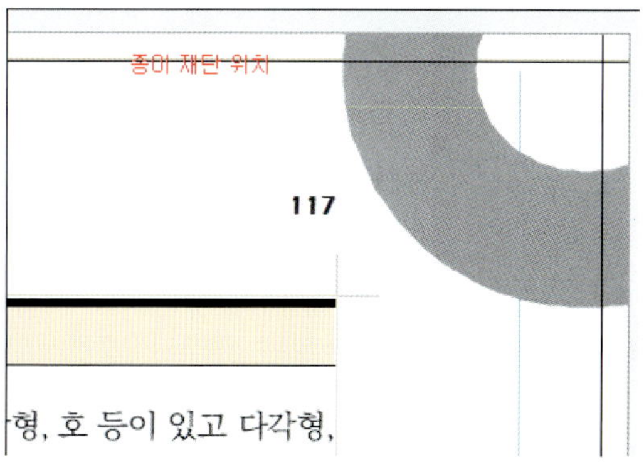

③ 원을 편집용지 밖으로 밀어내어 편집용지에서는 원의 밑 왼쪽 호(弧)로만 보이게 하려고 한다. 편집용지 우상단(홀수페이지에서) 밖으로 이 원을 드래그하면 용지 밖으로는 이동을 하지

않는다. 이 경우 원을 용지 밖으로 내보내기 위해 [개체속성-기본]의 [위치]에서 수치를 입력한다. 가로값에서 [오른쪽], 세로값에서 [위쪽]에 각각 -16mm(이는 임의의 값이다)를 입력한다. [오른쪽]으로 마이너스값을 입력하면 원이 오른쪽으로 빠진다([위치]의 '오른쪽 기준'이라 하면 종이나 쪽의 끝이 0이고 이것이 +이면 종이나 쪽의 안으로의 이동이어야 하므로 왼쪽으로 이동할 것이고 -이면 밖으로 빠질 것이다. [위쪽]도 마찬가지).

④ 이제 짝수페이지에서는 이것을 페이지 위치쪽, 즉 용지 왼쪽 상단으로 빠지게 하려 한다. 홀수쪽 원을 복사하여 오른쪽 페이지에 붙여 넣고 원을 선택한 후 [개체속성-기본]의 [위치]에서 [가로]의 [오른쪽]을 [왼쪽]으로 바꿔 선택하고 값은 그대로 같은 -16을 유지해 주고, 세로도 그대로 둔다.

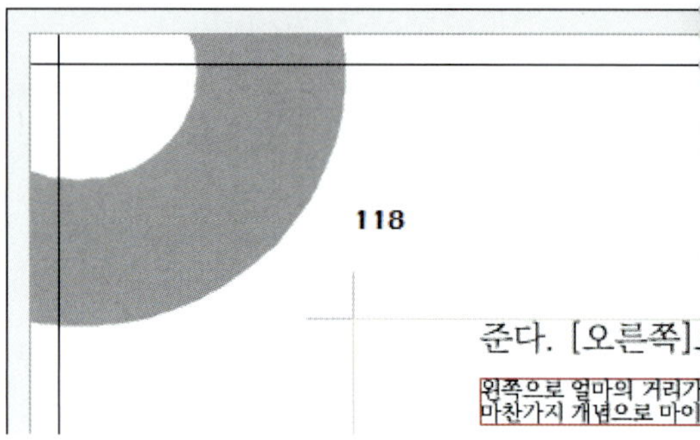

4. 그리기 예2: 직선, 화살표

1) 메뉴에서 [입력]을 클릭하면 [그리기도구]가 나온다. [직선]을 클릭하면 마우스 커서 모양이 +로 변한다. '클릭+드래그'한다. shift키와 동시에 드래그하면 15도 각도를 잡을 수 있고, ctrl키와 함께 하면 양방향으로 직선이 그어진다.

2) 직선을 그리고 선이 선택된 상태에서 선의 **모양**, 선의 **굵기**, 선의 **색**을 [개체속성] 또는 도구상자에서 선택·지정할 수가 있다.

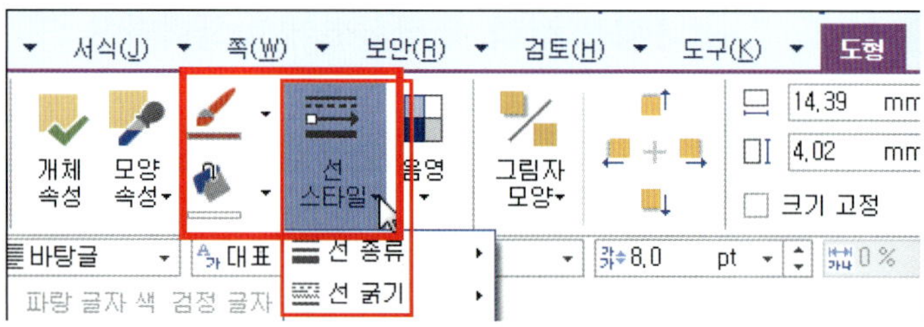

위 직선은 입력 글자크기 15pt에 선의 굵기를 30pt로 하여 그은 것이다. 오른쪽 그림에서 보듯이 선은 '지정한 글자 크기'의 상단에서 그어지고(그림의 노란 점선 위치) 그 크기(30pt)는 그 상단(점선 위치)을 중심으로 위아래로 벌리며 커졌다,

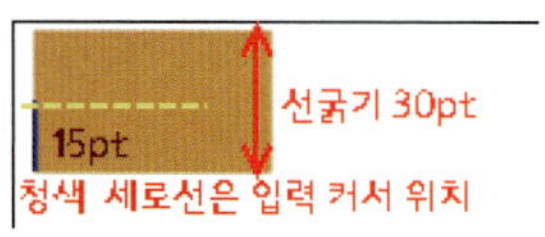

3) 직선을 그리면 **화살표**도 만들 수 있다. 화살표는 직선, 호, 곡선, 자유선 등 양 끝점을 가지는 선에서 만들 수 있다.

화살표는 개체속성의 [선]탭 [화살표]에서 시작점, 끝점을 선택하여 화살표 모양과 크기를 선택하는 것으로 지정할 수 있다. 임의로 모양을 바꾸거나 크기를 조절할 수는 없다.

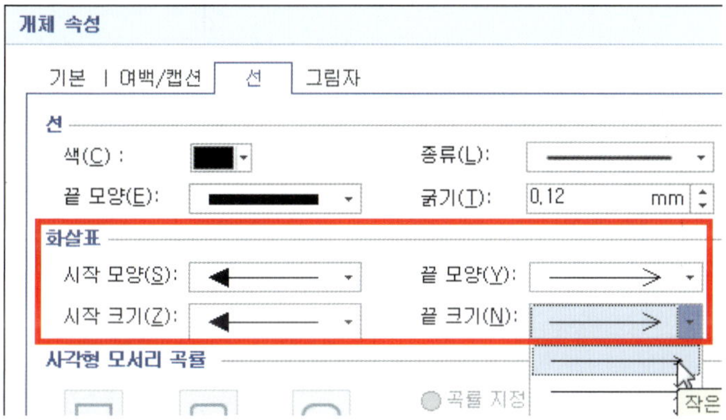

4) 개체를 판면 어딘가에 맞추기 위하여는 **기준선**(안내선)이 필요하다. 아래아한글은 [보기-**개체이동안내선**]이라는 것을 제공하고 있어 이를 이용할 수는 있지만 번잡해 보인다. 간편한 방법으로 수직선 또는 수평선을 만들어([직선]을 shift+드래그) 이를 기준선으로 이용할 수 있다. 정확한 위치가 필요하다면 그 수직선의 [개체속성-기본]탭에서 [너비]와 [높이]를 지정하면 된다.

5. 그리기 예3: 연결선

1) **조직도** 등에서 하나하나 그은 연결선이 후에 수정하게 되면 일일이 선을 다시 맞춰야 하는데 이런 경우에도 연결된 선이 흐트러지지 않고 같이 연결된 상태를 유지하게 하는 연결선이 [직선연결선], [꺾인연결선] 등이라 한다. 그러나 실제에서 얼마나 유용할지는 잘 모르겠다. 다루기 불편하고 유연성이나 응용성이 없다면 쓸모있는 도구라 할 수 없을 것이다.

2) 조직도 등을 그리는 방법은 [보기-**격자**]를 설정하는 방법이 좋을 것이다. 아래 그림의 예는 **격자 보기**에서 자석효과로 글상자를 배치한 후 붉은 색의 '['자 선

은 [꺾인연결선]을 사용하고 청색의 '—'는 [직선]을 사용하여 그린 것이다. 꺾인연결선을 복사하여 붙여넣기는 할 수 없다.

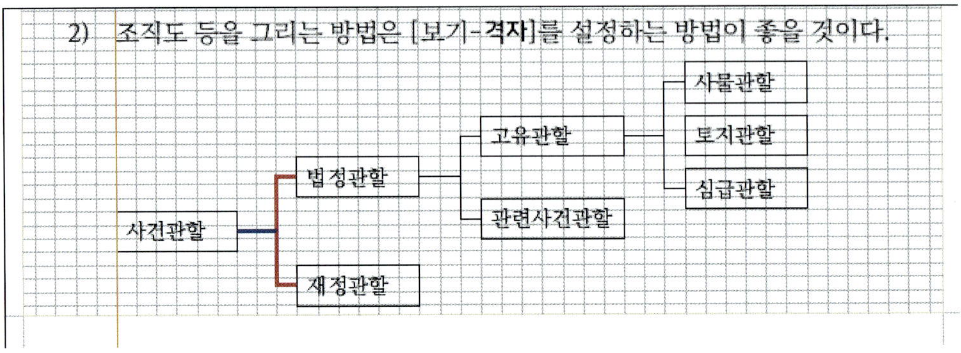

3) [격자설정]에서 '격자방식'을 [**격자자석효과**]에 체크를 해 놓으면 [격자보기]의 체크 여부를 불문하고 개체를 마우스로 이동시킬 때 자유롭지 못하다. 자석효과를 원하는 경우 외에는 [격자에상관없이]에 체크해 놓는다.

표

1. 1) 표는 '**셀**'로 구성되며 '**열**'(column)과 '**행**'(row)으로 내용 관계를 구성한다.

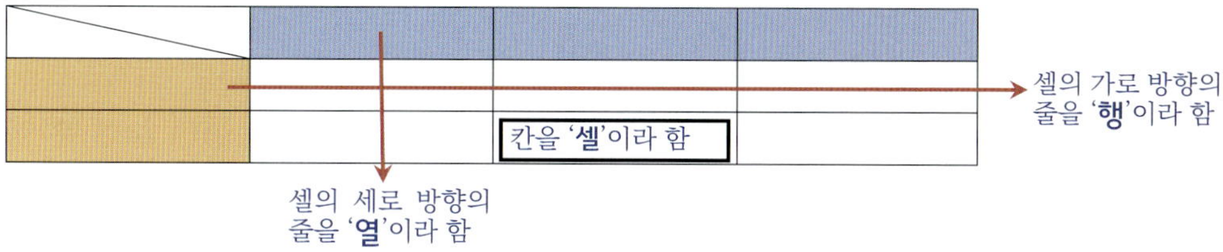

2) 표에는 '**표 번호**'와 '**표 제목**'(캡션)이 들어갈 수 있으며 대체로 표의 위에 둔다. 표의 제1열에는 '**행의 제목**'(stubhead)이 들어갈 수 있고 제1행에는 '**열의 제목**'(Column heading)이 들어갈 수 있다.

3) 아래아한글의 표는 메뉴 [입력-표-**표만들기**](또는 메뉴 [입력]을 클릭하면 도구메뉴에 [표]가 나옴. 이를 클릭)에서 만들고 [편집-고치기](표 안에 마우스 커서를 놓고)나 [개체속성](표를 선택한 상태에서 더블클릭, 또는 오른마우스 클릭) 또는 **[표/셀속성]**과 **[셀테두리/배경]**(표에서 오른마우스)에서 위치, 배경, 여백, 선 등의 속성을 지정하거나 고칠 수 있다.

2. **표만들기**

[입력-표-표만들기]로 표를 만든다(ctrl+n,t). [칸수](=열의 수)와 [줄수](=행의 수)를 지정하고 커서 위치에 글자차럼 만들 것이면 [글자처럼 취급]을, 아니면 [마우스끌기로만들기]를 선택해 준다. [표만들기]에서는 '칸수'와 '줄수'만을 만들고 선의 굵기 등은 나중에 한다.

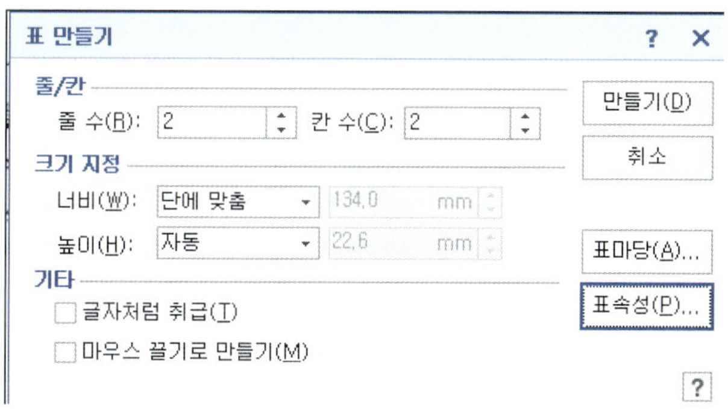

1) 표의 테두리 및 셀의 구분선은 일단 0.1mm로 자동입력된다. 임의로 표의 외곽선만을 지정할 수 없다.

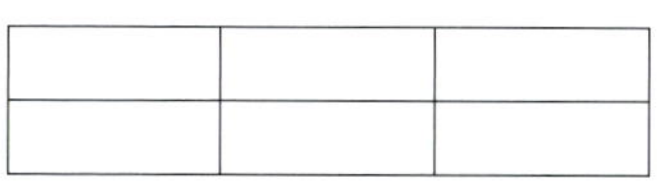

2) [표속성]의 [테두리]탭에서 선의 종류 및 굵기 등은 [셀의간격]이 주어진 경우에 선택할 수 있는 것인데, **[셀의간격]**이란 표 속의 각 셀을 선이 아닌 빈칸으로 구별시키는 옵션으로서 빈칸의 간격을 말한다.

<셀의간격>

3) 그러므로 선의 모양 등은 일단 표의 형태를 만들어 놓은 후 별도로 지정하여야 한다. 이를 지정하기 위하여는 표의 외곽선을 더블클릭하여 [표/셀속성]으로 들어가거나 표의 셀에 마우스 커서를 놓고(표를 선택함이 아님)) 오른마우스 팝업 메뉴에서 [표/셀속성]이나 [셀테두리/배경]을 선택하여 한다.

3. 표번호/표제목

표에 표 번호나 표 제목이 들어가기도 한다. 들어갈 때 대체로 표의 상단에 두는데 아래아한글에서는 그 위치를 쉽고 통일성 있게 지정해 줄 수 있다. 그러나 표 번호는 그림 번호와 마찬가지로 간단한 문서에서는 자동입력이 좋을 것이지만 큰 책에서는 수동입력하는 것이 표 관리에 더 편할 것이다.

표번호는 [개체속성](표선택-오른마우스클릭-[개체속성])의 [기본-기타]에서 [없음]을 선택하면 표 번호를 자동으로 넣지 않게 된다. 필요한 경우 수동으로 표 번호를 넣어 주어야 한다.

표 제목은 표선택-오른마우스클릭-**[개체속성-여백/캡션]**에서 한다. 그 위치 설명은 '글상자' 편에서 본 것과 같다(<22 글상자>항 2-3) 참조).

표제목(캡션)은 대체로 표의 상단에 두는 것이 일반이므로 [여백/캡션]의 **[캡션]**에서 제2열 제1행을 선택하면(제1열이나 제3열을 선택하게 되면 표의 좌나 우측에 캡션이 자리잡을 것이다) 표제목은 표의 상단에 있게 된다. 상단에서 중앙으로 하고 싶으면 [가운데정렬]을, 왼쪽으로 맞추고 싶으면 [왼쪽정렬]을 한다. '표와 표제목'간의 간격은 **[개체와의간격]**에서 지정한다.

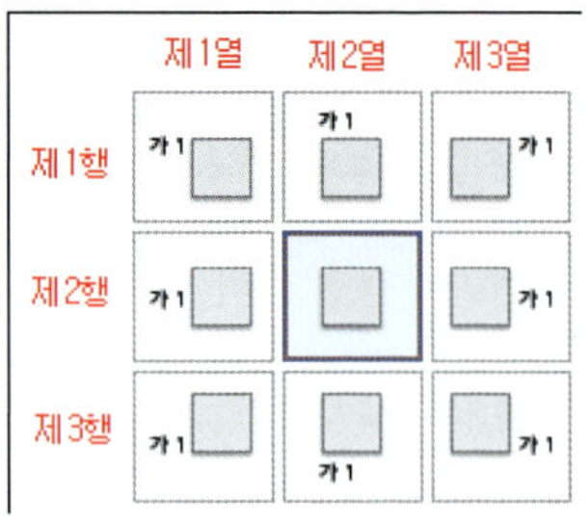

<표제목 왼쪽정렬로>

<표제목 가운데정렬로>

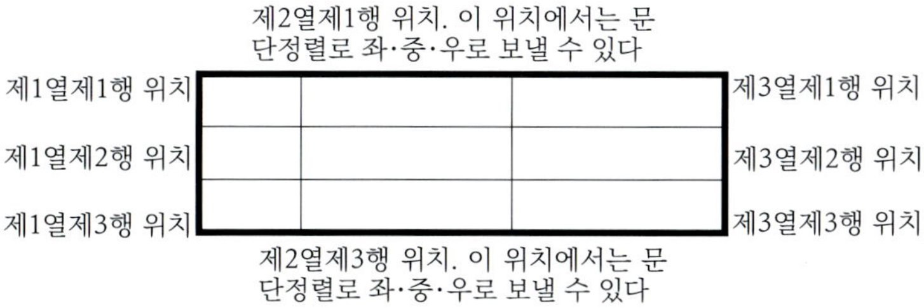

4. 표속성과 셀테두리

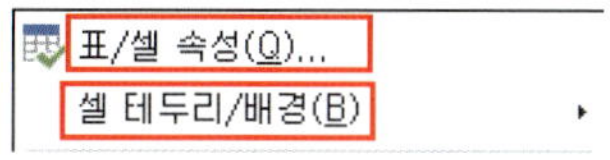

표의 셀에 마우스 커서를 놓고 오른마우스를 클릭하면 [표/셀속성]과 [셀테두리/배경]이 별개로 나와 있다. 표에서 고쳐야 할 부분이 서로 다름을 의미한다.

1) **[표/셀 속성]**은 표를 한 덩어리로 보고 이에 관련하는 사항들의 수정 사항이다. ① 표의 위치([기본]탭), ② 표 전체에서의 바깥 여백([여백/캡션]탭) , ③ 캡션 위치([여백/캡션]탭), ④ 쪽경계에서의 표 나눔관련 사항([표]탭), ⑤ 표 안의 모든 셀에 적용할 안 여백([표]탭), ⑥ 선택한 셀의 안 여백([셀]탭) 등이다.
   '셀의 안 여백' 지정에 관하여는 [표]탭과 [셀]탭에 모두 있는데 [표]탭의 **[모든 셀의안여백]**은 표 전체의 모든 셀들을 한꺼번에 같은 값으로 지정하는 셀 안 여백 지정이고, [셀]탭에서 지정하는 셀의 **[안여백 지정]**은 선택한 또는 커서가 있는 해당 셀에만 적용하는 셀의 안 여백 지정이다.

2) **[셀테두리/배경]**은 **[각셀마다적용]**의 경우 '커서가 있는 셀' 또는 '블록으로 선택한 셀'에만 테두리 모양과 배경을 지정하는 메뉴이다. 따라서 선택되지 않은 셀의 테두리는 적용되지 않는다.
   [하나의셀처럼적용]은 특별한 셀들을 덩어리로 보이게 하고자 할 때 그 선택된 셀들을 하나의 셀처럼 테두리로 두르거나(덩어리 셀 안의 각 셀들의 테두리는 원래대로 유지됨) 배경을 적용하는 경우의 메뉴이다.

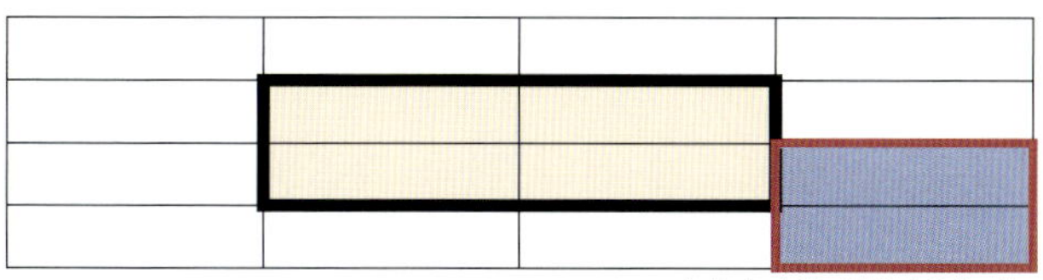

<[하나의셀처럼적용] 예>

3) 셀의 구분선을 선이 아닌 빈칸으로 셀을 배치하는 구성을 하려면 셀을 두 개 이상 선택하고 [셀테두리/배경]의 [각셀마다적용]이나 [하나의셀처럼적용]에서 **[표테두리/배경]**을 실행하고 [셀간격]을 체크한 후 테두리 모양을 지정한다.

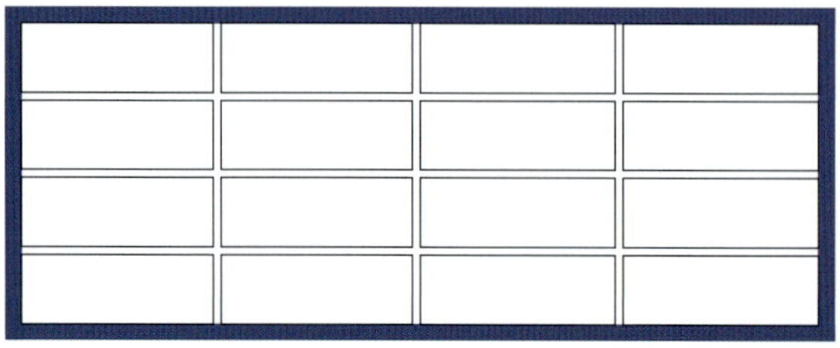

<[표테두리/배경]의 예>

5. 여러 쪽에 걸치는 표

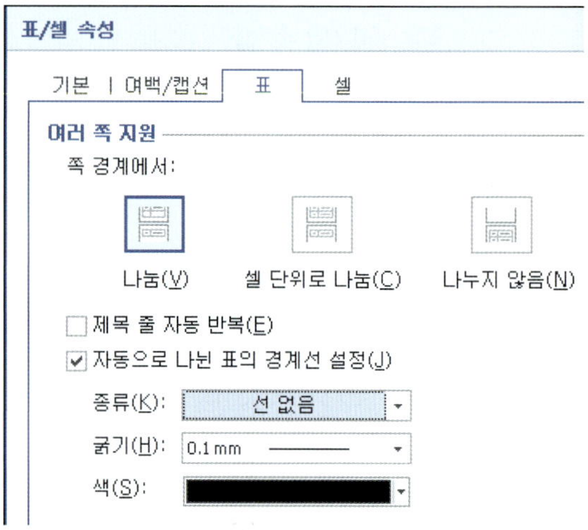

1) 표의 속성(표선택-오른마우스클릭-[표/셀속성-표])에 **[여러쪽지정]**이라는 것이 있다. 이는 표가 쪽의 경계에 걸리는 경우 어떻게 끊어 넘길 것인가의 처리방법을 설정하는 곳이다.

2) 표가 '글자처럼 취급'이 되지 않은 경우에만 표를 쪽 경계에서 자동으로 나눌 수 있는 것이므로 [표/셀속성]의 [기본]탭에서 [글자처럼취급]이 해제되어 있어야 한다. 또 [캡션]의 위치가 제2열에 있어야 한다. 그러나 [나누지않음]으로 한 표이거나 [글자처럼취급]된 표에서도 쪽 경계에서 표를 수동으로 잘라 다음 페이지로 넘길 수가 있다. [표-**표나누기**]를 실행하면 되지만 이는 셀 단위로 나누기하는 결과가 된다.

3) 나눔 단위를 **[나눔]**으로 하면 셀 안의 행 단위로 나뉜다. **[자동으로나뉜표의경계선설정]**에서 실선을 선택하면 나뉜 다음 페이지 표 맨 위에 선을 넣어주는 것이고 [선없음]을 선택하면 원래 선이 없던 셀 안 행 단위 상태로 행 위에 선 없이 셀의 내용이 다음 페이지로 이어서 흐르게 된다. 나눔 단위를 **[셀단위로나눔]**을 선택하면 셀이 분리되지 않고 쪽에 걸린 셀 이하 모두가 다음 페이지로 넘어간다.

6. 셀의 테두리

셀의 테두리는 [셀테두리/배경](표 안에 커서-오른마우스 클릭)에서 [각셀마다적용]을 실행하여 [셀테두리/배경]창에서 지정한다.

1) 선을 만들려는 곳의 셀을 모두 선택해 준다(한 개 셀에만 해당하는 경우라면 셀에 커서를 둠). 예컨대 표 제1행의 윗선의 굵기를 고치려는 경우 그 윗선을 구성하고 있는 셀들을 모두 선택해 준다. 오른마우스 클릭하여 [셀테두리/배경]을 실행하고 [각셀마다적용]을 실행한다.

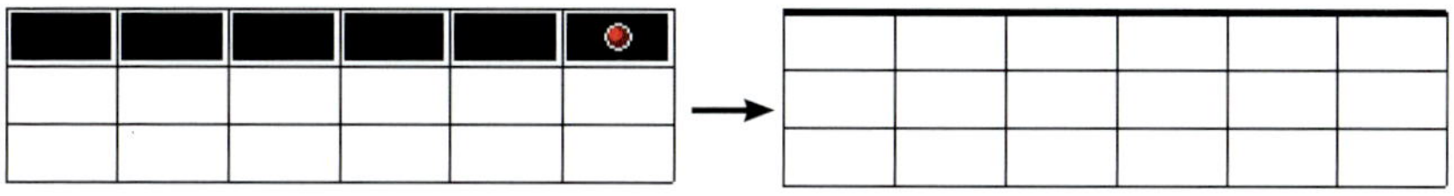

2) [셀테두리/배경]의 [종류]에서 선의 모양을 선택하고 [굵기]에서 선의 굵기를, [색]에서 선의 색을 선택한 후, **[선모양바로적용]**을 체크 해제하고 선 방향 아이콘을 누르면(누를 때마다 해당 방향의 테두리만 '현재모양↔이전모양'이 돌아가며 적용됨) 그 적용 상태를 미리볼 수 있다. [선모양바로적용]을 체크 해제하는 이유는 선의 방향에 따라 굵기 등을 달리 지정하여야 할 경우 각기 적용시켜야 하기 때문이다. 이것이 체크되어 있으면 선 종류를 각기 지정할 수 없다.

3) **예 1:**

> [셀테두리/배경]의 [종류]에서 선의 모양을 선택하고 [굵기]에서 선의 굵기를, [색]에서 선의 색을 선택한 후, **[선모양바로적용]**을 체크 해제하고 선 방향 아이콘을 누르면(누를 때마다 해당 방향의 테두리만 '현재모양↔이전모양'이 돌아가며 적용됨) 그 적용 상태를 미리볼 수 있다.

① 위의 표는 표를 줄수 1, 칸수 2로 하여 [표/셀속성]의 [표]탭에서 [모든셀의여백]을 0으로 하고([셀]탭에서 지정할 것임)

② 왼쪽 셀을 선택한 후(F5) [표/셀속성]의 [셀]탭에서 셀의 너비를 7mm로

하였고(왼쪽 셀을 막대 선처럼 만들기 위함)

③ 오른쪽 셀을 선택 후 [표/셀속성]의 [셀]탭에서 [안여백]을 2mm로 하였고(문자열로부터의 셀 간격)

④ 두 셀을 모두 선택 후 [셀테두리/배경-각셀마다적용]의 [배경]탭에서 [면색]을 회색으로 지정하고 [테두리]탭에서 [선없음] 모드로 하여 테두리를 지우고

⑤ 왼쪽 셀을 선택 후 [셀테두리/배경-각셀마다적용]의 [테두리]탭에서 셀의 오른쪽 선을 1mm 흰색 두께(셀간 흰색)로 하였다.

4) **예 2:**

전라북도
동경 125°58′~ 127°54′, 북위 35°18′~ 36°09′에 있다. 동쪽은 경상남도 산청군과 거창군, 경상북도의 김천과 소백산맥의 주 능선으로 경계를 이루고, 남쪽은 전라남도의 영광·장성·담양·곡성·구례군과 접해 있으며, 북쪽은 충청남도의 금산·논산·부여·서천군, 충청북도의 영동군과 접하고, 서쪽으로는 황해에 면한다.

전라북도
동경 125°58′~ 127°54′, 북위 35°18′~ 36°09′에 있다. 동쪽은 경상남도 산청군과 거창군, 경상북도의 김천과 소백산맥의 주 능선으로 경계를 이루고, 남쪽은 전라남도의 영광·장성·담양·곡성·구례군과 접해 있으며, 북쪽은 충청남도의 금산·논산·부여·서천군, 충청북도의 영동군과 접하고, 서쪽으로는 황해에 면한다.

① 위 '전라북도' 표는 [표만들기]에서 줄수 2, 칸수 1로 하였다. 윗셀의 간격을 마우스로 조정, 또는 [표/셀속성]의 [셀]탭 [셀크기적용]에서 지정할 수도 있다.

② 셀 모두를 선택, [셀테두리/배경-하나의셀처럼적용]에서 **[표테두리/배경]**의 [테두리]탭에서 **[셀의간격]**을 1mm로 하고 빠져나옴(테두리를 [선없음]으로 하고 빠져나오면 두 셀을 감싸는 표의 외곽선이 안 만들어질 것임). 그러면 두 셀이 분리된 것처럼 나뉜다. 만일 테두리 [선없음]을 하지 않고 나왔다면 두 셀을 둘러싸는 표의 선이 생겼을 것인데 이것은 다시 두 셀을 선택, [셀테두리/배경-하나의셀처럼적용]에서 [표테두리/배경]의 [테두리]탭에서에서 [선없음]을 하여 지운다.

[표테두리/배경]을 이용하지 않고 윗셀에서 위 아래 테두리를 넣은 후 아

랫셀에서 위 테두리를 1mm 흰색으로 하였을 경우 윗셀의 아래 선이 흰색이 되어 선이 사라진 것이 된다.

③ 윗셀을 선택, [셀테두리/배경-각셀마다적용]에서 위아래 선은 살리고 좌우의 선을 [선없음]으로 한 후 [배경]을 넣는다.

④ 아랫셀을 선택 후 마찬가지로 [셀테두리/배경-각셀마다적용]에서 테두리를 [선없음]으로 지우고 배경색을 넣는다.

5) **예 3:**

문단에 선을 넣을 경우 '문단테두리' 편에서 보았듯이 [문단모양-테두리/배경]으로 하게 된다. 그러나 이 경우 오른쪽·왼쪽 여백을 계산해 주어야 하는 불편이 있다. 그렇지 않으면 전단으로 그어지기 때문이다.

위 예 2와 같이 **표**로도 **문단테두리**가 되므로 활용할 수 있겠다. 단 페이지 경계에서 표가 잘리는 경우 잘라 넘기기가 되지만 이 경우 표가 글자처럼 취급되지 않아 관리에 애로가 생길 수도 있다. 그러므로 선택적 편집이 필요하다.

7. 표 속성 복사

1) 표를 여럿 작성해야 할 경우 또는 이미 만들어진 원고의 표를 새로 편집하여야 할 경우 매번 [표/셀속성]이나 [셀 테두리/배경]으로 찾아 들어가 수정하기는 번거롭다. 간단한 경우라면 [상용구]로 저장하고 불러서 사용할 수도 있지만 이 경우 표 내용을 다시 입력해야 된다. 이러한 표 속성이나 셀 속성을 복사하여 적용시키는 방법을 찾아본다.

2) **복사할 내용:** 표 속성 복사는 [표/셀속성]에 해당하는 내용의 복사와 [셀테두리/배경]에 해당하는 내용의 복사가 있다. [표/셀속성]의 복사할 내용으로는 ① '표의 바깥여백', ② '표의 위치, 글자처럼' 여부, ③ '표 나눔', ④ '캡션 위치' 등이며, [셀테두리/배경]에서 복사할 내용은 표의 '선'과 '배경'이다.

3) **[표/셀속성] 복사하기:** 표에 커서를 두고 [표/셀속성]창으로 들어가 속성을 지정한 후 대화창 맨 아래 **[대화상자설정]**의 **[구성]**을 클릭, [대화상자설정구성] 대화창에서 [대화상자설정추가하기]의 '**+**' 아이콘을 클릭, 이름을 넣어주면 이제 이 표의 속성이 그 이름으로 저장된다. 이를 불러 **적용하려면** 표에서 오른마우스 클릭, [표/셀속성]의 열린 대화창에서 [대화상자설정]의 숨어 있는 메뉴(상자의 오른쪽에 있는 역삼각형 클릭)를 열어 앞의 지정 이름을 클릭하면 속성이 적용된다

4) **테두리/배경 복사하기:** 셀의 **테두리와 배경**은 각 셀마다 따로 따로 적용시키는 것임을 먼저 기억하자. 셀의 테두리/배경 복사도 마우스 커서가 있는 자리의 셀 모양이거나 선택한 셀들이 있는 셀의 모양만을 복사하게 된다.

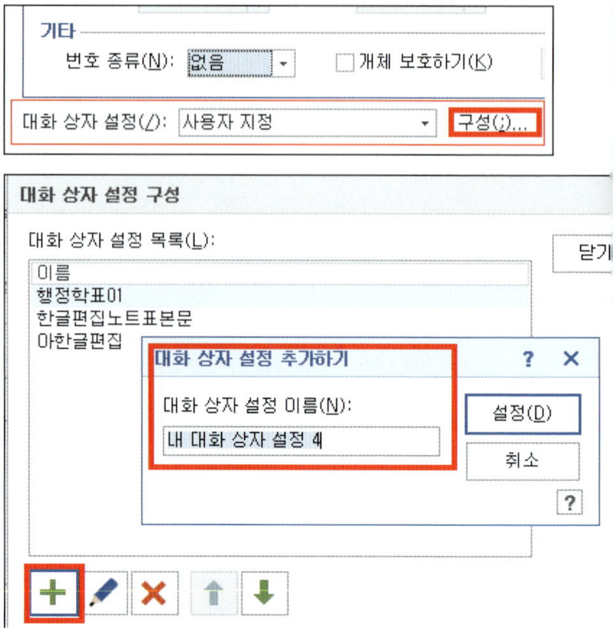

복사해 올 각 해당 셀에 커서를 놓거나 선택한 후 [모양복사](alt+c)를 한다. 이 모양복사에는 [셀모양복사]항이 있는데 여기에는 [셀속성](=안 여백이 될 것임), [셀테두리](셀의 위·아래·왼쪽·오른쪽 선), [셀배경]을 선택할 수 있게 하였다. 원하는 곳에 체크를 하고 [표에서적용대상]항에서 [본문모양과셀모양둘다]나 [셀모양만]을 체크하고 나와 속성을 적용시킬 셀을 선택하고 모양복사(alt+c)를 해 주면 테두리와 셀 안 여백과 배경 속성이 복사가 된다.

5) 셀의 테두리 속성 복사는 '모양복사'가 더 번잡할 수 있다. 이유는 선이 있고 없고라거나 선의 종류가 여럿인 경우 매 셀을 모양복사하며 붙여넣기를 하여야 하기 때문이다. 차라리 오른마우스의 [셀테두리/배경]에서 지정하는 것이 나을 수 있다.

6) 셀의 내용물은 별도로 [글자스타일]과 [문단스타일]을 만들어 적용해 간다.

8. 세로로 긴 표를 자르기/ 잘린 표를 붙이기

1) 옆 표에서 f행부터 h행까지를 잘라 표의 오른쪽에 붙이고자 하는 경우

① 'f'셀에 커서를 두고 [표]메뉴의 [표나누기] 실행.

② 나뉜 'f'셀 이하를 마우스로 이동.

a	1
b	2
c	3
d	4
e	5
f	6
g	7
h	8

→

a	1
b	2
c	3
d	4
e	5

f	6
g	7
h	8

2) 표를 [글자처럼취급]으로 앉히면 페이지 경계에서 표가 몽땅 넘어가 버린다. 자동으로 잘라 넘기려면 [글자처럼취급]을 해제하면 되지만 [표나누기]를 이용하면 이를 해제하지 않고도 셀 단위로 표를 잘라 넘길 수 있다. 셀 단위로 끊어 넘겨도 좋은 표라면 이 [표나누기]를 '1)'처럼 이용할 수 있을 것이다.

3) 잘린 표 붙이기는 붙일 표를 마우스로 이동하고('f'셀 이하 표를 'e'셀 밑으로 이동하고) 'e'셀에서 [표붙이기]를 한다.

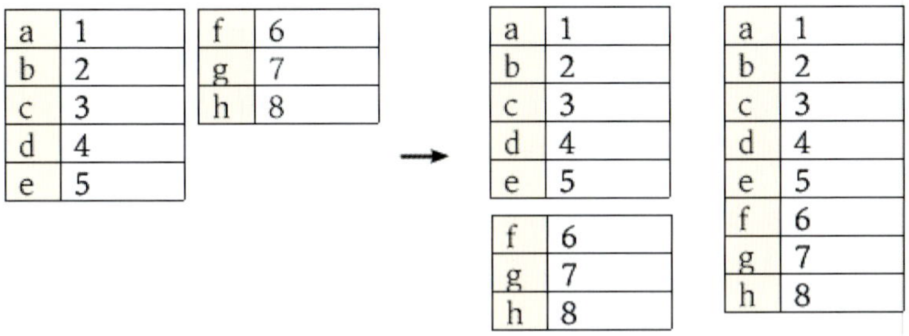

9. 셀의 배경색

셀 배경으로 음영을 주려면 셀을 선택 [셀테두리/배경-각셀마다적용]의 [배경]탭에서 [색]의 [면색]을 통하여 색을 고를 수 있다. 원하는 음영으로 하려면 **[다른색]**을 클릭하여 색값을 직접 입력함으로써 얻을 수 있다.

예컨대 만일 흑백 30% 농담을 원한다면 [색상]과 [채도]를 0으로 하고 [명도]에 178(255X70%=178.5)을 입력한다(255는 흰색이므로 30%의 회색이 되려면 흰색이 70%가 되게 하여야 한다).

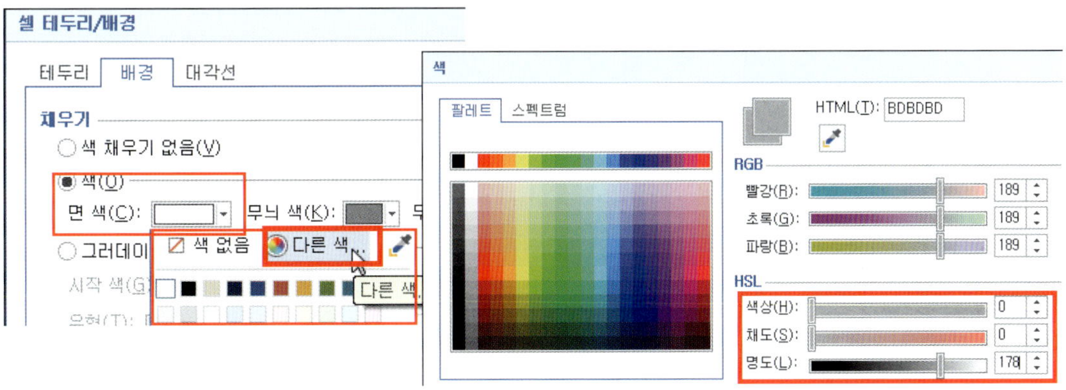

10. 팁/단축키

1) 표 안에서 줄 삽입: ctrl+enter
2) 선택한 표의 열 또는 행 지우기: shift+delete
3) 표 안의 첫번째 셀로 이동하기: 표 안에 커서를 위치, F11키(F11은 [개체선택] 단축키)를 눌렀다 떼면 표가 선택됨. 엔터키를 누르면 첫번째 셀로 이동됨
4) 셀 크기 조절: 셀 블록 상태에서 ctrl(해당셀의 높이)이나 alt(가로로), shift(해당셀의 가로로)키와 함께 방향키
5) 표 안에서 첫 줄 내어쓰기: ctrl+shift+tab키 ([환경설정]의 [편집]에서 [표안에서tab으로셀이동] 체크시. 체크를 해제하면 shift+tab키로 내어쓰기함)
6) tab키로 셀 이동([환경설정]의 [편집]에서 [표안에서tab으로셀이동] 체크시)
7) 셀 선택: F5. 또는 ctrl+클릭. 또는 마우스로 셀 드래그(드래그로 한 개의 셀만이 선택되지 않으면 두 셀을 선택 후 원하는 셀을 다시 클릭). 또는 shift+F5 후 shift 그대로 누른 채 마우스 드래그,
   F5 세 번(표 전체 선택).
   F5+F7(세로로 선택)
8) 셀 배경 색 채우기: 셀 블록(F5), c
9) 새 줄/칸 만들기: alt+insert
   줄/칸 지우기: alt+delete
10) 표 뒤집기: [표-표뒤집기]는 [칸]을 [줄]로 변환하는 기능
11) 블록계산식(합계내기): 숫자셀 드래그-오른마우스클릭-[블록계산식]
12) 자동채우기: 1월, 2월 등 규칙이 있는 경우 나머지를 자동으로 채우기. [입력-채우기-자동채우기내용]

차트

1. 1)

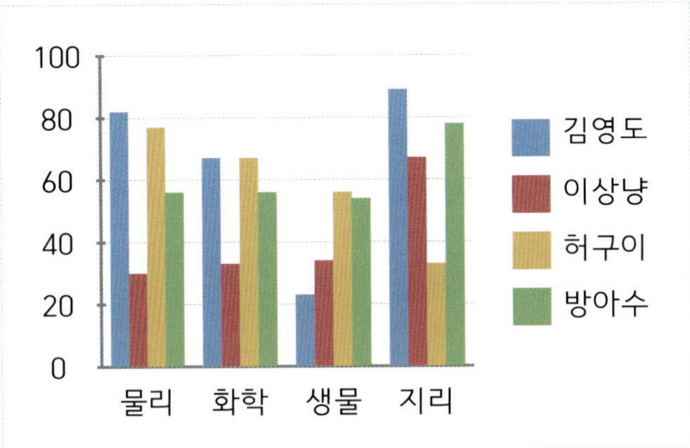

	김영도	이상냥	허구이	방아수
물리	82	30	77	56
화학	67	33	67	56
생물	23	34	56	54
지리	89	67	33	78

2) 표를 블록 설정하고 [입력-개체-차트]를 실행한다.
차트를 선택하고 다시 차트 내부를 클릭하거나 오른마우스 클릭하면 차트의 고쳐야 할 곳을 선택할 수 있는 팝업메뉴가 뜬다.
또는 차트를 선택하면 메뉴의 도구상자에 차트에 관한 목록들이 생겨난다. 여기서 차트의 내부로 들어갈 수 있다.
차트에서 원하는 부분을 마우스로 두 번 누르면 차트의 일반 영역이나 차트 영역의 위치, 배경, 계열, 축, 범례, 제목, 각주의 속성 등을 변경할 수 있다.

3) 차트 화면

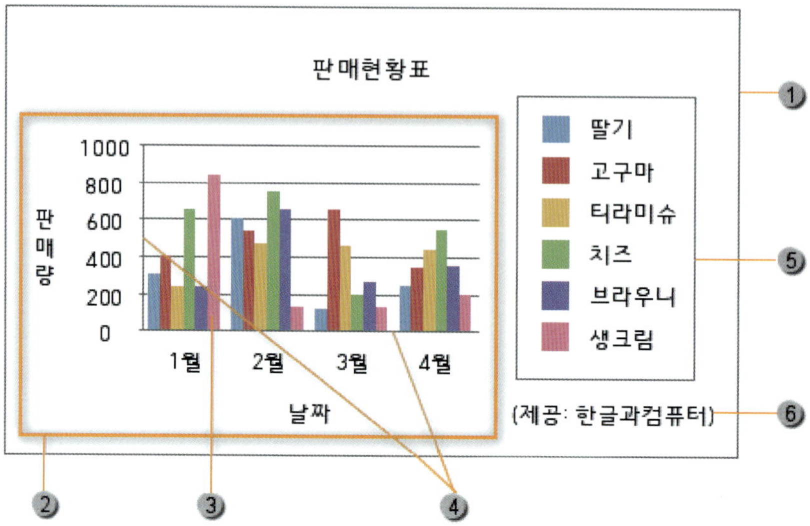

	이름	설　명
①	일반	차트의 배경이나 배경 선, 차트 구성 등 차트 배경의 일반 모양을 바꾼다
②	차트	차트의 모양, 계열, 위치, 배경 등 차트 영역의 모양을 바꾼다
③	계열	계열, 계열 이름표, 자료점, 자료점 이름표의 모양을 바꾼다
④	축	축, 축 이름표, 축 제목의 모양을 바꾼다
⑤	범례	범례의 글꼴 모양, 배경, 위치 등을 설정한다
⑥	각주	각주의 모양, 배경, 글꼴 모양, 위치 등을 설정한다

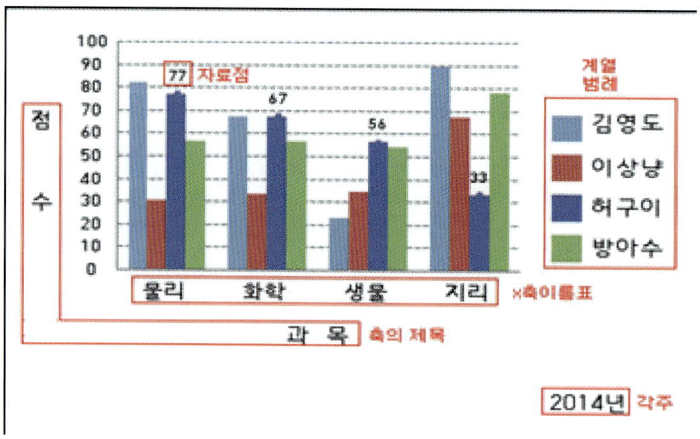

2. 고치기

1) **축**(Y축 X축)의 **제목** 넣기

   차트의 Y축이나 X축 선택(축 클릭), 선택 후 오른마우스 [**축-제목**]에서 지정.

2) **축**의 **이름표 글꼴** 등을 바꾸기 위하여는 차트 선택(차트 선택은 차트 외부가 선택되면 다시 차트 내부가 선택되도록 클릭), 오른마우스 **[축-이름표]**에서.

   이름표간 간격(표의 행제목 간격)은 차트 선택, 오른마우스 **[차트속성-선택사항]**의 x축에서 값 지정으로(100보다 크면 간격이 넓어짐).

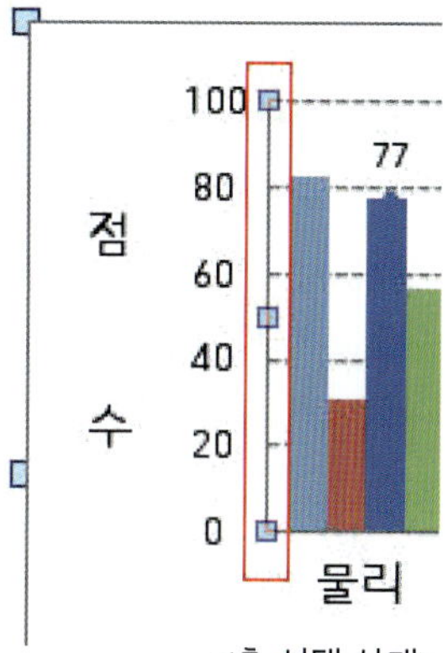

<축 선택 상태>

3) **차트제목** 넣기

   차트선택, 오른마우스 **[축-제목]**에서.

4) **자료점**

   [계열-자료점]에서 범례의 '색'을 바꿀 수 있고 자료점을 표시할 수 있다. 이는 **[계열-계열]**에서도 할 수 있다. [계열]은 표의 컬럼제목에 해당하는 것으로 차트에서는 [범례]가 된다.

   [자료점이름표]는 차트 막대에 세로축 값을 넣는 것을 말함. [계열-자료점이름표]에서 할 수 있다.

5) 차트의 **[각주]**(주석)는 차트 선택, **[각주모양]**에서.

6) **[범례]**는 차트 선택, **[범례모양]**에서 위치 글자속성 색을 바꿀 수 있다.

7) **데이터편집**은 차트선택, 오른마우스 **[차트데이터편집]**에서. 데이터값뿐만 아니라 **행/열 라벨의 이름**(x축 이름, 범례항목)**을 수정**할 수 있고 **행/열을 추가·삭제**할 수도 있다.

27 수식

1. 1) 수식을 입력할 곳에 커서를 두고 메뉴의 **[입력-개체-수식]**(ctrl+n.m)으로 수식창을 연다. [수식편집기]창이 뜬다.

'수식도구상자'의 수식아이콘을 이용하면 굳이 **수식명령어**(아래 '예약어' 참조. 이 명령어를 스크립트 입력창에 입력)를 입력하지 않고도 필요한 수식템플릿을 선택하고, 그 빈칸에 값을 입력하여 수식을 쉽게 만들 수 있다. 예컨대 ① 도구상자에서 [분수] 아이콘( )을 누르면 편집창에 분수식이 표시되는데 여기에 ② 먼저 분자인 '1'을 입력한 후 ③ tab 키를 눌러 분모 입력 칸으로 이동하고 ④ 분모 '4'를 입력한다. ⑤ [넣기] 아이콘( )을 누르고(shift+esc) 나오면 본문의 커서 위치에 수식이 들어간다. 이를 잘라내기하여 다시 붙이기를 한다.

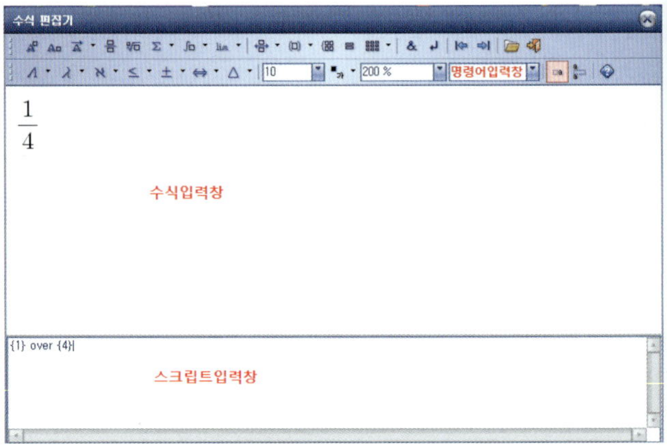

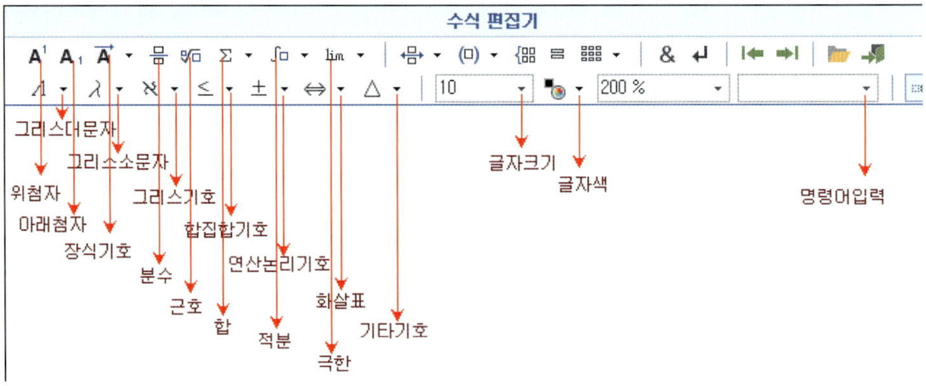

2) 본문 편집창에 들어온 수식은 '개체'가 된다. 따라서 여기에서 [글자모양]이나 [문단모양]으로 글자체나 크기 등을 고칠 수는 없다. 크기와 색 등은 수식 편집기에서 수식입력시 지정할 수가 있다. 글꼴은 선택되지 않는다. 유연한 편집을 원한다면 다른 수식 편집기를 이용한다. **Grafeq**이나 **Mathematica** 등의 프로그램이 있다.

참고: 수식 도구상자의 기호 이름들 (한글과컴퓨터의 '한글문서파일구조-수식 revision1.2:20141030'에서)

1) 그리스대문자

기호	이름	기호	이름	기호	이름
A	Alpha	B	Beta	Γ	Gamma
Δ	Delta	E	Epsilon	Z	Zeta
H	Eta	Θ	Theta	I	Iota
K	Kappa	Λ	Lambda	M	Mu
N	Nu	Ξ	Xi	O	Omicron
Π	Pi	P	Rho	Σ	Sigma
T	Tau	Υ	Upsilon	Φ	Phi
X	Chi	Ψ	Psi	Ω	Omega

2) 그리스장식

기호	이름	기호	이름	기호	이름
$\aleph$	ALEPH	$\hbar$	HBAR	$\imath$	IMATH
$\jmath$	JMATH	Ω	OHM	ℓ	ELL, LITER
$\wp$	WP	$\Im$	IMAG	Å	ANGSTROM
ϑ	vartheta	ϖ	varpi	ς	varsigma
Υ	varupsilon	φ	varphi	ε	varepsilon

3) 합집학기호

기호	이름	기호	이름	기호	이름
$\sum$	Sigma	$\prod$	PROD	$\coprod$	COPROD
$\cap$	INTER	$\cup$	CAP	$\sqcap$	SQCAP
$\sqcup$	SQCUP	$\oplus$	OPLUS	$\ominus$	OMINUS
$\otimes$	OTIMES	$\odot$	ODOT	$\oslash$	OSLASH
$\vee$	VEE	$\wedge$	WEDGE	$\subset$	SUBSET
$\supset$	SUPSET	$\subseteq$	SUBSETEQ	$\supseteq$	SUPSETEQ
$\in$	IN	$\ni$	OWNS	$\notin$	notin
$\leq$	LEQ	$\geq$	GEQ	$\sqsubset$	SQSUBSET
$\sqsupset$	SQSUPSET	$\sqsubseteq$	SQSUBSETEQ	$\sqsupseteq$	SQSUPSETEQ
$\ll$	<<	$\gg$	>>	$\lll$	LLL
$\ggg$	>>>	$\prec$	PREC	$\succ$	SUCC
$\uplus$	UPLUS				

4) 연산논리기호

기호	이름	기호	이름	기호	이름
±	PLUSMINUS	∓	MINUSPLUS	×	times
÷	DIV, DIVIDE	∘	CIRC	•	BULLET
°	DEG	∗	AST	★	STAR
○	BIGCIRC	∅	EMPTYSET	∴	THEREFORE
∵	BECAUSE	∷	IDENTICAL	∃	EXIST
≠	neq, !=	≐	DOTEQ	≒	image
≓	REIMAGE	∼	SIM	≈	APPROX
≃	SIMEQ	≅	CONG	≡	==, EQUIV
≍	ASYMP	≎	ISO	◇	DIAMOND
∔	DSUM	∀	FORALL	′	prime
∂	PARTIAL	∞	inf	¬	LNOT
∝	PROPTO	⊻	XOR	∇	TRIANGLED
†	DAGGER	‡	DDAGGER		

5) 기타기호

기호	이름	기호	이름	기호	이름
⋯	cdots	…	LDOTS	⋮	VDOTS
⋱	DDOTS	△	TRIANGLE	▽	TRIANGLED
∠	ANGLE	∡	MSANGLE	∢	SANGLE
⊾	RTANGLE	⊢	VDASH	⊣	HLEFT
⊥	BOT	⊤	TOP	⊨	MODELS
ℒ	LAPLACE	℃	CENTIGRADE	℉	FAHRENHEIT
/	LSLANT	\	RSLANT	※	att
‰	hund	‱	thou	♯	well
⌂	base	⌬	benzene		

2. 1) 수식편집기 대화창 아래쪽 '입력창'을 스크립트 입력창(또는 명령어 입력창)이라 한다. 예컨대 여기에 '1 over 4'를 입력하면. 위쪽 수식편집창에 분수식이 '$\frac{1}{4}$'이 나타난다(입력된 수식은 그림처럼 하나로 묶인다). 수식편집창에서도 명령어를 선택하는 방식으로 수식을 입력할 수 있다. [넣기] 아이콘을 누르거나 shift+esc를 누르면 수식편집기창이 닫히고 수식이 커서 위치에 입력된다. 'over'와 같은 명령어를 '예약어'라 한다. 스크립트 입력창에는 예약어만 입력할 수 있다. '예약어'란 '수식을 표현하고자 미리 정해 놓은 약속기호'라는 의미이다. 아래아한글에서 사용하는 그 몇 가지 예약어 설명을 다음 항(아래 4항)에서 보인다.

2) 다음은 수식편집기에서 스크립트 입력창이 아닌 기본입력 상태에서 직접 글자판을 통해 입력하는 기본함수의 명령어이다.

sin(Sine)	cos(Cosine)	tan(Tangent)
cot(Cotangent)	sec(Secant)	cosec(Cosecant)
csc(Cosecant)	arcsin(Arc Sine)	log(Logarithm)
ln(Natural Logarithm)	lg(Logarithm)	max(Maximum)
min(Minimum)	lim(Limit)	Lim(Limit)
exp(Exponent)	Exp(Exponent)	det(Determinant)
mod(Modulo)	arccos(Arc Cosine)	arctan(Arc Tangent)
arc(Arc Funtion)	tanh(Hyperbolic Tangent)	cosh(Hyperbolic Cosine)
sinh(Hyperbolic Sine)	coth(Hyperbolic Cotangent)	gcd(Greatest Common Denominator)

그 밖에 언제나 로만체(정체)로 나오는 예약어에는 다음과 같은 것들이 있다.

if, for, and, hom, ker, deg, arg, dim, Pr

3) 명령어 입력상태 끝내기: enter 또는 esc키.

4) 한글/한자 입력하기: 스크립트 입력창 선택 후 글자판을 바꿈.

3. 수식 편집의 단축키들

1) 수식편집 영역에서 다음 항목으로 이동하기: **tab**키. 이전 항목으로는 **shift+tab**키.

2) 첨자/아래첨자 상태에서 보통문자로의 전환이나 글자속성 해제하기: **tab**키.

3) 줄바꾸기: enter키. 단, 스크립트입력창에서는 줄 끝에 **#**을 입력.

4) 수식 넣기: 수식편집을 마친 다음 수식도구상자에서 넣기 단추(shift+esc)를 누르면 수식편집기 대화상자가 닫히면서 본문의 커서 위치에 수식기호가 삽입됨.

5) 영문글꼴 바꾸기: 기본은 이탤릭체. 정체(로만체)로 바꾸려면 명령어 입력창에 rm 입력. 로만체(정체)에서 이탤릭체로는 it, 볼드체로는 bold, 볼드체+로만체는 boldrm이다. 로만체/볼드체의 속성 해제는 tab키. 기본함수들(sin cos max 등)은 로만체임.
6) 기본함수들은 수식편집영역에서 직접 입력. 명령어입력창에서 입력하면 기본함수로 인식하지 않음.
7) 기존 수식 편집하기: 수식 더블클릭.
8) 예약어의 대소문자: 구분하지 않지만 첫글자 대문자 예약어는 반드시 대문자 입력 요함.

4. 예약어 =기본먕령어[1)]

명령어	설명	입력 예	결과
TIMES	곱셈 기호를 표시합니다.	2 times 5=10	$2 \times 5 = 10$
OVER	분수를 표시합니다. 분수는 기본적으로 가운데 맞춤으로 정렬하는데, 굳이 오른쪽이나 왼쪽 맞춤을 쓰려면 <SpaceBar>를 이용합니다.	1 over 2	$\frac{1}{2}$
ATOP	"OVER" 명령과 같지만 분수를 나타내는 가로선을 생략합니다.	x atop y	${x \atop y}$
SQRT	제곱근을 표시합니다.	sqrt 2	$\sqrt{2}$
^	위 첨자를 표시합니다. 수식 편집 영역에서 "^"를 직접 입력하거나, 명령어 입력 창에 "SUP"를 입력합니다.	E=mc^2	$E=mc^2$
_	아래 첨자를 표시합니다. 수식 편집 영역에서 "_"를 직접 입력하거나, 명령어 입력 창에 "SUB"를 입력합니다.	H_2 O	H_2O
INT, OINT	적분 기호를 표시합니다.	int _1 ^2 {3x^2}dx	$\int_1^2 3x^2 dx$
SUM	총합 기호(Sigma)를 표시합니다.	sum_{x=0} ^{inf}	$\sum_{x=0}^{\infty}$
BIGG 기호	뒤에 쓰인 기호의 크기를 확대합니다.	{a+b} over {a-b} bigg / {x+y} over {x-y}	$\frac{a+b}{a-b} \bigg/ \frac{x+y}{x-y}$
lim, Lim	극한 기호를 표시합니다. 이때 lim과 Lim은 대소문자를 정확하게 가려 써야 합니다.	y= lim _{x -> 0} {{1} over {x}}	$y=\lim_{x \to 0} \frac{1}{x}$
UNION, INTER, PROD	집합 기호를 표시합니다. 명령어 앞에 "SMALL"을 덧붙이면 첨자 없는 집합 기호를 입력합니다.	U=(A SMALLUNION B) SMALLINTER C	$U=(A \cup B) \cap C$
NOT	글자 앞에 not을 붙이면 그 글자에 사선을 그어줍니다.	not =	$\neq$
REL	두 항 간의 상호 관계를 상세히 표현할 수 있게 하는 기능으로, 두 항을 연결하는 화살표의 위, 아래에 관계식 등의 내용을 삽입할 수 있습니다.	A REL <-> {+2} {-5} B	$A \overset{+2}{\underset{-5}{\longleftrightarrow}} B$
BUILDREL	REL과 유사한 기능으로, 화살표 아랫부분의 내용을 생략할 수 있습니다.	A BUILDREL <-> {+2} B	$A \overset{+2}{\underset{\square}{\longleftrightarrow}} B$
CASES	여러 개의 행 전체를 나타내는 묶음표{를 표시합니다. 묶음표의 크기는 상황에 따라 자동으로 확대되어 표시됩니다.	cases {2x+y=4 # 3x-4y=-1}	$\begin{cases} 2x+y=4 \\ 3x-4y=-1 \end{cases}$
PILE, LPILE, RPILE	위에 있는 문자를 기준으로		

1) 한글문서파일형식_수식_revision1.2.hwp 참조; Google 검색어 '한글 문서 포맷 구조 - 수식' 참조.

	가운데(PILE), 왼쪽(LPILE), 오른쪽(RPILE) 맞춤을 선택할 수 있습니다.		
EQALIGN	칸 맞춤 표시인 "&"를 기준으로 수식의 세로 위치를 조절해 줍니다.		
CHOOSE 또는 BINOM	조합 기호를 입력합니다.	[전체항] CHOOSE [선택항] 또는 BINOM [전체항] [선택항]	
MATRIX	행렬(matrix)을 입력합니다. matrix는 줄(행) 단위로 입력하는 일반적인 방법과 matrix 다음에 col을 입력하여 칸(열) 단위로 입력하는 방법이 있습니다. col을 넣어 행렬을 칸 단위로 입력할 때는 각 수식 앞에 col(가운데) 대신 lcol(왼쪽 맞춤), rcol(오른쪽 맞춤)을 넣어 정렬 위치를 지정할 수도 있습니다.	matrix{a_{1} &b_{1}&c_{1} # a_{2}&b_{2}&c_{2} # a_{3}&b_{3}&c_{3}}	$\begin{matrix} a_1 & b_1 & c_1 \\ a_2 & b_2 & c_2 \\ a_3 & b_3 & c_3 \end{matrix}$
PMATRIX	matrix 대신에 pmatrix를 쓰면 행렬(matrix) 앞뒤로 소괄호()를 표시해줍니다.	pmatrix{a_{1} &b_{1}&c_{1} # a_{2}&b_{2}&c_{2} # a_{3}&b_{3}&c_{3}}	$\begin{pmatrix} a_1 & b_1 & c_1 \\ a_2 & b_2 & c_2 \\ a_3 & b_3 & c_3 \end{pmatrix}$
BMATRIX	matrix 대신에 bmatrix를 쓰면 행렬(matrix) 앞뒤로 대괄호[]를 표시해줍니다.	bmatrix{a_{1} &b_{1}&c_{1} # a_{2}&b_{2}&c_{2} # a_{3}&b_{3}&c_{3}}	$\begin{bmatrix} a_1 & b_1 & c_1 \\ a_2 & b_2 & c_2 \\ a_3 & b_3 & c_3 \end{bmatrix}$
DMATRIX	matrix 대신에 dmatrix를 쓰면 행렬(matrix) 앞뒤로 세로줄|을 표시해줍니다.	dmatrix{a_{1} &b_{1}&c_{1} # a_{2}&b_{2}&c_{2} # a_{3}&b_{3}&c_{3}}	$\begin{vmatrix} a_1 & b_1 & c_1 \\ a_2 & b_2 & c_2 \\ a_3 & b_3 & c_3 \end{vmatrix}$

글자장식 명령어

입력	결과	입력	결과
acute A	$\acute{A}$	bar A	$\bar{A}$
grave A	$\grave{A}$	vec A	$\vec{A}$
dot A	$\dot{A}$	dyad A	$\overleftrightarrow{A}$
ddot A	$\ddot{A}$	under A	$\underline{A}$
hat A	$\hat{A}$	arch A	$\overset{\frown}{A}$
hat AA	$\widehat{AA}$	arch AA	$\overset{\frown}{AA}$
hat AAA	$\widehat{AAA}$	arch AAA	$\overset{\frown}{AAA}$
check A	$\check{A}$	tilde A	$\tilde{A}$
check AA	$\check{AA}$	tilde AA	$\widetilde{AA}$
check AAA	$\check{AAA}$	tilde AAA	$\widetilde{AAA}$

구역

1. 현재 편집중인 책 어느 곳에서 판면 크기를 크게 또는 작게 하려 한다거나 내용 구성상 체재를 달리하여야 할 경우에 '앞부분과 별개로'라는 개념의 '판면'으로서의 구실을 하게 하는 것이 '구역'이다. 새 구역에서는 앞 구역으로부터의 어떠한 제한도 받지 않고 마치 새 문서파일처럼 시작할 수가 있다. 그러나 구역을 설정했다고 하여 설정하는 순간 판이 흐트러지거나 하는 것은 아니며 새 구역에서 자동으로 변경되도록 한 경우가 아니면 모든 '글자'·'문단'의 속성은 앞 구역을 그대로 이어받는다. 새 구역을 만들면 앞 구역에서 페이지가 넘쳐도 새 구역으로 넘어오지 않고 그 구역에서 페이지가 늘 뿐이다.

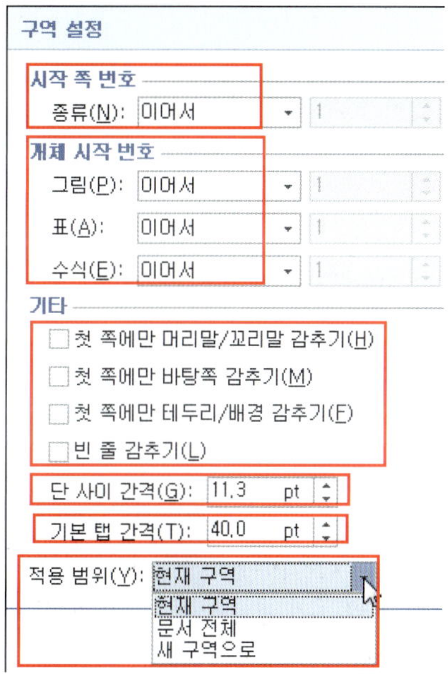

2. 책의 어느 파트부터 **각주** 번호나 그림 및 표·수식 등의 개체번호를 새로 시작하는 번호로 지정하려면 구역 설정을 해 두는 것이 편리하다. 새 구역을 만나면 이들은 새 시작번호를 달아주기 때문이다.

개체들의 **시작번호**를 구역에서 새로 시작하게 하려면 [쪽-**구역설정**]에서 '시작번호'를 지정해 주고 [적용범위]에서 [현재구역]이나 [새구역으로]를 선택해 준다.

각주의 **시작번호**는 [입력-주석-**각주/미주모양**]에서 구역 설정을 할 수 있다.

그러나 쪽번호이든 개체번호이든 각주번호이든, 구역을 불문하고 시작번호를 새로 넣어갈 수가 있는데 [쪽-**새번호로시작**]을 실행하고 시작번호와 해당 항목을 선택해 주면 된다.

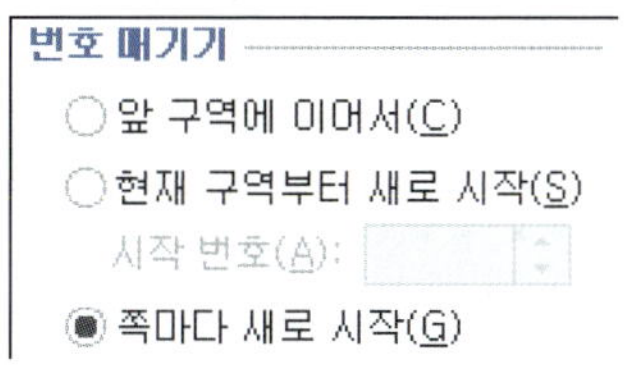

<각주 시작번호 넣기>

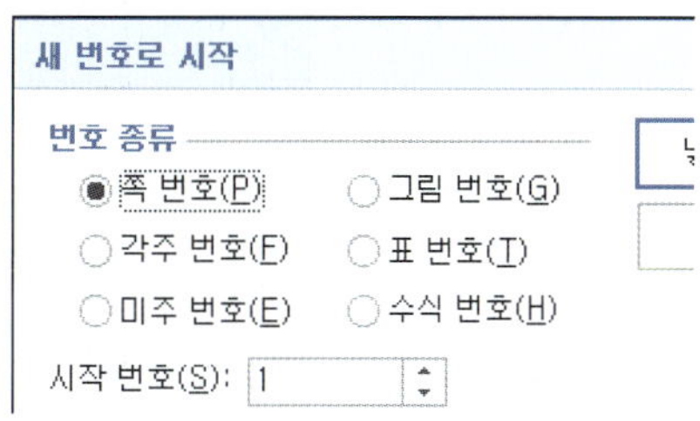

<새번호로 시작>

3. 1) 새 구역을 만들려면 [쪽-구역설정]에서 대화창의 설정을 확인해 주고 나온 후 [쪽-구역나누기](shift+alt+enter)를 해 주면 새 페이지를 만들면서 새 구역이 된다. 이 새 페이지는 구역설정과 각주설정에서 설정해 준 대로 이외에는 아무 변동 없이 앞 구역 판면의 속성을 이어받는다. 현재의 구역이 몇 번째 구역인지는 편집화면 아래쪽 [상황선]에 '현재구역번호/전체구역번호'로 표시되어 있다.

2) 구역에서 항상 홀수 페이지부터 새 페이지가 시작되게 하려면 [쪽-구역설정]의 [시작쪽번호] 항목에서 [홀수]를 선택해 준다. 이를 실행한 페이지가 홀수 페이지라면 한 페이지(짝수페이지)를 빈 페이지로 만들어 놓고 홀수 페이지에서 시작한다.

3) 구역을 지우려면 [구역나누기]로 새 구역이 시작된 곳(상황선에서 구역번호를 확인할 것)에서 backspace를 누른다. 구역은 하나로 합쳐져 구역 번호만 지워진 것처럼 된다.

4) 예컨대 장별로 새 구역을 만들었다면 그 장의 시작 페이지를 구역번호를 이용하여 쉽게 찾아갈 수 있다. [편집-찾기-찾아가기](alt+g)에서 [구역]을 체크하고 구역 번호를 넣어주면 빠르게 이동한다.

다단

1. 횡조에서 판면을 가로로 두 쪽이나 세 쪽 등으로 가르지 않고 가로폭 판면 길이를 한 행의 길이로 조판하는 것을 '**전단**' 조판이라 한다. 두 쪽, 세 쪽 등으로 나누어 조판하는 것을 '다단' 조판이라 한다. '다단 조판'의 흔한 예는 **월간지** 등일 것이다. 그러나 단행본의 경우 **사전** 등에서도 다단 조판을 한다. 전단 조판의 책에서도 책 구성에 따라서는 다단편집이 있게 되는데 '**찾아보기**'(색인) 등에서이다. 아래아한글에서 '전단'이라는 표현은 없다. 전단도 '**단**'이다. 그 '단'이 '1'단일 뿐이다.

2. 아래아한글의 단 조판에는 **[자주쓰이는모양]**이라 하여 **[하나]**, **[2단]**, **[3단]**, **[왼쪽]**, **[오른쪽]** 등의 단의 수효가 있다. 단의 개수는 3단에 한정하지 않고 사용자가 단의 수를 지정할 수 있다.

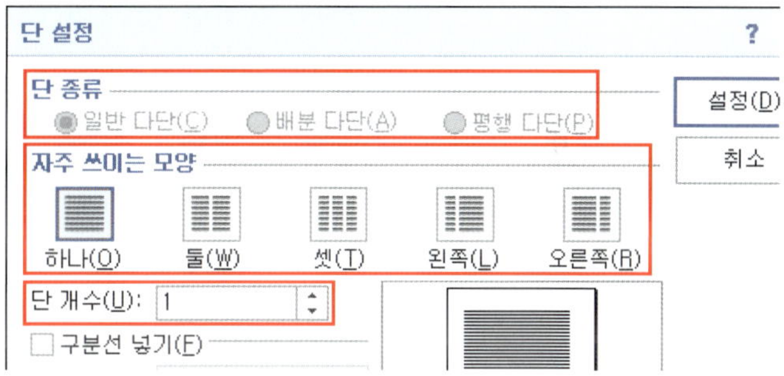

그리고 그 단에서 문자열을 배치하는 배치 방법으로 **[단종류]**라는 선택 사항이 있는데 이는 단의 수효를 선택하여야 활성화된다. 그 배치 방법에는 [일반다단], [배분다단], [평행다단] 등이 있다.

3. 단 설정하기

1) 단과 관련한 메뉴로서 [쪽]의 드롭다운메뉴에는 [다단설정], [단나누기], [다단설정나누기] 등이 있다. 이들을 통하여 단을 설정하고 관리를 한다.

2) ① 단을 나누려는 곳에 커서를 놓고, 또는 이미 입력된 내용이 있다면 이들을 블록으로 잡고 [쪽-**다단설정**]을 눌러 설정창으로 들어간다.

② 단의 수를 정하기 위해 대화상자에서 [**자주쓰이는모양**]에서 원하는 단을 선택한다.

③ [단종류]라는 항목에서 목적에 맞는 종류를 하나 선택한다.
[일반다단]은 입력하는 한쪽 단을 모두 채우면 다음 단으로 넘어가 내용이 이어서 입력되는 문자열 배치이고,
[배분다단]은 한쪽 단을 모두 채우는 데 기준을 두는 것이 아니라 다음 단의 끝 줄에 첫 단의 끝줄이 맞추어지도록 단을 나누는 배치 방법이며,

[평행다단]은 첫 단의 기사와 다음 단의 기사가 서로 관계없이 필요시 임의로 넘나들면서 내용을 입력하게 하는 배치법으로서 '**단나누기**'(ctrl+shift+enter)를 하지 않는 한 계속 한 쪽 단으로만 조판이 되어간다.

④ [자주쓰이는모양]의 **[왼쪽]** 또는 **[오른쪽]**은 한 쪽의 단을 다른 쪽의 단보다 좁힌 단 구성으로서 [왼쪽]이면 왼쪽의 단을 오른쪽의 단보다 좁힌 것이다.

3) 한 쪽 단의 내용을 강제로 끊어 다음 단으로 넘기려면 그 끊을 위치에 커서를 두고 [단나누기]를 실행한다.

4) 현재 다단의 설정 상태에서 어느 문자열 위치에서부터 마치 새롭게 새 다단설정을 하는 것처럼 별개의 다단으로 만들려면 **[다단설정나누기]**(ctrl+alt+enter)를 한다. [다단설정]을 한 단은 다시 [다단설정]을 실행하면 단의 모양과 종류를 달리 만들 수 있다.

보기:

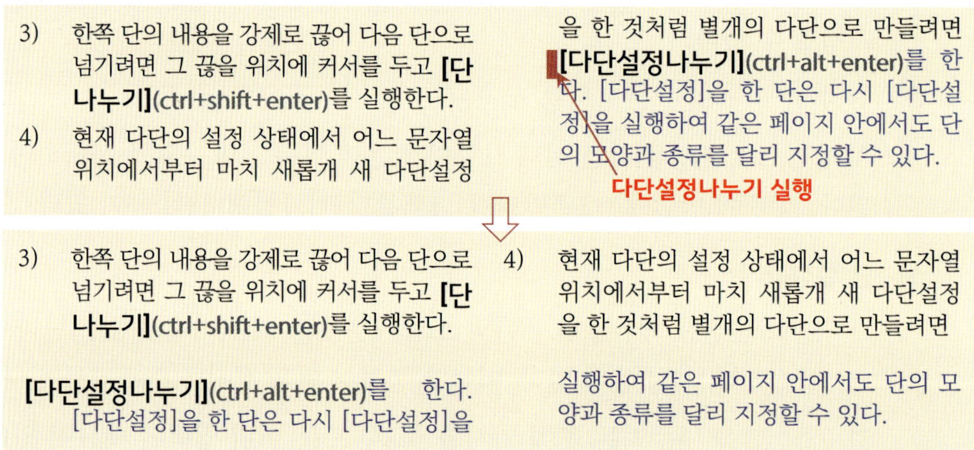

4. 관련 사항

1) 다단 편집은 문서의 **내용이 어느 정도 입력된 이후**, 이를 블록으로 잡고 다단설정을 행함이 좋다. 입력된 내용이 없으면 편집 화면에 미리보기가 되지 않기 때문이다. 그러나 평행다단에서는 [다단설정]을 먼저 하고 [단나누기]를 한다. 그래야 단 이동(마우스나 ctrl+alt+좌우방향키)이 행해진다.

2) **단 이동하기:** 단 편집시 **커서 이동**은 오른쪽 화살표와 아래쪽 화살표가 화면에서 보이는 대로 오른쪽에 있는 줄과 아래쪽에 있는 줄로 커서가 이동하게 된다. 강제 단 이동은 이동하려는 단에서 마우스 클릭으로 이동하거나 **ctrl+alt+좌우**

화살표키를 이용한다. 평행다단에서의 단 이동은 [단나누기]로 한다.

3) **블록의 단 설정:** 다단 문서의 일부를 블록으로 잡은 다음 [다단설정]을 하여 그 블록만의 단 모양을 만들 수 있다. [적용범위]에서 '선택된 문자열'이 활성화된다. 예컨대 제2단의 현재문단을 블록으로 잡고 단 구성을 1단으로 하면 그 블록의 단은 전단 구성이 될 것이다.

4) 표나 글상자에서도 다단설정을 할 수 있다.

5) [단구분선]은 입력된 내용만큼만 단 구분선을 그어준다.

6) 다단과 각주: 다단에 각주를 넣을 때에는 각 단 아래에 각주 내용을 놓을 수도 있고, 전단으로 각주 내용만 펼쳐서 놓을 수도 있다. 또한 오른쪽 단 아래에 한 페이지 안의 모든 각주를 모아 놓을 수도 있다. [입력-주석-각주/미주모양-**다단각주위치**]에서 지정한다. 다만, 배분다단이나 평행다단을 사용할 때에는 이 [다단각주위치]를 '전단'으로만 한다.

5. 평행다단

보기:

3. 단 설정하기	다단설정
1) 단과 관련한 메뉴로서 [쪽]의 드롭다운메뉴에는 [다단설정], [단나누기], [다단설정나누기] 등이 있다. 이들을 통하여 단을 설정하고 관리를 한다.	단나누기 다단설정나누기
2) ① 단을 나누려는 곳에 커서를 놓고, 또는 이미 입력된 내용이 있다면 이들을 블록으로 잡고 [쪽-다단설정]을 눌러 설정창으로 들어간다.	다단설정
② 단의 수를 정하기 위해 대화상자에서 [자주쓰이는모양]에서 원하는 단을 선택한다.	자주쓰이는모양
③ [단종류]라는 항목에서 목적에 맞는 종류를 하나 선택한다.	단종류
[일반다단]은 입력하는 한쪽 단을 모두 채우면 다음 단으로 넘어가 내용이 이어서 입력되는 문자열 배치 모양이고	일반다단
[배분다단]은 한쪽 단을 모두 채우는 데 기준을 두는 것이아니라 다음 단의 끝 줄에 첫 단의 끝줄이 맞추어지도록 단을 나누는 조판이며,	배분다단
[평행다단]은 첫 단의 기사와 다음 단의 기사가 서로 관계없이 필요시 임의로 넘나들면서 내용을 입력하게 하는 조판법으로서 '단나누기'(ctrl+shift+enter)를 하지 않는 한 계속 한쪽 단으로만 조판이 되어간다.	평행다단 단나누기 ctrl+shift+enter
④ [자주쓰이는모양]의 [왼쪽] 또는 [오른쪽]은 한 쪽의 단을 다른 쪽의 단보다 좁힌 단 구성으로서 [왼쪽]이면 왼쪽의 단을 오른쪽의 단보다 좁힌 조판이다.	왼쪽 오른쪽

1) 평행다단은 다른 단에 영향없이 독자적으로 존립하는 단의 구성이다. 각 단이 별개의 판면이라고 보면 된다. 이러한 단의 필요성은 두주(<31 할주>항 참조) 형식으로 본문의 주요 중심어를 보인다거나 또는 항목성 제시어로 내놓고 이를 다른 단에서 해설한다거나 또는 **대역**을 하는(원문을 보이고 옆에 번역문을 보이는) 경우 등에 있을 수 있다.

2) [쪽-**다단설정**]에서 2단을 선택하고, **[평행다단]**을 체크하고, **단 및 단 간의 크기**를 설정하고 **구분선**의 필요 여부도 확인해 주고 나오면 된다. 평행다단은 원고 입력 전에 설정하고 그 후에 내용을 입력하는 것이 이용에 편하다. 각 단에는 한 개 내용이 단으로 쪼개지는 형태가 아니라 별개 성질의 원고가 들어갈 것이고 각 단의 원고 내용은 프로그램이 알아서 나누는 것이 아니라 편집자가 지정해야 하는 것이기 때문이다.

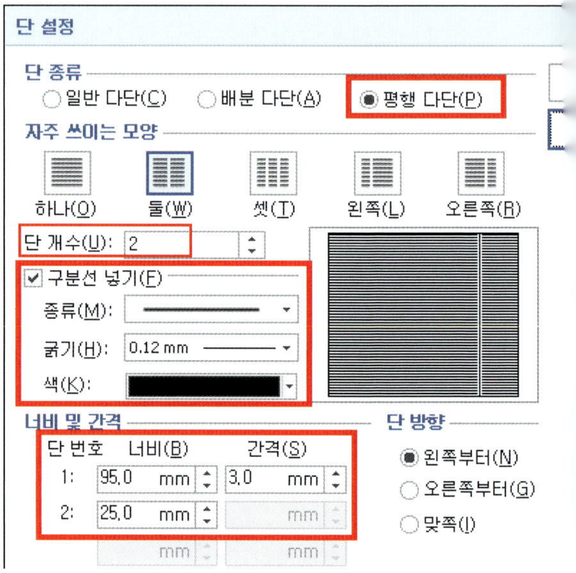

3) 단의 성질에 맞는 원고를 그 단에 입력하거나 기존 원고를 복사하여 붙여넣고 그에 대응하는 내용을 다른 단에 넣기 위해 **[단나누기]**(ctrl+shift+enter)로 이동한다. 이동하여 그 단의 내용을 입력하고 다시 이쪽 단으로 넘어오기 위해 [단나누기]를 행한다.

4) 평행다단에서 새 구역나누기는 제2단에서 [단나누기]를 행한 후 [구역나누기](alt+shift+enter)를 한다.

6. 안쪽(제본쪽)을 중심으로 한 **맞쪽 다단설정**도 할 수 있다. 2단의 [평행다단]으로 [단방향]을 [맞쪽]으로 하고 [단너비]를 적절히 하면 짝수 및 홀수쪽 안쪽을 중심으로 본문을 입력해 가고 각 바깥쪽으로는 주석적 내용을 필요시마다 담을 수 있는 판면 구성을 할 수 있다.

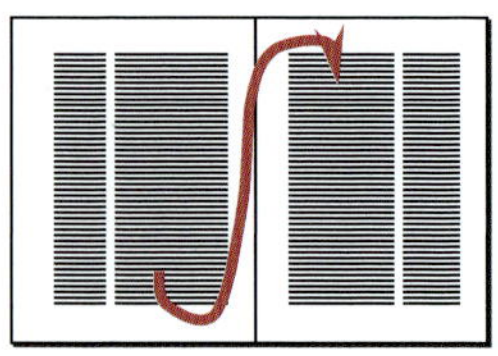

7. <30 색인(찾아보기)> 항목 참조.

색인(찾아보기)

1. 1) '찾아보기'는 '**색인**'(index)이라고도 한다. 주로 학술서나 전문서에서 필요로 한다. 색인은 관련 내용을 쉽게 찾아볼 수 있도록 하고 다른 관점에서의 설명도 찾아볼 수 있게 하여 상호 관련을 통한 이해에 도움이 되도록 하는 작용을 한다. 찾아보기는 독자의 입장에서 작성되어야 한다.

2) 색인에는 그 분류성질에 따라 여러가지가 있을 수 있다. '사항색인', '인명색인', '작품색인', '판례색인', '조문색인', '구문색인 등, 그 책의 내용, 색인의 목적에 따라 분류될 수 있다. 색인은 대체로 뒷부분 맨 뒤, 판권면 앞에 둔다. 색인끼리의 우선 순위는 **인명색인을 먼저 두고 사항색인을 뒤**에 두는데 색인의 목적에 따라 비중이 가장 큰 것을 맨 뒤에 두고 나머지는 그 앞에서 순위대로 벌려간다. 예컨대 우리말 색인과 영문 색인간에는 영문을 앞에 두고 우리말을 뒤에 둔다. 맨 뒤에 있는 것이 찾아보기에 더 쉬우므로 그 비중을 맨 뒤에다 두는 것이다.

2. 색인표시, 색인 만들기

1) 색인은 아래아한글에서 아무 때나 본문 편집창에서 표시해 갈 수 있다. 페이지가 확정되어 있지 않아도 색인 표시만 해 두면 프로그램이 알아서 색인 페이지를 작성해 준다. 색인은 '사항'과 '페이지번호'로 구성되고, 같은 사항의 각기 다른 페이지들은 이를 합쳐 한 사항에 표시해 준다.

2) 색인으로 할 사항을 블록 설정하거나 또는 사항어 앞이나 뒤에 커서를 두고 [도구-차례/색인]에서 **[색인표시]**(ctrl+k,i)를 해주면 색인의 사항으로 프로그램은 인식을 한다. 이렇게 전 책에 표시를 끝내고 모든 페이지가 이후 수정 없을 것으로 확정된 상태에서 [도구-차례/색인]의 **[색인만들기]**를 실행하면 색인이 작성된다.

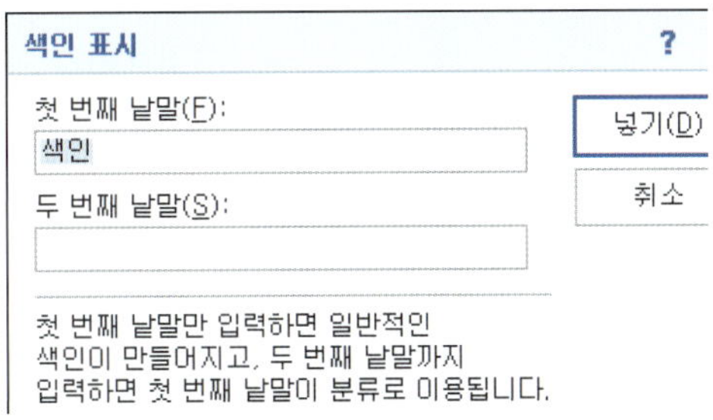

3) [색인표시] 대화창의 **[두번째낱말]**은 주된 사항에 부수하는(딸린) 사항으로 하고자 할 때 그 사항을 기입하는 곳이다. 예컨대 '색인'이라는 사항을 주된

제3자　35
　——를 위한 계약　111
　——에 의한 채권침해　261
제3자 약관　111

<두 번째 낱말 보기>

사항(1단계 사항)으로 하고 그 밑에 '색인표시' 나 '색인만들기'를 딸린사항(2단계 사항)으로 만들고자 하면 [첫번째낱말]에 주가 될 사항 '색인'을, [두번째낱말]에 딸린사항으로서 '색인표시'나 '색인만들기'를 기입하면 된다.

그러나 본문에서 사항 해당 문자열에 [색인표시]를 실행하면 [첫번째낱말] 입력상자에 들어가기 때문에 그 사항이 딸린사항으로 들어가야 할 두 번째 낱말이라면 [첫번째낱말] 입력상자에서 이를 지우고 [두번째낱말] 입력상자에 이를 다시 입력해야 하는 일이 생겨 번잡할 뿐만 아니라 색인표시 작업에도 지장을 준다. 그러므로 이러한 딸린사항은 그냥 [첫번째낱말]로 모두 색인 표시를 하고 [색인만들기] 후 정리과정(편집과정)을 통해 정리하는 것이 바람직하다.

4) [색인표시]를 한 사항이 본문에서 수정되었을 경우 자동으로 색인 사항도 바뀌는 것이 아니므로 본문에서 해당 색인 사항의 문자열 뒤에 커서를 두거나 그 행에서 [편집-**고치기**]를 하여(해당 색인 사항의 조판부호를 표시한 후 [색인표시]를 더블 클릭하여 수정할 수도 있다) 이를 고쳐놓아야 색인 사항도 수정이 된다.

3. 색인 판면

색인은 사항과 페이지번호로 구성되므로 1행의 길이가 짧다. 전단 판면에 이 짧은 사항으로 1행이 구성되게 하면 판면이 조화롭지 않다. 그래서 2단이나 3단 구성을 한다. 색인판면에서의 [다단설정]과 편집은 다음과 같이 한다.

1) [도구-차례/색인]에서 [**색인만들기**]를 실행한다. 실행을 하면 현재편집창에 새 탭으로 색인 파일이 만들어진다. 이 색인 파일에는 ① [첫번째낱말](또는 [두번째낱말])이 가나다순으로 정렬되어 ② 탭이 실행된 상태로 ③ 페이지번호가 매겨져 나온다. ④ 정렬은 영문, 한자, 한글의 순으로 되어 있다.

2) 이 색인 파일을 모두 복사하여 본문의 맨 뒤에 새 구역을 만들어(alt+shift+enter) 붙여넣기를 한다. 새 탭에 만들어진 색인 파일은 작업중의 본문과는 판면이 다르기 때문에 여기서 색인 편집을 하면 나중에 본문으로 가져왔을 때 본문 판면에 맞지 않아 다시 작업을 해야 한다.

3) 본문으로 넘어온 색인 페이지에서

① '찾아보기'라는 '항목'이 전단으로 들어갈 행수를 남겨두고 나서 색인 본문을 블록으로 잡아 다단설정을 한다. 블록에 '2단'의 '배분정렬'로 '구분선' 없이 '단간' 4mm로 '단 너비 동일하게' [다단설정]을 실행한다. '단 너

비'는 '색인 사항과 페이지번호'가 분리된 것처럼 보이지 않도록 다음 과정에서 조절될 것이므로 크게 잡지 않는 것이 좋다.

② 색인 사항들의 선택이 해제된 상태에서 [편집-찾기-찾아바꾸기](ctrl+F2)를 실행한다. 현재 색인 사항과 페이지번호는 [탭]으로 분리되어 있는데 이를 일정 스페이스로 바꾸어 현재의 불균일한 간격을 일정 간격으로 고치고자 함이다.

[찾을내용]의 [서식찾기]에서 [탭]을 고른다.

[바꿀내용]에 스페이스키를 3번 눌러 빈칸을 3개 입력한다. 탭을 스페이스 3개로 바꾸려는 것이다.

[띄어쓰기무시]에 체크하고 바꿀 방향으로 [아래쪽]을 체크한다.

[바꾸기]를 실행한다.

이제 '탭'은 사라지고 스페이스 3개로 색인 사항과 페이지번호들간의 간격이 일정 간격으로 정리되었다.

③ 이제 이 색인의 [글자모양]과 [문단모양]을 지정한다.

4. 표제배열

1) 표제는 알파벳순이나 가나다순, 또는 숫자의 일련순 등 일정한 순서로 배열되어야 한다. 일반적으로 알 수 있는 배열방법이 아닌, 다른 방법으로 배열한다면 이를 밝혀주어야 한다(우리말의 표제배열순은 한글맞춤법(1988.1.19) 제4항에 규정하고 있다).

자음 ㄱㄲㄴㄷㄸㄹㅁㅂㅃㅅㅆㅇㅈㅉㅊㅋㅌㅍㅎ
모음 ㅏㅐㅑㅒㅓㅔㅕㅖㅗㅘㅙㅚㅛㅜㅝㅞㅟㅠㅡㅢㅣ
받침 ㄱㄲㄳㄴㄵㄶㄷㄹㄺㄻㄼㄽㄾㄿㅀ ㅁㅂㅄㅅㅆㅇㅈㅊㅋㅌㅍㅎ

<우리말의 배열순>

2) 구문의 인명배열순은 <후주와참고문헌>항에서 본 배열순에 의한다.

31 할주

1. 개념: 학술서 등에서는 **주석**이 들어간다. 주석이란 서술한 내용의 근거나 정당성을 제시하거나, 또는 그 내용과 관계된 것의 상호참조를 하거나, 또는 꼭 짚고 넘어가야 될 사항이지만 본문으로 다루기에는 책의 흐름을 끊게 되는 지엽적 보충설명 등을 말한다. 이런 주석의 형식으로는 각주, 방주, 두주, 후주(미주, 말주), 할주 등이 있다.

각주[1]란 그 페이지 내의 주석들을 그 페이지 밑에 모아 표시하는 형식을 말하고, **방주**[2]란 문단과 문단 사이에 두는 주석 형식을 말하고, **두주**[3]란 판면 밖 문단의 머리에 두는 주석 형식이고, **후주**[4](또는 '미주', '말주'라고도 함)는 장이나 편 등이 끝나는 뒤나 책 뒤에 붙이는 주석 형식이고, **할주**[5]는 행중(行中) 문자열 뒤에 두는 주석 형식을 말한다. 할주는 행중 작은 글자 2행으로 하는 것이 일반이다.

2. 아래아한글의 주석 처리는 각주와 미주 기능뿐이다. 할주(割註) 기능은 없다. 그럼에도 여기서 할주를 다루고 있는 이유는 그 효용성이 작지 않기 때문이다. 예컨대 법률 서적의 경우에는 수많은 참조 조문과 그에 관한 보충설명이 들어 있다. 이것을 단순히

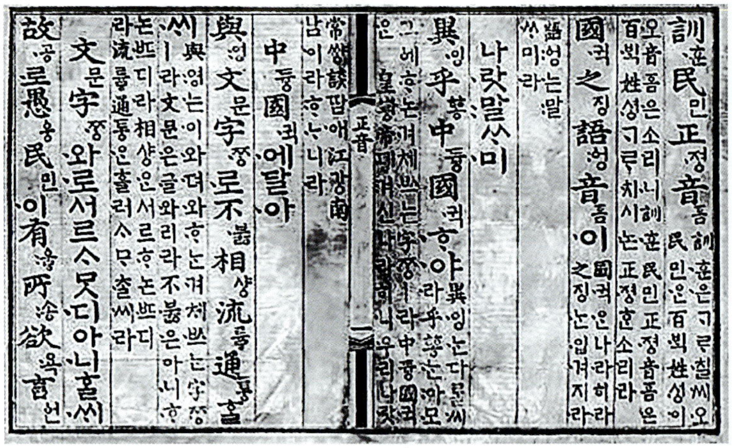

<훈민정음언해본의 할주>

1) **각주:** 판면 하단에서 그 페이지상의 주들을 모두 모아 다루는 방식이다. 횡서에서 일반적으로 사용되는 방법이며, 특히 참고문헌의 표기 등에 이 각주의 형태로써 많이 이용된다. 문의 흐름을 끊지도 않으며, 필요시에 그 면에서 주의 내용을 확인할 수 있다는 장점이 있다. 할주나 방주보다 확인은 불편하나 후주보다는 수월하고, 후주보다 판면이 거칠기는 하나, 할주·방주보다는 낫다.

2) **방주:** 문단과 문단 사이에 두는 주석으로서 독서의 흐름을 깬다는 단점이 있고, 곧바로 확인할 수 있다는 좋은 점도 있으며 본문에 버금가는 제2문으로서의 시각적 효과도 가진다.

3) **두주:** 행의 머리에 두는 주로서, 이것은 흔히 대의를 요약해 주기 위해 이용된다. 어의 풀이를 위해 이용되기도 한다. 과거 종서 위주의 책에서는 항목설정이 적었기 때문에, 이와 같은 두주의 형태로서 항목의 역할을 하기도 하였다.

4) **후주:** 별면이 끝나는 곳에 몰아붙이거나, 권말에 몰아붙이는 방법이다. 권말에 붙이는 방법은 페이지 수가 적은 책의 경우에 이용된다.

5) **할주:** 행중 그 사항 바로 뒤에 작은 글자 2행 등으로 넣는 주석이다. 할주는 행중에 들어가므로 독서의 흐름을 깬다는 단점이 있으나, 거기서 곧바로 확인할 수 있다는 장점이 있고 할주문이 행중에 부각됨으로써 이 주석을 건너뛰고 읽어갈 수 있다는 점도 장점이 된다.

괄호 처리해 버려도 될 것이지만 그것보다 할주 처리를 하면 시각적으로 눈에 띄어 본문의 흐름을 쉽게 분별할 수 있고 필요한 때 찾아가기도 쉽다(본문 속의 1행의 괄호문은 그 괄호문이 본문과 쉽게 구분되지 않아 그 괄호문을 읽고 싶지 않아도 다 읽어가야 하는 부담이 있다). **한문의 옛문헌**에는 흔하게 이 할주가 이용되고 있다. 보충 설명임을 쉽게 간파하게 하며 본문의 맥을 끊지 않고 처리할 수 있는 주석 방법이었기 때문일 것이다.

3. 아래아한글이 할주 기능을 제공하지 않지만 필요하면 이를 만들어 사용할 수가 있다. 다음은 글상자를 이용한 할주 이용의 예이다,

> **보기:**
>
> **표제목(캡션)**은 대체로 표의 상단에 두는 것이 일반이므로 [여백/캡션]의 [**캡션**]에서 제2열 제1행을 선택하고(제1열이나 제3열을 선택하게 되면 표의 좌나 우측에 캡션이 자리잡을 것이다) [개체와의간격]은 '표와 표제목' 간의 간격이므로 넓지 않게 지정해 준다.

1) ① 본문에 할주가 들어갈 것이라면 애초 본문 기획시 [문단모양]에서 [확장] 탭의 [세로정렬]을 **[위쪽]**으로 한다(그렇지 않으면 할주가 행중 큰 글자로 취급되어 행간이 고르지 않게 된다). 이 설정인 경우 할주는 행의 상단에 라인을 맞추고 넘치는 크기는 밑으로 내려 행간을 점하게 된다.

② [문단모양의 [줄간격]은 **[고정폭]**으로 해야 한다(그래야 일정 행간을 유지할 수 있다). 줄간격은 2행 할주의 높이보다 작아서는 안 된다(위 보기의 예는 본문 10.5pt에 줄간격 17pt이다. 할주는 7pt 크기에 행간 0pt이다. 할주 괄호는 15pt이다. 그러므로 할주 크기는 15pt가 된다).

2) 위와 같은 준비가 되어 있으면 **할주문**[1]을 다음과 같이 만든다.

① 글상자를 만든다. 글상자의 개체속성에서 '글자처럼취급'(그래야 본문이 움직일 때 같이 따라다니게 된다), '바깥여백을 0', '선 없음', '글상자 안 여백을 0', '세로정렬을 위쪽'(그래야 본문과 할주문의 상단 선이 나란해진다)으로 한 글상자가 되게 한다.

② 이 글상자를 선택하고 상용구(alt+i)로 등록한다(일단 상용구 이름을 '할주'라 하자).

③ **할주문**을 만들기 위해 할주문이 될 문자열을 별행문단으로 만들어(할주문 맨 앞과 맨 뒤에서 각각 엔터) 이를 블록으로 잡고 다음과 같이 설정한다. 할주문의 글꼴 크기는 특별한 경우가 아니라면 7pt 정도면 될 것이다. 필요하다면 키우거나 줄인다. 여기서는 7pt를 예로 한다. 할주문 행간은 0으로 지정한

1) '할주문'이라 함은 할주의 내용이 되는 할주 내용문을 말한다.

다(행간을 0으로 하려면 [여백만지정]에서 0으로 하거나 [고정값]에서 할주문의 글꼴크기값으로 입력한다). 이를 스타일 작업창의 스타일 추가에 등록한다. 등록한 이 스타일을 편집하여 [문단모양]의 [여백]값을 0으로 하고 들여쓰기나 내어쓰기가 없도록 [보통]에 체크를 한다. 그래야 하는 이유는 할주문이 있던 곳의 문단모양에 따라 그 속성을 함께 가져오므로 그러한 속성을 제거하고자 함이다.

④ 할주문을 괄호로 묶기 위해(괄호 없이 할주문만을 넣을 수도 있지만) 괄호를 입력한다. **할주문의 괄호**는 할주문 2행 높이에 맞도록 하되 글꼴에 따라 크게 할 수도 있다. 여기서는 15pt로 한다(문자열 높이보다 1pt 크게 했음). 괄호가 커지면 옆으로 퍼진 상태로 되어 부조화스러울 수 있으므로 이러한 경우에는 장체로 변형한다. 또 기준선에서 처지거나 한다면(괄호는 영문에서 오기 때문에 글꼴에 따라서 그럴 수 있다) [글자모양]의 [글자위치]에서 조정한다. 이렇게 만들어진 할주 괄호도 스타일 작업창에 등록한다.

3) 실제 적용하기

① 할주문을 별행 문단으로 만들고 이를 블록 설정 후 스타일 창에서 해당 스타일을 적용한다. 그리고 이 할주문을 잘라내기한다(ctrl+x).

② 할주문의 잘라내기로 생긴 문자열을 정리한다. 괄호를 블록 설정하고 스타일창에서 해당 괄호스타일을 적용한다. 괄호가 15pt로 커졌다.

③ 괄호 안에서 상용구 '할주'를 입력하고 alt+i를 실행한다. 괄호 안에 할주 글상자가 들어온다.

④ 글상자 안에 커서를 오게 하고(글상자 밖에 있는 커서를 왼쪽 방향키로 누르면 글상자 안으로 커서가 들어온다) 붙여넣기(ctrl+v)를 한다. 글상자 안에 할주문이 들어온다. 이 글상자를 오른쪽으로 잡아늘여 2행으로 할주문이 앉도록 조정을 한다(문자열의 자간도 넓어진 것이 없는지 확인한다). 그리고 이 글상자의 [개체속성]에서 [크기고정]을 한다. 이유는 글상자는 본문이 수정되거나 하면 변형이 되면서 헝클어질 수 있기 때문에 일단 고정시켜 두기 위함이다. 크기가 고정되면 본문 수정으로 행이 늘어나 다음 행으로 덩어리로 넘어가도 그 상태가 유지되므로 수정이 필요한 경우 불안하지 않은 상태에서 이를 고칠 수 있기 때문이다. 그러나 글자가 잘려나갈 수 있으므로 주의를 요한다.

본문의 글자가 늘어나 할주 글상자가 행 끝에 걸리면 이는 개체이므로 나뉘지 않고 통째로 넘어간다. 이는 아래아한글에 할주 기능이 없어 수동작업을 한 때문이다. 행 끝에서 잘라 다음 행으로 꺾어 넘기는 할주를 만들려면 [글상자연결]을 이용하여야 한다.

4) **글상자연결**

행 끝에 글상자 할주가 다 들어가지 못하고 다음 행으로 넘어가는 경우 다음과 같이 한다.

2행 할주의 높이보다 작아서는 안 된다(위 보기의 예는 본문 10.5pt에 줄간격 17pt이다. 할주는 7pt 크기에 행간 0pt이다. 할주 괄호는 15pt이다. 그러므로 할주 크기는 15pt가 된다).

<할주의 글상자연결>

① 위 3)의 ④항까지 하여 할주가 만들어졌으나 넘치는 행 때문에 새 행으로 할주가 넘어 왔다면 이 할주의 닫힌괄호 밖에 커서를 두고 왼쪽 방향키로(마우스로 하면 커서가 글상자 안으로 들어갈 수 있다) 닫힌 괄호 안으로 커서를 보낸다. 이 커서 앞에는 할주문이 들어 있는 글상자가 있을 것이다. 즉 커서는 글상자 밖, 닫힌괄호 안에 위치하고 있어야 한다. 이 커서에서 '할주'를 입력하고 상용구를 실행하여 '할주 글상자' 하나를 더 불러온다. 불러온 글상자 안에는 아무것도 없고 더욱이 글상자 선도 없이 빈 공백만 있을 것이다. 이 글상자를 그렇게 만들었기 때문이다(위 3.2)①). 이제 할주괄호 안에는 두 개의 글상자가 있게 된다. 앞 글상자를 선택하고(글상자를 선택하면 [글상자연결] 도구가 메뉴바 도구상자에 활성화된다) 도구상자에서 [글상자연결-글상자연결]을 클릭한다. 글상자연결 아이콘으로 변한 커서(┼▤)로 뒤에 있는 글상자 안을 클릭한다. 이제 두 글상자는 연결이 되었다. 앞에 있는 글상자는 크기가 고정이 되고 이 글상자에서 넘치는 글은 뒤의 글상자로 옮겨간다.

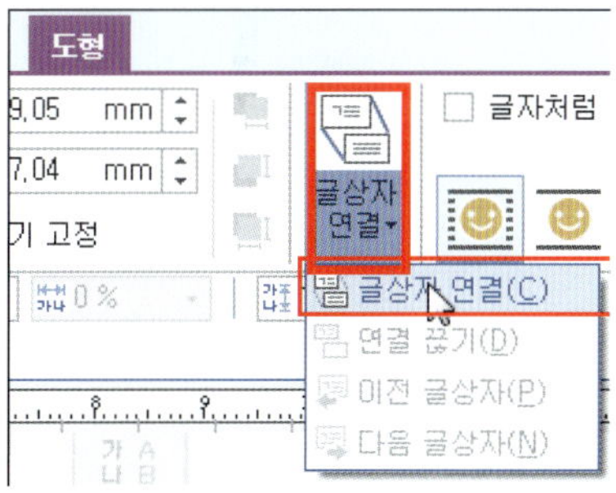

② 글상자가 연결이 되면 앞 글상자는 크기가 고정이 되어 글상자를 선택하면 ×표시가 생긴다 [개체속성]에서 **[크기고정]**을 체크 해제한다. 이제 이 글상자를 할주문이 2행이 유지되도록 하면서 왼쪽으로 밀어 글상자를 작게 만든다. 그러면 할주문이 뒤의 글상자로 이동하면서 앞 글상자는 윗행으로 올라간다. 이렇게 앞 글상자를 조절하고 조절이 끝났으면 뒤의 글상자도 2행이 되도록 조절한다. 이제 할주문은 두 글상자에 의하여 서로 문자열을 주고받으면서 하나의 할주로 기능한다.

③ 글상자 연결로 나뉜 하나의 할주문이 우연히 본문 수정 과정에서 서로 같은 행에 위치하게 되면 두 개의 글상자가 서로 다른 독립한 문자열로 배열되게 되므로 그냥두면 말이 연결되지 않는 할주문이 되고만다(아래 그림 참조). 이 경우엔 앞의 글상자를 넓혀 뒤의 글상자가 비워지도록 한 후 뒤의 글상자를 삭제한다.

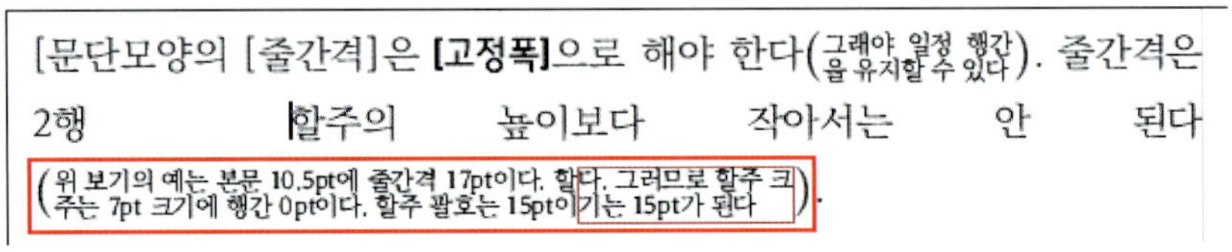

이러한 경우 두 개의 할주 글상자가 한 행에 놓이게 되어 어느 할주가 연결된 글상자로 구성되어 있었는지 알 수가 없게 되면 난감할 것이다. 이를 피하기 위하여, 연결된 글상자는 글상자 선을 빨간 색으로 넣어 이것이 어디에 있든 눈에 띄게 해 둔다. 그러면 본문 수정 등으로 한 줄에 있게 된 연결된 글상자가 빨간 글상자로 보일 것이어서 그곳을 고치면 될 것이기 때문이다(이러한 구별 표시를 하지 않은 경우 연결된 글상자가 같은 행에서 연결되었다면 할주 첫 행의 마지막 문자열과 제2행의 첫 문자열의 말이 연결되는지로 확인해 본다). 이것은 인쇄에 넘기기 전까지 유지시키고 인쇄에 넘길 때 비로소 이 빨간 글상자선을 '선없음'으로 고친다.

각주

1. 각주(脚註)는 아래아한글이 그 기능을 제공하고 있는 주석 형식 중의 하나이다(<31 할주>항 1 참조). 그 페이지에 있는 모든 주석 사항을 페이지 밑에 모두 두는 주석 형식이다.

2. 주석이 필요한 곳에서 **ctrl+n,n**([입력-주석-각주])을 실행한다. 커서 위치에 각주참조번호가 생기고 판면 하단에 각주 구분선과 함께 각주번호가 생긴다. 그 위치에 커서가 입력을 기다린다. 이곳에 주석 내용을 입력하면 각주가 하나 완성된다. 여기의 각주 모양은 [입력-주석-**각주/미주모양**]에서 설정한 대로가 된다.

3. 각주모양

각주 모양은 [입력-주석-각주/미주모양]의 [각주모양]탭에서 지정한다.

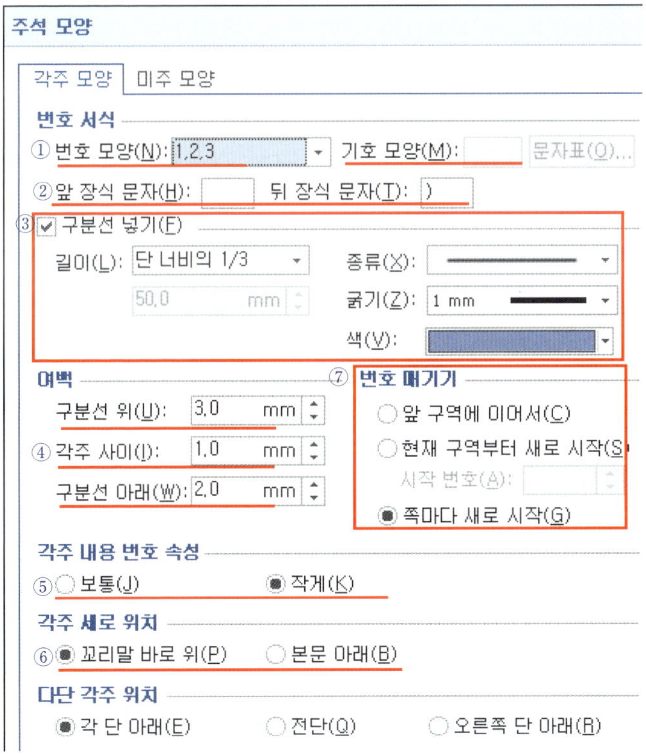

<그림 1>

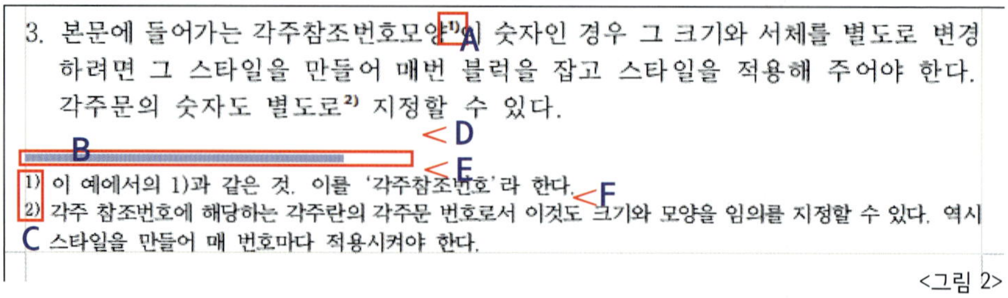
3. 본문에 들어가는 각주참조번호모양[1]이 숫자인 경우 그 크기와 서체를 별도로 변경하려면 그 스타일을 만들어 매번 블럭을 잡고 스타일을 적용해 주어야 한다. 각주문의 숫자도 별도로[2] 지정할 수 있다.

1) 이 예에서의 1)과 같은 것. 이를 '각주참조번호'라 한다.
2) 각주 참조번호에 해당하는 각주란의 각주문 번호로서 이것도 크기와 모양을 임의를 지정할 수 있다. 역시 스타일을 만들어 매 번호마다 적용시켜야 한다.

<그림 2>

'A'를 '각주참조번호'라 한다. 이는 [입력-주석-각주/미주모양]의 [주석모양]창에서 [번호모양]과 번호 앞이나 뒤에 올 [장식모양]을 지정하고 [각주]를 실행하면 생긴다.

'B'는 '구분선'이라 한다. 이 구분선은 [입력-주석-각주/미주모양]의 [주석모양-구분선넣기]에서 선의 종류, 길이, 굵기, 색을 지정한다.

'C'는 '각주번호'이다. 이는 [입력-주석-각주/미주모양]의 [주석모양]창에서 [번호서식]으로 지정한 각주번호이며 'A'의 커서 위치에서 [각주](ctrl+n,n)를 실행하면 'A'와 동시에 생겨나온다.

'D'와 'E'는 [입력-주석-각주/미주모양]의 [주석모양]창 [여백]에서 지정하여 생기는 '구분선 위/아래'의 간격이다.

'F'는 [입력-주석-각주/미주모양]의 [주석모양]창 [여백]에서 지정한 [각주사이]의 간격이다.

1) 그림 1 의 ①에서 **각주 번호서식**을 숫자로 할 것인지 기호로 할 것인지를 지정한다. [번호모양]에서 [기호]를 선택하면 [문자표]에서 기호를 고를 수 있다.

2) 그림 1의 ②에서 각주 번호 앞이나 뒤에 어떤 모양을 붙이고 싶다면 그 첨가할 것을 상자에 직접 입력하거나 오른마우스 클릭하여 [문자표]에서 고를 수도 있다. 예컨대 **[뒤장식문자]**로 닫힌괄호를 입력하면 '1)'과 같은 모양이 된다.

   각주번호를 고르면 그 모양은 그림 2의 '**A**'와 '**C**' 위치에 나타난다. 'A' 위치에 있는 본문상의 각주번호를 '**각주참조번호**'라 한다. 각주참조번호는 별도 글자모양으로 쉽게 눈에 띄게 지정해 줌이 좋다. 이유는 각주는 문의 흐름상 곧바로 읽지 않고 건너뛰어 읽게 되고 그래서 후에 이를 확인하려 할 때 쉽게 찾아지지 않을 수 있기 때문이다. 이 각주참조번호 모양 바꾸기는 '**매크로'를 이용**하면 쉽게 할 수 있다(<36 매크로>항 6 참조).

3) 그림 1의 ③에서 본문과 각주 사이를 구분하는 선을 넣을 것인지, 빈 여백으로 둘 것인지를 지정한다. 구분선(그림 2에서의 'B')을 넣는다면 **[구분선넣기]**를 체크하고 선의 **종류**와 **굵기**, **길이**, **색**을 지정한다. 구분선과 본문의 간격(그림 2에서의 'D')은 **[구분선위]**에 입력하고, 구분선과 각주와의 간격(그림 2에서의 'E')은 **[구분선아래]**에 입력한다. 여기에 0을 입력하면 본문에서의 행간은 무시되고 0mm로 된

다. mm 단위는 다른 단위로 변경할 수 있다(<06 글꼴지정>항 3-3) 참조).

4) 그림 1의 ④에서 **각주와 각주간의 간격**(그림 2에서 'F')을 지정한다. 이는 각주문의 행간과는 관계없으며 이 간격을 0으로 하면 위 각주문과 아래 각주문이 행간 없이 붙게 된다. 이 간격은 너무 넓어도 좋지 않다. 각주문의 행간과 같은 값으로 각주간 간격을 지정함이 무난하다. 만일 전 책의 각주문 대부분이 각주마다 여러 행으로 되는 경우라면 각주문 행간보다 좀 넓게 각주간 간격을 잡음이 좋을 것이고 각주문이 한두 행 정도의 문으로 구성되는 각주들이라면 이 간격을 넓힐 경우 엉성해지므로 각주문 행간과 같게 함이 좋을 것이다.

5) 그림 1의 ⑤는 각주문의 각주번호(그림 2의 'C')를 각주문의 크기대로 넣고자 한다면 [보통]을 체크하고, 작게 하려면 **[작게]**를 체크하는데 그 작게의 크기는 프로그램이 알아서 하는 것으로 약 -2pt 차이로 보인다. [작게]의 경우 각주참조번호에는 영향을 주지 않는다.

6) 그림 1의 ⑥에서 본문이 페이지에 가득 차지 않았을 때, 각주를 본문이 끝나는 위치에 둘 것인지 아니면 본문이 어디서 끝나든 페이지 맨 밑에 둘 것인지를 지정한다. 각주를 판 밑에 둘 것이라면 **[꼬리말바로위]**를 선택해 주고, 본문에 이어지게 할 것이라면 **[본문아래]**를 선택해 준다.

7) 그림 1의 ⑦에서 각주 **시작번호**를 어디에서 시작하게 할 것인지를 지정한다. 편이나 장으로 분류된 책이라면 그 편이나 장을 구역으로 나누고 각주번호를 **[현재구역부터새로시작]**을 선택해 주어 새 구역을 만났을 때 새 번호로 시작하게 한다. 각주가 많지 않은 책이라면 매 페이지마다 새 각주번호가 시작되도록 **[쪽마다새로시작]**을 택할 수도 있다. 전 책을 통하여 일련번호가 되게 하려면 **[앞구역에이어서]**를 택한다.

8) 다단조판물이라면 각주를 그 단마다 둘지, 페이지 왼쪽 단 아래에 모아 둘지, 아니면 전단으로 둘지도 선택해 주어야 한다. 다단조판이 아니라면 **[각단아래]**를 선택해 준다. 전단 조판은 1단의 단조판이기도 하므로 그렇다.

4. 각주문

1) 각주는 그 페이지에 있는 모든 주석을 그 페이지 끝에 모아 보여주는 주석이므로 그 페이지에 주석 표시(각주참조번호)가 있는 주석은 그 페이지에 내에 각주문으로 모두 들어 있어야 한다. 각주문이 모두 들어갈 수 없는 경우에는 최종 각

주의 각주번호가 붙어 있는 첫 행만이라도 그 페이지에 있어야 한다.

아래아한글은 그 페이지에 있는 주석 사항이 그 페이지에 모두 들어갈 수 없으면 마지막 각주를 다음 페이지로 넘겨버리므로 이러한 각주문이 있다면 판면을 조정하여 참조번호와 각주문이 같은 페이지에 있도록 하되 부득이하면 각주 번호가 있는 첫 행만이라도 같은 페이지에 오도록 조절한다.

이런 검토는 조판이 완료되면 반드시 하여야 하는 것으로서 이 검토를 위해 각주문에 커서를 두고 오른마우스 클릭하여 **[다음주석으로]**를 실행하면 다음 각주로 이동하므로 조금은 빠르게 확인할 수 있을 것이다. 만일 각주참조번호를 쉽게 찾을 수 없다면 **[조판부호]**를 표시하여(ctrl+g,c) [각주]라는 조판부호가 보이도록 하면 찾기가 수월할 것이다.

2) 각주문은 스타일로 등록하여 각주문마다 실행함이 편하다.

이 각주문은 들여쓰기 형태로 할 수도 있고 내어쓰기 형태로도 할 수 있다, 그것은 각주문의 양이라거나 내용성질에 따라 정할 것이다. **내어쓰기 형태**는 각주번호만 세로로 나열되어 앞에 나온다는 점에서 바람직해 보이긴 하나 번호의 자리수에 따라 들쭉거리는 모습도 있게 된다. 이런 경우 세로로 정렬하기 위해 탭키를 사용하여야 하는 등의 불편도 따른다(<17 탭>항 참조). **들여쓰기 형식**의 판면은 각주문이 각주마다 양이 많아 여러 행으로 된 경우에 바람직하다. 그러나 각주간 구획이 확연해 보이지 않을 수 있으므로 [주석모양]에서의 **[각주사이]**를 이용하여 각주간 간격을 각주문 행간보다 좀 넓게 잡아주는 것도 방법일 것이다.

9) **두주:** 행의 머리에 두는 주로서, 이것은 흔히 대의를 요약해 주기 위해 이용된다. 어의 풀이를 위해 이용되기도 한다. 과거 종서 위주의 책에서는 항목설정이 적었기 때문에, 이와 같은 두주의 형태로서 항목의 역할을 하기도 하였다.

10) **후주:** 별면이 끝나는 곳에 몰아붙이거나, 권말에 몰아붙이는 방법이다. 권말에 붙이는 방법은 부피가 적은 책의 경우에 이용된다.

11) **할주:** 행중 그 사항 바로 뒤에 괄호문 등으로 넣는 주석으로서 작은 문자 2행 등의 형식을 취한다. 할주는 행중에 들어가므로 독서의 흐름을 깬다는 단점이 있으나, 거기서 곧바로 확인할 수 있다는 장점이 있고 할주문이 행중에 부각됨으로써 건너뛰고 읽어갈 수 있다는 단점의 보완도 있다.

<각주들여쓰기 예>

9) **두주:** 행의 머리에 두는 주로서, 이것은 흔히 대의를 요약해 주기 위해 이용된다. 어의 풀이를 위해 이용되기도 한다. 과거 종서 위주의 책에서는 항목설정이 적었기 때문에, 이와 같은 두주의 형태로서 항목의 역할을 하기도 하였다.

10) **후주:** 별면이 끝나는 곳에 몰아붙이거나, 권말에 몰아붙이는 방법이다. 권말에 붙이는 방법은 부피가 적은 책의 경우에 이용된다.

11) **할주:** 행중 그 사항 바로 뒤에 괄호문 등으로 넣는 주석으로서 작은 문자 2행 등의 형식을 취한다. 할주는 행중에 들어가므로 독서의 흐름을 깬다는 단점이 있으나, 거기서 곧바로 확인할 수 있다는 장점이 있고 할주문이 행중에 부각됨으로써 건너뛰고 읽어갈 수 있다는 단점의 보완도 있다.

<각주 내어쓰기 예>

5. 구문약어(歐文約語)

각주에서는 표기를 간략화하기 위하여 약어들을 사용한다. 흔히 사용하는 약어들을 정리해 보인다.[1)]

(1) **a.a.O., aaO**
독일어 am angeführten(angegebenen) Ort 의 약어. 문구 따위를 인용함에, '앞에서 인용한 부분에서'의 뜻. loc. cit. 과 같음. O. 는 언제나 대문자. 예: Söllner, aaO, S. 91ff.

(2) **Abs.**
독일어 Absatz의 약어. 법조문의 '조항'이나 '별항의 문단'을 뜻할 때 사용된다. 예: Rüfner, Zur Bedeutung und Tragweite des Art. 19 Abs. 3 GG, AöR Bd. 89, S. 261. =기본법(GG) 제3조(Abs. 3) 제19항(Art. 19)

(3) **Abt.**
독일어 Abteilung의 약어. 그것들로써 구성된 구성체의 구성부분을 말한다. 영어로는 sec.(=section)에 해당.

(4) **A.D.**
라틴어 anno Domini의 약어. in the year of the Lord. 서력을 뜻한다. 독일어로는 n. Chr.(=nach Christus)이다. 미국에서는 연도 앞에 붙이나 영국에서는 뒤에 붙인다. 소대문자로 표기하기도 하고(A.D.) 소문자로 표기하기도(a.d.) 한다. 또 약부호 없이 소대문자로 표기하기도 한다(AD). 이탤릭체로 하지 않으며, 본문에서도 사용되는 약어이다. 예: A.D. 1986, 1986 A.D.

(5) **A.M.**
라틴어 ante meridiem 의 약어. '오전'. 소문자로 쓰기도 하며, 소대문자로 쓰기도 한다(A.M.). 이탤릭체로 하지 않는다(P.M. 도 동).

(6) **Anm.**
독일어 Anmerkung의 약어. '주석'을 말한다. 영어로는 fn.(=footnote)나 n.(=note)이다. 예: Leibholz-Rinck, Grundgesetz, vor Anm. 21 zu Art. 20.

(7) **anon.**
anonymous 의 약어. '작자불명'을 뜻한다. 저자를 알 수 없는 경우 인용문헌으로 참조시킬 때 anon. 이라고 표기할 수도 있으나, 그러하지 않고 곧바로 책명으로 시작해도 된다. 그러나 근거가 있다면 [ ]로 그 저자를 표기해 넣을 수도 있다. 예: Anon., *The Lottery*(London: J. Watts[1732]), pp. 20-25; [Henry K. Black], *Art for Its Own Sake*(Chicago: Nonpareil Press, 1910), p. 8.

(8) **app.**
appendix의 약어. 부록. 책의 구성부위로서 본문 뒤에 Appendix, Bibliography, Index가 있는 경우 이 순위로 붙는다. 만일 이 Appendix가 여럿이면 숫자로 분리하든가 문자로 분리해 넣는다(예: Appendix 1, Appendix 2 또는 Appendix A, Appendix B 등). 제목이 있으면 제목을 붙일 수 있다. 예: W. W. Rostow, *The United States in the World Arena*(New York: Harper and Brothers, 1960), app. A., pp. 543-550.

(9) **Art.**
독일어 Artikel의 약어. 조문의 조항, 논문 기사를 말한다. 영어로는 art.(=article). Rüfner, Zur Bedeutung und Tragweite des Art. 19 Abs. 3 GG, AöR Bd. 89, S. 261.

---

1) 이곳의 약어들은 「도서편집총람」(이종운 저, 범우사, 1991)의 <33. 구문약어> 사항 중 'Ⅲ. 전문서에서의 약어'(pp. 852-889)에서 발췌 재 수록한 것임,

(10) **art.**
article의 약어. 복수는 arts. 조문 또는 논문. 독일어로는 Art. 예: U.S., Constitution, art. I, sec. 4.

(11) **Aufl.**
독일어 Auflage의 약어. 판수. 영어의 ed.(=edition)에 해당한다. 예: G. Küchenhoff und E. Küchenhoff, Allgemeine Staatslehre, 6. Aufl., 1967. die erste Auflage(=1. Aufl.)(초판); die zweite Auflage(=2. Aufl.)(제2판). 독일어에서는 서수가 아라비아숫자로 쓰이면 숫자 뒤에 마침표를 찍는다.

(12) **B.C.**
before Christ의 약어이다. 기원전. A.D.처럼 연 숫자 앞에 놓기도 하나, A.D.만을 앞에 두고 B.C.는 뒤에 두는 것이 미국어의 관행이다. BC, B.C., b.c.와 같이 소대문자·소문자로 표기하기도 하고, 약부호 없이 소대문자로 하기도 한다. 이탤릭체로는 하지 않는다. 587 B.C., 587 B.C., 587 BC, 587 b.c.

(13) **Bd.**
독일어 Band의 약어. 권 또는 분책을 의미. 복수는 Bde.(=Bände). 영어로는 vol.(=volume, 복수는 vols.=volumes), 불어로는 tom.(=tome).
'제 1 권'의 표기례: der erste Band =l. Bd.(숫자 뒤에 서수표시의 마침표를 찍는다)=Bd. I
'세 권으로 된 책'의 표기례: das Werk in drei Bänden(=ein dreiba¨ndiges Werk) =3 Bde. 숫자 뒤에 마침표를 찍지 않는다. 서수가 아니기 때문이다.

(14) **bk.**
book의 약어. 책의 내용물을 구성하는 구성부분의 하나로서 권·편·부를 의미한다. 복수는 bks.(=books).

(15) **C., ©**
copyright의 약어. ©의 C 는 대문자로서, 저작권의 표시기호이다.

(16) ***c., ca.***
라틴어 circa의 약어. about, around, approximately의 뜻으로 정확하지 못한 표기에 사용되는 '대략'의 의미. 특히 발행날짜가 불명한 경우 등에 사용된다. 이탤릭체를 일반적으로 사용한다. *ca.* 1960(1960년 경)

(17) **c.à-d.**
불어 c'est-à-dire의 약어로서, that is =i.e. '즉'의 뜻.

(18) **cf.**
라틴어 confer의 약어. compare의 의미. '참조하라', '비교하라'의 뜻. 독일어로는 vgl.(=vergleiche)에 해당한다. 일반화되어 있는 약어로서 일반적으로 이탤릭체로 사용되나 정체도 무방하다. see의 의미로 사용되는 말이 아니므로 see 를 사용할 곳에 cf. 를 사용하지 않는다. cf. 는 '차이가 있으니 비교해보라'는 의미이며, see 는 단순히 어디에 설명이 있으니 그것을 '보라'는 의미이다. cf. 는 대체로 문장의 맨 앞에 나오기 때문에 C 는 대문자로 표기하여야 하나, 맨 앞에서도 소문자를 관행으로 사용한다.

(19) **ch., chap.**
chapter의 약어. 책의 구성부분으로서의 '장'을 의미한다. 복수는 chaps. c. 또는 ch. 로 약하기도 한다. 독일어로는 Kap.(=Kapitel). 예: Joseph Conrad, *Heart of Darkness*(New York: Doubleday, Page & Co., 1903); chap. 3.

(20) **col.**
column의 약어. 표 등의 세로 '열'. 복수는 cols. row 는 가로의 '행'. 표(table)에서 column 이라 하면 세로로 구획된 열을 말한다. 맨 왼쪽 column(first column)을 stub. stub의 표제를 stubhead라 한다. 그 다음 열들의 표제는 column heading(또는 box-heading)이라 한다.

(21) **Co., Ltd.**
=company of limited 또는 a limited company. Co./Inc.는 법인, Ltd.는 주식회사.

(22) **comp. compiler,**
compiled by의 약어. 참조 문헌이 편찬물일 때의 표기. '편찬자' 또는 '편찬하다'. 복수는 comps. 편찬자뿐인 책이라면 저자의 표기사항 위치에 편찬자를 쓰고 comma 를 하고 comp.(또는 복수인이면 comps.)로 약하여 쓴다. 예: R. E. Kingery and M. F. Tauber, comps., . . . 저자가 있는 편찬물이라면 책명 뒤에 compiled by 의 의미로 comp. 이라 약하여 쓰고(따라서 복수 형태는 없다) 그 뒤에 그 편찬자 이름을 쓴다. 책명 뒤에 comma를 하고, comp. 뒤에는, 편찬자 명이 오므로 comma 를 하지 않는다. 예: E. Chiera, *What it is*, comp. G. G. Ale(Chicago: University of Chicago Press, 1960), p. 42.

(23) **ders.**
독일어 derselbe의 약어. '동일한'. 문헌 참조에서 동일한 저자를 표시할 때 저자 표기 위치에 종종 사용한다. 언제나 소문자이고 ders. 뒤에는 comma 를 찍는다. 흔히 독일에서는 저자를 이탤릭체로 표기하는데 그렇게 저자를 이탤릭체로 통일 표기하고 있는 서물이라면 derselbe도 이탤릭체로 표기한다. 라틴어로는 id.(=idem)이다.

(24) **d.h.**
독일어 das heißt, 또는 das ist의 약어. 영어로는 that is, 라틴어로는 i.e.(=id est), '즉'의 의미이다. d.h. 앞에는 comma를 둔다.

(25) **div.**
division의 약어. 내용의 구성부분으로서, 차하로 분류되어지는 항목을 말한다. 복수는 divs.(=divisions). 책의 가장 큰 구획을 book 또는 part 또는 chapter라 한다. 이러한 제1차의 분류에서 다시 분류되어나간 제2차의 분류를 division 이라 한다. 이에서 다시 차하로 분류된 것이 section이고, 그 차하가 subsection이다.

(26) **do.**
ditto의 약어. '위와 같음'(동상, 동전)을 표시한다. d°, 〃 등으로 쓰기도 한다.

(27) **ebd.**
독일어 ebenda의 약어. 라틴어로는 ibid.(=ibidem). '같은 책', 또는 '상게서'의 의미. 독일식 표기습관으로는 a.a.O.가 ibid., op. cit. 등의 용법을 다 대신하여 사용되는 것이 보통이어서, a.a.O.와 ebd.의 명확한 사용상의 구획이 없다. a.a.O.는 op. cit.이나 loc. cit.의 의미요, ebd.는 ibid.의 의미이다.

(28) **ed.**
edition(복수는 eds. =editions), editor(복수는 eds.=editors), edited by 등의 약어. '판', '편자', '…가 편한' 등의 의미이다. 독일어로는 hrsg.(=herausgegeben), Aufl.(=Auflage).

(29) **ed. cit.**
라틴어 editio citato의 약어. 뜻은 edition cited. '앞에서 인용했던 판' 또는 '전게서'를 말한다.

(30) **e.g.**
라틴어 exempli gratia의 약어. 뜻은 for example. '예컨대'의 의미. 반드시 이탤릭체로 표기할 필요는 없으며(이탤릭체로 일반화되어 있다) 통일하여 사용하면 된다. 독일어로는 z. B.(=zum Beispiel), 불어로는 p. ex.(=par exemple)이다.

(31) **enl.**
enlarged의 약어. enl. ed.=증보판. rev. and enl. ed.=개정증보판. 증보한 사람이 따로 있을 때에는 enlarged by의 의미로서 그 약어가 된다. 이때엔 edited by의 경우와 같다.

(32) **et al.**
라티어 et alii의 약어. 뜻은 and others. '그 외의 자도 있으나 생략한다'는 의미이다. 그 외의 자가 여럿인, 복수인 때에도 et als. 등으로 복수표기는 하지 않는다. 독일어로는 u. a.(=und andre). 각주에서 저자가 수인인 경우(셋까지는 모두 써 줌이 좋다) 이를 다 표기하지 않고 처음 나온 사람 1 인만 쓴 후 '기타 외인'의 의미로 이를 사용한다. et al. 로 표기치 않고 and others 로 표기하여도 되나, 통일하여 사용한다. et 뒤에 약부호가 없음을 유의하고, et 앞, 즉 저자명 뒤에는 comma 를 두지 않음도 유의한다. 정체·이탤릭체의 어느 것으로든 표기할 수 있으나 우리 시각으로는 로마자들간에 서로의 구분이란 확연히 드러나지 못하기 때문에, 인명만을 드러내기 위하여 et al.은 이탤릭체로 표기함이 좋을 것이다. 예; Jaroslav Pelikan *et al.*, *Religion and the University*, York University Invitation Lecture Series(Toronto: University of Toronto Press, 1964), p. 109.

(33) **etc.**
라틴어 et cetera의 약어. 뜻은 and so forth로서, '등등'의 의미다. &c.로도 표기한다. 본문으로서는 and so forth 등으로, 각주 또는 괄호문 등에서는 etc. 등으로 사용한다. 이탤릭체로도 쓸 수 있음은 물론이나 일반화된 문자로 인식되어 정체로 사용함이 오히려 일반적이다. etc. 앞에는 comma 를 둔다.

(34) **et seq.**
라틴어 et sequens의 약어. 뜻은 and the following으로서, '이하의' '이후의' 의미. 복수는 et seqq.(=et sequentes〔남성·여성〕 또는 et sequentia〔중성〕). 일반적으로 이탤릭체로 한다.

(35) **f.**
and the following (page)의 약어. '이하의(면)' 의미이다. 복수는 ff.(=and the following (pages)). 이는 독일어로도 같은 표기이다(f.=folgende Seite, ff.=folgende Seiten). 책의 참조면을 보일 때, 보여준 숫자면과 그 이하 면을 의미하지만, 책의 면뿐만이 아니라 연도 등에서도 사용된다. 약어인 말이 숫자를 동반할 때 약어와 숫자는 붙여쓴다. f. 는 내보인 숫자의 면과 그 바로 다음의 면만을 의미하고, ff. 는 내보인 숫자의 면과 그 이하의 면을 모두 의미한다. 이들 f. 또는 ff.는 모두 복수가 되므로 면표시 p.는 복수형태로 pp.라 표기하여야 한다. f. 또는 ff. 대신에 라틴어 et seq. 또는 et seqq.를 사용하기도 한다.

(36) **fac., facsim.**
facsimile의 약어. 복사본을 의미. facsim. ed.(사본).

(37) **fasc.**
fascicle의 약어. 차례로 간행되는 책의 분책. no.(=number)로도 표기한다. 독일어로는 No., Nr., Heft 이다.

(38) **fig.**
figure의 약어. '도, 그림'. 예: Fig. 2. Block diagram of Fern Lake

(39) **gest.**
독일어 gestorben의 약어. 뜻은 died. '고. 고인'. 불어로는 m.

(40) **fn.**
footnote의 약어. 각주. fn.보다는 n. 으로 표기함이 일반이다.

(41) **Heft**
독일어. 정기간행물 등의 분책. 예: Menger u. Wehrhahn, Das Gesetz als Norm und Maßnahme, VVdStRL Heft 15, 1957.

(42) **hrsg.**
독일어 herausgegeben. 뜻은 edited이다. editor의 뜻으로는 Hrsg.(=Herausgeber)이다.

(43) **ibid., ib.**
라틴어 ibidem의 약어. ib.로 표기하기도 한다. 뜻은 in the same place 또는 refers to the note immediately preceding. '같은 곳에' 또는 '바로 위의 책에'라는 의미이다. 독일어로는

ebd. 일반적으로 이탤릭체를 사용하지만 정체로도 표기한다. 주석 등에서 같은 인용임을 보이는 방법에 ibid., op. cit., loc. cit. 등이 있다. ibid. 는 '바로 위에 인용한 같은 저자의 같은 책'을 말하는 '상게서'의 의미로 쓰인다. 중간에 다른 책이 끼여들어 있을 때에는 저자 이름을 앞에 쓰고 op. cit.으로 표기한다. op. cit.은 그 저자에 관한 '앞에서 인용한 전게서'의 의미가 된다. loc. cit.은 op. cit.과 같으나 다만 페이지까지 같은, 즉 앞에서 인용한 바로 그 인용을 인용하면서 그 인용처를 다시 밝히고자 할 때 사용한다.

(44) **idem, id.**
라틴어. 뜻은 the same person. '동저자의'라는 의미이다. 독일어로는 ders.로 표기한다. 이는 바로 위에서 인용한 저자의 다른 책을 내보일 때 그 저자를 다시 표기하지 않고 간략히 나타내는 방법으로 사용된다. id. 는 idem의 약어이다. idem에는 약부호가 붙지 않는다. 이탤릭체로도 표기하나, 이는 자국어인 영어에서 영어의 외국어 표기 습관인바, 우리의 표기 방법으로서 저자명을 이탤릭체로 하지 않는 경우라면 이를 보이는 idem도 정체로 표기함이 좋을 것이다.

(45) **i.e.**
라틴어 id est의 약어. 뜻은 that is로서 '즉'의 의미. i.e. 약부호(.) 뒤에 comma를 한다(i.e.,). 독일어로는 d.h., 영어의 약어로는 viz.(=videlicet, namely)가 있다.

(46) **infra**
라틴어로서 뜻은 see below 또는 later in the paper이다. '아래에 있는', '다음에 있는'의 의미이다. inf.로 약하여 쓰지 않는다. 독일어로는 s. u.(=siehe unten). 이탤릭체로 쓰기도 한다.

(47) **Kap.**
독일어 Kapital의 약어. 뜻은 chapter 로서 '장'을 의미한다.

(48) **l.**
line 의 약어로서 '항'을 의미한다. 복수는 ll.(=lines). 숫자 1 과 혼동될 수 있으므로 약하여 쓰지 않고, 전 스펠로 표기함이 좋다. 보통 시문의 인용참조에 몇째 행 등을 나타낼 때 사용한다. 시의 행(a line of verse)을 verse라고 하는데, v.(복수는 vv.)로 표기하기도 한다. 예: *Paradise Lost*, bk. l, lines 83-86.

(49) **loc. cit.**
라틴어 loco citato의 약어로서, 뜻은 in the place cited, 또는 the passage referred to in a note prior to the intervening citations. '앞의 인용(위의 인용이 아니다)과 같은 곳' 또는 '앞의 인용구'라는 말이다. 독일어로는 a.a.O. 근래에는 별로 사용되지 않고 op. cit.이나, 제목의 간략화 등으로 줄여 표기한다. 주로 이탤릭체로 사용되지만 정체로도 쓴다.

(50) **MS**
manuscript의 약어로서 '원고물' 또는 '필사본'을 말한다. 복수 표기는 MSS이다. 언제나 대문자로 표기하는 것이 관행이고, 이탤릭체로 하지 않으며 약부호도 붙이지 않는다. 예: London, British Museum, Arundel MSS, 285, fol. 1656.

(51) **n.**
note의 약어. 또는 footnote의 약어로 사용된다. '주'를 말한다. 복수는 nn. 독일어로는 Anm.(=Anmerkung). n.은 숫자 뒤에서 이탤릭체 또는 정체로 약부호 없이 사용되기도 한다(예: p. 35n).

(52) **N.B.**
라틴어 note bene의 약어. 뜻은 take notice, 또는 mark well. '…에 주의하라', '비고'의 의미. 소문자로 n.b.라 쓰기도 한다.

(53) **n.Chr.**
독일어 nach Christus의 약어이다. 뜻은 A.D.와 같다.

(54) **n.d.**
no date의 약어. 즉 no date of publication given로서 '발행일이 없는'을 의미. 라틴어로는 s.d.(=sinedie). 독일어로는 o.J.(=ohneJahr). 불어로는 s.d.(=sans date). 참조한 그 책에 발행일이 없음을 표기한 것. 예: . . . (New York: Grosset & Dunlop, n.d.) . . .

(55) **no.**
number의 약어. 정기간행물 등의 호수를 말한다. 복수 표기는 nos.이다. No.로 첫자 대문자로 표기도 한다. 독일어로는 No. 또는 Nr.(=numero), Heft이고, 프랑스어로는 n° 또는 No (=numéro)이다. 정기간행물의 발행번호(number of the issue) no.는 권호(volume)가 있으면 vol.과 같이, 없으면 발행 순서의 일련번호(issue)만 쓴다. 이때 그 발행일은 ( )로 묶고 앞의 책명 사이에, 그리고 뒤의 페이지 사이에는 각각 comma로 분리한다. 잘 알려진 정기간행물은 발행지, 발행자를 쓰지 않지만 혼동될 수 있는 것이면 써 준다. volume number와 issue number의 구별이 없는 것은 이것을 volume number로 간주하되 vol. 과 no.를 생략하고, 앞에 comma도 둠이 없고 책명 뒤에 숫자만 쓴다. 예: Konrad Lorenz, "The Wisdom of Darwin," *Midway*, no. 22(1965), p. 48; Samuel M. Thompson, "The Authority of Law," *Ethics* 75(October 1964):16.

(56) **n.p.**
noplace의 약어. 즉 noplaceofpublicationgiven. '그 책에 발행지가 기재되어 있지 않은' 것을 말한다. 독일어로는o. O.(=ohne Ort). 불어로는 s.l.(=sans lieu)(발행일 발행장소 모두 없는 것의 표기는 s.l.n.d.). n.p. 는 no publisher의 약어로 사용되기도 한다. 표제지나 판권면에 발행지가 없는 출판물을 각주 등에서 처음 인용할 때 사용한다. 만일 발행자도 없는 것이면 n.p. 다음에 comma로 끊고 발행일을 적을 것이요, 발행지만 있고 발행자가 없을 땐 발행지 뒤에 colon을 하고 n.p.로 표기한다. Industrial Relations Research Association, *Proceedings of Third Annual Meeting*(Madison, Wis.: n.p., 1951), p. 30.

(57) **n.s.**
new series, 또는 new style의 약어. 대문자로써 N.S. 또는 NS로 표기도 한다.

(58) **op. cit.**
라틴어 opera citato의 약어. 뜻은 in the work cited로서, '전게서'의 의미. 앞에서 참조한 책을 재 참조함에 있어 중간에 다른 참조물들이 끼여 있는 경우에 '앞에서 인용한 이 저자의 책'이라는 의미로 사용된다. 일반적으로 이탤릭체로 사용되지만 정체도 무방하다.

(59) **o.s.**
old series, 또는 old style의 약어. 대문자로서 O.S. 또는 OS 로 표기하기도 한다.

(60) **p.**
page의 약자. '면'. 복수는 pp.(=pages). 행중에서는 대문자로 하지 않는다(never capitalize). 그러나 글머리에 혹 나오게 되면 대문자로 표기하게 되어 복수라면 Pp.로 될 것이다. 독일어로는 S.(=Seite). 독일어의 복수 면도 S.이므로, SS. 로 표기하지 않는다.

(61) **par.**
paragraph의 약어. '문단', '절'. 복수는 pars.이다.

(62) **p. ex.**
불어 par exemple의 약어. '예컨대'.

(63) **(et) passim**
라틴어. 뜻은 (and) here and there로서, '여기저기'. 관계된 참조사항이 어느 한 곳이 아니라 여러 곳에 널려 나올 때 장이나 페이지 숫자를 적고 이 말을 뒤에 놓는다.

(64) **P.M.**
라틴어 post meridiem의 약어. 오후.

(65) **P.T.O.**
please turn over의 약어로서 '뒷면 참조'.

(66) **pseud.**
pseudonym(psjúːdənim)의 약어로서, a writer's pen name. '필명'을 의미한다. 예: Helen Delay(pseud.)

(67) **pt.**
part의 약어. 복수는 pts.이다. 의미는 '부'. 독일어는 Teil.

(68) **q.v.**
라틴어 quod vide의 약어. 뜻은 which see. '해당항목 참조'의 의미. 일반적으로 이탤릭체로 사용된다. 예: the leadership of Mao Tsetung(*q.v.*)

(69) **rev.**
revised by, 또는 revision의 약어. '개정'. 예: L. A. Mannheim, ed., *Focal Encyclopedia of Photography*, rev. ed.(n.p., 1969), p. 29.

(70) **rpt.**
reprint. rptn.=reprinted. 중판. 그러나 일반적으로, 약자로 쓰지 않음이 원칙이다.

(71) **S.**
독일어 Seite의 약어. 복수도 S.이다. page 또는 pages 로서 '면'을 의미.

(72) **sc.**
scene의 약어. 희곡 등에서의 '장'을 의미한다. 희곡 등에서는 page 대신에 각주 참조물로서 act, scene, line 등이 쓰인다. act 1, sc. 2, line 83.

(73) **sec.**
section 의 약어. 복수는 secs. '절' 또는 '조항'. §로도 쓴다. 예: U.S. Const. art. I, sec. 5.

(74) **see**
'…을 보라'. 독일어에서는 v.(라틴어 vide)로 표기한다. See Rusk, *op. cit.*, pp. 503-504.

(75) **ser.**
series의 약어. '시리즈'. series란 공통의 제목을 갖고 계속 출간되는 책들이다. 흔히 대학, 정부, 학회, 기업체 또는 출판사가 연구계획사업으로 펴낸다. 이 series는 공통의 제목하에 각권은 각각 독립의 제목을 갖고, 저자도 각각 다른 경우가 많으나, 한 저자에 의하는 경우도 있다. 이를 참조할 경우 volume number 또는 issue number를 그 series name 뒤에 써 주어야 한다. 이때 vol.과 p.의 문자 표기는 생략하지 않는다. 그것은 volume number는 그 series name에 해당할 뿐이고, 참조한 페이지 넘버는 그 series 중의 그 권에 해당하는 것이기 때문이다. 이것은 multivolume에서도 마찬가지로서 만일 통권제목(overall title)이 따로 있고 각권의 제목이 각각 별개라면 vol., p.는 생략하지 않는다. 예: . . . Yale Studies in Political Science, vol. 5 (New Haven, Conn.: Yale University Press, 1963), p. 124.

(76) ***sic***
라틴어. 뜻은 so, thus, as it was in the original. '원전대로임'을 의미한다. 항상 이탤릭체로 한다(특히 주의를 환기시키려는 것이므로). 인용물에서 원전이 잘못되어 있거나 사실이 잘못되어 있거나, 오자이거나 한 때에 그 원전의 잘못된 것을 그대로 인용해 놓고 뒤에다가 [sic]라 표기한다.

(77) **s.o.**
독일어 siehe oben의 약어. 뜻은 see above.

(78) **Sp.**
독일어 Spalte의 약어. 뜻은 column으로서, 예컨대 2단이나 3단으로 된 조판물의 각단을 의미한다. 예: P. Badura, Verfassung, EvStL, 2. Aufl., 1975, Sp. 2708.

(79) **s.u.**
독일어 siehe unten의 약어. 뜻은 see below이다.

(80) **supra**
라틴어. 뜻은 above, early in the paper. '앞에 나온'의 의미로서 상호참조시에 사용된다. 일반 도서에서는 supra보다 above가 많이 사용되지만 법률서에서는 supra로 사용한다. 페이지 숫자 뒤에 놓인다. 또 이들 앞에 see를 붙여 사용도 한다.

(81) **s.v.**
라틴어 subverbo(또는 subvoce)의 약어. 뜻은 under the word로서, '…이라는 어휘 밑에'의 의미이다. 독일어로도 s.v.(=sub voce). 정체이다. 이는 Alphabet순으로 되어 있는 참조문헌 등에서 참조한 항목(entry)을 내보이는 인용방법이다. 예: *Encyclopaedia Britannica*, 11th ed., s.v. 'Blake, William,' by J. W. Comyns-Carr.

(82) **Teil**
독일어. '부', '편' 등의 의미이다.

(83) **t., tom.**
불어 tome의 약어. '권'의 의미이다.

(84) **trans.**
translator, 또는 translated by의 약어. '역자' 또는 '…가 번역한'의 의미이다. 예: Ivar Lissner, *The Living Past*, trans. J. Maxwell Brownjohn(New York: G. P. Putnam's Sons, 1957), p. 58; Helmut Thielicke, *Man in God's World*, trans. and ed. John W. Deberstein(New York and Evanston, Ill.: Harper & Row, 1963), p. 43.

(85) **u.a.**
독일어 und andre의 약어. et al. 참조.

(86) **v.**
① verse의 약어. 복수는 vv. 시문의 '행'을 의미하다. l.(=line, 복수 ll.)로 표기하기도 한다(l. 참조). ② 라틴어 vide의 약어. vid.로 쓰기도 한다. 뜻은 see. '…을 보라'이다. 예: v. p. 123. ③ 불어 voir의 약어. 뜻은 see. 독일어 von의 약어로도 사용된다(hrsg. v. Bachof). ④ versus의 약어. vs.라고 표기하기도 한다. 뜻은 agsinst. '대'의 의미이다. 법률서에서는 v. 로 쓰인다. 예: King v. Order of United Commercial Travellers, 333 U.S. 153, 68 Sup. Ct. 488, 92L. Ed. 608(1948).

(87) **vgl.**
독일어 vergleiche의 약어. cf. 참조. 예: Vgl. Schrifttum zu §§ 7,8 u. 9.

(88) **viz.**
라틴어 videlicet의 약어. 뜻은 videlicet, namely. '즉'의 의미. 약부호 없이 viz로 쓰기도 한다.

(89) **vol.**
volume의 약어. 복수는 vols.(=volumes). '권'의 의미. 독일어로는 Bd., 불어로는 tom. volume unmber는 아라비아숫자로 써준다(그 원전이 로마숫자로 되어 있건 관계없다). series number도 아라비아숫자로 표기한다.

(90) **vs.**
versus의 약어. 뜻은 against. '대'.

(91) **z.B.**
독일어 zum Beispiel의 약어. 뜻은 for example 로서 '예컨대'.

방주와 참고문

1. 대체로 '각주'가 '제시한 논거의 근거'를 밝히는 용도로 이용된다면 '방주'(傍註)는 제시하는 논거의 인용 원문을 내보이는 용도로 이용된다고 할 수 있다.

인용문이나 참고문이나간에 전문 학술서 등에는 본문의 주 문장 이외에 곁가지로 제시되는 것들이 적지 않다. '표'라거나 '그림' 등도 그러한 것들 중의 하나로서 본문을 돕는 부수 구성소들이다. 이러한 것들은 본문의 기술을 방해하지 않고 독서흐름을 깨지 않으면서 페이지에 놓여야 하는데 대개는 방주형식을 취한다.

'방주'란 말은 '옆에 붙는 주석'이라는 말인데 이는 옛 종서(세로쓰기 책) 개념에서 온 것이다. 종서에서는 '옆'이지만 횡서(가로쓰기 책)에서는 '밑'이다. 그 밑이 문단과 문단 사이라는 점에서는 종서이건 횡서이건 다름이 없다.

여기서는 방주를 단순한 주석으로서보다 '인용문'이나 '참고문'이나 또는 기타 책의 내용 성질에 따른 본문의 '보충적 부수적 구성소'라는 입장에서 이것의 판면에 관하여 보기로 한다. 이러한 것들에 관한 아래아한글의 편집기능이 따로 있는 것은 아니지만 표·그림·수식·그리기·챠트 등 개체의 배열과 관련되고, 문단모양의 내어쓰기나 문단정렬 등이 방주 배열에 응용될 수 있다.

2. **방주 형식의 판면은 본문과 분리되어야 한다.**

그것은 각주가 판면 밑에서 본문과 분리되고 '미주'가 책이나 구성소의 끝에 붙어 본문과 분리되고 두주 또한 판면 밖으로 본문과 분리되지만 방주는 문단 사이에 있음으로써 본문과 흐름을 같이하고 있기 때문에 이 방주 내용을 살리면서 본문과 어떻게 분리하느냐가 문제이다. 방주는 편집자가 만드는 임의의 판면이라 할 것이다. 방주 내용을 돋보이게 하면 본문이 죽는다. 충분히 디자인적 요소를 갖고 있는 이 부수 요소들은 치장이 욕구되는 경우도 있지만 본문 우선의 편집이 아니되면 둘이 모두 조화되지 않게 된다.

방주 형식의 판면은 본문과 호흡을 같이해야 한다.

따로 노는 것처럼 보이지 않으려면 본문의 호흡에 따른 통일성을 유지해 주어야 한다. 본문보다 강하지 않지만 나름대로의 힘과 질서를 가지면서 본문의 호흡에 응하여야 한다. 그렇게 하려면 어찌해야 할 것인지를 찾는 것이 좋은 편집이다. 본문과 호흡을 같이하려면 본문의 들여쓰기 크기를 항상 염두에 둔다. 이 들여쓰기 값의 위치가 방주 판면의 들여진 여백이 될 수도 있다. 이를 감안하여 본문의 들여쓰기는 한 자 들여쓰기를 권하지 않는다. 한 자 가지고는 들쭉거림만 더할 뿐 판면 구성에 장애가 되기 때문이다. 세로로 정렬된 판면은 정결함을 주고 그 문단의 첫줄 들여넣기 위치에서 인용문단(방주라는 말 대신 사용하였다) 전체를 들여밀기로 하면 그것이 제1단계 인용문(방주) 위치가 될 수 있다. 제2 인용문단도 제1 인용문단의 들여쓰기 위치가 제2문단 전체의 들여밀기 문단 위치가 될 수 있다. 이러한 과정으로 방주 형식의 인용문이나 참고문, 기타 객체들을 위치시킴으로써 본문을 벗어나지 않는 본문의 부수 요소로서의 판면을 만들 수가 있다.

3. 방주형식의 문단은 본문보다 우월하도록 하지 않기 위해 글자 크기와 행간을 줄인다. 저자가 하고 싶은 말은 본문에 있을 것이고 여기 방주문으로 하는 것은 본문을 돕는 역할이므로 독자가 무시해 가도 상관 없는 것들이라고 생각하면 될 것이다. 그러나 독자가 보아주면 더 좋은 것들이므로 독자적으로도 의젓한 판면이 되어야 한다. 그래서 글꼴도 달리하고 모양도 내도록 하여야 한다.

4. 방주 형식의 문단은 본문과 분리되도록 하여야 하는데 본문과의 간격을 더 주고 자신의 행간은 좁힌다. 이러한 문단 간격의 조절은 [문단모양]의 [문단 위], [문단 아래] 간격으로 할 수 있다.

5. **예**

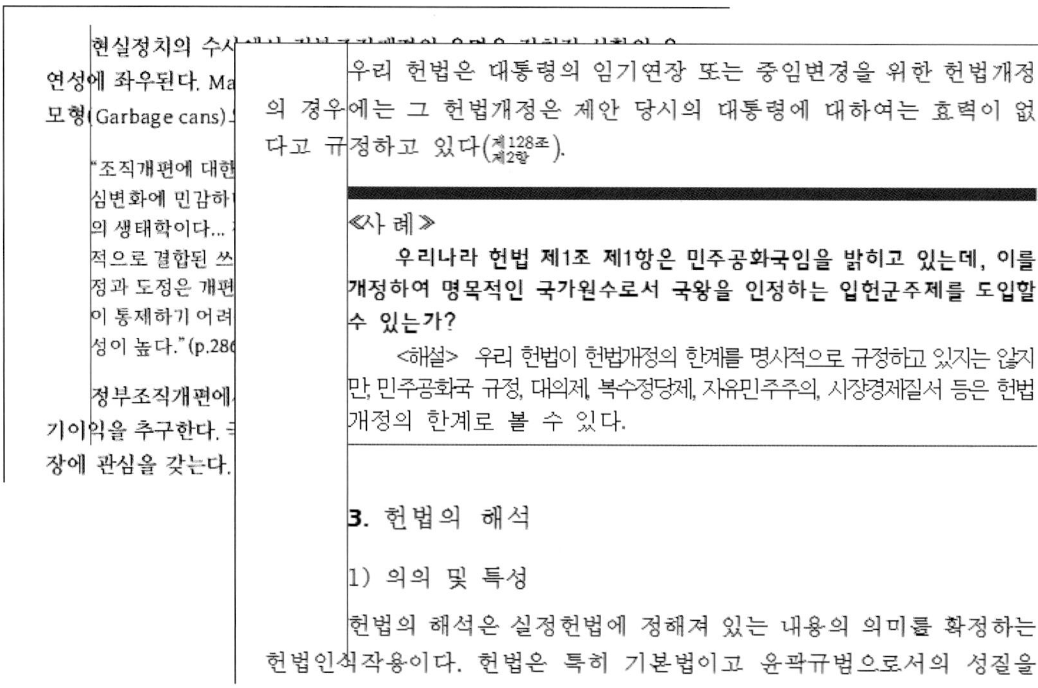
우리 헌법은 대통령의 임기연장 또는 중임변경을 위한 헌법개정의 경우에는 그 헌법개정은 제안 당시의 대통령에 대하여는 효력이 없다고 규정하고 있다(제128조 제2항).

≪사 례≫

우리나라 헌법 제1조 제1항은 민주공화국임을 밝히고 있는데, 이를 개정하여 명목적인 국가원수로서 국왕을 인정하는 입헌군주제를 도입할 수 있는가?

<해설> 우리 헌법이 헌법개정의 한계를 명시적으로 규정하고 있지는 않지만, 민주공화국 규정, 대의제, 복수정당제, 자유민주주의, 시장경제질서 등은 헌법개정의 한계로 볼 수 있다.

3. 헌법의 해석

1) 의의 및 특성

헌법의 해석은 실정헌법에 정해져 있는 내용의 의미를 확정하는 헌법인식작용이다. 헌법은 특히 기본법이고 윤곽규범으로서의 성질을

후주와 참고문헌

1. 후주는 별면이나 구역을 가진 편이나 장의 끝, 책의 뒤 등에 그 장이나 편 또는 책 전체의 주석을 모아 붙이는 주석 형식이다. 아래아한글은 이를 '미주'라고 한다. 흔히 볼 수 있는 책 뒤에 붙이는 참고문헌 같은 것이 후주 형식이다. 이들은 한 곳에 모아 붙이기 때문에 편집에서는 각주처럼 번잡하지 않고 그곳에서만 하면 되는 편리성이 있으나 독자 입장에서는 쉽게 확인해 갈 수 없으므로 주석 형식으로는 좋은 형식이 못 된다. 그러나 책이 아닌 아주 간단한 문서 형식에서는 필요한 주석 처리 방식일 수 있다.

2. 아래아한글의 [미주]는 주석을 달 곳에서 [미주](ctrl+n,e)를 실행함으로써 각주에서와 같은 주(註)가 만들어지는데 단지 구역의 끝이나 책(문서)의 끝에 모아진다는 점이 다르다. 이 주의 모양 만들기는 [입력-주석-각주/미주모양]의 [미주모양]에서 행한다.

3. 이 항목에서 보려 하는 것은 주석으로서의 [미주] 처리가 아니라 후주 형식을 취하는 '**참고문헌**'의 표기에 관한 것이다. 전문서를 편집하려면 '각주의 표기'와 '참고문헌의 표기'에 관하여 대략은 알고 있어야 한다. 대략이란 기본 표기법을 말한다. 물론 이것도 출판사에 따라 자체 메뉴얼을 가지고 달리할 수 있겠지만 일반적인 것을 말한다. 참고물 또한 광범할 것이나 이것도 일반적인 범주의 것을 말한다.
아래아한글은 참고문헌의 판면이나 문단모양 등에 관하여는 달리 제공하고 있는 기능이 없다. 그럴 필요도 없다. 방주의 인용문처럼 [글자모양]과 [문단모양]으로 편집자의 재량에 의하여 편집할 수 있기 때문이다. 단지 [미주]를 아래아한글이 주석 기능으로 두고 있는 것은 입력의 편의성을 제공하려는 데 더 큰 의의가 있다. 본문을 입력하면서 주석을 같이 입력할 수 있고 그 입력한 주석이 뒤섞임 없이 정리되어 따로 모아진다는 편리성만으로도 이 기능은 원고 작성의 필요 기능이라 하겠고 또 간단한 문서작성에는 좋은 주석 방식이기 때문이다.

4. 참고문헌 표기법

1) 참고문헌에서나 각주에서나 참고문헌 표기는 '저자명, 책명, 출판사항, 인용페이지'로 나열된다. 그러나 다음과 같은 차이가 있다.

① 각주에서는 간략형 생략형으로 표기하지만 참고문헌에서는 모든 사항을

완전히 표기한다. 예컨대 'edited by' 의 'ed.'나 'translated by'의 'trans.' 또는 'compiled by'의 'comp.'는 각주에서 사용하고 참고문헌에서는 온전히 써 준다('온전히 써 주라'는 말은 원고작성시에나 해당할 말일 것이다. 원고는 다른 참고도서의 인용참고를 그냥 베껴오는 경우도 있어 약어 표기는 흔하게 혼재한다). 공저자가 다수인 때에도 'et al.' 등으로 약하지 않고 참고문헌에서는 모두 밝힌다. 각주에서는 때로 출판사항은 괄호로 묶어 표기하기도 하는데 참고문헌에서는 괄호로 묶지 않는다. 다만 정기간행물의 권호 다음에 연월의 표시는 괄호로 묶는다. '참고문헌'은 그 문헌의 전 출판사항이 알려져야 한다.

② 각주에서는 저자 등의 전체 이름이 보통순서대로 나오나, 참고문헌에서는 독자가 쉽게 찾아볼 수 있도록 배열되어야 하므로, 성(surname)을 먼저 나오게 한다. 저자가 여럿일 때에는 각각 모두 성을 먼저 내놓는 것으로 할 수도 있고, 맨 앞 사람만 성을 먼저 내놓고 그 뒤의 것들은 정상으로 표기할 수도 있다. 3인 이상의 저자는 쉼표나 semicolon으로 구획한다. 모두 밝히며, et al. 등으로 줄이지 않는다.

③ 각주의 인용표기는 각 사항을 쉼표로 구획하지만 참고문헌에서는 각 사항을 마침표로 구획한다. 각주에서는 인용표기 이외에도 기술사항이 많아 마침표가 혼란을 주지만 참고문헌에서는 참고문헌만이 표기되므로 한 문단이 하나의 참고문헌으로 구성되는 특성상 구획을 마침표로 해도 다른 것에 영향을 주지 않는다. 그러나 마침표는 단지 서구의 관행일 뿐이므로 쉼표를 사용하여도 관계 없을 것이다.

2) 참고문헌 **표기의 예**를 보인다.

Chomsky, Noam. (1969). *American Power and the New Madarins,* p. 348. New York: Pantheon Books.

각주 표기 방식은 저자(집필자),저서(기사), 판명, 출판사항, 참조면. * 저서는 이탤릭. 기사는 따옴표. 판명은 제2판, 개정판 등. 출판사항에는 '출판사, 출판연도'

① **저자·집필자 이름**은 surname을 앞으로 보내고 쉼표를 한 후 given name을 쓴다. 이름 뒤에 마침표로 종료한다. 저자가 2인인 경우 쉼표 없이 and로 묶는다. 3인 이상이면 쉼표로 각자를 구획하되 마지막 인명은 쉼표와 and로 연결한다. 제 2인부터는 정상 순위의 이름으로 표기한다.

Dwivei, O. P. and Joseph G. Jabbra. (1989).- - -

② **출판연도**는 저자 이름과의 사이에 마침표로 구획하고 출판연도를 괄호로 묶어 마침표로 종료한다.

Dwivei, O. P. and Joseph G. Jabbra. (1989).- - -

각주에서 출판연도는 출판사항으로 다루어 뒤에 둔다.

③ **책명**은 이텔릭으로 하고 다음에 **권호**나 **페이지번호**가 오면 책명 뒤에 쉼표로 구획한다(권호·페이지는 책명에 포함하는 것으로 하여 이들은 쉼표로 구획). 페이지번호 뒤에 마침표를 넣고 종료한다. 한글 참고문헌의 책명은 부호없이 표기하거나「 」으로.

Madarins, p. 348.

각주에서 페이지번호는 출판사항 뒤에 둔다.

④ 책명 뒤에 **출판사 이름**을 둔다. 출판지 주명 표기는 출판사명과 콜론으로 구획하고 주명은 약어이든 풀네임이든 통일을 기한다. (New York=NY=N.Y.). 한국 참고문헌의 경우에는 출판지를 적지 않는다.

p. 348. New York: Pantheon Books.

⑤ **정기간행물**이나 볼륨이 있는 책의 경우 논문 집필자를 저자 위치에 두고 **기사명**은 따옴표 없이 첫자 대문자로 표기하며 뒤에 마침표를 넣어 종료한다(APA(American Psychological Association.=미국심리학회)는 기사명 처음 첫자를 제외하고 대문자를 사용하지 않기로 하고 있다).

McKinley, Charles. (1951). Federal Administrative Pathology and the Separation of Powers. *Public Administration Review*(Winter), pp. 17-19.

간행물명은 기사 뒤에 이탤릭으로 넣고 쉼표로 그 뒤에 올 간행물 권호와 분리하고 권호와 기사 페이지 사이에 쉼표를 넣어 구획하고 이 기사 페이지 뒤에 마침표를 넣어 종료한다. 볼륨과 호수가 있으면 호수는 볼륨 뒤에 괄호로 표기한다.

간행물명(이탤릭),(쉼표) 볼륨(3(볼륨)(12(호))),(쉼표) 페이지(p. 4).

정기간행물에는 볼륨(권)이 있다. 이 볼륨표기 **Vol.**은 표기하지 않고 넘버만 정체로 넣는다(APA는 이탤릭을 취한다). 페이지숫자 표기는 p.로 한다(APA는 p.표시를 하지 않고 숫자를 정체로 하여 볼륨표시와 구별한다).

각주에서는 vol.을 생략하지 않는다.

Long Norton. (1952). Bureaucracy and Constitutionalism. *American Political Science Review*(September), 46, p. 818.

Harriss, J. (1996). Government-NGO Relation in Asia: Prospects and Challenges for People-Centerred Development/Non-Governmental Organization Rural Poverty Alleviation. *Journal of Development Studies*, 33(2), pp. 272-282.

정기간행물이 계절단위로 발행되는 경우 그 표기는 간행물명(이탤릭) 뒤에 괄호로 넣는다.

정기간행물이 아닌 경우 제2판 등의 판명 표기는 책명 뒤에 괄호로 표기한다.

Friedrich, Carl J. (1968). *Constitutional Government and Democracy*(4th ed.). Walthamy Mass.: Balisdell Publishing Co.

⑥ 편집저작물의 경우에도 위에 준하여 표기한다. 단 편집저작자 표기는 기사 뒤 책명 앞에 In으로 표기하여 이름을 정식순으로 적되 뒤에 괄호의 (Ed.)(복수이면 Eds.)로 표기하고 괄호 뒤에 쉼표를 넣고 책이름을 이탤릭으로 가져온다.

Dwivei, O. P. and Joseph G. Jabbra. (1989). Public Service Responsibility and Accountability. In Joseph G. Jabbra and O. P. Dwivei(Eds.), *Public Accounterbility: A Comparative Perspective*, pp. 3-8. Kumarian Press Inc.

각주에서는
10) R. J. Hause, "A Pass-Goal Theory of Leader Effectiveness," Administrative Science Quarterly, vol. 16, 1971, pp.321-339: R. j. Hause, "A 1976 Theory of harismatic Leadership," in Leadership: The Cutting Edge CP, ed. G. Hunt and L. L. Lasson, Carbondale, Ill.:Southern Illinois University Press, 1977, pp. 29-56

3) 각주에서든 참고문헌에서든 **저자명 표기**에는 다음의 사항을 유의한다.

- 관사나 전치사 등이 있을 때 surname으로 보느냐는 그 사람의 취향, 기호, 전통에 의한다.

à Beckett, Gilbert Abbott
Broek, Jacobus ten
De La Rey, Jacobus
De vries, Hugo
Hindenburg, Paul von
Ramée, Marie Louise de la
dVelde, Jan van de
Becket, Thomas à
de Gaulle, Charles
e Vere, Aubrey Thomas
Gogh, Vincent van
La Fontaine, Jean de
Vandervelde, Emile
Von Schrenk, Hermann

- Mc, M', Mac 으로 시작하는 이름은 Mac으로 다룬다. 그러나 축어적으로 배열하기도 한다.

McAdam, John Loudon
Macarthur, Mary Reid
McCarthy, Charles
M'Carthy, Justin
Macaulay, Rose
MacCracken, Henry Noble
McCutcheon, John T.
Macdonald, Flora

- St., Ste 로 시작하는 이름은 Saint나 Sainte 로 다룬다.

Augustine, Saint
Sainte-Beuve, Charles Augustin
Saint-Simon, Henri

- umlaut 가 있는 독일 이름은, ä → ae , ö → oe , ü → ue 등으로 다룬다.
- 중국이름, 한국이름의 구문 표기에 성이 앞에 나온다.

Han Hana
Lin Yutang
Yi Sun-shin
Kim Chong-ho
Mao Tse-tung

- 아랍이름은 Abd-, abu-, ibn- 으로 시작하는 이름으로 배열한다. al-(=the)은 뒤에 오는 것으로 한다.

Abd-al-Hakam
ibn-Khaldun
Gazali, al-

- Sr., Jr., 로마숫자 등이 있을 때에는 다음과 같다.
  Jr. 앞에는 comma 를 넣고 맨 뒤로 보낸다.
  숫자 앞에는 comma 없이 맨 뒤로 보낸다.

Brownell, Arthur P., Jr.
Edwards, Ira Raymond III

- surname 전체로서의 알파벳순으로 배열하므로, surname 뒤에 오는, comma 뒤의 initial 이름은 고려되지 않는다(nothing precedes something).

Brown, J. R. 은 Browning, A. R. 에 앞선다.
DeBase 는 De Vries, Hugo 에 앞선다.

Dawson, Richard E.
De Bell, Garrett
Debray, Régis
de Conde, Alexander
Deferrari, Roy. J.
de Gaulle, Charles
de Gobineau, Arthureke
de Jouvenal, Bertrand

de Martonne, Emmanuel
de St. Pierre, Abbé
de Seversky, Alexander P.
de Sola Pool, Ithiel
de Sully, Duc
Deutsch, Karl W.

• surname 이 같으면서 서로 다른 저자의 여러 저작물 순서는 이름의 첫 initial 의 알파벳순으로 한다.

Eliot, A. L.
Eliot, G. E.

• 같은 성의 사람이, 이름의 첫 initial이 같을 때, ① initial만 있는 것과, ② single given name만 있는 것과, ③ middle name까지 있는 것은 그것들의 알파벳순으로 배열한다.

Adams, J. B.
Adams, John
Adams, John Quincy

• 단독 저자는 그 저자와 함께 한 공저자보다 우선한다.

Kaufman, J. R.
Kaufman, J. R., & Cochran, D. F.

• 공저자가 두 사람, 세 사람 등이 있을 때 사람 수로써가 아니라, 두 사람째부터의 surname 알파벳순으로 한다.

Kaufman, J. R., Jones, K., & Cochran, D. F.
Kaufman, J. R., & Wong, D. F.

• 편자가 공저자에 우선한다. 공저자 속에 앞의 편저자가 있어도 대시로 대신시키지 않는다.

Tillich, Paul. ed. . . .
Tillich, Paul, and Stange, G. Robert. . . .

• 단체명의저작물의 저작자명은 약어로 하지 않고 fullname 으로 한다. 예컨대 'American Psychological Association'으로 표기할 것이며 'APA' 라는 약어로 표기하지 않는다.

• 인명의 initial은 자간을 둔다. 자간을 두지 않는 style 도 있으므로 통일성을 유지한다

Brown, J. R.

찾기

35

1. [찾기]란 아래아한글 편집화면상에서, 편집 상태에서나 교정 상태에서나 통일성을 위하여서든 잘못된 것을 고치기 위하여서든 수시로 이용하게 되는 기능이다. '찾기' '칮아바꾸기' 이외에 [찾아가기]라는 것도 있다. 이는 [조판부호]라거나 사용자가 만든 [스타일] 등을 찾는 기능이다.

일반적인 '찾기' 기능에 관하여는 특별히 다시 살펴볼 것이 없지만 흔히 다루어보지 않는 '조건식'과 '아무개문자'를 이용하면 '찾기'를 보다 더 잘 할 수 있어 이 기능을 살펴보기로 한다.

아래아한글의 찾기 기능은 [편집] 메뉴의 [찾기](ctrl+q,f), [찾아바꾸기](ctrl+F2), [다시찾기](ctrl+l), [찾아가기](alt+g) 등으로 되어 있다.

2. 찾아가기 기능

문자열 외의 편집 용어들을 찾는 기능이다. '스타일'로 지정한 스타일 이름이라거나 '조판부호' 이름이라거나 '쪽', '구역', '책갈피'한 항목 등이 그것이다. 이 이용에 습관을 붙이면 편집을 조금은 수월하고 편리하게 해 갈 수 있다.

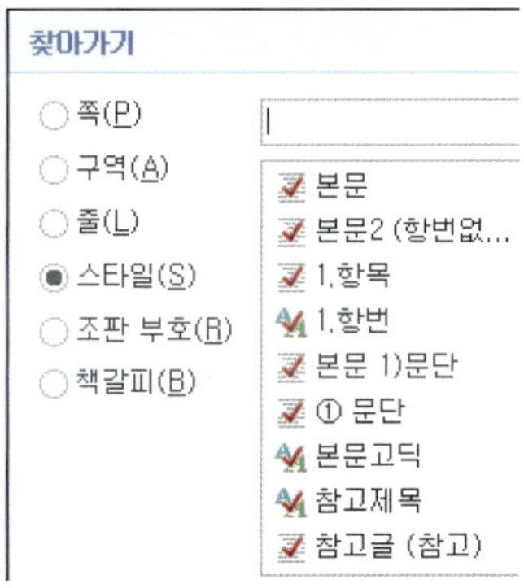

3. [찾기]의 예

1) 원고를 가지고 편집하여 조판해 갈 때 통일을 해 가야 하는 부분이 눈에 띄지 않아 놓치는 경우가 있다. 이를 방지하기 위해 그런 문자열에 색을 입혀 놓으면 그런 실수는 줄일 수 있다. 예컨대 본문 안에 주석사항이나 참고 문자열을 (　)로 표기하는 경우 이 괄호문을 모두 색으로 바꾸어 놓으면 편집시 쉽게 눈에 띄어 빠뜨리는 실수를 줄일 수 있을 것이다.

[찾아비꾸기]에서 ① [찾을내용] 입력상자에 '(*'를 입력하고 ② [바꿀내용]에서 입력상자를 비우고 입력상자 옆(쌍안경 아이콘)의 **[서식찾기]**를 눌러 [찾을글자모양]으로 들어가 [글자색]을 지정해 준 후 [찾아바꾸기]창으로 돌아와 ③ [아무개문자]에 체크하고 ④ [찾을방향]을 [아래로]에 체크한 후 ⑤ **[모두바꾸기]**를 실행하면 '(문자열'이 모두 색으로 바뀐다. 나중에 이 색을 다시 검정으

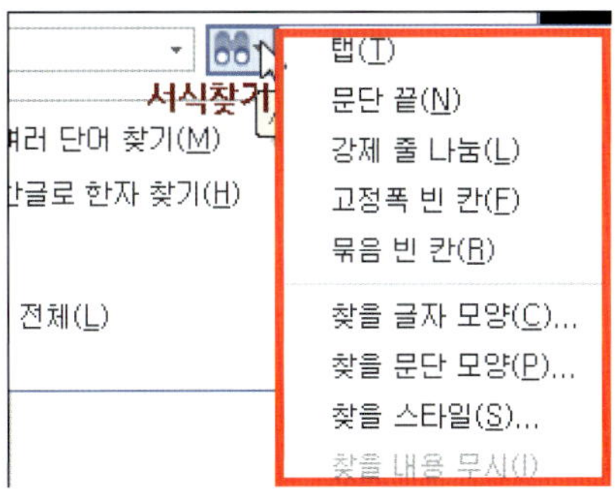

로 바꾸려면 위와 같은 방법으로 하되 [글자색]만 검정으로 해 주면 된다. 괄호 문뿐만 아니라 둥근따옴표가 닫힌 따옴표와 열린띠옴표로 뒤바뀌어 있어 쉽게 눈에 띄지 않는 경우가 많은데 닫힌따옴표를 색으로 모두 찾아바꾸기해 놓으면 교정시에도 도움이 될 것이다. 만일 현재 작업중에서만 **색글자**를 필요로 한다면 [찾기](ctrl+f)([찾아바꾸기]가 아님)에서 찾을 내용을 입력하고 **[모두찾기]**를 실행하면 찾은 문자열이 모두 **녹색**으로 표시된다. [찾기]를 종료하면 다시 원래로 돌아오므로 이 방법을 이용할 수도 있다.

2) '밑줄문자'라거나 '장체·평체' 또는 '글자위치', '행간', '문단 위 아래' 간격 등 [글자모양]이나 [문단모양]을 찾는 경우에도 이 [찾기] 기능을 이용할 수 있다. [서식찾기]의 [찾을글자모양]이나 [찾을문단모양]으로 들어가 지정하면 된다. 이를 지정하면 [찾을내용무시]에도 체크가 되는데 이는 '찾을 내용'에 상관없이 특정한 글자모양이나 문단모양을 가진 모든 문자열을 찾는다는 의미이다.

3) 본문에 들어 있는 **특수기호**(탭, 문단끝, 강제줄나눔, 고정폭빈칸, 묶음빈칸)만을 찾거나 특수기호와 문자열을 결합하여 찾으려면 **[서식찾기]**에서 골라준다.

4) 편집을 하다보면 주의나 구별의 필요성 등으로 **색글자**를 넣기도 하는데 나중에 이를 찾아 모두 원래로 돌이키려 하는 경우 모두 찾지 못하여 빠뜨리는 경우도 있다. 이런 경우 그 색글자를 다시 찾으려면 그것의 **색값**을 알아낸 후(<43 색과 인쇄>항 2 참조), [찾기-서식찾기-찾을글자모양]에서 [글자색-다른색]에 색값을 입력하고 색을 찾은 후 [서식찾기-찾을내용무시]를 체크하고 [다음찾기]를 실행해 간다.

참고: 색값 알아내기
색글자 위에서 [글자모양]으로 들어가 [글자색]을 누르면 [다른색]을 고를 수 있게 되는데 [다른색]을 누르면 [색] 상자 창이 뜬다.여기서 [HTML]값이나 [RGB]값을 찾으면 그것이 찾으려는 '색값'이다.

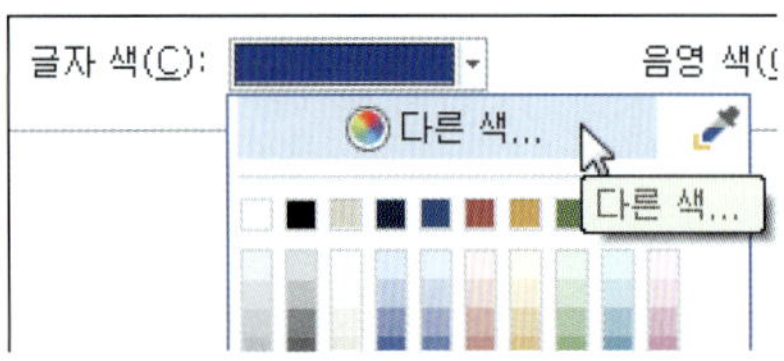

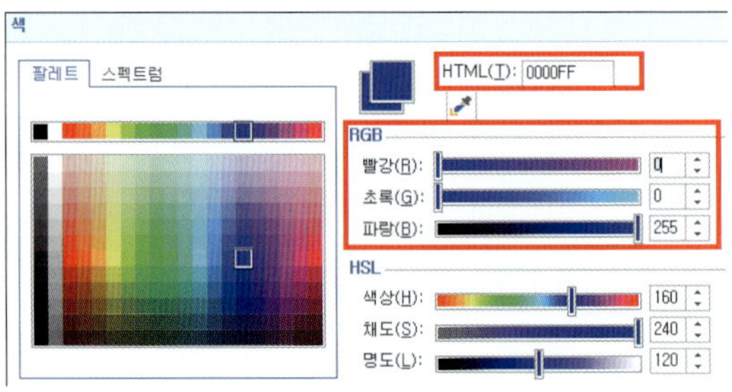

5) 문단 별행 행두에 **두 스페이스**가 들어 있는 경우 이를 찾으려면 [서식찾기]의 **[문단끝]**을 선택한다. 그러면 [찾을문자] 입력상자에 ^n이 입력되는데 이 뒤에 스페이스 두 개를 넣고 [다음찾기]를 누르면 된다. '문단 끝'이란 엔터키가 있는 위치이므로 그 앞에 스페이스들이 들어 있어도 그것들은 상관없이 엔터키 뒤의 스페이스만 찾게 된다. 엔터 뒤는 별행의 첫 문자 위치이다.

4. 조건식으로 찾기

1) 조건식(패턴식 또는 정규식)이란 문자열이 어떤 규칙적인 형식을 가지고 있는 경우 이러한 문자열을 쉽게 찾을 수 있도록 규정한 '구문'이다. 그 규칙적인 형식이란 예컨대 아래 표 '조건식구문'의 설명 내용과 같은 것들이다. '유니코드문자표의 한중일통합한자 몇 번째 문자'라고 하는 것이 이런 패턴의 하나이다. 조건식을 이용하면 숫자만 찾거나 영문만 찾거나 한자만 찾거나 하는 것이 가능하다.

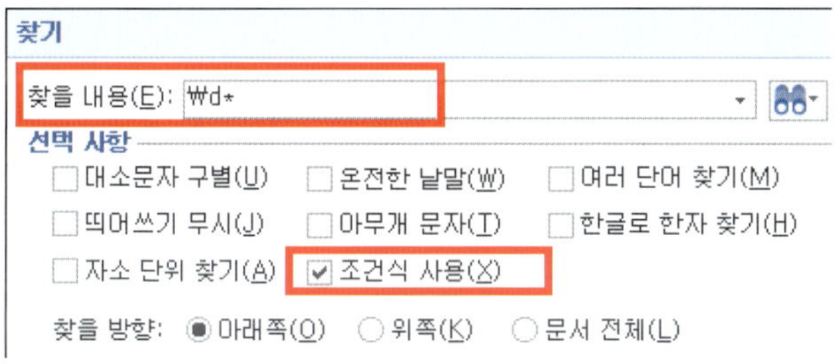

[찾기]의 [선택사항] 항목에서 **[조건식사용]**을 선택한 다음, [찾을내용]에 아래 표에서와 같은 조건식을 사용하면 검색의 범위를 좁히거나 넓혀서 검색을 수행할 수 있다. 조건식은 찾을 때만 사용하고 바꾸는 것은 할 수 없다.

2) **조건식 구문**

식	구 문	설 명	예 (찾을 내용 : 결과)
임의의 문자 하나	.	줄 나눔 문자를 제외한 모든 단일 문자를 찾는다. 빈칸과 탭 포함	모든 문자와 숫자나 기호 뒤의 마침표: .\.
	?	? 앞의 식이 한 번도 일치하지 않거나 또는 한 번 일치하는 경우	[0-9][0-9]? : '0' 또는 '00' ~ '99' years? : 'year' 또는 'years'
최대 - 0번 이상	*	* 앞의 식을 0번 이상 찾는다. 즉, * 앞의 식이 한 번도 일치하지 않거나 또는 여러 번 일치하는 경우를 찾는다	[0-9]*t : 't' 또는 '123t'

최대 - 1번 이상	*+	* 앞의 식을 1번 이상 찾는다	
문자 집합 중 한 문자	[ ]	[ ] 안에 지정한 문자 중 하나를 찾는다	[一-龥] 모든 한자를 찾아라. w[io]n :'win' 또는 'won'
문자 범위 내의 한 문자	-	[ ] 안에 지정한 문자 중 하나를 찾되, 대시(-)가 오름차순의 문자 범위를 지정한다	[r-t]ight : 'right' 또는 'sight'
문자 집합에 없는 문자	^	[ ] 안에서 ^ 다음에 나오는 문자 집합에 없는 문자를 찾는다	t[^a-m]ck : 'tock' 또는 'tuck' ('tack' 또는 'tick' 은 찾지 않음)
		[주의] ^가 패턴식의 맨 처음 나오면 단어의 처음을 나타낸다	^T : That, This 등 T로 시작하는 단어의 'T'
패턴식의 그룹화	( )	부분식을 그룹화한다	
이스케이프 문자	\	백슬래시(\) 다음에 나오는 문자를 찾는다. 조건식 표기에 사용되는 문자를 일반 문자로 찾을 때 유용하다	\. : 조건식 기호(.)가 아닌 마침표(.)를 찾음
태그가 지정된 식	{ }	중괄호로 묶인 식에 일치하는 텍스트를 찾아 태그를 지정한다	
태그가 지정된 n번째 텍스트	\n	백슬래시(\) 다음에 숫자 n이 쓰이면, n번째 그룹(Match Group)을 나타낸다. 이때 그룹은 { }를 사용하여 표기된 것이다 찾기 또는 찾아 바꾸기 식에서 태그가 지정된 n번째 식과 일치하는 텍스트를 찾는다. 여기서 n은 0-9까지 범위의 숫자이다	{.}{.}\1\0: noon {.}{.}\0\1: nono
패턴식 조합	|	앞뒤의 식을 찾는다. 이 구문은 그룹 내에서 가장 자주 사용된다	Th((at)|(is)) : That 또는 This (s|d)o : so 또는 do
영숫자	\a	**알파벳**이나 **숫자**를 찾는다	
빈칸이나 탭 문자	\b	빈칸이나 탭 문자를 찾는다	
영문자	\c	**알파벳** 문자를 찾는다	
숫자	\d	**숫자**를 찾는다	
16진수	\h	16진수에서 사용되는 문자를 찾는다	
영문자열	\w	**알파벳**이나·**한글**로 된 **단어**를 찾는다	
숫자로 된 단어	\z	**숫자로 된 단어**를 찾는다	
한글 문자	\k	**한글문자**를 찾는다	
따옴표 붙은 문자열	\q	Double Quatation Mark 가 붙은 문자열을 찾는다	

3) **사용 예**

① 역슬래시 '****'(또는 '₩')는 뒤에 오는 문자를 일반 문자로 인식한다.

'('(괄호)를 찾는다면 '\('로 표기하고, 마침표를 찾는다면 '\.'로 표기한다('\' 없는 '.'은 모든 단일문자의 조건식 기호가 됨. 그래서 모든 단일문자(기호 숫자 등 포함) 뒤의 마침표를 찾는다면 .'\.'으로 입력됨. '\w'는 영어나 한글 문장을 찾음).

② .* (단일문자(빈칸 탭 포함. 문단나눔은 불포함)로 연속된 문자열의 한 문단을 찾음)

③ \d* (한 개 또는 연속된 숫자열을 찾음)

④ \c* (영문자열, \k*는 한글 문자열)

⑤ [一-龥]+ (한자 문자열을 찾음: [뒤의 一은 하이픈이 아니고 한자(漢字) 1번째 글자. [문자표-유니코드문자표-한중일통합한자]의 1번째 글자. '龥'는 그 마지막 글자)

⑥ \b\b\k|\c|\d (문자 앞의 두 스페이스 찾기. 원고를 만들다 보면 지우고 추가하고 등을 거듭한다. 이 과정에서 스페이스가 여러 개 들어가게도 된다. 이를 찾아 제거할 때 필요한 찾기 기능이다)
'\k|\c|\d' 대신에 '.'을 사용할 수도 있는데 그러면 두 스페이스 뒤에 또 스페이스가 있는 것들도 찾게 됨.

⑦ ^n\b 또는 ^n스페이스둘 (문단 앞 첫 글자 위치의 빈 스페이스 찾기. 원고에는 들여넣기를 스페이스로 해온 경우가 있다. 이러한 경우 들여넣기 문단이 만들어진 판면으로 이 원고를 가져오기 하면 문단마다 스페이스가 그대로 들어가 있어 이를 제거해야 한다. 이러한 경우 필요한 찾기 기능이다)

⑦ \(\d|\w|[一-龥] (( )의 숫자·영문·한글·한자 문자열 찾기)

⑧ \d\.\b (1961. 4. 5과 같은 숫자 뒤 공백을 찾는 것)

⑨ ^n[1]\) ('1)'을 찾음)

⑩ \(\d|\w|[一-龥]+ (( )문자열을 찾음)

⑪ \a* (영문자 및 숫자, 그 문자열)

5. 아무개문자

1) 찾고자 하는 문자열의 일부분이 정확하지 않을 때에는 '?' 또는 '*'을 대신 써서 찾는다. '?'는 한 글자, 예를 들어, '한'으로 시작하는 두 글자를 찾으려 할 때 [찾을내용]에 '한?'이라고 입력하고 [선택사항]의 [아무개문자]를 지정하면 본문 중에서 '한글', '한문' 등을 찾아준다. '*'는 여러 글자를 나타내는데, 띄어쓰기 앞 문자열까지 찾아준다.

2) 예:

예1. 두 개의 스페이스가 들어간 곳 찾기: ?⌄⌄? (앞 ?뒤에 스페이스 둘)(조건식으로도

\b\b\k\\c\\d)

예2. 어느 문자(예 A)에서 뒤에 두 스페이스를 띄워야 하는데 스페이스 하나만 들어 있는 곳 찾기: A ⌄ ? (? 앞에 스페이스 하나)

매크로

1. [매크로]는 마우스나 키 입력 등을 계속적으로 반복해야 하는 경우 이 일련의 키보드 또는 마우스 동작을 보관하여 이후 단축키(alt+1~0,- 또는 alt+shift+1~0,-)로 실행시키는 기능이다. 이러한 아래아한글 제공의 매크로 방법에는 두 가지가 있다. 그것은 키보드 입력만을 기억하는 **[키매크로]**와, 키보드뿐만 아니라 마우스 동작을 포함한 사용자의 모든 동작을 기억하는 **[스크립트매크로]**이다(그러나 Windows7에서는 [키매크로]가 작동하지는 않지만 [스크립트매크로]에서 [키매크로]기능도 하고 또 'alt+1~0,-'로 정의되는 단축키도 이용할 수 있어 불편은 없다). 그러나 Windows 운영체제 제약에 따라 Vista 및 이후 버전에서는 키매크로 기능이 비활성화되지만 키매크로만을 [스크립트매크로]를 실행하고 그 정의를 'alt+숫자'키에 정의할 수 있다.

2. 스크립트매크로의 예

1) 스크립트매크로는 **키보드 키입력**뿐만 아니라 **마우스 동작**을 포함한 사용자가 정의하는 동작을 특정 단축키에 기록하여 매크로로 이용할 수 있는 기능이다.

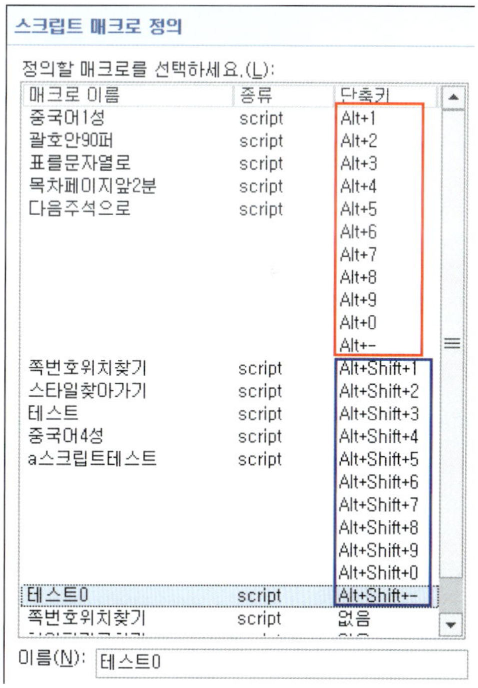

① 스크립트매크로는 [도구-매크로-스크립트매크로정의](alt+shift+h)로 시작한다. ② [스크립트매크로정의]를 실행하면 단축키를 지정하고 매크로 이름을 저장하여야 한다. ③ [정의]를 눌러 실행하면서부터 키보드와 마우스 동작은 지정한 단축키에 저장이 되어 간다. ④ 상황선의 [중지] 아이콘을 누르거나 [도구-매크로-스크립트매트로중지](alt+shift+x)를 하여 종료한다. ⑤ 실행은 해당문자열을 블록으로 잡고 저장한 단축키를 실행하거나 [도구-매크로-매크로실행](alt+shift+l)을 실행하여 단축키를 선택해 준다.

2)

가을나라 겨울왕국 동화나라

① 위 '가을나라'를 블록으로 잡고 alt+shift+h를 실행.

② [매크로정의]창에서 alt+shift+0을 선택하고 아래 [이름]에 '테스트1'이라 입력하고 [정의]를 누른다. 상황선을 보면 두 개의 아이콘이 생긴다. 앞것은 '**일시정지**'이고 뒷것은 '**중지**'이다. 끝내려면 뒷것 **[매크로중지]**를 누른다. '일시정지'를 누르면 이후부터의 키보드나 마우스 동작은 매크로 저장이 되지 않는다. 다시 '일시정지' 아이콘을 누르면 이때부터 이어서 매크로 저장을 한다.

③ 문자열이 선택된 상태에서 'alt+l'을 눌러 [글자모양]으로 들어가 [글자색]을 마우스로 클릭하여 청색을 선택하고 [설정] 단추를 마우스 클릭한다. 상황선의 뒤쪽 아이콘을 클릭하여 매크로를 종료한다. 선택한 문자열이 청색으로 바뀌었다.

④ '겨울왕국'을 블록 설정하고 'alt+shift+0'을 누른다. '겨울왕국'이 청색으로 바뀐다.

3) 매크로는 사용자의 시스템에 모두 저장된다. 따로 '매크로 저장하기'[1]를 할 필요는 없다. 기본으로 저장되는 매크로 파일의 이름은 HWPWMKOR90.HMI이다. C:\Users\사용자컴퓨터이름\AppData\Roaming\Hnc\User\Hwp가 그 **저장 위치**이다.

4) 한글 2010에서의 매크로와 한글 2014에서의 매크로는 상호 호환되지 않는다.

---

1) [도구-매크로-매크로실행]을 실행. 대화상자 목록에서 저장하려는 매크로를 선택. [매크로저장하기] 아이콘을 눌러 저장한다. [매크로꾸러미 파일]은 각 단축키에 정의된 모든 매크로를 하나의 파일(*.hmc)로 저장한다. [매크로꾸러미저장하기] 기능을 이용하면 각 문서 작업에 필요한 매크로 파일들을 만들어 저장해 놓고, 해당 문서 작업을 수행할 때마다 알맞은 매크로 꾸러미를 불러와 쓸 수 있다.

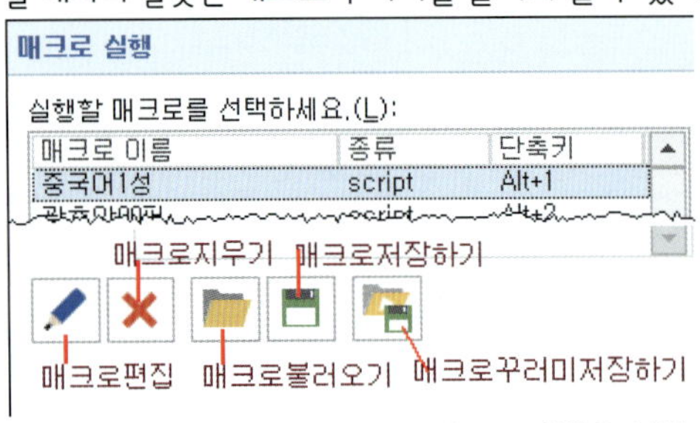

매크로 불러오기: [도구-매크로-매크로실행]을 실행. 대화상자가 나타나면 매크로 목록에서 정의된 내용 없이 비어있는 단축키 항목을 선택. [매크로불러오기] 아이콘을 눌러 해당 매크로 파일을 불러옴(.msr파일). 불러온 매크로가 목록에서 선택한 위치의 단축키에 배당됨. 만일 목록에서 정의된 내용이 있는 단축키를 선택하여 불러오면, 새로 불러온 내용으로 덮어 쓰고 그 자리에 있던 매크로는 지워짐. 매크로꾸러미 파일(*.hmc)을 불러오면 현재 매크로 목록을 모두 덮어 씀.

3. 키매크로

1) Windows Vista 및 이후 버전에서는 **[키매크로정의]가 비활성화**되었다. 즉 메뉴에서 이 기능을 사용할 수 없고 단축키 'alt+b'도 작동하지 않는다. 그러나 [스크립트매크로정의](alt+shift+h)를 실행하여 대화창에서 '키매크로' 기능을 사용할 수 있고 단축키(alt+1~0, alt+-)를 이용할 수 있다. 결국 Windows7에서 'alt+b' 라는 단축키만 죽었다는 것일 뿐이다.

2) 아래아한글의 '키매크로'는 키만의 동작을 기록하는 것이고 마우스 동작은 전혀 기록되지 않는다. 키매크로는 또 키보드의 내용을 기억하는 것이 아니라 눌린 키의 위치만 기억하므로 예컨대 '서울'이란 내용을 입력하는 키매크로를 정의하여 실행할 때 키보드가 '영문' 상태라면 'tjdnf'와 같이 입력된다.

3) 키매크로는 키만의 입력에 의하므로 메뉴를 부르고 탭을 지정하고 하는 키를 알아두어야 한다.

   ① **주 메뉴를 부르는 키매크로**는 'alt'와 함께 각 메뉴 이름 옆에 붙은 괄호 안 영문자(도구(K) ▾)가 단축키이다. 예컨대 'alt+k'를 누르면 [도구] 메뉴가 열린다. 그 아래 [환경설정]을 선택하려면 다시 'u'를 누르는 식으로 메뉴를 불러온다.

   ② **대화상자 탭**을 선택하는 것은 왼쪽부터 차례대로 'ctrl+1', 'ctrl+2', . . . '**ctrl+숫자**'이다.

   ③ 예를 들어 [글자모양-글자색]에서 빨간색을 고르는 매크로를 정의하려면 'alt+l'([글자모양]), 'ctrl+1'([기본]), 'alt+c'([글자색])를 눌러 [글자색]으로 들어가 드롭다운메뉴로 들어가기 위해 **spacebar**를 눌러 색상팔레트를 연다. 색상표에서 색을 고르기 위해 '**home**'이나 'end'를 눌러 포커스(선택 상태를 표시하는 빨간 정사각형 모양의 포인터) 를 처음이나 끝으로 이동하고 화살표키로써 원하는 색을 선택하여 'enter'키를 누른다. 이처럼 키보드의 **화살표키**를 사용할 때에는 먼저 'home'이나 'end'를 눌러 절대위치를 지정한 후에 화살표키를 사용한다.

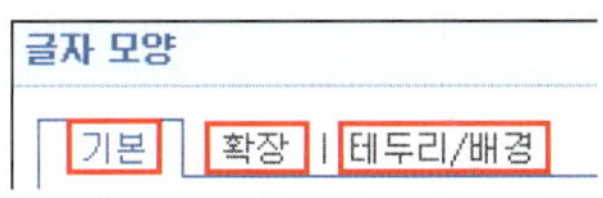

<[글자모양] 대화상자의 탭들>

   ④ 블록 설정의 매크로정의는 먼저 적당한 내용을 블록으로 설정한 다음 [키매크로정의]를 시작한다. 매크로를 실행할 때에는 다시 본문 내용에서 실

제 원하는 부분을 블록으로 설정한 다음 [매크로실행]을 한다.

4) 키매크로 안에서 다른 키매크로를 넣을 수는 없다.

5) 매크로를 정의할 때에는 '**작업창**'('스타일 작업창'이라 하면 스타일 이름 등이 있는 편집화면 옆의 작은 창)이 닫힌다. 이는 프로그램 오류가 아니다.

4. 예1: ( )문의 글자 크기

1) 본문 속에 설명 사항을 ( )로 넣으려는 경우 스타일을 만들어 적용할 것인데 매번 ( )문에서 스타일을 적용해 주는 이런 단순작업을 매크로로 지정할 수 있다.

( )문에 적용할 스타일(글꼴 선택, 글자크기 등)을 만들어 스타일 이름을 작업창의 두 번째 행에 배치한다. 매크로 정의시 작업창에서의 스타일 위치를 2번째로 지정해 주기 위해서다.

이 매크로 정의는 괄호문만을 본문에서 분리하여 별행의 문단으로 한 후 이 문단에 글자를 작게 한 스타일을 적용하고, 다시 분리된 문단을 본문에 잇는 매크로가 될 것이다.

[도구-매크로-매크로정의](shift+alt+h)로 매크로 단축키를 지정하고 이름을 주어 다음 순서로 정의해 간다.

① **열린괄호 이후를 별행으로** 끊는다: [찾기](**ctrl+F**)로 '('를 [아래쪽] 체크하여 찾기하고(이 순서를 ')'부터 찾기로 하면 매크로실행시 '1)' 등 앞괄호 없는 것도 적용하게 된다), '**esc**'로 찾기대화창 닫는다. 다시 '**esc**' 누르면 커서가 '(' 뒤로 옮겨간다. '←'키로 커서 이동 후 '**enter**'.

② **닫힌 괄호까지를 끊는다**: [찾기](**ctrl+f**)로 ')' 를 [아래쪽] 체크하여 찾기하고 '**esc**'로 찾기창 닫고 다시 '**esc**'를 누르면 커서가 ')' 다음으로 옮겨짐. '**enter**'하면 이제 괄호 포함한 괄호문이 별행 문단이 된다.

③ 별행 **괄호문단을 블록**으로: 현재 커서가 괄호문단 아래에 있으므로 이를 윗행으로 옮기기 위해 '↑' 을 누름. '**alt+home**'으로 문단 처음으로 커서 이동하고 **F3**을 한 번 누른 후 '**alt+end**'를 눌러 블록 지정(또는 **shift+ctrl+↓**)

④ **괄호문단에서 [스타일]** 적용: 이 문단 블록 상태에서 글자 크기 등을 줄이는 스타일을 적용하기 위해 '**ctrl+2**'를 누름. (글자 크기를 줄이기 위해 매크로 작업 이전에 ( )문의 [글자모양]을 스타일로 지정해 놓았어야 하고 이 스타일 이름을 스타일 작업창 맨 위에서 두 번째에다 놓았어야 한다(세 번째 등). 스타일 작업창에 두 번째로 놓인 것을 적용하려면 'ctrl+2'를 눌러야 함.)

⑤ **괄호문단 다시 이어주기**: esc로 블록 해제하면 커서가 문단의 끝에 놓임. 여기서 'del'키를 눌러 뒷문단을 잇고, 이어 'alt+home'키를 눌러 커서를 문단 시작으로 보내 'backspace'를 누르면 앞 문단에 이어짐.

⑥ 상황선에서 매크로중지 버튼을 마우스로 눌러 종료한다. 'alt+a'의 종료 단축키는 작동을 하지 않는다.

⑦ 이 과정을 일련으로 보이면 다음과 같다.
ctrl+F/((입력)/alt+O(이래쪽)/alt+F(찾기)/esc(찾기창해제)/esc(커서블록해제)/←(커서이동)/enter(별행)/
ctrl+F/)(입력)/alt+F(찾기)/esc(찾기창해제)/esc(커서블록해제)/enter/↑(앞문단으로커서이동)/alt+home(문단맨앞으로처서이동)/F3(잠재블록)/alt+end(문단끝으로)/ctrl+2(스타일지정)/esc(문단블록해제)/delete(뒷문단이음)/alt+home(문단 맨 앞으로 커서이동)/backspace(앞문단에 이음)/매크로중지

2) 이제 본문 편집중 ( )문을 일일이 눈으로 찾음이 없이 본문 어디에서든 매크로 'alt+2'를 실행하면 커서 위치 이하에서 프로그램이 알아서 괄호문을 찾아 스타일 창의 두 번째 스타일을 적용해 준다. 필요한 경우 'alt+2'를 누르기만 하면 된다.

5. 예2: 차례에서의 리더와 페이지숫자

1) '차례'는 쉽게 프로그램이 만들어 주지만 그 편집은 쉽지가 않다. 더구나 페이지가 많고 세부 항목이 적지 않은 경우엔 거의 매 항목을 일일이 손보아야 한다. 그 중에서 편집시 차등을 주는 항목 설정을 하게 되면 리더와 페이지숫자도 항목과 '같은 크기와 서체'를 따르게 되어 마땅하지 않게 된다. 이를 조화롭게 통일하는 데 매크로가 도움이 된다. 단순치 않은 차례 편집에선 반드시 필요한 일을 매크로가 쉽게 해 줄 수 있다.

2)

01. 토지제도 ······················· 201
1. 삼국시대 ······················· 201
2. 통일신라 ······················· 202
3. 고려 시대 ······················· 203
4. 조선시대 ······················· 206

02. 국역 수취 제도 ······················· 213
1. 고대국가 ······················· 213
2. 고려 시대 ······················· 215
3. 조선 전기 ······················· 217
4. 조선 후기(임진왜란 이후) ······················· 222

01과 같은 '리더(항목과 페이지숫자 사이의 점선을 이리 부른다)와 페이지숫자'를 02와 같이 하려는 매크로이다.

01 및 1, 2 항목들은 11pt이고 리더와 페이지숫자도 항목의 크기와 글꼴을 따른다. 이것의 '리더와 페이지숫자'만을 한 가지 글꼴 9pt로 고치려면 한꺼번에 블록을 잡을 수가 없어 매 리더와 숫자를 따로따로 블록을 설정하고 고쳐 나가야 하는데 이는 번잡하다. 이 작업을 매크로가 할 수 있다.

이 매크로를 다음과 같이 만든다.

① 항목 하나를 선택하고 여기서 리더와 페이지숫자의 크기와 글꼴을 수정한다. 예에서는 11pt에서 9pt로 고치고자 한다(아래(B)). 리더 앞뒤에서 2분씩 띄우기도 하려 한다. 아래아한글에서 [차례만들기]를 하면 항목 뒤에 '탭'이 들어 있으므로 이를 [찾기]하면 페이지숫자 크기를 줄일 수 있는 매크로를 만들 수 있다. 고쳐놓은 B에서 페이지숫자 앞에 커서를 두고 모양복사(alt+c)를 한다(이 모양복사는 다음의 매크로 정의 과정에서 필요할 것이다).

4. 조선시대(A) ·· 206
4. 조선시대(B) ·· 206

② 매크로정의 실행(alt+shift+h). 단축키를 alt+4에 배당하고 이름을 '차례페이지'라 입력한다. 이하 순서로 매크로를 정의해 간다.

- ctrl+F (찾기창 열기) /
- backspace (찾을내용비움) /
- tab (서식찾기로 이동) /
- enter (서식찾기 엶)
- home (서식찾기창에서 맨 위로) /
- enter (서식찾기창의 탭키) /
- alt+F (찾기 실행) /
- esc (찾기창 닫음) /
- alt+c (블록으로 잡힌 리더에 글자모양 복사) /
- esc (리더의 블록 해제) /
- ← (리더 맨 앞으로 커서 이동) /
- space (리더와 항목 사이 2분 띄움)
- → (커서를 다시 리더 뒤로) /
- space (리더와 페이지 사이 2분 띄움) /

- F3 (블록 잠재)
- alt+end (페이지숫자들 블록) /
- alt+c (페이지숫자에 글자모양 복사) /
- esc (블록 해제) /
- 매크로 정의 종료

3) 이 매크로 실행은 매 행에서 실행해 주어야 한다. 그러나 키를 누르고만 있으면 계속 실행될 것이다. 또한 차례의 모든 항목 편집이 끝난 상태에서 하여야 한다. 항목의 글꼴이나 크기가 달라지면 이중의 작업이 될 수 있기 때문이다.

6. 예3: 각주참조번호 글꼴·크기 바꾸기

1) 각주에는 본문에 그 각주 내용을 가리키는 부호가 붙는다. 대체로 그 부호는 아라비아숫자이고 이것은 별면의 구역 단위로 시작번호가 붙도록 하였다면 그리 붙을 것이다. 본문에 붙는 그 부호를 '참조번호'라고 하는데 이는 본문용 글꼴로 자동 부여된다. 그래서 그 크기며 위치며 모양이 본문에 숨어보이는데 이것을 눈에 띄도록 글꼴을 바꿀 필요가 있다. 이러한 때에 이를 일괄 매크로로 지정할 수 있다면 작업은 좀더 수월해질 것이다.

2) 각주참조번호에는 [각주]라는 [조판부호]가 붙는다. 이를 찾아가게 할 수 있다면 매크로는 정의할 수 있을 것이다.

① alt+g 로 [편집-찾기-찾아가기]를 실행한다.

② alt+r 을 누른다. 이는 [찾아가기]창에서 [조판부호] 항목을 선택함이다.

③ tab, tab 두 번 눌러 [조판부호]창으로 들어간다.(또는 tab 후 '각주' 입력하고 아래 ④항 건너 뜀.)

④ ↑ ↓ 방향키로 [각주]를 선택한다.

⑤ alt+d하여 [찾아가기]를 빠져나와 본문의 '각주참조번호' 앞으로 간다.

⑥ shift+→ 하여 각주참조번호를 블록 설정한다.

⑦ ctrl+3으로 각주참조번호 스타일 이름 적용. ctrl+3은 스타일 작업창의 맨 위에서 세 번째 위치 스타일을 적용하라는 단축키이며, 이 스타일은 매크로 정의 이전에 각주참조번호의 글자모양을 지정하여 스타일로 등록 후 작업창 3번 순위에 놓은 것이다.

⑧ esc 키를 눌러 각주참조번호의 블록을 해제하고 커서를 각주참조번호 뒤로 이동한다.

⑨ 매크로를 종료한다.

7. 예4: 그림속성 지정하기

1) 그림을 불러와 배치함에 여러 장을 계속 같은 속성으로 배열하려 한다면 아래아한글은 매번 같은 속성지정 작업을 그림마다 반복해야 한다. 그림의 속성 저장 방법이 없기 때문이다. 이 반복작업을 매크로로 정의해 둔다.

2) ① 그림을 선택한다.

② alt+shift+0으로 매크로정의를 실행한다. 이 매크로는 마우스동작을 기억하는 스크립트매크로로 정의한다. 이유는 [개체속성]을 키로써 불러올 수 없기 때문이다.

③ 메뉴 밑의 기본도구상자에 있는 '개체속성'을 마우스 클릭한다.

④ 속성 대화창에서 마우스로
[글자처럼취급]을 체크 해제한다. (본문에서 어울림으로 그림을 배치하기 위하여)
[본문과의배치]를 [어울림]으로 하고
[가로][세로]의 위치를 [종이]로 한다. (판면 밖으로 내놓기 위하여)
[번호종류]를 [없음]으로 하고 (그림번호가 넣어지지 않도록)
[여백/캡션]을 [왼쪽]에 4mm로 입력한다. (본문과 그림과의 간격)
[캡션넣기]를 오른쪽 하단으로 잡고 (캡션을 그림에 나란한 오른쪽 아래에 두려고 이리 지정하였으나, 실행 결과를 보면 상단으로 지정되어 있다. 이유는 알 수 없다)
[개체와의간격]에 -25mm를 입력한다. (오른쪽 그림 끝에서 5mm를 빼고 25mm를 그림 안쪽으로 들여밀기 위함. 이는 캡션 길이를 30mm로 한 때문임)

⑤ [설정]을 눌러 빠져나와 매크로를 중지한다.

3) 이제 그림을 불러와 선택하고 alt+shift+0을 실행하면 그림 속성이 지정한 대로 변경된다.

4) 이같은 위 지정은 오른쪽 판면 밖으로 본문에서 4mm간격을 두기 위한 이 책에서의 속성 지정이다. 캡션은 30mm 크기로서 그림 오른쪽 끝에서 5mm 빠져나가 앉도록 하였다(오른쪽 그림 참조). 이 캡션은 편집이 끝나 판면이 확정될 때까지만 그 소속을 메모하는 용도로 작성해 두기 위함이다. 교정 후 행이 가감되면 그림이 그 자리를 벗어나면서 판면이 헝클어져 있기 때문이다. 한 번 편집으로 행 위치에 그림을 묶어둘 수 있도록 프로그램 개선이 있었으면 좋겠다.

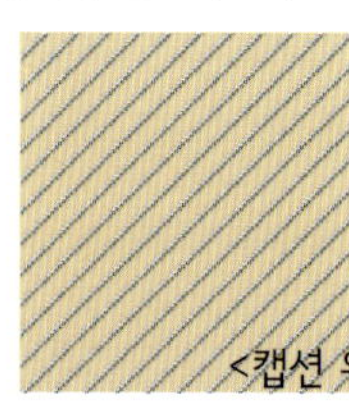
<캡션 위치>

상용구

1. 상용구는 편집을 하면서 샘플이 될 것들을 등록해 놓거나 입력을 대신해 줄 문자열을 등록해 놓거나 일정하게 들어가는 그림 등을 등록해 놓거나 하여 이를 수시로 불러다 쓸 수 있게 한 저장소 같은 역할을 하는 기능이다. 어느 조판프로그램은 이를 '**라이브러리**'라고 부르고 있다

편집중의 책에 '표'가 같은 유형으로 들어간다면 표 하나를 상용구로 등록해 놓고 거기에 표 데이터만을 복사해 넣는다거나 또는 상용구에서 불러온 표의 속성을 복사하여 이미 작성된 표에 적용하면서 표 통일을 기한다거나 할 수 있다.

2. 상용구에는 [글자상용구]와 [본문상용구]가 있다. **[글자상용구]**는 글자속성은 무시된 텍스트만을 등록하는 곳이다. 등록된 텍스트는 그 내용을 불러다(ctrl+F3) 추가·편집할 수도 있다.

[본문상용구]는 글자, 표, 그림, 글상자 등 서식이 있는 내용들을 서식 그대로 등록하는 곳이다. [본문상용구]를 등록할 때에는 본문 내용을 블록으로 설정한 후(블록으로 설정하면 [입력-상용구]의 [상용구등록](alt+i)이 활성화된다) 'alt+i'를 눌러 등록할 수 있으며, [본문상용구]는 [글자상용구]와는 달리 편집할 수 없다.

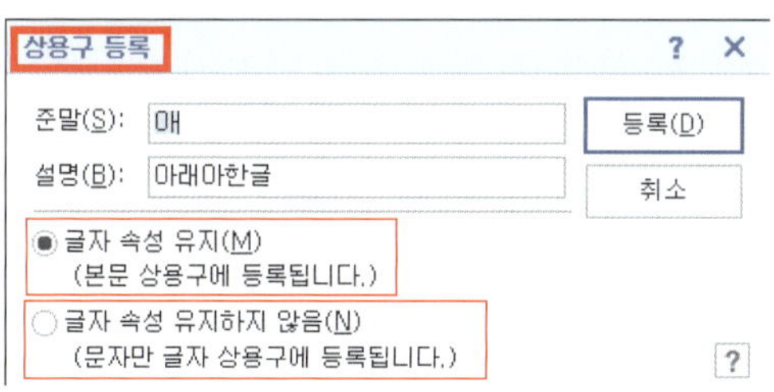

3. 상용구 등록하기

1) 본문에서 블록을 잡고 등록(alt+i)하는 방법과, 상용구 대화상자에다 직접 등록하는 방법이 있다.

① 본문에서 등록하려면 블록을 잡고 [입력-상용구-상용구등록](alt+i)을 실행한다. **[상용구등록] 대화상자**의 [준말]에 상용구를 불러올 글자를 한 자나 두 자로(낱자도 가능) 입력한다. [설명]에는 그 상용구가 무슨 상용구인지 구별을 위한 참조용일 뿐이다.

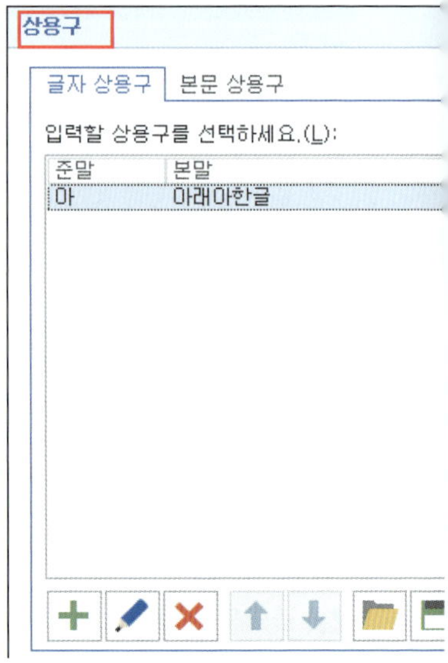

② 대화창에서 **[글자속성유지하지않음]**을 선택한 경우에는 [글자상용구]에 등록된다. 이 상용구에서는 글자 속성을 버린 '글자'(text)만이 등록되고 후에 **[상용구] 대화상자**(ctrl+F3로 불러옴)에서 내용을 편집할 수 있다. **[글자속성유지]**를 선택하면 [본문상용구]에 등록된다. 이 상용구는 글자, 표, 그림, 글상자 등에서 사용하는 모든 내용들을 서식 그대로 등록한다. 이 상용구 내용은 편집할 수 없다.

③ '본문 블록'에서 alt+i를 실행하면 **[상용구등록]** 대화상자가 뜨고 '서식있는 블록'에서 alt+i를 실행하면 **[본문상용구등록] 대화상자**가 뜬다. [준말]과 [설명]을 넣도록 되어 있다. [상용구등록]에서는 글자속성 유지 유무를 선택할 수 있음이 [본문상용구등록]과 다르다.

④ **대화상자에서 등록하는 방법**은 [입력-상용구-상용구내용](ctrl+F3) 실행, 대화상자의 **[글자상용구]**탭에서 [상용구추가하기]단추(+아이콘)를 눌러 [준말]과 **[본말]**을 입력하고 [설정] 단추를 누른다. [본말]은 [상용구등록]시의 블록상의 내용과 같은 것으로서 상용구 실행으로 입력될 내용이다.

2) 등록상의 주의

① 블록을 설정하여 alt+i로 상용구를 등록할 때 한글, 영문 상관없이 한 글자만 자동으로 준말로 등록된다. [글자상용구]의 경우, 이미 한 글자의 같은 준말이 등록되어 있다면 두 글자까지 준말에 자동으로 입력된다.

② 만약, 두 글자의 같은 준말이 있을 때에는 나중에 등록한 상용구의 준말이 실행된다. [본문상용구]의 경우에는 같은 준말이 있을 때에는 이전의 상용구를 지우고 새로운 상용구로 덮어 쓴다.

3) 상용구를 불러 사용하려면 상용구의 준말을 입력하고 'alt+i'를 실행한다.

4. 예:

중점(가운뎃점)은 키보드에 키가 없고 문자표에서 찾기도 불편하므로 이를 상용구로 등록하면 편하다. 중점은 문자코드 FF65로 입력된다 [문자표]의 [유니코드] 입력창에 FF65를 입력하고 [넣기]를 한 후 넣어진 중점을 블록설정하고 alt+i를 실행하여 상용구등록창이 뜨면 [준말]에 키보드의 마침표를 눌러 마침표를 입력하고 [설명]에 '중점'이라 입력한다. 그런 후 **[글자속성유지하지않음]**을 체크한다. 이는 상용구를 '본문상용구'가 아닌 '글자상용구'로 입력하려는 것이다. 만일 11pt 파랑글자 문자열에서 중점을 '글자속성유지'라는 '본문상용구'로 만든 후, 8pt 검정 문자열의 다른 문단에 이 상용구를 실행해 넣으면 이 중점은 11pt의 파랑 중점으로 입력될 것이다. '글자상용구'로 입력하였다면 어떠한 문단에서도 그 문단의 글자속성을 따라 상용구는 마치 키보드에서 입력한 것처럼 입력될 것이다. 상용구가 등록되면 중점이 필요한 곳에 이 중점의 상용구 준말인 마침표를 입력하고 커서를 마침표 뒤에 오게 한 후 alt+i 상용구넣기를 실행하면 마침표가 중점으로 변환된다.

문자표에서 입력하기 어려운「 」기호라거나 그 글에서 자주 사용하는 긴 용어 등을 '글자상용구'로 만들어 두면 입력이 간편해질 것이다.

5. 상용구의 기타 사항

1) [글자상용구]와 [본문상용구]는 각각 **80개까지** 만들 수 있다. 상용구 정의가 80개를 넘으면 오래된 것부터 하나씩 밀려 없어진다.

2) 본문을 블록으로 설정하여 'alt+i'로 상용구를 등록할 때, 블록 안에 표나 그림, 찾아보기 등의 **조판부호**가 포함되어 있으면 [본문상용구등록] 대화상자가 나타난다. 즉 블록 안에 조판부호가 포함되어 있을 때에는 [글자상용구]로는 등록되지 않는다.

3) 글자 외에 표나 그림, 글상자를 상용구로 등록할 때에는 이들을 선택한 다음 'alt+i'를 누른다. [본문상용구등록] 대화상자가 나타나면 준말과 설명을 달아 [본문상용구]로 등록한다.

4) 상용구는 그 문서 **저장**시에 같이 포함되어 저장되는 것은 아니다. 상용구는 만들어지면 자동으로 저장되는데 그 **저장 위치**는
[글자상용구]는 C:\Users\jwoon\AppData\Roaming\HNC\user\Hwp\60에 HWP.IDO 파일로 저장되므로 특정 상용구를 다른 시스템에 옮겨야 할 경우가 아니면 따로 파일로 저장할 필요는 없다.
[본문상용구]는 C:\Users\jwoon\AppData\Roaming\HNC\user\Hwp\60\IDIOM 폴더에 *.HWP 파일로 저장된다.

38 문자표

1. [문자표]는 키보드에서 입력할 수 없는 기호, 외국문자 등을 모아둔 상자로서 유니코드 문자셋이다. 세계공통 기호이다. '한글'도 유니코드가 있어 외국인의 키보드에서는 외국어로 문자표상에서 입력할 것이다.

2. [문자표]는 [입력-문자표](ctrl+F10)에서 찾아 입력한다. [넣기]를 실행하면 본문의 커서 위치에 입력이 된다. 자주 사용할 문자는 사용자문자표를 만들어 따로 [사용자문자표]에 넣어둘 수 있다. [입력-문자표]를 실행하고 [사용자문자표]탭을 열어 [문자영역등록하기] 아이콘을 누른다. 새 이름을 넣어 등록하면 [문자영역]에 등록이 된다. 이후 [문자영역]의 새 이름에 [문자표]에서 사용자문자표로 등록하는 문자들이 들어가게 된다.

[사용자문자표]는

C:\Users\jwoon\AppData\Roaming\HNC\User\Hwp\CodeMap 폴더에 저장된다.

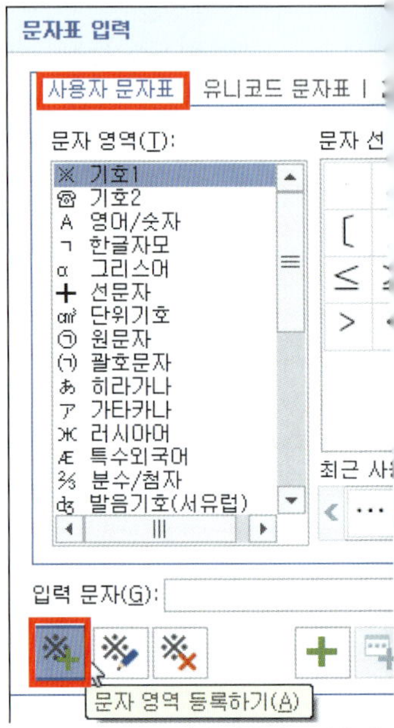

<사용자문자표만들기>

3. 참고1: 라틴확장문자 유니코드

00A0		00A1	¡	00A2	¢	00A3	£	00A4	¤	00A5	¥	00A6	¦	00A7	§
00A8	¨	00A9	©	00AA	ª	00AB	«	00AC	¬	00AD	-	00AE	®	00AF	¯
00B0	°	00B1	±	00B2	²	00B3	³	00B4	´	00B5	µ	00B6	¶	00B7	·
00B8	¸	00B9	¹	00BA	º	00BB	»	00BC	¼	00BD	½	00BE	¾	00BF	¿
00C0	À	00C1	Á	00C2	Â	00C3	Ã	00C4	Ä	00C5	Å	00C6	Æ	00C7	Ç
00C8	È	00C9	É	00CA	Ê	00CB	Ë	00CC	Ì	00CD	Í	00CE	Î	00CF	Ï
00D0	Ð	00D1	Ñ	00D2	Ò	00D3	Ó	00D4	Ô	00D5	Õ	00D6	Ö	00D7	×
00D8	Ø	00D9	Ù	00DA	Ú	00DB	Û	00DC	Ü	00DD	Ý	00DE	Þ	00DF	ß
00E0	à	00E1	á	00E2	â	00E3	ã	00E4	ä	00E5	å	00E6	æ	00E7	ç
00E8	è	00E9	é	00EA	ê	00EB	ë	00EC	ì	00ED	í	00EE	î	00EF	ï
00F0	ð	00F1	ñ	00F2	ò	00F3	ó	00F4	ô	00F5	õ	00F6	ö	00F7	÷
00F8	ø	00F9	ù	00FA	ú	00FB	û	00FC	ü	00FD	ý	00FE	þ	00FF	ÿ
0100	Ā	0101	ā	0102	Ă	0103	ă	0104	Ą	0105	ą	0106	Ć	0107	ć

0108	Ĉ	0109	ĉ	010A	Ċ	010B	ċ	010C	Č	010D	č	010E	Ď	010F	ď
0110	Đ	0111	đ	0112	Ē	0113	ē	0114	Ĕ	0115	ĕ	0116	Ė	0117	ė
0118	Ę	0119	ę	011A	Ě	011B	ě	011C	Ĝ	011D	ĝ	011E	Ğ	011F	ğ
0120	Ġ	0121	ġ	0122	Ģ	0123	ģ	0124	Ĥ	0125	ĥ	0126	Ħ	0127	ħ
0128	Ĩ	0129	ĩ	012A	Ī	012B	ī	012C	Ĭ	012D	ĭ	012E	Į	012F	į
0130	İ	0131	ı	0132	Ĳ	0133	ĳ	0134	Ĵ	0135	ĵ	0136	Ķ	0137	ķ
0138	ĸ	0139	Ĺ	013A	ĺ	013B	Ļ	013C	ļ	013D	Ľ	013E	ľ	013F	Ŀ
0140	ŀ	0141	Ł	0142	ł	0143	Ń	0144	ń	0145	Ņ	0146	ņ	0147	Ň
0148	ň	0149	ŉ	014A	Ŋ	014B	ŋ	014C	Ō	014D	ō	014E	Ŏ	014F	ŏ
0150	Ő	0151	ő	0152	Œ	0153	œ	0154	Ŕ	0155	ŕ	0156	Ŗ	0157	ŗ
0158	Ř	0159	ř	015A	Ś	015B	ś	015C	Ŝ	015D	ŝ	015E	Ş	015F	ş
0160	Š	0161	š	0162	Ţ	0163	ţ	0164	Ť	0165	ť	0166	Ŧ	0167	ŧ
0168	Ũ	0169	ũ	016A	Ū	016B	ū	016C	Ŭ	016D	ŭ	016E	Ů	016F	ů
0170	Ű	0171	ű	0172	Ų	0173	ų	0174	Ŵ	0175	ŵ	0176	Ŷ	0177	ŷ
0178	Ÿ	0179	Ź	017A	ź	017B	Ż	017C	ż	017D	Ž	017E	ž	017F	ſ

4. 참고2: 몇 가지 문자 코드

다음 표는 참고용으로 발췌한 것이다. 표에서 앞 숫자는 유니코드이고 뒤의 것은 문자모양이다. [문자표]에서 '유니코드'를 입력하면 문자를 곧 넣을 수 있다.

25c1	◁	320e	㈎	007e	~	226a	≪	2014	—	0027	A'
25B7	▷	2474	⑴	ffee	○	02c2	<	2013	–		
25a0	■	00a7	§	f09f	•	27f5	⟵	2015	―		
25a1	□	ff62	｢	2981	⦁	2913	⤓	ff0d	－		
25ae	▮	300e	『	ff65	･(중점)	27f6	⟶	2010	‐		
26AB	⚫	0854	『	2170	ⅰ	2714	✔	2026	…		

주1. 「, 」기호를 자주 사용한다면 [도구-글자판-글자판바꾸기]의 [기타]탭에서 [겹낫표입력]에 체크를 하고 사용한다. 그러면 한글 모드에서 [ ] 대신 낫표가 입력된다(shift키를 사용하면 겹낫표로 입력됨). [,]은 영문모드에서 사용할 수 있다.

주2. 입력된 문자의 코드 번호 확인하기는 블럭+ctrl+F10 또는 F3+ctrl+F10이다.

주3. '연속된 문자표'를 문자표에서 쉽게 입력하려면 문자를 선택하고 space키를 누르면 차례로 선택창에 선택이 된다. '넣기' 실행한다.

주4. 중점(가운뎃점): FF65

주5. 일련문자 시계숫자(로마숫자): Ⅰ에서Ⅹ까지 (2160-2169). Ⅺ-Ⅿ (216A-216F)
원숫자: ①-⑳ (2460-2473), ㉑-㉟ (3251-325F)
괄호숫자: ⑴⒇ (2474-2487)
괄호문자: ㈀-㈍ (3200-320D) ㈎-㈛ (320E-321B)
선기호: ─(2500)

39 차례 만들기

1. 아래아한글의 차례 만들기 메뉴와 대화창

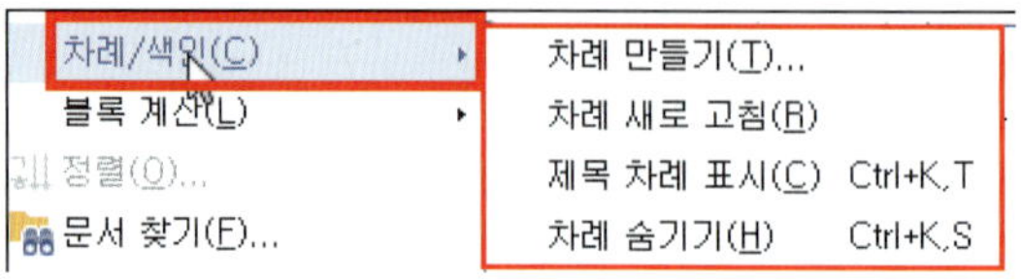

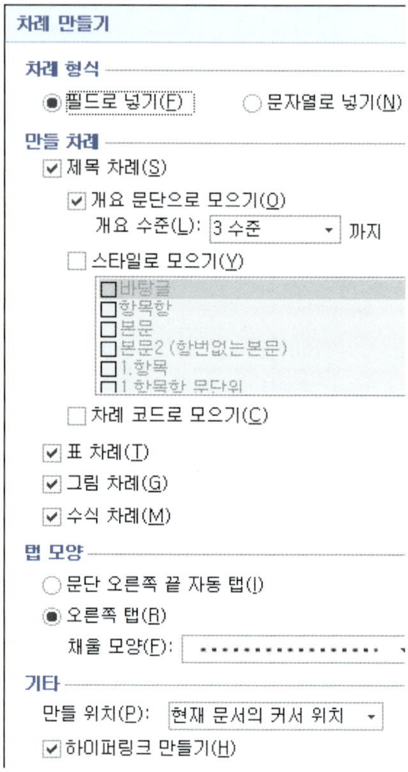

2. 자동수정을 위한 차례 만들기

차례를 만든 후 본문 페이지번호의 변경 등이 있는 경우 '새로 고침' 기능을 이용하겠다면 **[차례만들기]** 대화창에서 '차례형식' 항목의 **[필드로넣기]**를 체크한다. 그럴 필요가 없다면 **[문자열로넣기]**를 선택할 것이지만 [문자열로넣기]를 굳이 선택할 이유가 따로 있는 것이 아니라면 [필드로넣기]를 선택상태로 하여 차례를 만든다. [필드로넣기]로 차례를 만들면 차례 맨 앞에 **[차례시작]**, 차례 맨 뒤 별행문단으로 **[차례끝]**이라는 **코드**(조판부호)가 생긴다. 이 조판부호를 지우면 [문자열로넣기]처럼 이후 **차례 자동 수정**이 안 된다. 만일 '한글2014' 이전 버전에서 '한글2014'의 [필드로넣기]로 만든 차례를 열려 하면 열리지 않을 수 있다(이 기능은 '한글2014'에서 추가된 것이다). 이것을 열려면 [차례시작]과 [차례끝]이라는 조판부호를 지우면 된다.

3. 차례항목 표시

항목을 '개요문단'에서 만들려고 한다면 [개요문단으로모으기]를 체크하고, 만일 항목을 '스타일' 적용으로 된 것에서 만들려고 한다면 [스타일모으기]를 체크하여 [만들기]를 실행하면 아래아한글은 **자동으로 차례**를 추출해 준다. 이러한 자동추출이 아니라 '차례항목'을 일일이 본문에서 지정하고 이 지정한 것으로부터 차례를 만들려면 **[차례코드모으기]**를 체크하고 [만들기]를 실행하면 된다. 일일이 **차례항목을 표시**하기 위하여는 차례항목 앞에서 **ctrl+k,t**([제목차례표시])를 누르면 차례항목으로 표시가 된다. 차례항목 표시를 한 곳의 문단에서 이 차례항목을 차례에 나오지 않도록 숨기고 싶다면 해당 문단에 **[차례숨기기]** 기능을 사용한다. 이때 커서가 문단의 어느 곳에 있든 [차례숨기기]를 실행하면 문단의 가장 앞에 [차례숨김] 코드가 삽입된다.

4. 차례 정렬

1) 아래아한글의 차례 만들기는 항목을 추출하고 리더를 넣고 페이지를 달아주는 역할만 한다. 다시 말해 '이 항목은 그 서체를 어떤 것으로 하고 그 크기를 어떻게 하고 여백은 어떻게 하고'를 차례만들기에서 지정하게끔은 되어 있지 않다. 아래아한글이 만들어주는 정렬법이란 차례항목과 페이지번호 사이에 선을 넣어주느냐 아니냐 하는 두 가지뿐이다. **[문단오른쪽끝자동탭]**을 선택하면 리더 없이 차례항목 뒤에 탭을 넣고 페이지번호를 오른쪽 끝에 맞춘다. **[오른쪽탭]** 정렬은 항목 뒤에서 페이지번호 사이에 지정한 리더를 넣어주는 것뿐이다. 리더란 [채울모양]에서 지정하는 '선'이다.

2) 차례 만들기를 하면 [**현재문서**의새구역]이나 [**현재문서**의커서위치]에 만들어지므로 판면에는 변함없는 상태이다(한글2014 이전 버전에서는 '새문서'로 차례며 색인이 만들어져 이를 현재문서로 가져와야 이중일이 되지 않는다). 아래아한글이 만든 차례 판면을 이제 편집자가 정렬하여야 한다. 각 항목별로 글꼴과 크기 등 글자모양을 고르고 행간이나 여백 등 문단모양도 정돈한다. 같은 단계의 항목끼리 적용할 스타일을 만들어 이용함이 바람직하다. 그렇다 해도 최종에는 리더와 페이지숫자의 글꼴이나 크기를 차례 전체에 하나로 통일이 되도록 정렬을 해야 하는데 그 방법으로 매크로를 이용한다. 이것에 대한 설명은 <매크로> 항목 5항에서 하였다.

5. 차례 새로고침

'차례 필드로 만들어진' 차례 항목을 추가하거나 삭제한 경우 [도구-차례/색인-차례새로고침]에서 **[차례새로고침]** 또는 **[모든차례새로고침]**을 실행하면 변경된 내용이 차례에 반영된다. 차례를 만들 때 반드시 [차례형식]에서 [필드로넣기] 항목을 선택하고 만들어진 경우에 한하며 '문자열'로 차례를 만든 경우에는 이 메뉴를 사용할 수 없다. [차례새로고침]을 하면 선택된 차례 필드만을 고치고 [모든차례새로고침]을 하면 문서의 모든 차례 필드를 고친다.

방점·덧말

1. ‘방점(傍點)’이란 글자 하나하나를 블록으로 잡고 그 글자 위나 아래에 점 또는 문자 또는 한자(漢字) 및 그 새김 등을 넣는 것을 말하고
‘덧말(傍點)’이란 단어 등 문자열을 블록으로 잡고 그 문자열의 위나 아래에 새김 등의 문자 및 문자열을 넣는 것을 말한다.

‘방점’은 ‘드러냄표’라고도 한다. 주로 그 말에 주의를 해 달라는 의도로 점 등을 넣는 것인데 예전 조판물에서는 흔히 볼 수 있었다. 영미에서는 underline으로 대신하고 근래의 우리도 주로 ‘밑줄’로 대신한다. ‘밑줄’로 할 것인지 ‘방점’으로 할 것인지는 편집자의 시각이다.

‘덧말’은 일본 조판물에서 루비(ルビ)라는 이름으로 흔히 보이지만 우리의 경우에도 漢字(한자)새김 등에 괄호문 대신 이용되었다.

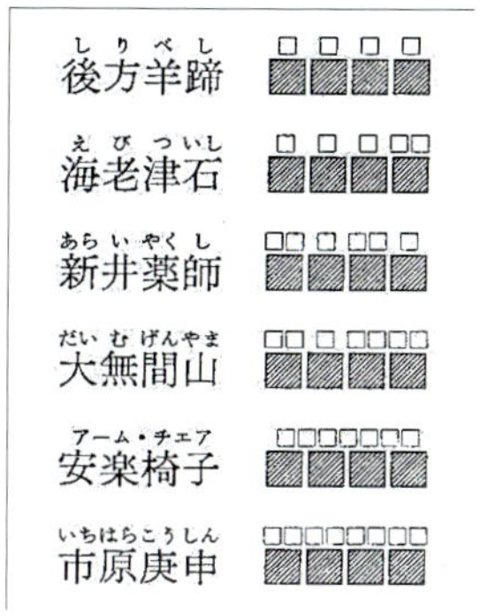

<일본 루비조판의 예>

2. 방점과 덧말은 따로따로의 메뉴를 갖지 않는다. [입력-덧말넣기] 메뉴 하나에서 대화창의 [덧말]에 원하는 방점이나 덧말을 넣고 그 위치를 지정하면 된다.

‘덧말’은 직접 입력할 수 있고 [문자표]에서 고를 수도 있다. 문자표에서 고르려면 입력상자에서 오른마우스 클릭하면 고를 수 있게 해 준다.

‘방점’은 한 자 한 자 각 자마다 각개로 넣는 것이고, ‘덧말(underline)’은 문자열을 묶음한 한 단위로 넣는다는 점이 다르다.

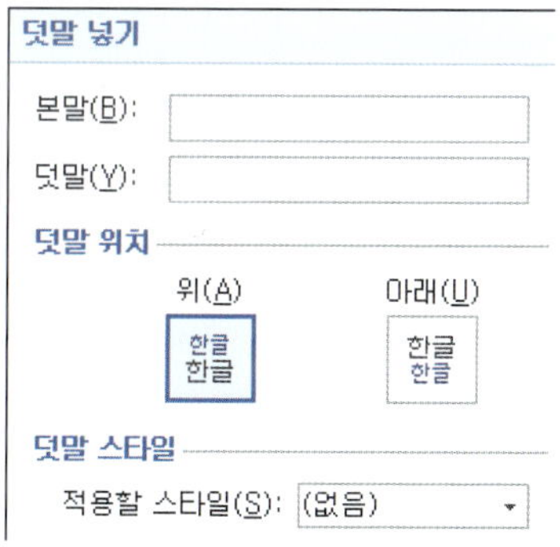

3. 덧말을 지우거나 고치려면 덧말(또는 방점) 바로 앞에서 오른마우스 클릭하여 **[덧말지우기]**를 하거나 **[덧말고치기]**를 한다. 이 메뉴는 덧말이 있는 문단에서만 활성화된다.

4. 덧말을 넣을 문단의 문단모양은 [세로정렬]([문단모양-확장])이 [위쪽]이어야 행이 아래로 밀리지 않는다.

41 글자겹침(합자)

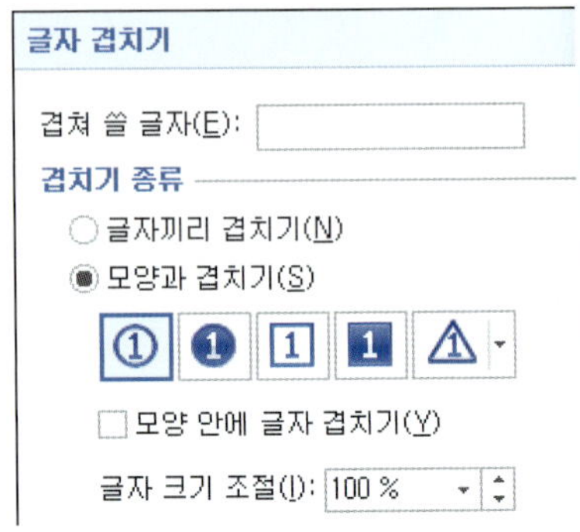

1. 영어에서 합자라고 하면 fi ff fl ffi ffl AE OE ae oe 등의 경우 자간이 벌어져 이를 붙여쓰기 한 활자를 일컬었다. 이를 붙이면 ﬁ ﬀ ﬂ ﬃ ﬄ Æ Œ æ œ 가 된다. 이러한 식의 글자를 **합자**(ligature)라 했다.
편집하는 문서에는 종류가 다양하고 그 문서에는 키보드로는 입력할 수 없는 옛글자 또는 외국어도 있다. 이러한 경우 두 글자를 모아 한 글자로 만들어 쓸 수 있도록 한 것이 [글자겹치기] 메뉴([입력-글자겹치기])이다.

2. [글자겹치기]를 실행한 대화상자에서 **[겹쳐쓸글자]**란 [겹치기종류]에 나온 것들에다가 덮어 쓸 글자를 말한다.
[글자끼리겹치기]는 [겹쳐쓸글자]에 입력한 글자끼리 서로 겹치게 하는 것이며 [모양과겹치기]는 지정한 모양에다가 [겹쳐쓸글자]를 삽입하는 겹쳐쓰기이다(원, 사각형, 삼각형 등에 겹쳐쓸 글자가 들어감).
[모양안에글자겹치기]는 [모양과겹치기]에서 쓸 수 있는 것으로 지정한 모양 안에 [겹쳐쓸글자]의 글자들끼리 서로 같은 자리에서 겹쳐지게 하는 것이고 이를 체크하지 않으면 모양 안에서 겹쳐쓸 글자가 순서대로 장체로 되면서 배열된다.
[글자크기조절]은 [겹쳐쓸글자]의 글자들을 크기 조정하는 것으로 150%~50%까지 조정할 수 있다. [겹쳐쓸글자]에 공백(spacebar)은 사용할 수 없다.

3. 예컨대 [글자끼리겹치기]를 체크하고 [겹쳐쓸글자]에 a와 문자표에서(ctrl+F10, 또는 입력상자 우클릭-문자표) '00A8'을 스페이스 없이 입력하면 'ä' 로 되고
[모양과겹치기]를 체크하고 [모양안에글자겹치기]의 체크 없이 원을 선택 후 [겹쳐쓸글자]의 상자에 '한국'이라 입력하고 [글자크기조절]을 80%한 후 [넣기]를 하면  이 되는데 이 예에서 '모양'의 중앙으로 겹쳐쓸 글자가 들어오지 않은 것은 이 문단의 [세로정렬]이 위쪽으로 되어 있기 때문이다. [글꼴기준]으로 하면 중앙에 위치할 것이지만 그리하면 또 다른 것들이 정렬이 되지 않는다. 아뭏든 지금 '한글2014'에서는 그렇다.

문단 첫글자 장식

1. 옛 서양 고서 등에서 많이 볼 수 있고 종종 잡지 등에서도 볼 수 있는 하나의 문단 편집 방식이다. 영어에서는 **Drop Cap**이라고 한다. '내린대문자'라고 명하는 프로그램도 있다. 문단 첫글자를 문단 2,3행에 걸치게 하여 크게 내보이는 별행 편집 방식이다. 항목이 없는 단행본 등에서 편집의 단조로움을 깨고 새 호흡의 시작을 두드리게 하는 효과도 준다.

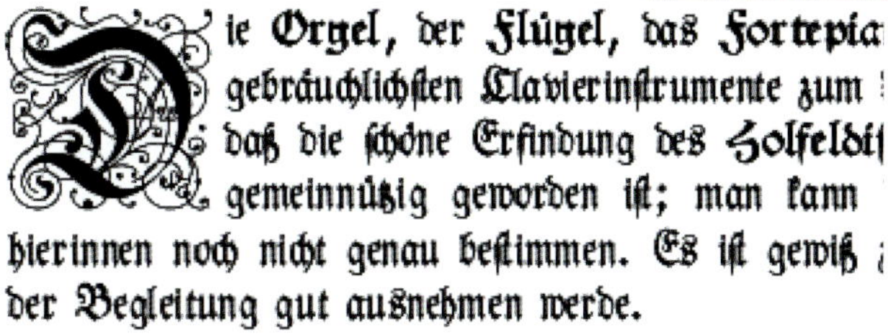
Die Orgel, der Flügel, das Fortepia
gebräuchlichsten Clavierinstrumente zum
daß die schöne Erfindung des Holfeldi
gemeinnützig geworden ist; man kann
hierinnen noch nicht genau bestimmen. Es ist gewiß
der Begleitung gut ausnehmen werde.

2. 첫글자를 내보일(아래아한글은 이를 '장식'이라고 한다) 문단 위에 커서를 놓고 [서식-**문단첫글자장식**](alt+j,d)을 실행한다. 글자는 문자 하나만 해당된다.

1) 대화상자의 [모양]에서 [없음], [2줄], [3줄], [여백] 중에서 문단 첫글자가 차지할 문단의 수를 선택한다. 대화상자의 [모양]에 있는 첫번째 탭 [없음]은 '설정한 장식'을 해제하는 탭이다. 문단 아무데에서나 이 아이콘을 클릭하면 해제된다. [여백]을 선택하면 판면 밖 여백에 장식글자가 앉는다.

2) [글꼴] 항목의 상자에서 돋보이려는 글꼴을 선택하고

3) 그 장식글자에 선을 넣고 싶다면 [선종류]에서 고른다. [선종류]를 선택하면 색과 굵기를 고를 수 있다. 선 없이도 [면색]을 넣을 수 있다.
이 장식글자는 문서 바탕에 글자가 입력되는 것이 아니라 '**투명의 크기가 고정된 글상자**'를 자동으로 만들어 여기에 장식 글자를 놓어주는 형식이기 때문에 글상자 개체속성에서 이 글상자를 수정할 수 있다.
글상자 수정은 [편집-고치기]의 [기본]에서 [개체보호]와 [크기고정]을 해제한 후 글상자를 편집할 수 있고, 글상자 안으로 들어가 장식글자 블록 후 오른 마우스 클릭의 [글자모양]에서 수정할 수 있다.

4) 장식글자와 본문 사이의 간격은 대화창 [본문과의간격]에서 지정한다.

5) [설정] 단추를 누르고 나온다.

6) 여러 문단을 한 번에 지정할 수는 없다.

3. 예

옛 서양 고서 등에서 많이 볼 수 있고 종종 잡지 등에서도 볼 수 있는 하나의 문단 편집 방식이다. 영어에서는 Drop Cap이라고 한다. '내린대문자'라고 명하는 프로그램도 있다. 문단 첫글자를 문단 2,3행에 걸치게 하여 크게 내보이는 별행 편집 방식이다. (모양-두번째로. 글꼴=해수체M, 본문과의간격=3mm)

옛 서양 고서 등에서 많이 볼 수 있고 종종 잡지 등에서도 볼 수 있는 하나의 문단 편집 방식이다. 영어에서는 Drop Cap이라고 한다. '내린대문자'라고 명하는 프로그램도 있다. 문단 첫글자를 문단 2,3행에 걸치게 하여 크게 내보이는 별행 편집 방식이다. (모양-세번째로(3행분). 글꼴=해수체M, 본문과의간격=3mm)

옛 서양 고서 등에서 많이 볼 수 있고 종종 잡지 등에서도 볼 수 있는 하나의 문단 편집 방식이다. 영어에서는 Drop Cap이라고 한다. '내린대문자'라고 명하는 프로그램도 있다. 문단 첫글자를 문단 2,3행에 걸치게 하여 크게 내보이는 별행 편집 방식이다. ([모양]에서 네 번째것을 지정하면 장식글자가 판면 밖으로 나앉는다. 이 예는 이를 판면 안으로 들이기 위해 [문단모양]에서 여백을 52pt 준 것이다. 글꼴=해수체M, 문단과의간격=1mm, 면색=10%)

옛 서양 고서 등에서 많이 볼 수 있고 종종 잡지 등에서도 볼 수 있는 하나의 문단 편집 방식이다. 영어에서는 Drop Cap이라고 한다. '내린대문자'라고 명하는 프로그램도 있다. 문단 첫글자를 문단 2,3행에 걸치게 하여 크게 내보이는 별행 편집 방식이다. (고치기로 글상자를 수정한 예)

국적으로 '바카스 경배'를 금지시키는 칙령을 발표하고 위반자는 엄벌하겠다고 경고하였다. 그러나 의식은 위축되지 않고 오래도록 지속되었다.

오르페우스 신앙 오르페우스(Orpheus) 신앙은 디오니소스 경배에 대한 반성 내지는 반대의 방향으로서, 인간 영혼을 경건의 쪽으로 이끄는 신앙이다. 교리는 오르페우스의 시(음악)와 가르침에 기초를 두고 있다. 오르페우스 신앙은 기원전 6세기경의 기록에 나타나고 있으며 기원전 4세기에는 일반 민중에게도 꽤 널리 알려져 있었다. 특히 남부 이태리와 시실리섬의 그리스인 사이에 신도가 많았다.

색과 인쇄

1. 색 인쇄

1) 아래아한글의 색은 RGB를 다룬다. CMY를 다루지 않다 보니 '사진' 등에서의 색을 인쇄하기 위한 편집에는 적당하지 않다. 원색 사진을 편집하고 있지 않더라도 아래아한글 편집에는 색이 종종 들어가기도 하므로 색 편집에 관한 아래아한글의 기능을 살펴볼 필요는 있다.

2) 색을 인쇄하기 위하여 인쇄판으로 인쇄하는 경우에는 색을 감색법이라는 인쇄용 3원색 C(Cyan), M(Magenta), Y(Yellow)와 이 3원색을 보완하는 K(blacK)로 분해하고, 이 분해를 '**망점**'의 인쇄판으로 '분판'해야 한다. '색분해'는 각 색의 투명도에 따라 분해되어 그 투명도에 따른 망점으로 만들어지면 이것이 그 색의 인쇄판이 된다. 예컨대 '이집티안레드' 색이라 하면 이는 C색 20%, M색 100%, Y색 90%, K색 50%의 투명도로 분해하여 그 투명도대로 각 색판의 망점을 만들게 된다. C색판에 C색의 잉크를, M색판에 M색의 잉크를, Y색판에 Y색의 잉크를, K색판에 Black 잉크를 4번에 걸쳐 겹쳐 인쇄하게 되면 이집티안레드라는 색으로 인쇄된다.

<이집티안레드>

다음 그림은 투명도를 망점으로 표현한 인쇄판 보기이다. 색이 진하기 위하여는(%가 높아짐) 망점이 커진다. 10% 농도이면 망점 크기가 1/10 크기이다. 다 커지면 그것이 100%이다. 망점의 수는 모두 일정하다. 이 망점의 수를 **해상도**라 하고 **dpi**(dot per inch)라는 단위로 표시한다.

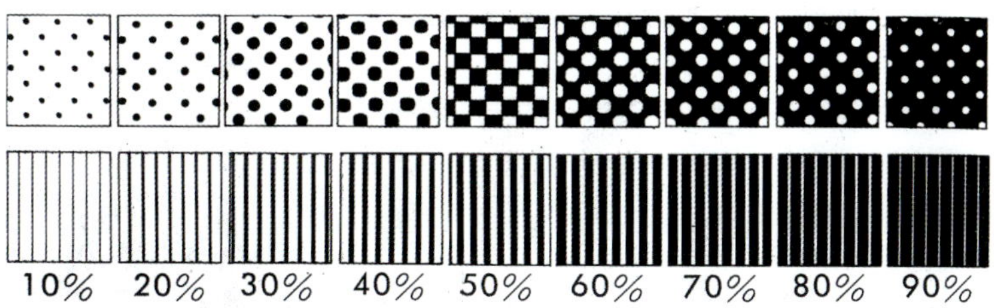

3) 그런데 아래아한글은 색을 CMYK로 분해하지 않는다. 그러므로 인쇄용 색 편집을 정확히 할 수 없다는 결론이 되지만 인쇄를 위한 모든 잉크젯프린터라거나 디지털 인쇄기기들이 RGB를 분해하여 CMY로 변환할 수 있기 때문에

CMYK 분해판 없이 스스로 색을 인쇄할 수가 있다. 아래아한글도 그래서 그러한 프린터에 색을 인쇄할 수는 있는 것이다. 다만 색이 원래의 색대로에는 미치지 못할 것이다(샘플을 위해 이 책 표제지 뒷면과 내제지 뒷면, 그 외 본문의 여백 몇 군데에 원색 사진을 넣어보았다. 이 사진들은 물론 아래아한글 원고에서 CTP 작업시 CMYK로 색분해되어 인쇄되었다. 원본 사진은 오래 홈페이지에 올려 있다).

2. 아래아한글에서 색 다루기

1) 컬러 인쇄물은 RGB가 아니라 CMYK로 색을 말하고 분류하고 혼합하기 때문에 아래아한글에서 색을 다룸은 불편하다. 컬러사진을 불러올 수 있고 배치할 수 있으면 됐지 무슨 색의 분해가 필요하느냐고 할 것이다. 사실 그림을 그리는 프로그램이 아닌 조판 프로그램에서 색을 분해할 일은 없다. 다만 분해 과정을 거쳐야 인쇄가 된다면 그 분해를 정확하게 할 수 있도록 프로그램이 도와야 한다. 그래서 필요한 것이다. 인쇄를 위한 배경색을 만드는 일이 적지 않다면 RGB로서는 불편하다. 색을 다루는 모두가 CMYK로 색값을 말하고 있고 '컬러차트' 또한 그러하기 때문이다.

2) 아래아한글에서 우리가 원하는 '어떤' 색을 얻으려면 아이드롭으로 색상자를 눈대중으로 찍어 넣을 수도 있지만 그 색의 HTML색값을 알면 쉽게 그 색을 비교적 정확히 아래아한글에서 찾을 수 있다. 아래아한글의 색 대화창에는 'HTML' 색값 지정 상자가 있다. 이 HTML의 색값은 #000000처럼 #와 함께 6자리 16진수로 표기된다. 이것을 '**웹컬러차트번호**'라 한다. '웹'으로 사용하는 색이니 모니터용이고 당연히 RGB색이다. 우리가 색을 찾을 때 컬러차트를 찾아보게 되는데 이 컬러차트는 CMYK로 색값을 표시하고 있다(이 CMYK색값은 아래아한글에서 이용할 수 없다). 만일 CMYK에 대응하는 RGB 색값도 함께 보여주는 컬러차트라면 이 RGB의 색값(또는 HTML 색값)을 아래아한글의 색 대화창 HTML 색값 상자에 넣어주면 바로 그 색을 얻게 될 것이다.

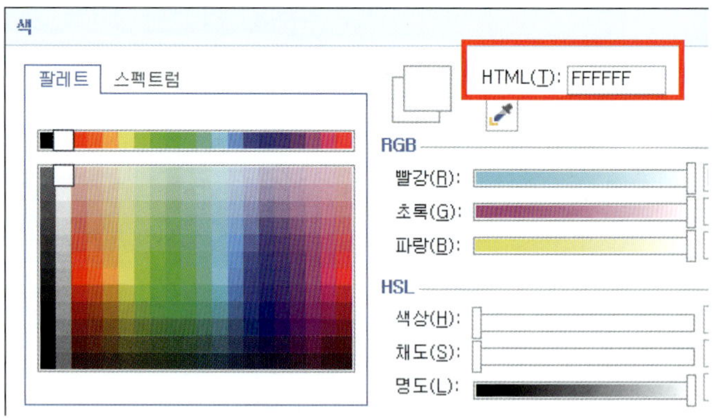

3. 아래아한글에서 [투명도]를 사용하지 말자

1) 예컨대 아래아한글에서 글상자를 만들고 여기에 먹 30%를 배경으로 한다고 하면 방법은 셋이다. ① 글상자 [채우기-면색]에 먹 100을 선택하고 아래쪽 **[투명도]**를 70% 주는 방법과, ② [채우기-면색]에서 **[하양30%어둡게]**를 선택하거나, ③ [채우기-면색-다른색]에서 **[명도]**에 179를 입력하는 방법이다. ②는 아래아한글이 만들어 템플릿처럼 고르게 한 것이고 ①은 투명도 처리를 위해 스크린을 입힌 것이다. ③은 검정색의 명도값을 조정한 **별색**이다.

2) RGB값의 255는 온전한 색이고 0이면 색이 없는 색이다. CMYK에서는 퍼센트로 온전 정도를 나타낸다. ③에서 먹 30%에 해당하는 값으로 명도값을 179로 한 것은 온전한 값이 255(하얀색)이므로 그것의 30%(우리 눈에 보이는 하양의 밝기)이면 255×70%=178.5이기 때문이다. 30%는 감색법의 개념으로 빛이 반사되어 나오는 명도의 농도이고 이 농도이기 위한 가색법의 개념으로는 온전한 것에서 제한 것이 30%(255-?=30)라는 것이 되어 30%를 제한 70%로 계산한 것이다. 그러나 ②의 방법으로 아래아한글이 만든 색을 이용함이 덜 번잡할 것이다(어차피 정확한 색이 나올 수 없기 때문).

참고로 명도 255에 대한 몇 가지 농도 색값을 Photoshop에서 얻어 적어보면 다음과 같다. [개체속성-채우기-면색-다른색]에서 HSL의 [명도]에 대입하면 그 농도를 얻을 수 있다.

명도**211**(212입력) = 15%해당	명도**221**(222입력) = 10%해당
명도**182**(183) = 30%해당	명도**93**(94) = 70%해당

3) 위 1)-①의 [투명도]를 이용한 방법은 [채우기] 메뉴에서 할 수 있다. ②, ③의 방법이 색의 혼합에 의한 별색 개념이라면 이 방법은 온전한 색에서 무언가로(이를 '스크린'이라 함) 가려 색을 옅게 하는 개념이다. 그래서 투명도 지정으로 색을 처리한 것을 확대하면 색 안에 무늬가 보인다. 인쇄를 위해 PDF로 변환해 보면 이 무늬는 상당히 보기 안 좋게 나타난다.

①	②	③

다음 그림은 위의 그림 ①(투명도70%), ②(하양30%어둡게), ③(명도179)을 PDF로 변환한 모습이다. (인쇄를 위한 PDF 변환 과정에서 위 ①에도 무늬가 생겼다.)

4) 아래아한글에서 R색, G색, B색, 검정, 각 단색의 명도는 0-120까지 인식되며 그 이후의 명도 121부터는 예컨대 B의 경우 B=255+(R+G 혼합)으로 나온다. 예컨대 B색 70%의 배경색을 만들고자 한다면 R과 G의 값을 0으로 하고 명도를 94로 입력하면 B 단색이 70% 농도의 B색을 얻을 수 있다. 그러나 30% 농도의 B색을 얻으려고 그 명도값에 222를 입력하면 B만의 값(R=0,G=0)은 얻을 수 없고 R, G가 혼합된 혼합색으로 표현된다.

2도 인쇄

1. 먹 이외에 **별색** 하나를 더 사용하여 하는 인쇄를 '2도 인쇄'라 한다. 인쇄판을 만들어 하는 인쇄에서 특히 아래아한글에서 2도 인쇄가 문제가 되는 것은 색 지정이 여의치 않기 때문이고 따로 별색지정에 관한 기능이 없기 때문이다. 그러나 처음에 당황스러울지 모르나 아래아한글에서 2도 인쇄는 큰 문제가 될 것이 없다. 좀 불편할 뿐이다. 별색은 2도 인쇄에서뿐 아니라 4도 원색분해 인쇄에서도 별도로 색 하나를 더 사용하여 5도로 인쇄하는 경우 C, M, Y, K 이외의 별도의 색을 이르기도 한다. 이 색은 CMYK로 혼합된 색이다.

2. 2도 인쇄(인쇄판이 2개여서 2도이다)를 하기 위하여는 편집시 별색 지정을 해 가야 한다. 2도 인쇄에는 본문의 검정색판 하나와 별색의 색판 하나가 필요하다. 이 별색의 색판을 어떻게 지정할 것이냐가 문제이다. CMYK를 지원하는 프로그램에서는 색 지정이 어렵지 않다. CMYK 중 원하는 색 하나만 100%로 지정하고 나머지 색은 0%로 해 두면 색 분판시에 100%로 지정한 색판만을 별색 인쇄하면 될 것이기 때문이다. 그리고 편집시 별색 내용을 그 색으로만 편집하면 될 것이다. RGB만 아는 아래아한글에서는 사용자가 어게 CMY색판을 지정할 수 있을 것인가?

3. 1) RGB 중 Cyan에 비슷한 Blue를 255로 하고 나머지 R, G는 0으로 하면 될까? 아래아한글만으로는 짐작에 머물게 된다. 우선 Blue가 CMYK의 어떤 혼합색일지를 확인해 봐야 한다. 글상자를 만들어 '채우기의 면색'에 **Blue** 색값으로 255를 입력하고 나머지 R, G는 0으로 입력한다. 기왕에 글상자 두 개를 더 만들어 다른 하나엔 **Red**에 255, 나머지는 0, 또다른 글상자엔 **Green**에 255, 나머지엔 0을 입력한다.

이 페이지를 인쇄 명령하여 **Adobe PDF**로 출력한다.

2) 이 PDF파일을 **Adobe Acrobat**으로 열고 메뉴의 View-Tools-**PrintProduction**을 실행하여 **OutputPreview**에서 **Seperations**을 선택하면 CMYK 분해 상태를 볼 수가 있다.

PDF에서 **Blue**에 마우스를 얹고 이 Seperations을 보면 C=88%, M=77%, Y=0%의 분해상태를 보인다. PDF의 **Red**에 마우스를 얹고 Seperations를 보면 C=0, M=99, Y=**100**을 보인다. **Green**을 모면 C=63, M=0, Y=**100**을 보인다. Black은 모두 0%이다. 100을 보이는 색판을 별색으로 지정하고 분판시에 그 색판을 별색판으로 사용하면 된다. 나머지 색판은 버린다. Y색판이 100%인 **Red**나 **Green**을 별색판으로 선택하면 된다. Red를 별색으로 하는 것은 색이 자극적이어서 편집·교정시에 부담이 된다. 결국 Green이 무난할 것이므로 별색은 Green으로 색을 넣어 편집을 한다. 인쇄소에 넘길 때에는 반드시 **Y색판을 별색판으로 사용할 것**과 **별색은 무슨 색으로 할 것**인지를 알린다. Y색판을 사용한다 하여 Yellow가 별색이 되는 것은 아니다. 무슨 색이든지 지정하는 색이면 이 Y색판으로 인쇄가 되는 별색이 된다.

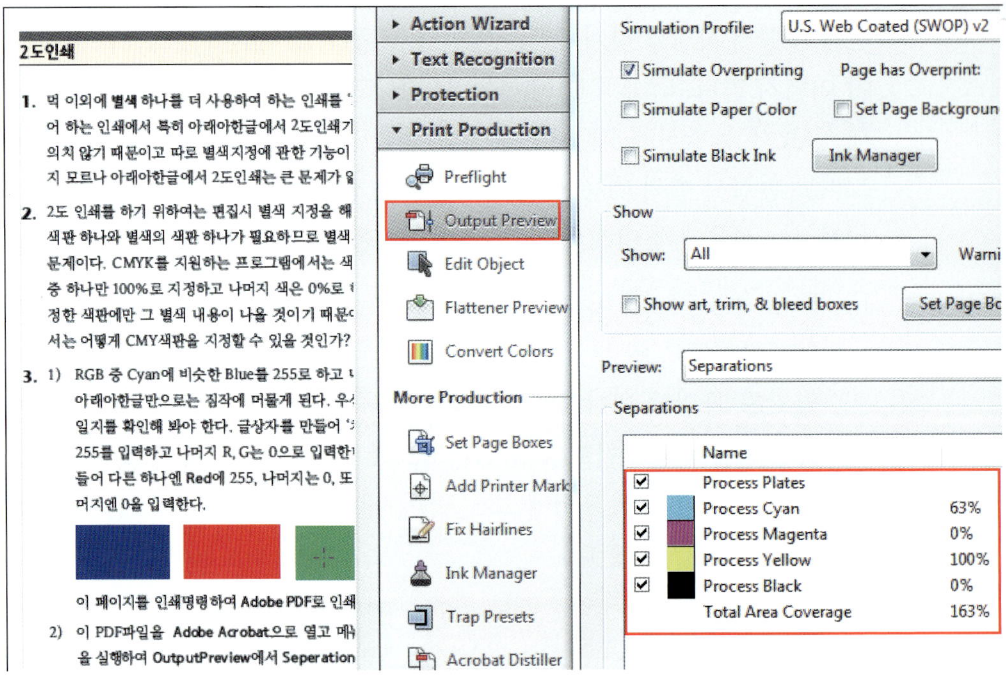

3) 아래아한글로 2도 인쇄를 위해 Cyan과 비슷한 **Blue를 별색**으로 사용하고 C색판을 별색판으로 사용한다면 결국 100%가 아닌 88%의 투명도를 갖는 인쇄를 하게 되어 흐린 별색 인쇄가 됨을 주의한다.

PDF 출력

1. 1) Hwp파일을 PDF로 저장하려면 **[인쇄]** 메뉴에 의한다. 메뉴의 **[PDF로저장하기]** 에서는 OTF 글꼴은 적용이 안 된다. **[다른이름으로저장하기]**의 PDF 저장도 마찬가지이다.

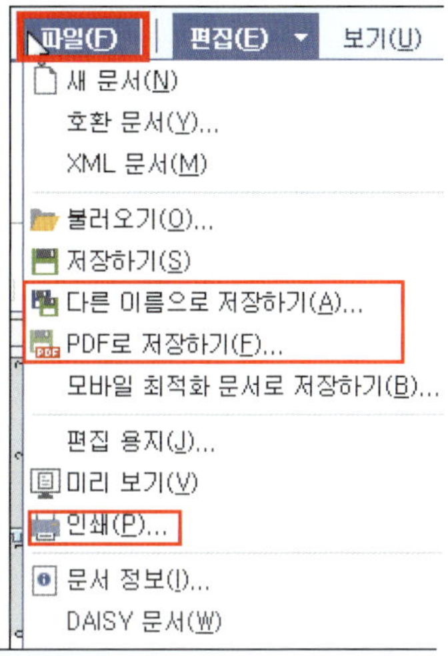

2) [인쇄] 대화상자에서 [프린터]를 **[AdobePDF]**로 선택한다. Adobe Acrobat이 설치되어 있어야 한다. **[설정]** 항목에서 [AdobePDF 문서설정]의 [Default Settings]에서 [Press Quality]를 선택하고 [edit-Compatability]에서 **Acrobat 5(PDF1.4)** 버전을 선택한다. 출력소에서 대부분 Acrobat 5.0, PDF 1.4버전을 요구하기 때문이다.

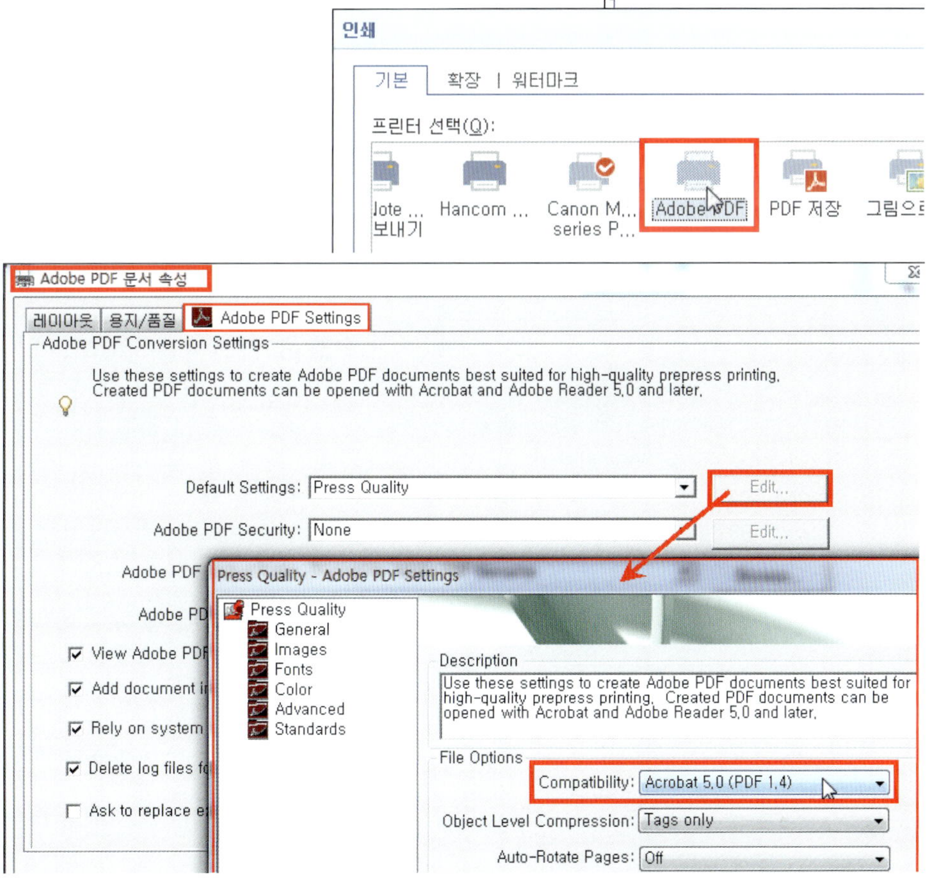

3) 단도인쇄인 경우 [AdobePDF 문서설정]의 **[용지/품질]**에서 [흑백]을 체크한다.

4) [AdobePDF 문서설정]의 **[Page Size]**는 이곳에서 무엇을 선택하든 선택한 규격으로 정확히 출력되지 않는다. 출력용지 크기는 Hwp [인쇄] 메뉴의 [기본]에 있는 **[프린터용지]**에서 선택해 주어야 한다. 이곳의 PDF로 출력하고자 하는 용지 사이즈는 [AdobePDF Page Size]의 [Add]에서 만든 것이 나타난다. 만일 [프린터용지]에서 [프린터설정에 따름]으로 두고 [AdobePDF PageSize]에서만 용지 크기를 지정해 준다면 그 지정대로 출력이 되지 않는다.

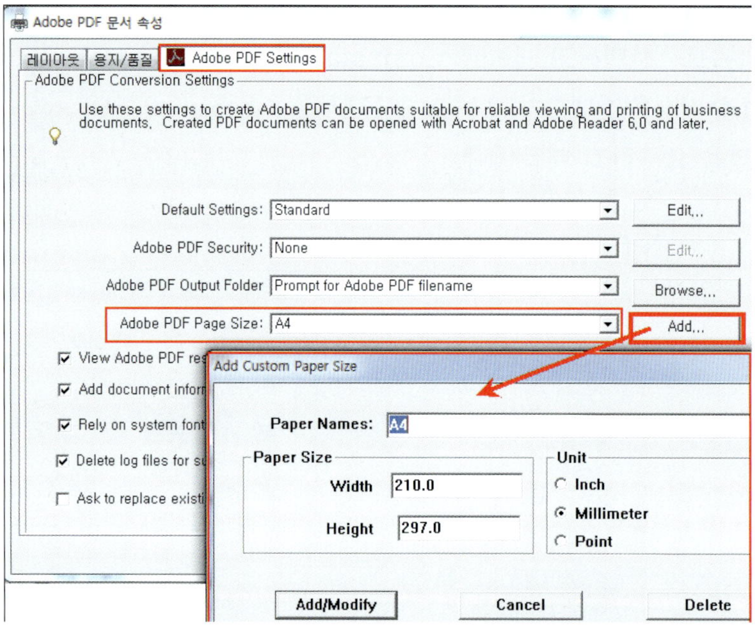

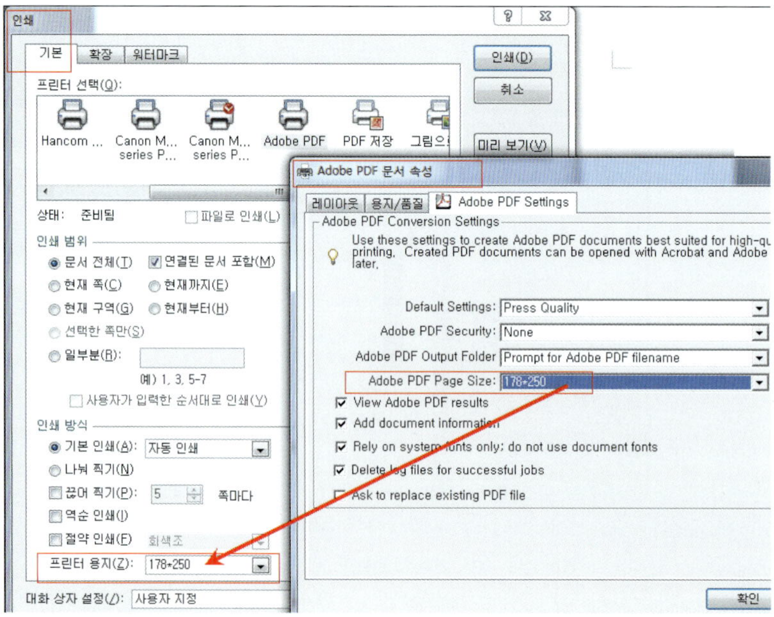

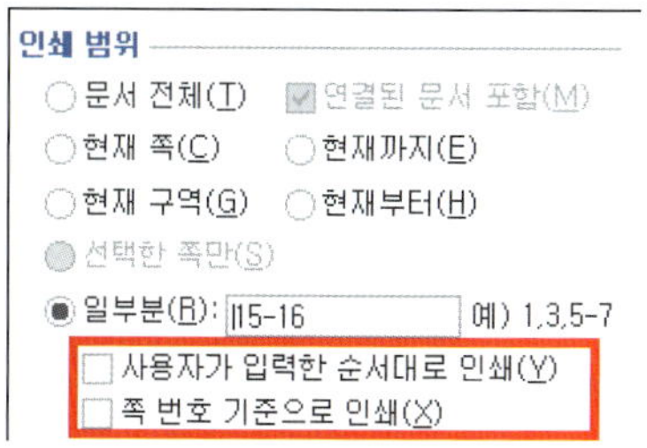

5) 혹 부분인쇄일 경우 인쇄할 부분에 페이지 감추기 등이 들어 있다면 [사용자가입력한순서대로인쇄]라거나 [쪽번호기준으로인쇄] 등의 체크옵션은 모두 지운다. 감춰진 페이지는 인쇄가 되지 않을 수 있기 때문이다.

6) '편집용지 표시'가 필요하면 [인쇄] 메뉴의 [확장]탭에서 **[편집용지표시]**를 체크해 준다. 그러나 CTP 등의 출력소에서는 이 표시를 하지 말 것을 요구한다.

7) PDF생성시에 폰트 에러가 생겨 PDF가 만들어지지 않는 경우 [AdobePDF 문서설정]의 Default Settings-Edit-Fonts에서 embedding을 확인해 본다. '한글2010'에서 만든 파일이 '한글2014'에서 PDF출력시 HaansoftBattang 등이 없다는 에러가 뜨면 '한글2010'을 다시 설치하고 Windows Fonts폴더를 백업한 후 '한글2010'을 제거하고, 백업한 Windows Fonts폴더를 다시 풀어놓는다.

2. 아래아한글의 재단표시

편집용지 크기 밖으로 나가는 그림 등이 있다면 책의 재단 여분을 사방으로 더 준 크기를 용지 여분으로 잡아 이를 '편집용지' 크기로 하고 이 크기를 AdobePDF의 'PDF출력사이즈'로 잡아야 한다. 이렇게 잡은 출력사이즈는 [인쇄-기본]의 [프린터용지]에 등록이 되므로 이를 [인쇄-기본]에서 [프린터용지]로 선택해 주어야 한다(이러한 번잡은 아래아한글에 '재단사이즈' 표시를 할 수 있게 하지 않은 때문이다). [인쇄-확장]의 [편집용지표시]는 하지 않는다. 필름이나 CTP출력소에 파일을 보내면서 안쪽으로 몇 mm 등이라는 재단사이즈를 알려 주어 그곳에서 재단 표시를 하도록 한다.
예컨대 172×244mm의 책 사이즈에 '판면여백'을 안20mm, 바깥33mm, 위30mm, 아래33mm로 하고 여기에 사방 3mm의 '**재단 여분**'을 주는 '편집용지'라면 '**판면 여백**'을 각 3mm씩 더 주어 안23mm, 바깥36mm, 위33mm, 아래36mm로 하여 178×250사이즈를 아래아한글의 '편집용지'로 한다. 그리고 이를 '출력사이즈'로 하여 출력한다. 출력소에는 '재단 사이즈 3mm'임을 알려준다.

3. PDF상의 음영값 알아내기

Illustrator나 Photoshop에서 PDF문서를 '그레이스케일'로 연다. 열린 PDF의 문자열 음영 부분을 아이드롭툴로 찍어 color 패널에서 확인한다. 먹글자 등이 100%인지 확인한다.

4. 표지·표제지 작업과 PDF

아래아한글과는 관계 없지만 PDF출력과 관련하여 표지 및 표제지를 만들면서 부딪힐 수 있는 몇 가지 점을 살펴보기로 한다.

1) **Overprint 여부**

① **오버프린트**하기: Photoshop 표지 제작시 글자는 K=100%이고 나머지 색들은 0임을 확인한다, 이 글자 레이어에서 혼합모드를 **Darken**으로 한다 (그래야 녹아웃(누끼. 색에서 빼내는 것)되지 않는다).

② [채널]에서 보면 먹글자는 K채널에만 있어야 하고 다른 C,M,Y에는 글자가 희게 빠져 있어서는 안 된다. 이들 채널에서 먹글자가 빠져나가 있으면 인쇄 후 먹글자 주위로 흰색이 나타날 수 있기 때문이다.

③ Photoshop 메뉴 [Layer-LayerStyle-BlenddingOptions]에서 작업하는 경우 [Advanced Blending-Knockout]에서 Deep을 선택해 주면 오버프린트가 됨도 유의한다(None은 녹아웃).

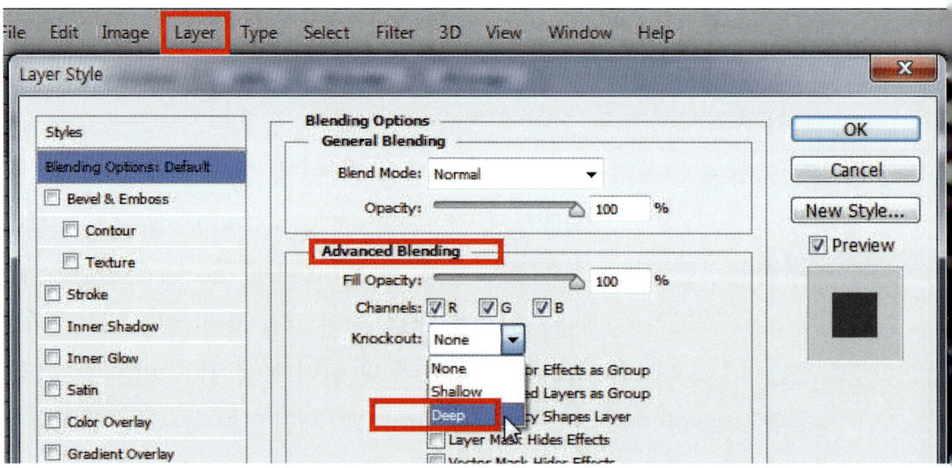

참고:
만일 그렇게 하여 PDF로 저장했는데 PDF의 색분판을 확인해 보니 여전히 다른 채널에 녹아웃되어 나온다면 포토샵에서 이 글자 레이어를 esp 등으로 저장 후 Adobe Illustrator에서 Selection Tool로 이미지를 선택하고(메뉴=Select-All) Color 팔레트에서(메뉴=Window-Color) K만(나머진 0) 100으로 하고, Transparency팔레트(메뉴=Window- Transparency) Blending모드에서 Darken을 지정해 주고, ai로 저장한다(저장할 때 "PDF호환파일 만들기"(Create PDF Compatible File) 옵션이 체크되어 있는지 확인한다). 이를 Photoshop으로 불러와 앉혀 다시 Darken모드로 한다.
녹아웃(누끼)은 각 채널마다 글자를 흰색으로 빼주는 것이고 오버프린트(Overprint)는 K채널 이외의 채널에서는 각 채널 본래의 바탕 그대로인 상태를 말한다. 오버프린트가 되면 C, M, Y 채널에 K글자가 올라앉게 되므로 글자 주위의 흰색이 생기는 것을 염려하지 않아도 된다.

④ PDF를 만들기 위하여 포토샵의 print(ctrl+p) 명령에서(프린터=AdobePDF) [Default Settings]로 들어가 Press Quality로 하면 overprint가 되지 않을 수 있다(이것은 출력소에서 확인해 본다). 이런 경우에는 PDF/x-1a:2001로 한다.

> **참고:**
> PDF/A-1b는 2005(CMYK 및 RGB)(Acrobat에만 해당)는 전자문서의 장기보관용으로 사용된다. PDF/A-1b는 PDF 1.4를 사용하며 선택한 표준에 따라 모든 색상을 CMYK 또는 RGB로 변환힌다.
> **PDF/X-1a(2001 및 2003)**는 모든 글꼴을 포함해야 하고, 적절한 표시 및 도련을 지정해야 하며, 색상은 CMYK, 별색 또는 둘 모두로 표시해야 한다. 규격 파일에는 준비 인쇄 조건을 설명하는 정보가 들어 있어야 한다. PDF/X-1a는 PDF 1.3을 사용하고, 컬러 및 회색 음영 이미지를 300ppi로, 흑백 이미지를 1200ppi로 다운샘플링하고, 모든 글꼴의 하위 세트를 포함하고, 태그 없는 PDF를 만들며, 고해상도 설정을 사용하여 투명도를 병합한다.
> **Press Quality(출판품질)**는 디지털인쇄 작업이나 이미지 세터 또는 플레이트 세터로 분리하는 작업 등 고품질 인쇄 제작을 위한 PDF 파일을 만든다. 이 설정의 목적은 인쇄업체 또는 인쇄 서비스 제공업체가 문서를 올바르게 인쇄하기 위해 필요한 모든 정보를 PDF 파일에 유지하는 것이다. 이 옵션 세트는 PDF 1.4를 사용하고, 색상을 CMYK로 변환하고, 컬러 및 회색 음영 이미지를 300ppi로, 흑백 이미지를 1200ppi로 다운샘플링하고, 모든 글꼴의 하위 세트를 포함하고, 투명도 지원 파일 형식에 대해 투명도를 유지한다.

⑤ 오버프린트 여부 및 먹 100% 여부 등은 PDF에서 파일을 열어 색분판 미리보기인 [Tool-Print Production-Output Preview]에서 확인해 볼 수 있다.

2) **Photoshop에서 재단선 표시**

Photoshop에서 표지·표제지 작업을 하고 이를 PDF로 출력하여 인쇄소(또는 출력소)에 넘기게 되는데 포토샵 작업과정중에서 **재단선**을 어떻게 넣는지에 관하여 본다.

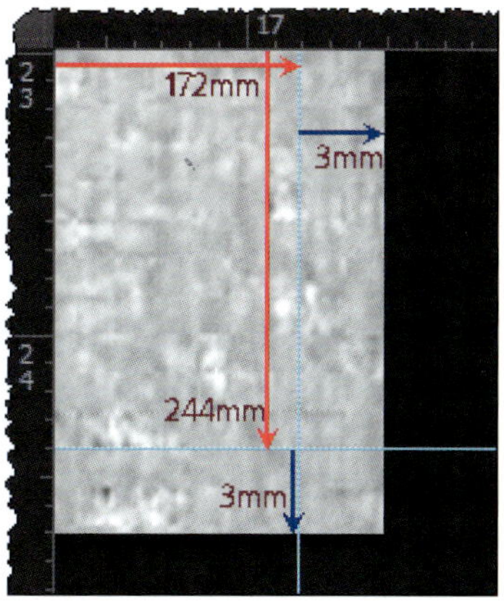

예컨대 표제지(도비라)를 별지 아트지로 인쇄하기 위하여 Photoshop으로 작업을 한다면 재단 여분도 주어야 하고 재단표시도 해야 한다.

① **책 사이즈가 172×244mm**이고 재단 여분이 3mm라면 Photoshop에서의 **작업 사이즈는 178×250mm**로 한다,

② 완성된 표제지에 재단선을 표시하여 PDF로 출력하는 방법은 다음과 같다.

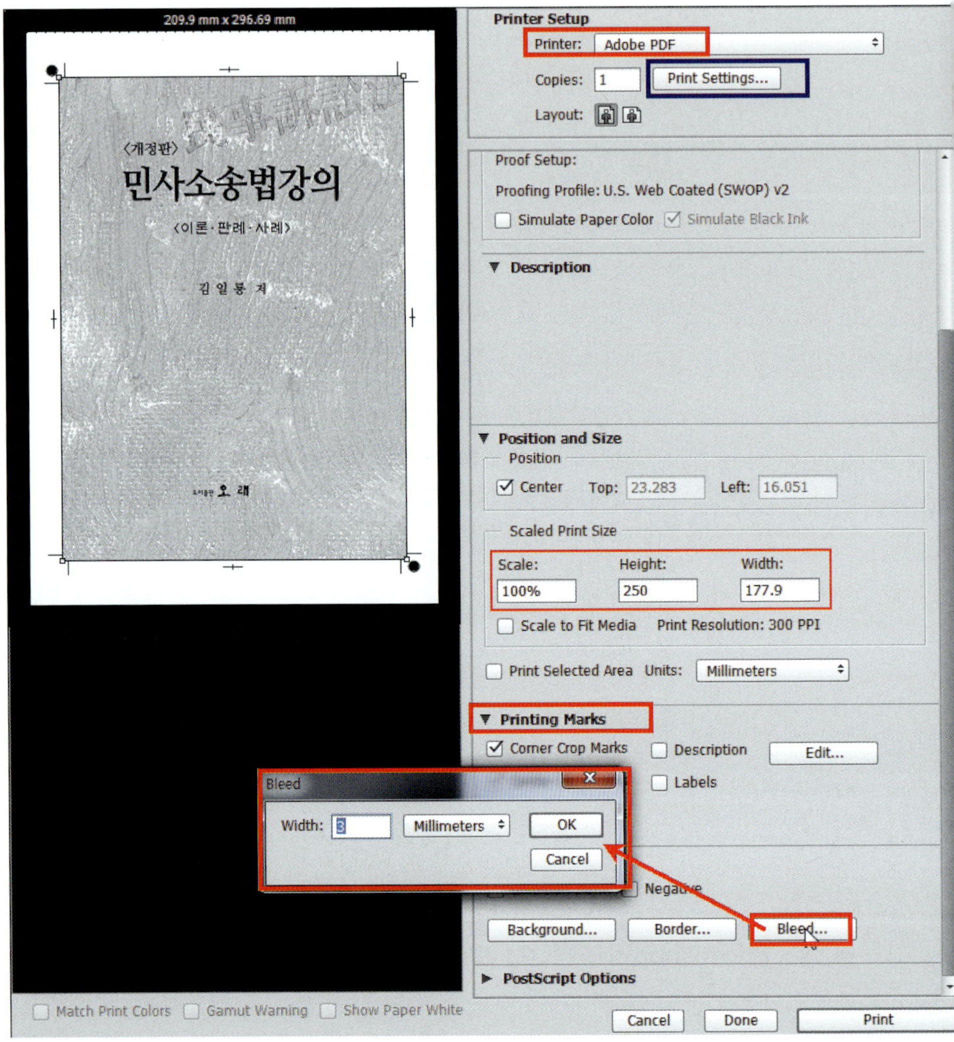

Photoshop에서 **[Print]** 명령을 한다. [Printer]에서 AdobePDF를 선택하고 세팅을 위하여 **[PrintingSettings]**로 들어간다. 여기서 [DefaultSettings]를 확인하고 'PageSize'를 지정해 준다. 이 페이지 사이즈는 다음 항에서 보기로 한다. 설정을 마치면 프린트창 아래쪽으로 스크롤바를 내려 **[PrintingMarks]**에서 표시할 가늠자 종류를 체크한다. 그리고 그 아래 [Functions]에서 **[Bleed]**를 클릭하여 재단 여분의 간격을 지정해 준다(이 Bleed값은 재단 여분으로 작업사이즈에 주었던 같은 값을 똑같이 지정한다). Bleed로 지정한 값은 현재작업창 작업 사이즈 밖으로가 아닌 안쪽으로 계산되어 재단표시가 된다. (옆 그림에서 이미지 내의 굵은 검은 선은 예시를 위해 작업창에서 3mm 재단선 위치에 그은 것이고 이미지 밖의 재단위치 선은 Bleed를 3mm로 주었더니 프로그램이 그은 재단위치 표시이다.)

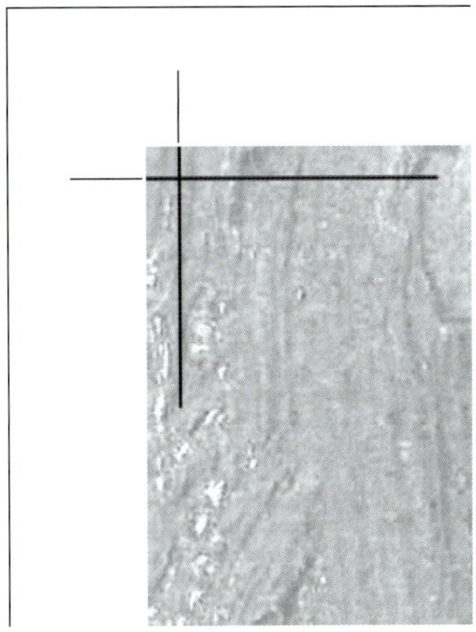

③ [PrintingSettings-DefaultSettings]의 [AdobePDF **PageSize**]는 이 '작업물을 인쇄할 용지 크기'를 지정하는 곳이다(작업한 편집용지와는 관계 없다). '인쇄할 용지'란 전지의 몇 절에 앉힐지 계산된 '절수 사이즈'이다(사륙전 반절로 인쇄될 것이라면 그 반절에 앉혀질 작업물의 절수(=8절) 사이즈=197×267mm). 작업물 **178×250**mm의 예라면, 사륙전지 전지에 인쇄할 것이라면 16절로 재단될 것이므로 **물림목**[1])을 제한 이 작업물의 인쇄 유효 사이즈는 194×272mm(사륙전지1091 X 788mm 16절)[2])일 것이고, **사륙반절**(788 X 545mm)로 인쇄할 것이라면 그 8절로 재단될 것이므로 물림목을 제한 이 작업물의 인쇄 유효 사이즈는 **197×267**mm[3])가 될 것이다. 이 작업물을 사륙반절로 인쇄한다면 이 작업물의 짧은 변에서는 19mm(197-178), 긴 변에서는 17mm(267-250)의 여유가 있어 이곳에 재단표시 및 가늠표(Printing Marks)를 넣을 수 있다.

3) 출력한 PDF파일은 PDF 메뉴의 [View-Tools- **Print Production**]을 실행하여 **Output Preview**의 **Seperations**에서 **색분해 상태를 확인**을 해 볼 수 있다.

---

1) **물림목**(**구와에 くわえ**라고도 한다)은 인쇄기계에서 종이를 넘기기 위하여 종이를 물고들어가는 곳을 말한다. 종이의 긴 변쪽인데 그 너비는 12mm 정도이다. 컬러 인쇄물이라면 물림목으로 15mm 여분을 주는 것이 안전하다.

2) **사륙전지** 사이즈는 1091×788mm이고 이것의 16절 사이즈는 각 변을 4등분하여 각각 1091/4=272, 788/4=197일 것이나 물림목12mm를 제하면 짧은 변 788mm는 776mm로 되어 전지에서의 16절 크기는 272×194(776/4)mm가 된다.

3) 사륙전지는 대체로 **사륙반절**로 인쇄한다. 사륙전지 인쇄기계를 보유한 인쇄소는 흔치 않아 비교적 널리 보급된 대국전 인쇄기계에 인쇄할 수 있는 사이즈가 사륙반절이기 때문이다. 사륙반절의 경우 그 사이즈는 **788×545**(1091/2)mm이고 이것의 8절 인쇄 유효 사이즈는 물림목 12mm를 제한 짧은 변의 길이가 **533**mm이어서 **197**(788/4)×**267**(533/2)mm가 된다.

46 단축키

아래아한글 도움말이 제공한 단축키

기본 기능(커서이동 관련)	단축키	메뉴 경로
빈칸 삽입	spacebar	-
문단 나누기	enter	-
한 글자 왼쪽으로	←	-
한 글자 오른쪽으로	→	-
한 줄 아래로	↓	-
한 줄 위로	↑	-
한 단어 오른쪽으로	ctrl+→	-
한 단어 오른쪽으로 (문단 나눔, 줄 나눔 포함)	shift+alt+→	-
한 단어 왼쪽으로	ctrl+←	-
한 단어 왼쪽으로 (문단 나눔, 줄 나눔 포함)	shift+alt+←	-
한 문단 아래로	ctrl+↓	-
한 문단 위로	ctrl+↑	-
왼쪽 단으로	ctrl+alt+←	-
오른쪽 단으로	ctrl+alt+→	-
줄 처음으로	home	-
줄 끝으로	end	-
문단 처음으로	alt+home	-
문단 끝으로	alt+end	-
화면 처음으로	ctrl+home	-
화면 끝으로	ctrl+end	-
한 화면 앞으로	Page Up	-
한 화면 뒤로	Page Down	-
한 쪽 앞으로	alt+Page Up	-
한 쪽 뒤로	alt+Page Down	-
문서의 처음으로	ctrl+Page Up	-
문서의 끝으로	ctrl+Page Down	-

기본 기능(지우기 관련)	단축키	메뉴 경로
뒷글자 지우기	delete	-
앞글자 지우기	backspace	-
한 단어 지우기	ctrl+T/ctrl+delete	-
앞 단어 지우기	ctrl+backspace	-
한 줄 지우기	ctrl+Y	-
줄 뒤 지우기	alt+Y	-

파일메뉴 기능(기본상태)	단축키	메뉴 경로
새 문서	alt+N	파일-새 문서

새 탭	ctrl+alt+T	파일- 새 문서-새 탭
문서마당	ctrl+alt+N	파일-새 문서-문서마당
불러오기	alt+O	파일-불러오기
최근 작업 문서	alt+F3	
저장하기	alt+S/ctrl+S	파일-저장하기
다른 이름으로 저장하기	alt+V	파일-다른 이름으로 저장하기
호환 문서	ctrl+N,D	파일-호환 문서
문서 정보	ctrl+Q,I/ctrl+Q,D	파일-문서 정보
인쇄	alt+P/ctrl+P	파일-인쇄
끝	alt+X	파일-끝
문서 닫기	ctrl+F4	-
필드 그룹 반복하기	ctrl+G,R	XML 도구 상자-필드 그룹 반복하기
필드 그룹 삭제하기	ctrl+G,D	XML 도구 상자-필드 그룹 삭제하기

파일메뉴 기능(미리보기)	**단축키**	**메뉴 경로**
편집 용지	F7	쪽-편집 용지
인쇄	alt+P/ctrl+P	파일-인쇄
앞 쪽/다음 쪽	Page Up/Page Down	-
문서의 처음으로	ctrl+Page Up	-
문서의 끝으로	ctrl+Page Down	-
현재 쪽(맞쪽 보기에서는 오른쪽)	ctrl+enter	-
화면 인쇄 확대/축소	(num)+/-	-
편집 용지 여백 보기	. (마침표)	-
편집 용지 보기	, (쉼표)	-

편집메뉴 기능(기본작업)	**단축키**	**메뉴 경로**
되돌리기	ctrl+Z	편집-되돌리기
다시 실행	ctrl+shift+Z	편집-다시 실행
오려 두기	ctrl+X/shift+delete	편집-오려 두기
복사하기	ctrl+C/ctrl+insert	편집-복사하기
붙이기	ctrl+V/shift+insert	편집-붙이기
골라 붙이기	ctrl+alt+V	편집-골라 붙이기
모양 복사	alt+C	편집-모양 복사
복사한 모양 붙이기(일반 편집 상태)	F3/F4→alt+C	편집-모양 복사
복사한 모양 붙이기(표 편집 상태)	F5→alt+C	편집-모양 복사
지우기	ctrl+E	편집-지우기
모두 선택	ctrl+A	편집-모두 선택
블록 설정	F3	-
낱말 블록	F3, 2번	-
한 문단 블록	F3, 3번	-
문서 전체 블록	F3, 4번	-
원하는 만큼 블록 설정	shift+←/→	-
커서부터 줄 처음/끝까지 블록 설정	shift+home/end	-
문단 위로 이동	alt+shift+↑	-

문단 아래로 이동	alt+shift+↓	-
찾기	ctrl+Q,F/ctrl+F/F2	편집-찾기
찾아 바꾸기	ctrl+F2/ctrl+Q,A/ctrl+H	편집-찾아 바꾸기
다시 찾기	ctrl+L	편집-찾기-다시 찾기
거꾸로 찾기	ctrl+Q,L	편집-거꾸로 찾기
찾아가기	alt+G	편집-찾기-찾아가기
한글로 바꾸기	alt+F9	편집-글자 바꾸기-한글로 바꾸기
간체/번체 바꾸기	alt+shift+F9	편집-글자 바꾸기-간체/번체 바꾸기
고치기	ctrl+N,K	편집-고치기

보기메뉴기능(기본작업상태)	단축키	메뉴 경로
문단 부호 보이기/숨기기	ctrl+G,T	보기-표시/숨기기-문단 부호
조판 부호 보이기/숨기기	ctrl+G,C	보기-표시/숨기기-조판 부호
화면 확대 쪽 맞춤	ctrl+G,P	보기-화면 확대
화면 확대 폭 맞춤	ctrl+G,W	보기-화면 확대
화면 확대 100%	ctrl+G,Q	보기-화면 확대
화면 확대/축소	shift+(num)+/-	보기-화면 확대
쪽 윤곽	ctrl+G,L	보기-쪽 윤곽
전체 화면	ctrl+G,Z	보기-전체 화면
창 순환	alt+tab	-
문서 탭 순환	ctrl+tab	-
모두 아이콘으로	ctrl+W,M	창-모두 아이콘으로

입력메뉴 기능(기본작업상태)	단축키	메뉴 경로
상용구 등록	F3 → alt+I	입력-상용구-상용구 등록
상용구 실행	첫글자, alt+I	-
상용구 내용 보기	ctrl+F3	입력-상용구-상용구 내용
문자표	ctrl+F10	입력-문자표
한글을 한자로 변환	F9	입력-한자 입력-한자로 바꾸기
한자를 한글로 변환	alt+F9	-
한자 단어 등록	ctrl+alt+F9	입력-한자 입력-한자 단어 등록
한자 부수/총획수	ctrl+F9	입력-한자 입력-한자 부수/총획수
한자 새김 입력	ctrl+shift+F9	입력-한자 입력-한자 새김 입력
인명 한자로 바꾸기	ctrl+alt+F10	입력-한자 입력-인명 한자로 바꾸기
날짜/시간 문자열	ctrl+K,D	입력-날짜/시간-날짜/시간 문자열
날짜/시간 코드	ctrl+K,C	입력-날짜/시간-날짜/시간 코드
날짜/시간 형식	ctrl+K,F	입력-날짜/시간-날짜/시간 형식
각주	ctrl+N,N	입력-주석-각주
미주	ctrl+N,E	입력-주석-미주
그림	ctrl+N,I	입력-그림-그림
글상자	ctrl+N,B	입력-개체-글상자
수식	ctrl+N,M	입력-개체-수식
문단 띠	ctrl+N,L	입력-개체-문단 띠
캡션 넣기	ctrl+N,C	입력-캡션 넣기
책갈피	ctrl+K,B	입력-책갈피
책갈피 바로 넣기(위치 기억)	ctrl+K,1,2,...,9,0	-

기억된 책갈피 위치로 이동	ctrl+Q,1,2,...,9,0	-
하이퍼링크	ctrl+K,H	입력-하이퍼링크
하이퍼링크 뒤로	ctrl+Q,B	하이퍼링크 이전
하이퍼링크 앞으로	ctrl+Q,R	하이퍼링크 다음
상호 참조	ctrl+K,R	입력-상호 참조
필드 입력	ctrl+K,E	입력-필드 입력
문서 끼워 넣기	ctrl+O	입력-문서 끼워 넣기
OLE 개체 삽입	ctrl+N,O	입력-개체-OLE 개체 삽입

입력메뉴 기능(셀블록상태)	**단축키**	**메뉴 경로**
표 자동 채우기	A	입력-채우기-표 자동 채우기

입력메뉴 기능(개체선택상태)	**단축키**	**메뉴 경로**
개체 속성	P	(빠른 메뉴)개체 속성
오려 두기	ctrl+X/shift+delete	(빠른 메뉴)오려 두기
복사하기	ctrl+C/ctrl+insert	(빠른 메뉴)복사하기
지우기	ctrl+E	(빠른 메뉴)지우기
맨 앞으로	shift+Page Up	(빠른 메뉴)맨 앞으로
맨 뒤로	shift+Page Down	(빠른 메뉴)맨 뒤로
개체 묶기	G	(빠른 메뉴)개체 묶기
개체 풀기	U	(빠른 메뉴)개체 풀기
글 앞으로	shift+home	(빠른 메뉴)본문과의 배치-글 앞으로
글 뒤로	shift+end	(빠른 메뉴)본문과의 배치-글 뒤로
캡션 넣기	ctrl+N,C	(빠른 메뉴)캡션 넣기
하이퍼링크	ctrl+K,H	(빠른 메뉴)하이퍼링크
선 속성	L	(빠른 메뉴)개체 속성-선 탭
개체 이동	방향키(↑←↓→)	-
개체 크기 조정	shift+방향키	-
다음 개체 선택	tab	-
이전 개체 선택	shift+tab	-
본말 상용구 등록	alt+I	입력-상용구-상용구 등록
상용구 실행	첫 글자, alt+I	

입력메뉴 기능(그리기·글상자)	**단축키**	**메뉴 경로**
배경	C	(빠른 메뉴)개체 속성-채우기 탭

입력메뉴 기능(글상자선택상태)	**단축키**	**메뉴 경로**
글상자 편집	enter	-

입력메뉴 기능(수식편집대화창)	**단축키**	**메뉴 경로**
위 첨자	shift+6	입력-개체-수식
아래 첨자	shift+-	입력-개체-수식
장식 기호	ctrl+D	입력-개체-수식
분수	ctrl+O	입력-개체-수식
근호	ctrl+R	입력-개체-수식
합 기호	ctrl+S	입력-개체-수식
적분	ctrl+I	입력-개체-수식
극한	ctrl+L	입력-개체-수식
상호 관계	ctrl+E	입력-개체-수식
괄호	ctrl+9	입력-개체-수식

경우	ctrl+0	입력-개체-수식
세로 쌓기	ctrl+P	입력-개체-수식
행렬	ctrl+M	입력-개체-수식
줄 바꿈	enter	입력-개체-수식
도움말	F1	입력-개체-수식
넣기	shift+esc	입력-개체-수식

서식메뉴 기능(기본작업상태)	단축키	메뉴 경로
글자 모양	alt+L	서식-글자 모양
문단 모양	alt+T	서식-문단 모양
문단 번호 모양	ctrl+K,N	서식-문단 번호 모양
스타일	F6	서식-스타일
문단 번호 속성 삽입/해제	ctrl+shift+insert	서식-문단 번호 적용/해제
문단 번호 새 번호로 시작	alt+shift+insert	서식-문단 번호 모양
글머리표 속성 삽입/해제	ctrl+shift+delete	서식-글머리표 적용/해제
한 수준 증가(문단 번호)	ctrl+(num)-	서식-한 수준 증가
한 수준 감소(문단 번호)	ctrl+(num)+	서식-한 수준 감소
개요 번호 모양	ctrl+K,O	서식-개요 번호 모양
개요 속성 삽입/해제	ctrl+insert	서식-개요 적용/해제
한 수준 증가(개요 번호)	ctrl+(num)-	서식-한 수준 증가
한 수준 감소(개요 번호)	ctrl+(num)+	서식-한 수준 감소
개체 속성	P	(빠른 메뉴)개체 속성
서식메뉴 기능(스타일설정후)	**단축키**	**메뉴 경로**
스타일 적용	ctrl+1,2...0/ctrl+alt+1,2...0	-
글자 스타일 해제	ctrl+-	-
서식메뉴 기능(글자블록상태)	**단축키**	**메뉴 경로**
글씨 크게	alt+shift+E/ctrl+]	서식-글자 모양
글씨 작게	alt+shift+R/ctrl+[	서식-글자 모양
자간 넓게	alt+shift+W	서식-글자 모양
자간 좁게	alt+shift+N	서식-글자 모양
장으로	alt+shift+K	서식-글자 모양
평으로	alt+shift+J	서식-글자 모양
밑줄	alt+shift+U/ctrl+U	서식-글자 모양
진하게	alt+shift+B/ctrl+B	서식-글자 모양
기울임	alt+shift+I/ctrl+I	서식-글자 모양
위 첨자	alt+shift+P	서식-글자 모양
아래 첨자	alt+shift+S	서식-글자 모양
보통 모양	alt+shift+C	서식-글자 모양
다음 글꼴	alt+shift+F	서식-글자 모양
이전 글꼴	alt+shift+G	서식-글자 모양
위 첨자/아래 첨자/보통	ctrl+alt+A	서식-글자 모양
검정 글자색	ctrl+M,K	서식-글자 모양
빨강 글자 색	ctrl+M,R	서식-글자 모양
파랑 글자 색	ctrl+M,B	서식-글자 모양
자주 글자 색	ctrl+M,D	서식-글자 모양
초록 글자 색	ctrl+M,G	서식-글자 모양

노랑 글자 색	ctrl+M,Y	서식-글자 모양
청록 글자 색	ctrl+M,C	서식-글자 모양
흰색 글자 색	ctrl+M,W	서식-글자 모양

서식메뉴 기능(문단속성관련)	단축키	메뉴 경로
빠른 내어 쓰기	shift+tab	서식-문단 모양
왼쪽 여백 줄이기	ctrl+alt+F5/ctrl+shift+E	서식-문단 모양
왼쪽 여백 늘이기	ctrl+alt+F6/ctrl+shift+G	서식-문단 모양
오른쪽 여백 늘이기	ctrl+alt+F7/ctrl+shift+D	서식-문단 모양
오른쪽 여백 줄이기	ctrl+alt+F8/ctrl+shift+F	서식-문단 모양
첫 줄 내어 쓰기	ctrl+F5/ctrl+shift+O	서식-문단 모양
첫 줄 들여 쓰기	ctrl+F6/ctrl+shift+I	서식-문단 모양
양쪽 여백 줄이기	ctrl+F7	서식-문단 모양
양쪽 여백 늘이기	ctrl+F8	서식-문단 모양
줄 간격 넓게	alt+shift+Z/ctrl+shift+W	서식-문단 모양
줄 간격 좁게	alt+shift+A/ctrl+shift+Q	서식-문단 모양
양쪽 정렬	ctrl+shift+M	서식-문단 모양
왼쪽 정렬	ctrl+shift+L	서식-문단 모양
오른쪽 정렬	ctrl+shift+R	서식-문단 모양
가운데 정렬	ctrl+shift+C	서식-문단 모양
배분 정렬	ctrl+shift+T	서식-문단 모양

쪽 메뉴 기능(기본작업상태)	단축키	메뉴 경로
편집 용지	F7	쪽-편집 용지
머리말/꼬리말	ctrl+N,H	쪽-머리말/꼬리말
쪽 번호 매기기	ctrl+N,P	쪽-쪽 번호 매기기
감추기	ctrl+N,S	쪽-감추기
구역	ctrl+N,G	쪽-구역 설정
쪽 나누기	ctrl+enter/ctrl+J	쪽-쪽 나누기
단 나누기	ctrl+shift+enter	쪽-단 나누기
다단 설정 나누기	ctrl+alt+enter	쪽-다단 설정 나누기
구역 나누기	alt+shift+enter	쪽-구역 나누기
강제 줄 나누기	shift+enter	-

검토 메뉴 기능(기본작업상태)	단축키	메뉴 경로
맞춤법	F8	도구-맞춤법
한컴 사전	shift+F6/F12	검토-한컴 사전
한자 자전	shift+F9	검토-한자 자전
유의어/반의어 사전	ctrl+F12	검토-유의어/반의어 사전

도구 메뉴 기능(기본작업상태)	단축키	메뉴 경로
맞춤법	F8	도구-맞춤법
빠른 교정 내용	shift+F8	도구-빠른 교정-빠른 교정 내용
글자판 바꾸기	alt+F2	도구-글자판-글자판 바꾸기
글자판 보기	alt+F1	도구-글자판-글자판 보기

한/영 자판 전환 (1, 2 글자판)	왼쪽 shift+spacebar	-
3, 4 글자판 전환	오른쪽 shift+spacebar	-
키 매크로 정의	alt+B	도구-매크로-키 매크로 정의
키 매크로 중지	alt+A	도구-매크로-키 매크로 중지
스크립트 매크로 정의	alt+shift+H	도구-매크로-스크립트 매크로 정의
스크립트 매크로 중지	alt+shift+X	도구-매크로-스크립트 매크로 중지
매크로 실행	alt+shift+L	도구-매크로-매크로 실행
매크로1	alt+shift+1, alt+1	도구-매크로-매크로 실행
매크로2	alt+shift+2, alt+2	도구-매크로-매크로 실행
차례 새로 고침	ctrl+K,U	도구-차례/색인-차례 새로 고침
모든 차례 새로 고침	ctrl+K,A	도구-차례/색인-차례 새로 고침-모든 차례 새로 고침
제목 차례 표시	ctrl+K,T	도구-차례/색인-제목 차례 표시
차례 숨기기	ctrl+K,S	도구-차례/색인-차례 숨기기
색인 표시 달기	ctrl+K,I	도구-차례/색인-색인 표시
메일 머지 표시 달기	ctrl+K,M	도구-메일 머지-메일 머지 표시 달기
메일 머지 만들기	alt+M	도구-메일 머지-메일 머지 만들기
프레젠테이션 실행	ctrl+K,P	도구-프레젠테이션-프레젠테이션 실행

표 메뉴 기능(기본작업상태)	단축키	메뉴 경로
표 만들기	ctrl+N,T	입력-표-표 만들기
표 메뉴 기능(표선택상태)	**단축키**	**메뉴 경로**
첫째 셀 선택	F5	-
표 뒤집기	T	표-표 뒤집기
개체 속성	P	(빠른 메뉴)개체 속성
오려 두기	ctrl+X/shift+delete	(빠른 메뉴)오려 두기
복사하기	ctrl+C/ctrl+insert	(빠른 메뉴)복사하기
지우기	ctrl+E	(빠른 메뉴)지우기
맨 앞으로	shift+Page Up	(빠른 메뉴)맨 앞으로
맨 뒤로	shift+Page Down	(빠른 메뉴)맨 뒤로
글 앞으로	shift+home	(빠른 메뉴)본문과의 배치-글 앞으로
글 뒤로	shift+end	(빠른 메뉴)본문과의 배치-글 뒤로
캡션 넣기	ctrl+N,C	(빠른 메뉴)캡션 넣기
선 속성	L	(빠른 메뉴)개체 속성-테두리 탭
배경 속성	C	(빠른 메뉴)개체 속성-채우기 탭
표 메뉴 기능(표안의커서상태)	**단축키**	**메뉴 경로**
현재 셀 선택(방향키 누르면 셀 블록 이동)	F5	-
현재 셀 선택(방향키 누르면 셀 블록 확장)	shift+F5	-
셀 단위로 커서 이동	alt+방향키	-
줄 추가하기	ctrl+enter	-
줄 지우기	ctrl+backspace	-
표 안에서 다른 셀로 이동(정방향)	tab	-
표 안에서 다른 셀로 이동(역방향)	shift+tab	-

표 안에 탭 삽입	ctrl+tab	-
문서 탭 순환	ctrl+alt+tab	* 윈도우 비스타에서는 [창 순환] 단축키로 쓰임
표 안에 표 만들기	ctrl+N,T	입력-표-표 만들기
표 나누기	ctrl+N,A	표-표 나누기
표 붙이기	ctrl+N,Z	표-표 붙이기
붙이기	ctrl+V	(빠른 메뉴)붙이기
문자표	ctrl+F10	(빠른 메뉴)문자표
인쇄	alt+P	(빠른 메뉴)인쇄
글자 모양	alt+L	(빠른 메뉴)글자 모양
문단 모양	alt+T	(빠른 메뉴)문단 모양
스타일	F6	(빠른 메뉴)스타일
문단 번호 모양	ctrl+K,N	(빠른 메뉴)문단 번호 모양
줄/칸 추가하기	alt+insert	(빠른 메뉴)표-줄/칸 추가하기
줄/칸 지우기	alt+delete	(빠른 메뉴)표-줄/칸 지우기
가로 합계	ctrl+shift+H	(빠른 메뉴)쉬운 계산식-가로 합계
세로 합계	ctrl+shift+V	(빠른 메뉴)쉬운 계산식-세로 합계
가로 평균	ctrl+shift+J	(빠른 메뉴)쉬운 계산식-가로 평균
세로 평균	ctrl+shift+B	(빠른 메뉴)쉬운 계산식-세로 평균
가로 곱	ctrl+shift+K	(빠른 메뉴)쉬운 계산식-가로 곱
세로 곱	ctrl+shift+N	(빠른 메뉴)쉬운 계산식-세로 곱
계산식	ctrl+N,F	(빠른 메뉴)계산식

표 메뉴 기능(셀블록상태)	**단축키**	**메뉴 경로**
셀 확장 모드	F3 또는 F5	-
칸 전체 블록	F7	-
줄 전체 블록	F8	-
현재 셀의 크기 조절	shift+화살표	-
현재 셀이 속한 가로줄/세로 칸 전체 크기	ctrl+화살표	-
표 크기를 고정한 채 가로줄/세로 칸 크기	alt+화살표	-
편집 모드로 전환	enter	-
표 안에서 다른 셀로 이동(정방향)	tab	-
표 안에서 다른 셀로 이동(역방향)	shift+tab	-
문서 탭 순환	ctrl+alt+tab	* 윈도우 비스타에서는 [창 순환] 단축키로 쓰임
줄 추가하기	ctrl+enter	-
줄 지우기	ctrl+backspace	-
표 빠져나가기	shift+esc	-
표 안에 표 만들기	ctrl+N,T	입력-표-표 만들기
줄/칸 추가하기	alt+insert	표-줄/칸 추가하기
줄/칸 지우기	alt+delete	표-줄/칸 지우기
오려 두기	ctrl+X	(빠른 메뉴)오려 두기
복사하기	ctrl+C	(빠른 메뉴)복사하기
셀 지우기	ctrl+E	(빠른 메뉴)셀 지우기
글자 모양	alt+L	(빠른 메뉴)글자 모양
문단 모양	alt+T	(빠른 메뉴)문단 모양

스타일	F6	(빠른 메뉴)스타일
표/셀 속성	P	(빠른 메뉴)표/셀 속성
각 셀 테두리 모양	L	(빠른 메뉴)셀 테두리/배경-각 셀마다 적용-테두리 탭
각 셀 배경 모양	C	(빠른 메뉴)셀 테두리/배경-각 셀마다 적용-배경 탭
여러 셀 테두리 모양	B	(빠른 메뉴)셀 테두리/배경-하나의 셀처럼 적용-테두리 탭
여러 셀 배경 모양	F	(빠른 메뉴)셀 테두리/배경-하나의 셀처럼 적용-배경 탭
셀 내용 지우기	ctrl+E 또는 delete	(빠른 메뉴)셀 지우기
줄 높이를 같게	H	(빠른 메뉴)셀 높이를 같게
줄 너비를 같게	W	(빠른 메뉴)셀 너비를 같게
셀 합치기	M	(빠른 메뉴)셀 합치기
셀 나누기	S	(빠른 메뉴)셀 나누기
블록 합계	ctrl+shift+S	(빠른 메뉴)블록 계산식-블록 합계
블록 평균	ctrl+shift+A	(빠른 메뉴)블록 계산식-블록 평균
블록 곱	ctrl+shift+P	(빠른 메뉴)블록 계산식-블록 곱

기타 기능	**단축키**	**메뉴 경로**
도움말	F1	도움말-내용
메뉴	F10/alt	-
빠른 메뉴	shift+F10	-
고정폭 빈칸	alt+spacebar	-
묶음 빈칸	ctrl+alt+spacebar	-
무른 하이픈(-)	ctrl+shift+-	-
개체 선택	F11	-
도구 상자 단계별 접기/펴기	ctrl+F1	-

마우스커서이동	설명	글쇠	설명
←	한 글자 왼쪽으로 움직입니다.	↑	한 줄 위로
→	한 글자 오른쪽으로 움직입니다.	↓	한 줄 아래로
ctrl+←	한 단어 왼쪽으로 움직입니다.	ctrl+home	화면의 처음으로
ctrl+→	한 단어 오른쪽으로 움직입니다.	ctrl+end	화면의 끝으로
home	줄의 처음으로 움직입니다.	PageUp	한 화면 앞으로
end	줄의 끝으로 움직입니다.	PageDown	한 화면 뒤로
alt+home	문단의 처음으로 움직입니다.	alt+PageUp	앞 쪽의 처음으로
alt+end	문단의 끝으로 움직입니다.	alt+PageDown	다음 쪽의 처음으로
		ctrl+PageUp	문서 전체의 처음으로
		ctrl+PageDown	문서 전체의 끝으로

지우기	설명
backspace	커서 앞의 글자가 완성된 글자일 때 그 글자를 지움 한글을 입력 중일 때에는 글자의 음소 하나(마지막으로 입력한 키 하나)씩 지움
delete	커서 뒤의 글자를 한 자 지움
ctrl+T/ctrl+delete	현재 커서의 오른쪽에 있는 단어를 삭제
ctrl+backspace	현재 커서의 왼쪽에 있는 단어를 삭제
ctrl+Y	현재 커서가 있는 줄을 지움
alt+Y	현재 커서가 있는 곳으로부터 그 줄의 끝까지 지움 그리고 그 이후의 문단이 다음 줄까지 계속 연결되는 경우에는 다음 줄을 끌어당겨서 이어 줌

기타 자주 사용하는 단축키

1. 내어쓰기: shift tab
2. 색인: ctrl+k, i
3. 방점: ctrl+D,a
4. 상용구: ctrl+F3. 실행: alt+I
5. 색깔: ctrl+M+R
6. 위치기억: ctrl+K,1,2,3,4 위치 찾아가기: ctrl+Q, 1, 2, 3, 4
7. 자간: shift+alt+ N(R) [좁게. 넓게는 W]
8. 행간: shift+ alt+ A [좁게. 넓게는 Z]
9. 문단모양: alt+T
10. 문자표: ctrl+F10
11. 표에서
    표 만들기: ctrl+N,T
    alt+←/→ 를 하면 옆 칸으로
    표 안에서 표 밖으로 바로 빠져나오려면 shift+esc
12. 모양복사: 커서 위치에서 alt+c. 실행은 블록잡고 alt+c
13. 한영자동변환. 도구-한영자동전환에서. 수동변환은 alt+~
14. 자간조정: shift+alt+N : 자간 좁게, shift+alt+W : 자간 넓게
15. 커서 위치로 내어쓰기: shift+tab
16. 셀선택. F5
17. 위치 기억
    1) <ctrl+K,1,2~0>
       가기 ctrl+Q+번호. 이동 후 되돌아가기: ctrl+q+p

2) <ctrl+K,1>, <ctrl+K,2>~<ctrl+K,0>까지 최대 열 개의 위치를 기억시켰다가 <ctrl+Q>와 함께 원하는 번호를 눌러 그 위치로 곧바로 커서를 이동시킨다.
3) 이동 후 <ctrl+Q,P>를 누르면 ctrl+k 지정이 없어도 이동하기 이전의 커서 위치로 되돌아간다.

18. 세로로 블록 잡기
    alt키를 누른 상태에서 마우스드래그.
19. 웹문서 붙여 넣기
    ctrl+alt+V, [텍스트문서]를 고름
20. 입력기 환경설정: alt+F2
21. 문자열 블록잡기: F3+방향키
22. [문자표]에서 연속입력을 하려면 문자 선택 후 스페이스바를 누르면 된다. ①②③④⑤⑥⑦⑧⑨
23. 하이픈넣기 지정(무른하이픈): ctrl+shift+-
24. 머리말/꼬리말 닫기: shift+esc
25. 개체 선택: F11
26. 뒤에 숨은 개체 선택: alt+마우스클릭

찾아보기

<영문>

a.a.O. 155
A0 8
A5판 9
Abd- 169
abu- 169
AdobePDF 203
al- 169
alt 키를 누른 채 왼쪽마우스 111
Alt+c 52
alt+c 124
alt+delete 126
alt+g 44, 171
alt+i 185
alt+insert 126
alt+l 33
alt+shift+0 178
alt+shift+c 105
alt+shift+h 177
alt+shift+l 177
alt+shift+x 177
alt+space 64
alt+글상자클릭 100
alt+왼마우스클릭 100
APA 167
ascender line 16
Aufl. 156
A열 8

B0 8
B30절 9
Bd. 156
Bleed 208
body size 15
B열 8

capital line 16
cf. 156
CMY 108, 197
column 117, 156
column heading 156
comp. 157
condensed 15

CTP 95
ctrl+- 53
ctrl+alt+enter 140
ctrl+alt+space 64
ctrl+alt+좌우방향키 140
ctrl+enter 126
ctrl+F10 188
ctrl+F2 171
ctrl+F3 185
ctrl+g,c 154
ctrl+k,i 143
ctrl+k,t 191
Ctrl+l 171
ctrl+N,b 106
ctrl+n,e 165
ctrl+n,i 108
ctrl+n,t 117
ctrl+n.m 130
ctrl+q,f 171
ctrl+shift+- 61
ctrl+shift+enter 140
ctrl+shift+tab 126
ctrl+클릭 126

Darken 206
Default Settings 203
descender line 16
dot per inch 197
DPI 28
dpi 197
Drop Cap 195

Ed. 168
ed. 157
em 15
embedding 205
et al. 157
expanded 15

f. 158
F11 126
F5 126

<차례>

01 한글2014 화면구성과 설정 3
02 책의 구성 5
03 판형 7
04 서체(글꼴)에 관하여 14
05 아래아한글 입력환경 20
06 글꼴지정 27
07 문단모양 39
08 페이지번호 넣기 (쪽번호) 42
09 머리말/꼬리말(면주) 46
10 스타일 지정 50
11 대표글꼴 등록 54
12 한자-한글 변환과 두음법칙 56
13 따옴표 57
14 자간 59
15 행간 (줄간격) 66
16 문단정렬과 내어쓰기 71
17 탭 77
18 사용자 도구모음 만들기 84
19 기준선 이동 86
20 쪽·문단 테두리 87
21 바탕쪽 94
22 글상자 99
23 그림 108
24 그리기 개체 113
25 표 117
26 차트 127
27 수식 130
28 구역 137
29 다단 139
30 색인(찾아보기) 143
31 할주 146
32 각주 151
33 방주와 참고문 163
34 후주와 참고문헌 165
35 찾기 171
36 매크로 177
37 상용구 185
38 문자표 188
39 차례 만들기 190
40 방점·덧말 193
41 글자겹침(합자) 194
42 문단 첫글자 장식 195
43 색과 인쇄 197
44 2도 인쇄 201
45 PDF 출력 203
46 단축키 210

F5+F7 126
GlyphOutline 28
Grafeq 130

HaansoftBattang 205
HFT 27
HTML 색값 198
hyphen 61

ibid. 158
ibn- 169
idem 159
In 168
Insert키 잠금 20

Jr. 169

ligature 194

Mac 169
Mathematica 130
Mc 169
M' 169

nombre 42
Normal.hwt 4
nothing precedes something 169

op. cit. 160
OpenType 28
Output Preview 207
Overprint 206

p. 160
Page Number 44
Page Size 204
PageSize 208, 209
PDF/x-1a:2001 207
PDF로저장하기 203
Photoshop에서 재단선 표시 207
pica 15
point 34
PostScript 29
Press Quality 203
PrintingMarks 208
pt 34

regedit 85
RGB 108, 197
Rip 95
Roll 8
row 117, 156

Saint 169
Sainte 169
Sepera 209
ser. 161
Sheet 7
shift+alt+enter 138
shift+alt+n 64
shift+alt+w 64
shift+delete 126
shift+enter 72
Shift+Esc 99, 130
shift+F5 126
shift+Home/End 100
shift+home/end 111
shift+PgPu/PgPd 100
shift+space 56
shift+tab 73, 126
shift+글상자클릭 99
shift+마우스클릭 106
Sr. 169
St. 169
standard 15
Ste 169
stub 156
stubhead 117, 156
surname 166

trans. 162
TrueType 28
TTF 27

udf파일 4
umlaut 169
undrline 193

Vol. 167
vol. 161

widow 23
windows글꼴뷰어 29
x-height 16

<한글>

[ㄱ]
가로쓰기 16
가로짜기 16
가변폭글꼴 59
가상몸체 15
가상보디 15
가색법 108
가운데(세로정렬) 69
가운데정렬 41, 71
가운데탭 77
가운뎃점 189
가이드라인 24
각셀마다적용 119, 121
각주 146, 151
각주 번호서식 152
각주 표기 방식 166
각주(Footnote) 53
각주(다단에서) 141
각주/미주모양 151
각주모양 151
각주참조번호 152
간행물명 167
감색법 108, 197
감추기 44
개체들의 시작번호 137
개체묶기 104
개체보호 105
개체와의 간격(캡션) 102
개체와의 간격 118
개체와조판부호를항상같은쪽에놓기 111
개행 61, 72
격자 보기 115
격자간격 97
격자설정 95, 116
격자에 상관없이 116
격자자석효과 116
결 13
겹쳐쓸 글자 194
겹치기 종류 194
계량단위(종조용) 19
고딕체 14
고정값 25, 40, 68
고정폭 147
고정폭글꼴 59
고정폭빈칸 63
고해상도 출력 28
곡률지정 103
곧은따옴표 20, 57
곧은따옴표를둥근따옴표로바꾸기 21, 58
공목 26
공유데이터폴더의 위치 55
공저자 170
공행간 69
관사 168
괄호( )문 11, 180
교정부호넣기 22
구문서체 15
구분선넣기 152
구성 123
구역 137
구와에 209
국반판 9
국배판 9
국전지 9
국제규격용지 8
국판 9
권취지 8
권호 167
규격외용지 8, 9
그리기 개체 113
그리기도구 113
그림 불러오기 108
그림 자르기 112
그림넣기 108
그림번호 110
그림여백 111
그림효과 112
글꼴 14, 34
글꼴기준 68
글꼴목록 27
글꼴에 어울리는 빈칸 36, 60
글꼴에 어울리는 줄높이 69
글꼴정보 29
글뒤로 101, 111
글상자 99
글상자 고치기 100
글상자 안 여백 101, 103
글상자가 본문과 겹칠 때 100
글상자속성 104
글상자여백 101
글상자연결 106, 149
글앞으로 101, 111
글자모양 33
글자 71
글자바꾸기 56
글자상용구 185
글자속성유지 186
글자속성 유지하지 않음 186

<차례>

01 한글2014 화면구성과 설정 3
02 책의 구성 5
03 판형 7
04 서체(글꼴)에 관하여 14
05 아래아한글 입력환경 20
06 글꼴지정 27
07 문단모양 39
08 페이지번호 넣기 (쪽번호) 42
09 머리말/꼬리말(면주) 46
10 스타일 지정 50
11 대표글꼴 등록 54
12 한자-한글 변환과 두음법칙 56
13 따옴표 57
14 자간 59
15 행간 (줄간격) 66
16 문단정렬과 내어쓰기 71
17 탭 77
18 사용자 도구모음 만들기 84
19 기준선 이동 86
20 쪽·문단 테두리 87
21 바탕쪽 94
22 글상자 99
23 그림 108
24 그리기 개체 113
25 표 117
26 차트 127
27 수식 130
28 구역 137
29 다단 139
30 색인(찾아보기) 143
31 할주 146
32 각주 151
33 방주와 참고문 163
34 후주와 참고문헌 165
35 찾기 171
36 매크로 177
37 상용구 185
38 문자표 188
39 차례 만들기 190
40 방점·덧말 193
41 글자겹침(합자) 194
42 문단 첫글자 장식 195
43 색과 인쇄 197
44 2도 인쇄 201
45 PDF 출력 203
46 단축키 210

글자스타일 51
글자스타일 해제 52, 53
글자에따라 40, 67
글자위치 35, 86
글자처럼취급 100, 109, 117
글자크기 34
글자판바꾸기 56
글자판자동변경 21
금칙처리 22
급 34
기본값으로복원 4
기본도구상자 3
기본설정 4
기본탭 79
기수별면 69
기준선 15, 24
기준선 만들기 115
기준선 이동 86
기준크기 35
기호 37
긴 머리말 48
꺾인연결선 116
꼬리말 46
꼬리말바로위 153
꿰맴 11, 18

[ㄴ]
나누지않음 120
나눔 120
나눔정렬 41, 72
낱장인쇄용지 7
내어쓰기 40, 154, 219
내어쓰기값 알아내기 72
내어쓰기용자동탭 82
내제지 6, 69
녹아웃 206
놈브르 42
누끼 206
눈금자 77

[ㄷ]
다단 139
다단 각주위치 141
다단설정 139
다단설정나누기 140
다른색 125
다음문단과 함께 23
다음주석으로 154
단 139
단 너비 144
단 이동 140
단구분선 141
단나누기 140
단위기호 19
단위어 23
단종류 139
단체명의저작물 170
대국전인쇄기 9
대국전지 9
대표 35
대표글꼴 24, 54
대표글꼴등록하기 54
대표글꼴이름 54
대표글꼴 정보파일 55
대표글꼴추가하기 54
대표글꼴편집하기 55
대화상자설정 123
덧말 193
도구상자만들기 84
도서 5
독일어 분철법 62
동행항목 69
두루마리인쇄용지 8
두번째낱말 143
두 스페이스 173
두음법칙 56
두주 146
둥근따옴표 57
둥근모양 103
둥글리기(글상자) 103
뒤장식문자 152
뒷부분 5, 6
드러냄표 193
드롭다운메뉴 3
들여쓰기 40, 154
디도식포인트 15
디센더문자 16
따옴표 21

[ㄹ]
라이브러리 185
레이아웃 7
레지스트리 85
로마숫자 37
루비 193
리더 81, 191
리본메뉴 3
리저드(lizard) 60

[ㅁ]
마우스끌기로 만들기 117
마우스로 크기지정 110
말주 146
망점 197
맞쪽 12
맞쪽 다단설정 142
맞춤법도우미작동 20
매는 쪽 12
매엽인쇄기 8
매엽지 7
매크로 177
매크로 저장위치 178
머리말 25, 46, 53
머리말 수정 48
머리말 위치 46
머리말/꼬리말 47
머리말/꼬리말닫기 47
머리말/꼬리말마당 47, 49
머리말/꼬리말에서 쪽번호 넣기 44
머리말과 페이지숫자 간격 48
머리말의 글꼴 47
메뉴 3
메모고침표 22
면숫자 42
면주 46
면표시 42
명도 125
명령(도구) 84
명령어 입력창 133
명조체 14
모두찾기 172
모든명령들 84
모든보호개체 해제하기 105
모든차례 새로고침 192
모양복사 52
목차 6
무료 글꼴 30
무른하이픈 61
묶음빈칸 64
문단 끝 173
문단 배경 93
문단 첫글자 195
문단 테두리 88
문단모양 39, 219
문단번호모양 74
문단보호 23
문단아래 69
문단여백무시 89, 91
문단 오른쪽끝 자동탭 81, 83, 191
문단위 69
문단첫글자장식 195
문단테두리연결 89, 91
문자열로 넣기 190
문자영역 188
문자영역 등록하기 188
문자의 크기 15

문자크기 단위 58
문자표 37, 188, 219
문자표 저장위치 188
문장부호 19, 37
물림목 209
미주 146, 165
밑줄 193

[ㅂ]
바깥여백 101
바깥쪽 12
바른바탕체OTF 35
바탕쪽 94
바탕쪽에서 쪽번호 넣기 96
바탕쪽 지우기(고치기) 94, 95
방점 193
방주 146, 163
배경색 125
배분다단 139
배분정렬 41, 71
번호종류 97, 110
범례 5
베이스라인 15
베지어 3차곡선 29
벡터방식 28
벡터방식의 베지에 곡선 28
별도페이지 42
별색 199, 201
별행 72
별행항목 69
보조선 24
보호개체해제 105
본말 186
본문 5, 6, 53
본문과의 배치 101, 110
본문상용구 185
볼륨 167
부계열 8
부록 6
분철 61
분판 197
블록계산식 126
비트맵 방식 28
빈칸 25, 36, 60
빛쪼임 95
빠른교정동작 20

[ㅅ]
사각형모서리곡률 103
사륙18절판 9
사륙배배판 9
사륙배판 9
사륙전지 9
사륙판 9
사무용지 8
4분 26
사용자정의 데이터 4
사용자가 입력한 순서대로 인쇄 49, 205
사용자도구상자 84
사용자문자표 188
사용자문자표 저장위치 188
사용자설정 4
사용자설정 도구상자 84
사용자설정 서식도구 84
사용자설정 열림상자 85
사용자설정 저장위치 85
사항색인 6
35판 9
36판 9
3차원 베지어 방식 28
삽입잠금 20
상게서 157
상대크기 24, 35
상용구 185, 219
상용구 등록 185
상용구 넣기 44
상용구 저장위치 187
상황선 3
새 머리말을 넣기 48
새 줄/칸 만들기 126
새구역으로 137
새그리기속성 104
새번호로시작 43, 137
새스타일만들기 51
색 편집 197
색글자 입력 37
색분해 197
색분해 상태 209
색인 6, 143, 219
색인 판면 144
색인만들기 143, 144
색인표시 143
색채우기없음 103
서문 5
서수 156
서식 메뉴 39
서식도구상자 3
서식도구상자 글꼴미리보기 22
서식찾기 171
서체 14
선모양바로적용 121
세로로 선택 126
세로쓰기 16, 17, 100

<차례>

01 한글2014 화면구성과 설정 3
02 책의 구성 5
03 판형 7
04 서체(글꼴)에 관하여 14
05 아래아한글 입력환경 20
06 글꼴지정 27
07 문단모양 39
08 페이지번호 넣기 (쪽번호) 42
09 머리말/꼬리말(면주) 46
10 스타일 지정 50
11 대표글꼴 등록 54
12 한자-한글 변환과 두음법칙 56
13 따옴표 57
14 자간 59
15 행간 (줄간격) 66
16 문단정렬과 내어쓰기 71
17 탭 77
18 사용자 도구모음 만들기 84
19 기준선 이동 86
20 쪽·문단 테두리 87
21 바탕쪽 94
22 글상자 99
23 그림 108
24 그리기 개체 113
25 표 117
26 차트 127
27 수식 130
28 구역 137
29 다단 139
30 색인(찾아보기) 143
31 할주 146
32 각주 151
33 방주와 참고문 163
34 후주와 참고문헌 165
35 찾기 171
36 매크로 177
37 상용구 185
38 문자표 188
39 차례 만들기 190
40 방점·덧말 193
41 글자겹침(합자) 194
42 문단 첫글자 장식 195
43 색과 인쇄 197
44 2도 인쇄 201
45 PDF 출력 203
46 단축키 210

세로정렬 25, 40, 68, 193
세로짜기 16
세리프 14
셀 117
셀 배경색 채우기 126
셀 선택 126
셀 이동 126
셀 크기 조절 126
셀간격 120
셀단위로 나눔 120
셀모양 복사 124
셀의 구분선 117, 120
셀의 배경색 125
셀의 안 여백 119
셀의 테두리 121
셀의 간격 118, 122
셀 크기 적용 122
셀테두리/배경 118, 119, 121
셀테두리/배경에서 복사할 내용 123
소수점(종조용) 19
소수점탭 77
소프트 하이픈 61
수식 19. 130
수식 도구상자 131
수식명령어 130
수식번호 110
수식편집기 130
수의 자리수(종조) 19
숨김페이지 42, 44
숫자와 단위기호 23
스크립트 입력창 133
스크립트매크로 177
스타일 가져오기 53
스타일 만들기 50
스타일 복사 52
스타일 자동 적용 53
스타일 지우기 52
스타일 지정 26
스타일 종류 51
스타일추가/편집 51
스트리트(street) 60
시계숫자 37
시작번호 43, 137
신A5판 9
신서판 9
실시간미리보기 21
실시간검색 22

[ㅇ]
아라비아숫자(종조) 19
아래쪽 12, 69
아무개문자 175
안내선 115
안 여백 지정 119
안쪽 12
알파벳(종조) 18
앞구역바탕쪽연결 94, 98
앞그림 5
앞부분 5
앞부분 별도페이지 42
약물 19
약어표 5
약표제지 5
양쪽정렬 41, 71
어간 25, 36, 60
어센더문자 16
어울림 101, 110
어절 61
언어 34
없음 118
여러쪽지정 120
여백 11, 40
여백/캡션 101, 112, 118
여백만지정 40, 68
여백의 비 11
여백 지정 11
여벡보기 96
연결선 115
연보 6
연월일(종조) 19
열 117
열림상자 85
영문 37
영문 스타일 이름 53
영문의 스페이스값 60
영어 분철법 61
예약어 130, 133
예컨대 157
오른쪽정렬 41, 71
오른쪽탭 77, 191
오버프린트 206
외부스타일 53
외톨이보호 23
왼쪽 40
왼쪽정렬 41, 71
왼쪽탭 77
사용자정의 데이터를 처음 실행상태 로 되돌림 4
용지 7, 10
용지여백 11
용지종류 10
원 113
원도 14
원지 8
웹컬러차트번호 198
위쪽 12, 25, 69. 147, 193
위치(그림) 109
위치기억 219
윤곽선(벡터) 방식 28
윤전기 8
음절syllable) 61
2단구성(가로행) 78
2도인쇄 201
이동안내선 104
2차원 베지어 방식 28
인명색인 6
인쇄용지 7
인쇄원고 7
인쇄판 95, 197
인쇄할 용지 209
1:1.5 여백의 비 12
일련별면 69
일련숫자 23
일반다단 139
1행에 1문자 64
입력어자동실행 21, 58
입력자동서식 21

[ㅈ]
자간 15, 24, 35, 59, 219
자동글머리기호넣기 21
자동번호매기기 21
자동으로 나뉜표의 경계선 설정 120
자동채우기내용 126
자동탭 83
자리차지 101, 110, 111
자세히 105
자주쓰이는 모양 139
작업창 3
장평 37
재단 여분 11, 25, 205
재단 여분 그리기 95
재단치수 8
재단표시 205
저자 166
저자명 표기 168
전각문자 15
전게서 157
전단 82, 139
전산조판 7
전지(全紙) 7, 8
전지 종류 9
전체 쪽수 44
전치사 168
절수 9
정렬방식 41

제목차례표시 191
제본 11
조건식 173
조건식 구문 173
조건식 사용 173
조직도 115
조판 7
조판부호 22, 154, 190
조판재료 7
종목 13
종이 7, 10
종이기준(쪽테두리) 88
종조(縱組) 16
종조 판면 18
좌철 18
주 메뉴를 부르는 키매크로 179
주계열 8
준말 185
줄/칸 지우기 126
줄간격 25, 39, 67
줄간격 정하기 26
줄나눔기준 61, 71
줄뒤 금칙문자 22
줄수 117
줄앞 금칙문자 22
중점(가운뎃점) 186
증보판 157
지렁이 선 60
직선 114
집필자 166
짝수쪽 12
쪽 11, 82
쪽 번호(Page Number) 42, 53
쪽기준(쪽테두리) 88
쪽번호 넣기(바탕쪽) 97
쪽번호 매기기 43
쪽번호 지우기 44
쪽번호 기준으로 인쇄 49, 205
쪽 테두리 24, 26, 87

[ㅊ]
차례 181
차례 자동 수정 190
차례(탭) 80
차례 만들기 190
차례 숨기기 191
차트 127
참고문헌 6, 165
참조번호 183
찾기 171
찾아가기 171
찾아보기 6
찾아비꾸기 171
채우기 103
책명 167
책을 펼쳤을 때 12
챶아보기 143
첫 글자 들여쓰기 70
첫 줄 내어쓰기 126
초기화 4, 112
최대자면 15
최소 68
최소공백 25, 36, 60
추천사 5
출판사 이름 167
출판연도 167

[ㅋ]
칸수 117
캐릭터 14
캡션 101, 112, 117, 118
캡션에 파일 이름 넣기 109
캡션 크기 102
캡션 해제 102
커닝 64
코드넣기 45
크라운판 9
키매크로 177, 179

[ㅌ]
탭 77
탭설정 77
탭키로 2단 편집 78
터잡기 95
테두리 118
테두리/배경 복사 124
텝설정 41
투명도 199

[ㅍ]
파이카 34
판권 6
판면 11, 25, 82
판면 행맞추기 26
판면 구성비 11
판면 면적률 67
판면비 11
판명 168
판형 7, 10, 25
판형의 크기 9
페이지 11, 82
페이지 표시 42, 43
페이지숫자 42
편자 170

<차례>

01 한글2014 화면구성과 설정 3
02 책의 구성 5
03 판형 7
04 서체(글꼴)에 관하여 14
05 아래아한글 입력환경 20
06 글꼴지정 27
07 문단모양 39
08 페이지번호 넣기 (쪽번호) 42
09 머리말/꼬리말(면주) 46
10 스타일 지정 50
11 대표글꼴 등록 54
12 한자-한글 변환과 두음법칙 56
13 따옴표 57
14 자간 59
15 행간 (줄간격) 66
16 문단정렬과 내어쓰기 71
17 탭 77
18 사용자 도구모음 만들기 84
19 기준선 이동 86
20 쪽·문단 테두리 87
21 바탕쪽 94
22 글상자 99
23 그림 108
24 그리기 개체 113
25 표 117
26 차트 127
27 수식 130
28 구역 137
29 다단 139
30 색인(찾아보기) 143
31 할주 146
32 각주 151
33 방주와 참고문 163
34 후주와 참고문헌 165
35 찾기 171
36 매크로 177
37 상용구 185
38 문자표 188
39 차례 만들기 190
40 방점·덧말 193
41 글자겹침(합자) 194
42 문단 첫글자 장식 195
43 색과 인쇄 197
44 2도 인쇄 201
45 PDF 출력 203
46 단축키 210

편집용지 10
편집용지 표시 10, 205
편집저작물 168
편집저작자 168
편집창 3
펼친 양면 12, 46
평행다단 140, 142
포인트 15, 34
폰트 14
표 117
표 뒤집기 126
표 번호 117, 118
표 안에 줄 삽입 126
표 전체 선택 126
표 제목 118
표(종조) 18
표/셀 속성 118, 119
표/셀속성의 복사할 내용 123
표나누기 120
표만들기 117
표번호 110
표시/숨기기 112
표의 열 또는 행 지우기 126
표의 외곽선 117
표의 테두리 117
표제지 5, 206
표지 206
표테두리/배경 120
풀붙임 11
프린터용지 204
픽셀 34
필드로넣기 190

[ㅎ]
하나의 셀처럼 적용 119, 120
하시라 46
하이픈 25, 61
한/영 변환 56
한글2014를처음실행상태로되돌림 4
한글과 숫자 26
한글과 숫자 간격을 자동조절 26
한글과 영어 간격을 자동조절 26
한글의 스페이스값 60
한자-한글 변환 56
한컴기본설정 4
할주 106
합자 194
항목행간 69
항번 72
해상도 197
행 117
행간 39, 40, 66, 68
행끝 잘림 25
행송 40, 68
헌사 5
현재구역부터 새로시작 153
현재모양으로 바꾸기 51
호수 167
혼식조판 24
홀수쪽 12
화살표 115
활자 14
활판인쇄 7
황금비구성 11
횡목 13
횡조(横組) 16
후기 6
후주 6, 146, 165

저자: **이종운**李鍾雲

고려대학교 법과대학 졸업
박영사 등 출판사 편집부 근무
도서편집총람(범우사, 1991), 국어의맞춤법표기(세창출판사, 1998) 등 저술
jwleeoo@gmail.com

아래아한글편집노트

초판인쇄 2015. 6. 10
초판발행 2015. 6. 20

저자 이종운
발행자 황인욱

발행처 도서출판 오래
주소 서울특별시용산구 한강대로38가길 7-18
신고 제302-2010-000029호(2010.3.17)
대표전화 02-797-8786
팩스 02-797-9911
http://www.orebook.com
email: orebook@naver.com

값 18,000원

ISBN 979-11-5829-005-4 13000

이 책에 사용된 폰트는 다음과 같습니다: 10×10, 10×10Bold, EBS훈민정음-R, KBIZ한마음명조-M, KT&G상상본문OTF-L, KT&G상상본문OTF-M, KoPub돋움체Pro-Bold, KoPub돋움체Pro-Light, KoPub돋움체Pro-Medium, KoPub바탕체Pro-Bold, KoPub바탕체Pro-Light, KoPub바탕체Pro-Medium, 나눔고딕OTF, 바른돋움OTFPro-1, 바른돋움OTFPro-2, 바른돋움OTFPro-3, 서울남산체-B, 서울남산체-EB, 서울남산체-L, 서울남산체-M, 서울남산체-세로쓰기, 서울한강체-L, 성동고딕-EB, 아리따-부리(OTF)-Medium, 아리따-부리(OTF)-SemiBold, 제주고딕OTF, 제주명조OTF, 함초롱돋움, 해수체B, 해수체M, ErasBoldITC, ErasDemiITC.